Ancient novel and drama and
Chinese teaching

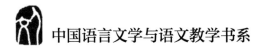

中国语言文学与语文教学书系

古代小说戏剧与语文教学

崔小敬 /著

ZHEJIANG UNIVERSITY PRESS
浙江大学出版社

前　言

　　十年树木,百年树人,师范院校作为未来教师的摇篮,一直在高等教育体系中占有重要地位。但近二十年来,随着国际大环境的变化,中国的高等教育也进行了一系列改革,整体格局有所调整与变动,出现了很多师范院校以建设综合化、研究型大学为目标,而综合性大学则大力创办师范类专业的新局势。在这样的新形势下,很多师范院校在面临新的机遇的同时,也面临着严峻的挑战,到目前为止,许多"师范"大学中已有超半数甚至 80％以上的专业不再是师范专业,而且新的非师范专业还在不断扩招中。那么,在"德高为师,身正是范"的师范文化由浓趋淡的今天,在师范性不再作为高校评价体系的今天,我们的师范教育应该何去何从? 伴随着综合性大学的师范生与师范学院的师范生涌入同一个人才市场,伴随着教师资格证制度向全社会的放开,我们师范院校的毕业生如何增强自身实力,在 21 世纪的人才竞争中取得不可替代的优势? 我们在教育教学的整个过程中,如何更好地强化自身的师范性? 这涉及学校的总体定位、办学层次、专业设置、课程体系、教材编撰、教学模式、实践技能等各个层面和环节,也是学校的决策者、管理者和一线老师应该共同深入思索的课题。

　　作为师范院校中文系的一线教师,我们深感目前师范特色建设的一个瓶颈问题是相关教材的严重匮乏,除原有的教育教学理论及各课程的教材教法外,缺乏能够将高等院校的优质教学资源直接转化为中学语文课堂上可利用的资源的途径和通道。很多刚刚上岗的青年教师大多是在工作中自己摸索、总结,其间难免有失误、挫折,虽然说失误是人成长的必由之路,但因为我们是教师,一言一行都会给学生带来深远的影响,因而能够尽量规避课堂上的失误是我们作为教师的题中应有之义。

本书致力于搭建师范院校中文系古代文学课程与中学语文教学之间的桥梁,使师范生熟悉中学语文教材中的古代小说戏剧选目及其教学现状,培养对古代小说戏剧的分析、研究与教学能力,并能够将学术界前沿成果运用到中学语文教学中去。这里想要说明的是,本书并非全面、完整、系统地论述古代小说戏剧与中学语文的全部问题,而是旨在在二者之间建立某种理论与操作上的联系。为此,本书的写作采用了个人论述与论文选辑相结合的方法,对于笔者已有一定研究的领域,则采用笔者自己的研究成果与研究结论,而对于笔者未能深入研究的领域,则选辑了其他学者的相关研究,并均在文后注明;书中所涉及的中学语文教案等,亦均取自已发表的研究成果,并注明作者及发表刊物。凡所引用成果,除对个别明显的错误字句标点做修正、注释格式略作调整外,观点一依其旧。个别过长的文章限于篇幅略有删减,亦均注明。就目前的教育现状而言,中学小说戏剧教学侧重操作层面,相对而言缺乏自觉系统的理论指导,而大学中文系学生经过了古代文学史乃至各种选修课形式的小说史、戏剧史乃至专著研究史的训练,却对中学的教学模式感到陌生,本书即致力于弥补二者之间的裂缝。至于本书的写作是否真的达到了这一目标,笔者实在心有惴惴,然"虽不能至,心向往之",即使由于个人的才识浅薄而未能达到预期的目标,但这项工作本身仍是有意义的,我们期待着学界有更好的研究成果出现,以弥补本书的缺点与不足。

目　录

绪　　论

中国古代小说与戏剧均有着漫长而曲折的发展历史，了解古代小说戏剧的文体演进、发展历程是我们进行中学语文教学的前提。当前学界在这一问题上的研究已有较为深厚的积累，各类分体、分时段小说史、戏剧史专著均已出版多部，对于小说史戏剧史上具有节点意义的篇目或作品的研究文章也已较为丰富，读者可以覆按，因而此处只简要略述中国古代小说戏剧的发展概况及其代表性作品。

一、中国古代小说的发展演变

"小说"一词，最早见于《庄子·外物》"饰小说以干县令，其于大达亦远矣"，这里的"小说"一般理解为浅薄琐屑的言论，全句意为"粉饰浅识小语以求高名，那和明达大智的距离就很远了"[①]。东汉时，刘歆《七略》则首辟"小说家"一类，班固《汉书·艺文志》随之著录各家代表人物及著作，谓"小说家者流，盖出于稗官，街谈巷语，道听途说者之所造也"，并著录著作 15 种，惜已亡佚。从以上记述来看，先秦至两汉时期，"小说"和"小说家"的概念与今天相去

---

① 　陈鼓应：《庄子今注今译》，北京：中华书局 2009 年版，第 755 页。关于"饰小说以干县令"的其他解释还可参见檀作文：《"饰小说以干县令"新解》，《镇江师专学报》2000 年第 3 期；王林飞：《"饰小说以干县令"之"县令"释义考》，《沙洋师范高等专科学校学报》2011 年第 1 期。

甚远。而且先秦两汉时期尚处于文史哲浑然一体的状态,因而这一时期出现的神话传奇(如《山海经》《穆天子传》等)历史著作(如《春秋》《左传》《战国策》《史记》等)、诸子散文(如《论语》《孟子》《庄子》等)、寓言故事(如《孟子》《韩非子》等诸子散文中均有大量寓言故事)等等,虽然其中可能有人物、有故事、有环境,但并不能看成是小说,不过其中蕴含的诸多元素如神话与历史人物的塑造手法,生动形象的故事讲述技巧等,均为后来小说的发展与成熟提供了土壤与营养,因而这段时期往往被学者称为中国古代小说的孕育期或滥觞期。

到魏晋南北朝,古代小说的发展出现了两条不同的道路:一是载录神怪异闻的志怪小说,以干宝《搜神记》为代表;二是记述逸闻趣事的志人小说,以刘义庆《世说新语》为代表。志怪小说的产生,一方面是对古代神话思想的继承与发展,另一方面魏晋南北朝时期战乱频仍,人心不宁,怪力乱神之说遂成为一种缓解压力与寄托精神的途径:"当时以为幽明虽殊途,而人鬼乃皆实有,故其叙述异事,与记载人间常事,自视固无诚妄之别矣。"①因而作者往往是以现实的态度来记录那些非现实的奇诡怪诞的奇闻异事,虽大多比较短小简陋,但也有一些结构完整描写细腻人物鲜明的,已初具短篇小说的规模。志人小说的产生则植根于当时的清谈之风,正如宗白华先生所说"汉末魏晋六朝是中国政治上最混乱,社会上最苦痛的时代,然而却是精神史上极自由、极解放,最富于智慧、最浓于热情的一个时代"②,这一时期玄学盛行,人物品评蔚然成风,士人以清谈为贵,才催生出了《世说新语》这样"晋人面目气韵,恍忽生动,而简约玄淡,真致不穷"(胡应麟《少室山房笔丛》卷十三)的作品,艺术成就极高,并波及后世,仿作续出,如刘孝标《续世说》、

---

① 鲁迅:《中国小说史略》,上海:上海古籍出版社 2001 年版,第 24 页。
② 宗白华:《美学散步》,上海:上海人民出版社 2005 年版,第 356 页。

王方庆《续世说新书》、王谠《唐语林》、孔平仲《续世说》、何良俊《何氏语林》、李绍文《皇明世说新语》、李清《女世说》等,形成一条"世说体"创作的长河。

至唐代,古代小说真正走向成熟,其标志是唐传奇的出现。传奇,即"传写奇事,搜奇记逸"(胡应麟《少室山房笔丛·九流绪论》),本为传述奇闻异事的意思,但这里的奇闻异事已不仅仅是如志怪小说那样的非现实、非人间的故事,而是大多以现实社会中具有传奇色彩的人间故事为主。鲁迅先生谓"唐人始有意为小说",并以之作为中国小说成熟的标志,小说成为一种独立的文学样式。唐传奇不仅讲述生动优美的故事,而且出现了明确的故事叙述者,叙述者往往主动交代故事的来源、创作动机,并插入叙述者对人物与事件的态度或评价,借以显示所谓的"史才、诗笔、议论"(赵彦卫《云麓漫钞》卷八)。唐传奇名篇佳作迭出,如王度《古镜记》、张鷟《游仙窟》、陈玄祐《离魂记》、沈既济《任氏传》《枕中记》、李公佐《南柯太守传》、元稹《莺莺传》、白行简《李娃传》、蒋防《霍小玉传》、李朝威《柳毅传》、杜光庭《虬髯客传》等,不仅本身具有极高的文学水平与艺术价值,而且成为之后小说戏剧不断重述、改编的来源。

宋代,随着城市商品经济的发展、市民阶层的兴起与市民文艺的兴盛,出现了广受市民欢迎的说话艺术与作为其底本的话本小说。初时由于社会文化水平的限制与书写、印刷条件的局限,说话艺术的表演并无正规文本,而主要靠口耳相授。随着说话技艺的提高。艺人的队伍扩大,文化水平也有普遍提高。同时也有一些文人参与书会,为艺人编写文本,之后随着说话艺术的不断发展、印刷条件的提高,一些受欢迎的说话节目逐渐被公开大量刊印问世,成为独具特色的书面文学。现存宋元话本较少,《京本通俗小说》《清平山堂话本》被认为是较早的宋元小说话本集,像《碾玉观音》《快嘴李翠莲记》等是其中的名篇。话本小说标志着白话小说的兴起并走向成熟,中国古代小说从以文言为主流发展到以白话为主流。同时,小说描写的对象从封建士子转向一般普通平民、市民,作品的思想观念、审美风貌、文学趣味等都发生了明显的变化。至明代,由于话本独特的艺术影响,不仅由说话艺人继续讲说,还成为专供案头阅读的作品,产生了文人模拟话本写作的小说"拟话本",其代表作即冯梦龙的"三言"(《喻世明言》《警世通言》《醒世恒言》)和凌濛初的"二拍"(《拍案惊奇》《二刻拍案惊奇》)。

明清时期,中国小说进入其发展的黄金时代。明初,《三国演义》和《水浒传》的相继问世,标志着中国小说史进入了一个新的阶段,中国小说以短篇为主转入以章回小说为主。章回体小说有其独特的体制:分回标目,每回篇幅大致相等,常取一个或两个中心事件为一回,情节前后衔接,开头、结尾常用"话说""且听下回分解"等口头语,中间穿插诗词韵文,结尾处故设悬念吸引读者。明代出现了"四大奇书",在所属的各类题材领域独占鳌头:《三国演义》是小说史上的第一部长篇小说,也是历史演义小说的典范;《水浒传》既是第一部描写梁山起义的长篇小说,也是英雄传奇小说的典范;《西游记》既是第一部长篇神魔小说,也是神魔小说的典范;《金瓶梅》既是第一部写世情的小说,也是第一部由文人独立创作的小说。"四大奇书"各有一系列追随者,形成明代小说波澜壮阔的画卷。除长篇章回小说外,明代短篇白话小说也在继承宋元话本的基础上再现辉煌,冯梦龙的"三言"与凌濛初的"二拍"代表了明代短篇白话小说的最高成就。至清代,不仅长篇章回小说再现辉煌,出现了吴敬梓《儒林外史》与曹雪芹《红楼梦》这两部文人小说的巅峰之作,短篇文言小说也回光返照,出现了蒲松龄的《聊斋志异》这样的经典之作。此外,侠义小说、世情小说、神魔小说、公案小说等各类题材之间或交叉或合流,共同创造了清代小说的繁荣。

二、中国古代戏剧的发展演变

中国戏剧的成熟相较于世界其他民族较晚,但其诸多戏剧因子却萌生与衍变于自上古至宋代的漫长历史时期,它既是先秦歌舞、傩仪、两汉百戏、六朝俗讲的发展演化,也受着诗词、歌赋、史传、说话等各类文艺样式的影响。王国维先生认为"必合言语、动作、歌唱以演一故事,而后戏剧之意义始全",因此"真正之戏剧,起于宋代"(《宋元戏曲史·宋之乐曲》)。北宋杂剧是中国戏剧的雏形阶段,南宋官本杂剧和金院本则是北宋杂剧的延续与发展。

宋金杂剧是中国戏剧的重要发展阶段,包含歌舞戏、滑稽戏、说唱、杂艺等多种艺术样式。宋杂剧入金后被称为"院本",即"行院之本",乃行院演出所用之底本。宋金杂剧从角色与演出体制、剧本结构和戏剧音乐等方面为我们成熟形态的戏曲样式——元杂剧的出现提供了基础,尤其是诸宫调的广为流传与巨大影响。诸宫调是融合唐宋以来的大曲词牌、鼓子词、转踏、唱赚等雅调和俚曲而形成的多宫调套曲,吴梅先生认为"若合诸曲以成全书,备记一人之始末,则诸宫调词,实为元明以来杂剧传奇之鼻祖"(《中国戏曲概论·金元总论》)。然而由于宋代剧本今皆无存,故"论真正之戏曲,不能不从元杂剧始也"(王国维《宋元戏曲史·元杂剧之渊源》)。

元杂剧标志着中国古代戏剧艺术的成熟。作为一种综合性的艺术,它具有独特完整的艺术体制。首先,在剧本结构上,元杂剧包括唱词(曲文)、宾白和科介三部分,其中代言体的曲文是剧本的核心。剧本的基本组织可概括为四折一楔子:折即用一个宫调演唱的一套乐曲,也是剧情发展的一个段落,相当于一幕;楔子原指木器缝隙中插入的榫片,这里用以指四折以外所加的场次,一般放在开端或折与折之间,分别称开场楔子或过场楔子。现存元杂剧大体符合这一规范,但也有少数因剧情需要有所变通或突破,如《西厢记》《西游记》等连台本戏。宾白即道白,是人物自白和相互对话,"唱为主,白为宾,故曰宾白"(徐渭《南词叙录》)。科介指剧本所提示的演员的表情与动作,如"相见、作揖、进拜、舞蹈、坐跪之类，身之所行，皆谓之科"，且"以科字作介字，非科介有异也。"（《南词叙录》）其次，在音乐体式上，元杂剧采用"北九宫"，即仙吕宫、中吕宫、南吕宫、黄钟宫、正宫、双调、商调、越调、大石调，每折采用一种宫调，四折四种，不相重复。再次，在脚色和演出体制上，元杂剧脚色分工细密，主次明显，一本戏中主要人物为正色，男主角为正末，女主角为正旦，正色独唱，正末唱为末本，如《单刀会》《汉宫秋》；正旦唱为旦本，如《窦娥冤》《墙头马上》。

元杂剧的发展大致可分为三个时期，初期是元杂剧由宋金杂剧脱胎并逐渐走向繁荣的黄金时期，中期是繁盛局面的持续与题材类型、作品风格的过渡转化时期，晚期则是整体衰微与南北曲相渗透的蜕变时期。就风格而言，大致以"本色"与"文采"划分为两派，前者代表作家为关汉卿，后者代表作家为王实甫。元杂剧的题材非常广泛，举凡历史、社会、公案、绿林、爱情、婚恋、道化、家庭等都是元杂剧表现的范围，反映了元代广阔的社会生活。元杂剧佳作如林，代表性作品除著名的"四大历史剧"（关汉卿《单刀会》、纪君祥《赵氏孤儿》、白朴《梧桐雨》、马致远《汉宫秋》）、"四大爱情戏"（关汉卿《拜月亭》、王实甫《西厢记》、白朴《墙头马上》、郑光祖《倩女离魂》）外，还有像关汉卿《窦娥冤》《鲁斋郎》《救风尘》、马致远《黄粱梦》、高文秀《双献功》、康进之《李逵负荆》、宫天挺《范张鸡黍》、秦简夫《东堂老》等等。

在元杂剧走向衰微之时，南戏开始兴起，元末明初时流行于浙江、福建等地，因其最初流行于浙江温州（旧称永嘉）一带，故又名"温州杂剧""永嘉戏曲"等。南戏约产生于南渡之际，入元后与元杂剧并行，互相吸收影响，随着北杂剧的衰落，南戏得到迅速发展，至元末成为成熟的戏剧样式，产生了所谓"四大南戏"（《荆钗记》《白兔记》《拜月亭记》和《杀狗记》）及被誉为"南戏之祖"的高明《琵琶记》。

明代，南戏逐渐向传奇演进。"传奇"一词最早是指唐代的文言小说,后来则所指极为广泛,宋话本、宋元南戏、元杂剧均曾被称作"传奇",但我们一般说的明清传奇,则是指在宋元南戏基础上发展形成的长篇戏剧。明清传奇的出现,不仅开创了中国戏曲发展的新局面,而且逐渐成为大江南北主要的戏曲样式。明代前期为南戏向传奇的过渡转型时期,至明代中期出现了著名的"三大传奇":李开先《宝剑记》、梁辰鱼《浣纱记》、无名氏《鸣凤记》。而明传奇的翘楚则是"以情反理"的汤显祖《牡丹亭》,那"情不知所起,一往而深,生者可以死,死可以生"的至性至情感染了同时代及后代的无数读者,所谓"一生四梦,得意处惟在《牡丹》"(王思任《批点玉茗堂牡丹亭词叙》),正是千古确论。

至清代,传奇剧继明后期的繁荣进入全盛时期,不仅作家作品众多,而且理论研究也取得了突出成就。以李玉为代表的苏州派作家创作出了"一人永占"(《一捧雪》《人兽关》《永团圆》《占花魁》)、《清忠谱》等,兼具戏剧理论家与作家双重身份的李渔既有《闲情偶寄》这样在戏剧理论史上具有里程碑式的著作,又创作出了《风筝误》《奈何天》《比目鱼》等脍炙人口的喜剧,合称"笠翁十种曲"。而康熙朝并称"南洪北孔"的洪昇与孔尚任更是创作出了《长生殿》《桃花扇》这样誉满剧坛的经典之作。《长生殿》问世后,"一时朱门绮席,酒社歌楼,非此曲不奏,缠头为之增价"(徐灵昭《长生殿序》),而《桃花扇》写成后,"王公荐绅,莫不借抄,时有纸贵之誉"(《桃花扇本末》),二者把中国戏剧的结构、音乐、表演和历史剧创作艺术发挥到登峰造极的境界。之后,传奇剧虽仍有继作,然难以避免其由盛转衰的命运,而民间戏曲则日益发展,成为戏坛主流。

三、作为叙事文学的古代小说戏剧

虽然从现代诗歌、散文、小说、戏剧四大文体划分的角度而言,小说与戏剧属于不同的文类,然而在中国古代,小说戏剧却是常被相提并论的,一般被称为说部。可以说,除了小说需要阅读而戏剧要进行舞台表演外,就书面文学的角度而言,二者之间存在着更多的共性,现大致总结如下。

(一)以情节为中心

中国古代小说戏剧是典型的以情节为中心的叙事文学,而且往往追求情节的离奇曲折,所谓文似看山不喜平,对于小说戏剧尤其如此。在具体写法上,有时喜欢描写情节的突转与意外,给读者造成悬念,激发读者思考空间,刺激读者的想象。如"三言"中的《蒋兴哥重会珍珠衫》,借一件珍珠衫,巧妙地串起了一波三折的故事:珍珠衫本为枣阳县蒋兴哥祖传之宝,他将其赠给了自己的爱妻王三巧。之后,蒋兴哥出门经商,因故两年未归,王三巧在寂寞等待中巧遇来此经商的陈大郎,在后者的设计诱骗之下失身于陈大郎,二人感情渐深,分别之际,王三巧就把这件珍珠衫赠给了陈大郎。而陈大郎经商途中与蒋兴哥偶遇,二人投宿之际,陈大郎露出了身上的珍珠衫,蒋兴哥由此得知了妻子的奸情,急忙赶往家中,将王三巧休回娘家。陈大郎与王三巧分别后,对着珍珠衫日夜相思,妻子平氏发现珍珠衫后就偷藏了起来,陈大郎遍寻不见,愤怒之际欲赶到枣阳县与王三巧相会,到后才知后者已被休弃,再兼路上遇盗生意折本等竟一命呜呼,平氏落魄,无奈之际改嫁蒋兴哥。婚后收拾衣箱之际,蒋兴哥看到珍珠衫,方知平氏是陈大郎之妻,二人感叹不已。再如《水浒传》一百零八位英雄好汉各有各的遭遇,各有各的"上梁山"的原因,而《西游记》十万八千里的取经路上,或遇山精,或遇水怪,也都是以曲折的情节取胜的。

中国古典戏剧也是极力强调关目的重要性,如《牡丹亭》就以杜丽娘感梦身亡这一离奇情节为中心,描绘杜丽娘慕色而亡,死后却精魂不散,与柳梦梅人鬼幽会,并最终发冢还魂,与柳梦梅结成神仙眷属的神奇故事。即使是《窦娥冤》这样公认现实主义的杰作,也不乏情节的巧合,如蔡婆婆被赛卢医谋害恰好被张驴儿父子所救,张驴儿父子两个发现蔡婆婆婆媳两个均为寡妇时,就提出父子二人娶婆媳二人的无耻要求。张驴儿想毒死蔡婆婆的羊肚汤却被张驴儿父亲所吃,因此造成窦娥的奇冤。窦娥屈死后,来查案的廉访使恰好是窦娥的父亲。诸如此类,都是源于生活而又高于生活的艺术提炼,更不用说窦娥的三桩誓愿了。

（二）以人物为重心

在追求离奇曲折情节的同时,中国古代小说戏剧更致力于塑造出鲜活生动的人物形象,正如金圣叹所指出的,《水浒传》之所以让人百看不厌,就在于它塑造出了一百零八个各有性格、各有气质的好汉形象,这一评论移之于其他小说戏剧亦然。说起《三国演义》,谁会不知道"智绝"的诸葛亮,"义绝"的关羽和"奸绝"的曹操呢？提起《西游记》,谁不知道大闹天宫的孙悟空和好吃懒做的猪八戒呢？提起《儒林外史》,我们就不由得想起中举以后反而高兴疯了的范进；提起《红楼梦》,谁能忘掉"情不情"的贾宝玉、葬花的林黛玉、扑蝶的薛宝钗呢？而提起《西厢记》,我们不光马上会想起美丽端庄、在爱情与身份之间矛盾的崔莺莺,更会想起心直口快、侠肝义胆的小红娘……可以说,中国古代小说戏剧为中国文学画廊增添了李逵、宋江、诸葛亮、刘备、曹操、孙悟空、猪八戒、贾宝玉、林黛玉、范进、崔莺莺、红娘等千古若活的人物形象。

在人物形象的塑造手法上,中国古代小说戏剧积累了丰富的经验。比如人物的出场艺术就极有讲究:或用简笔勾勒,如《红楼梦》中描写迎春、探春、惜春三姊妹的出场；或用浓笔铺写,如《三国演义》中的诸葛亮,作者在未写诸葛亮之前,先写了水镜先生荐诸葛,再写徐庶荐诸葛,待刘备去拜访时,却一顾不遇,二顾不遇,只见到了诸葛亮的居处、童子、朋友、岳丈、弟弟等等,而且安排刘备一而再再而三地误以为见到的人是诸葛亮,层层渲染,层层烘托,浓墨重彩地描写诸葛亮的出场。可以说,古代小说戏剧创造出了语言描写、动作描写、神态描写、细节描写、心理描写、正衬、反衬等各种艺术手法,塑造出了神态各异的典型人物。

（三）与其他文体的交融

古代小说戏剧就其主体而言是叙事性的,然而其中又往往夹杂了其他文体,诗词歌赋文均可以在小说戏剧中寻到踪影。首先,长篇小说往往以诗词歌赋来开篇或收尾,最典型的如毛宗岗评本《三国演义》,开篇即用了杨慎的《临江仙·廿一史弹词·说秦汉》:"滚滚长江东逝水,浪花淘尽英雄。是非成败转头空。青山依旧在,几度夕阳红。白发渔樵江渚上,惯看秋月春风。一壶浊酒喜相逢。古今多少事,都付笑谈中",为整部小说奠定了沧桑的历史氛围。《水浒传》则在梁山事业风流云散后用"太史有唐律二首哀挽"作结,尤其是后一首"生当庙食死封侯,男子平生志已酬。铁马夜嘶山月暗,玄猿秋啸暮云稠。不须出处求真迹,却喜忠良作话头。千古蓼洼埋玉地,落花啼鸟总关愁",弥漫着一股无奈的怅惘之情。其次,诗词歌赋文尤其是诗词是小说戏剧塑造人物的重要手段。虽然一般小说戏剧中人物的诗词往往抄袭多创新少,但谁也不能否定《西游记》中猪八戒的咏月诗:"缺之不久又团圆,似我生来不十全。吃饭嫌我肚子大,拿碗又说有粘涎。他每生来伶俐福,我自愚痴积下缘。取经还满三涂业,摇头摆尾直上天",写得真是如描如画,绝对属于"猪八戒体";而诸葛亮的"大梦谁先觉,平生我自知。草堂春睡足,窗外日迟迟",则生动刻画出了一位淡泊明志、宁静致远的大智大贤形象。像《红楼梦》这样的文人独创小说,更是将人物形象塑造与诗词创作融合在了一起,读过《红楼梦》的人,怎么能不记得林黛玉的"侬今葬花人笑痴,他年葬侬知是谁?一朝春尽红颜老,花落人亡两不知"? 还有贾宝玉的"滴不尽相思血泪抛红豆,开不完春柳春花满画楼",薛宝钗的"好风凭借力,送我上青云",甚至还有王熙凤的"一夜北风紧",薛蟠的"一个蚊子哼哼哼,两个苍蝇嗡嗡嗡",这些个性化的人物与这些诗词已经牢牢地黏合在了一起。古典戏剧虽本身即以唱词为主,但以诗词塑造人物形象也不少见,如读过《西厢记》的人应该都会记住莺莺那首著名的

情诗:"待月西厢下,迎风户半开。隔墙花影动,疑是玉人来",那种
含蓄与热烈、羞怯与大胆的交织不正是莺莺内心矛盾性格的写照
吗? 当然,古代小说戏剧中描写自然景物和各种场景时也往往以
诗词歌赋文为主,这样的形式往往不符合现代读者的阅读习惯,难
免引起诟病,这也确实是中国古代小说戏剧未能完全脱离诗文文
体的影响乃至极力攀附诗文正统文体的表现。然而除了现代读者
阅读上的不便外,这种韵散结合的叙事方式造成的中国小说独特
的参数叙事的特点也是值得现代研究者注意的。

第一章　古代小说戏剧进入语文
教材的曲折历程

　　现代意义上的语文教育史以 1903 年语文独立设科而拉开帷幕①,然而就教材编写而言,其过程却是一波三折的。尤其是古代小说戏剧作为传统文学中的俗文学,是否可以作为学生学习的对象,经过了诸多论争与反复。可以说,古代小说戏剧能否进语文教材,是一个自 1904 年语文独立设科以来一直讨论到 30 年代的话题,而影响这个话题的讨论方向与进程的,既有前辈们对中国教育发展方向的焦虑,也有对具体教育方式方法的探索。

第一节　古代小说戏剧价值提升的文化背景

　　在中国古代教育中,虽无专门的语文学科,但也有相当于今日语文教育的教育步骤与方法,张志公先生认为"传统的语文教育有相当完整的一套步骤和方法。大体说来,从开始识字到完成基本的读写训练,这整个的语文教育是由三个阶段构成的。开头是启蒙阶段,以识字教育为中心;其次是进行读写的基础训练;第三是进一步的阅读训练和作文训练"。② 在这样的教育观念下,中国古

---

　　① 参见李杏保、顾黄初:《中国现代语文教育史》,成都:四川教育出版社 1997 年版,第 4 页。
　　② 张志公:《张志公文集(4)传统语文教学初探》,广州:广东教育出版社 1991 年版,第 19 页。

代的语文教材基本呈现三种形态:第一类为蒙学教材。蒙学教材主要是对儿童进行启蒙教育的教材,比较有代表性的教材是《三字经》《百家姓》《千字文》等,其特点在于文字通俗易懂,且往往用韵语,节奏鲜明,朗朗上口,易于记诵。同时也往往在编排上做到有理有序,如《千字文》自宇宙洪荒讲起,上及天文,下及地理,继及历史。第二类为经学教材。经学既是中国传统文化的主体,也是古代语文教育的必读教材。儒家经典作为各级各类教育机构的教材一直被沿用到清代末年,其中影响最大、历史最久的则首推所谓"四书(《大学》《中庸》《论语》《孟子》)五经(《诗经》《尚书》《礼记》《易经》《春秋》)"。第三类为文选教材。文选类教材在古代是读写训练的主要形式,也是我国当今文选型教材的先驱。开其先河的则是著名的《昭明文选》,它既是中国文选教材的第一个文章选本,也是我们现存最早的诗文总集。《昭明文选》以"事出于沉思,义归乎翰藻"为选文标准,收录自周至梁的名家作品700多篇,以文体分类,兼顾作品的时代先后,这种"按时代、选名篇、分文体、组单元、作注释、加评点、广视野、重历练等,已经成为我国中学语文教材建设的宝贵财富"。① 其余文选型教材还有《古文关键》《古文观止》《文章轨范》等。而在上述不同类型的语文教材中,基本以经史文章为主,兼及诗歌,而完全没有小说与戏剧的身影。无论是官学还是私塾,从不曾有意识地将小说戏剧作为教学文本使用,甚至学生私下阅读都被禁止:"以前教国文,他的采取教材的范围,只用六经诸子以及唐、宋、明、清的古文,至于小说、戏曲和国语文,不但不教,而且禁止学生阅看"。② 也就是说,在教育领域,古代小说戏剧一向被当作毫无价值的糟粕,是避之唯恐不及的。

① 周庆元:《中学语文教材概论》,长沙:湖南出版社1994年版,第40页。
② 沈仲九:《中学国文教授的一个问题》,见顾黄初、李杏保主编《二十世纪前期中国语文教育论集》,成都:四川教育出版社1991年版,第301页。

在传统社会的文化背景与价值观念中,诗文才是正统文体,文以载道,诗以咏志,是雅文学;而小说戏剧作为俗文学,其地位与价值一直很低,即使一些今日我们视为文言小说的作品如《搜神记》《世说新语》唐传奇及《聊斋志异》等,偶尔能被提及,但也往往是将之作为文章来论述的,而不关注其小说特性。明清时期,中国的小说戏剧创作出现了繁荣的局面,一些激进的文学家看到了小说戏剧巨大的生命力与感染力,于是将小说戏剧与经典诗文相比附,试图提高其地位,但总的来说并未有根本性改变。20世纪后,古代小说戏剧进入语文教育领域,是历史演进、时代变革与文学革新、教育发展相互作用的综合结果,缺一不可。就其较切近的背景来说,两个相互交织的因素起到了举足轻重的作用,即小说革命论的提出与白话文学的倡导,前者从根本上提高了小说的地位,后者则从语体上肯定了小说的价值,二者相互为用,共同促成了语文教育引入古代小说戏剧的局面。

就第一个因素而言,1902年,梁启超创刊《新小说》杂志,发表了著名的《论小说与群治之关系》,提出"欲新一国之民,不可不先新一国之小说。故欲新道德,必新小说;欲新宗教,必新小说;欲新政治,必新小说;欲新风俗,必新小说;欲新学艺,必新小说;乃至欲新人心,欲新人格,必兴小说。何以故? 小说有不可思议之力支配人道故",并对这四种"不可思议之力"作了集中论述:

> 抑小说之支配人道也,复有四种力:一曰熏。熏也者,如入云烟中而为其所烘,如近墨朱者而为其所染……二曰浸。熏以空间言,故其力之大小,存其界之长短。浸也者,人而与之俱化者也……三曰刺。刺也者,刺激之义也。熏浸之力,利用渐;刺之力,利用顿。熏浸之力,在使感受者不觉;刺之力,在使感受者骤觉。刺也者,能使人于一刹那顷忽起异感而不能自制者也……四曰提。前三者之力,自外而灌之使入;提之力,自内而脱之使出,实佛法之上乘也。凡读小说者,必常若

自化其身焉，入于书中，而为其主人翁。

正是立足于小说熏浸刺提、"陷溺人群"的强大功能，梁启超提出了"欲今日改良群治，必自小说界革命始；欲新民，必自新小说始"的著名口号，掀开了"小说界革命"的帷幕。梁氏之论将小说这一文体上升到前所未有的地位，为之后白话新小说的迅速发展和学界对古代小说的深入研究奠定了思想上的基础。不过，有意思的是，梁氏虽肯定小说对于世道人心的感化作用，却也正是由此而反对古代小说（20世纪前期，时人所谓"旧小说"，其范围即约略等于我们今日之"古代小说"，为表述方便，本章除引文外，一律使用"古代小说"一词）进入语文教材，具体论述详见第二节。

就白话文的倡导而言，其文化背景是相当复杂的。在中国文化传统中，无论诗文创作还是文人之间的交流，所用语体均为文言，与一般民众日用的白话之间有着较大的距离，而这一距离随着时代的变革越来越大。在19世纪末、20世纪初的风雨飘摇中，欧风美雨的涌入更极度放大了二者之间的不协调。实际上，在当时的文化背景与时代语境下，文言与白话的语体之争并非简单的文学表述使用何种工具的问题，而是涉及使用者的思维逻辑与价值体系。正如现代学者所认同的，语言是存在的家园，"晚清以来，白话文之所以伴随着西学浪潮而逐渐盛行以至于渐成时势，恰是因为现代理性的逻辑系统难以用文言文来圆满显现，甚至连西学的一些概念都无法在文言中找到对应物"[1]，因而语体的变革已呈箭在弦上不得不发之势。

早在晚清戊戌变法的维新思潮中，就有人提出了白话文学的口号。1898年，光绪举人裘廷梁创办《无锡白话报》，编辑《白话丛书》，并于同年在《苏报》上发表了著名的《论白话为维新之本》，提

---

① 许纪霖、陈达凯：《中国现代化史　第一卷 1800～1949》，上海：上海三联书店1995年版，第311页。

出"崇白话废文言"的口号,认为"有文字为智国,无文字为愚国;识字为智民,不识字为愚民;地球之国同也。独吾中国有文字而不得为智国,民识字而不得为智民",其原因则在于"文言之为害"。这一主张对于之后用白话进行语文教育产生了很大推动作用。白话文运动另一先驱者陈子褒也在《俗话说》中认为文言与白话并没有绝对的分别,"今日所谓极雅之话,在古人当时俱俗话也,今日所谓极俗之话,在千百年以后又谓之雅也",而要开启民智的话"莫如改革文言。不改革文言,则四万九千九百分之人,居于黑暗世界之中,是谓陆沉。若改文言则四万九千九百分之人,日嬉于琉璃世界中,是谓不夜"①。然而,裴廷梁、陈子褒等人提倡白话文的用意并非在于文学变革,而是启迪民智,意在将白话作为启蒙百姓、传播新知的工具。而作为士大夫的文人自己则仍需要使用高雅的文言。更具有反讽意味的是,裴廷梁之《论白话为维新之本》这篇提倡白话文的文章本身却是用文言写的。之后,"戊戌变法"的主将梁启超也从文学的角度认识到文学的演进须经由文言到白话的历史阶段:"文学之进化有一大关键,即由古语言文学,变为俗语之文学也。各国文学史之开展,靡不循此轨道","小说者,决非古语之文体而能工者……苟欲思想之普及,则此体非徒小说家当采用而已,凡有文章,莫不有然。"②可见,此时梁启超已有对俗文学、白话语体的认识。但上述裴、陈、梁等人的文章还只是零星的呼声,而且他们的主张都带有较大的局限性,有着浓厚的改良主义倾向,他们虽然打破了文言文一统天下的局面,但他们提倡白话文时并不否定文言文,而且他们所提倡的白话文与真正的民间口语也是相去甚远的,因而并没有形成广泛的社会影响,更谈不上社会共识。

---

① 参见李杏保、顾黄初:《中国现代语文教育史》,成都:四川教育出版社 1997 年版,第 56-57 页。

② 梁启超:《小说丛话》,原载《新小说》1903 年第 7 号。

　　白话文对文言文真正形成强烈冲击,首推胡适1917年1月发表于《新青年》的《文学改良刍议》,在这篇著名的反对旧文学的檄文中,胡适不仅提出了"今人犹有鄙夷白话小说为文学小道者,不知施耐庵、曹雪芹、吴趼人皆文学正宗,而骈文律诗乃真小道耳"这样的观点,更从世界文学发展的潮流角度推论出"白话文学为中国文学之正宗,又为将来文学必用之利器"之文学发展大势:

　　　　盖吾国言文之背驰久矣。自佛书之输入,译者以文言不足以达意,故以浅近之文译之,其体已近白话。其后佛氏讲义语录尤多白话为之者,是为语录体之原始。及宋人讲学以白话为语录,此体遂成讲学正体(明人因之。)当是时,白话已久入韵文,观唐宋人白话之诗词可见也。及至元时,中国北部已在异族之下,三百余年矣(辽、金、元)。此三百年中,中国乃发生一种通俗行远之文学。文则有《水浒》、《西游》、《三国》……之类,戏曲则尤不可胜记。……以今世眼光观之,则中国文学当以元代为最盛;可传世不朽之作,当以元代为最多:此可无疑也。当是时,中国之文学最近言文合一,白话几成文学的语言矣。使此趋势不受阻遏,则中国几有一"活文学"出现,而但丁、路得之伟业,(欧洲中古时,各国皆有俚语,而以拉丁文为文言,凡著作书籍皆用之,如吾国之以文言著书也。其后意大利有但丁[Dante]诸文豪,始以其国俚语著作。诸国踵兴,国语亦代起。路得[Luthe]创新教始以德文译《旧约》《新约》,遂开德文学之先。英法诸国亦复如是。今世通用之英文《新旧约》乃一六一一年译本,距今才三百年耳。故今日欧洲诸国之文学,在当日皆为俚语。迨诸文豪兴,始以"活文学"代拉丁之死文学;有活文学而后有言文合一之国语也。)几发生于神州。不意此趋势骤为明代所阻,政府既以八股取士,而当时文人如何、李七子之徒,又争以复古为高,于是此千年难遇言文合一之机会,遂中道夭折矣。然以今世历史进化的眼光观之,

> 则白话文学为中国文学之正宗,又为将来文学必用之利器,可断言也。①

在这样的认识基础上,胡适主张"今日作文作诗,宜采用俗语俗字",因为"与其用三千年前之死字(如'于铄国会,遵晦时休'之类),不如用二十世纪之活字;与其作不能行远不能普及之秦、汉、六朝文字,不如作家喻户晓之《水浒》、《西游》文字也"。紧接着陈独秀在《新青年》同年2月号发表《文学革命论》以呼应,随后钱玄同、刘半农等纷纷撰文响应。虽然其时也有一些较为保守的文人如林纾等表示反对意见,攻击白话文不过"引车卖浆之徒所操之语",然而历史的潮流毕竟无可逆转。到五四运动前后,全国已有四百多种报刊开始采用白话。为顺应时代需求,北洋政府教育部也于1920年决定全国中小学使用白话语文(民国时期一般称"国文"或"国语",本章为表述方便,除引用原文外,统称"语文")教材。

小说界革命的进行直接提高了古代小说戏剧的地位与价值,而白话文运动的成功为古代小说戏剧进入语文教材打开了一条通道,并直接促成了语文教材的大力改革。

第二节　古代小说戏剧进语文教材的论争

在提倡白话文的时代浪潮之下,古代小说戏剧尤其是明清白话小说因其语体特点,很自然地进入了研究者和教育者的视野。很多学者从文学本身立场出发,肯定古代小说的价值,如蔡元培在《在国语传习所的演说》中论及中国语体文的发展,认为唐代韩柳的传志已经"比东汉到唐朝的碑文,进步得多了","但是这种文体,传到宋元时代,又觉得与人类的心情不能适应,所以又有《水浒》、

---

① 夏晓虹编:《胡适论文学》,合肥:安徽教育出版社2006年版,第10-11页。

《三国演义》等语体小说与演义。罗贯中的思想与所描写的模范人物，虽然不见得高妙，但把他所描写的，同陈寿的原文或裴注所引的各书对照，觉得他的文体是显豁得多。把《水浒》同唐人的文言小说比较，那描写的技能，更显出大有进步"，并把"石头记"即《红楼梦》认作语体小说中的"第一部"，对其思想、才情、笔力等均给予高度评价，认为"《石头记》是北京话，虽不能算是折衷的语体，但是他在文学上的价值，是没有别的书比得上他"。①

较早提出将古代小说戏剧引入中学教育的，是提倡白话文的胡适。1920 年 3 月，胡适在北京高师附中作了"中学国文的教授"的演讲，在讲到"国语文"的教材时，首列一类即小说，并列出了"二十部以上，五十部以下的白话小说"，其中古典小说有《儒林外史》《官场现形记》《红楼梦》《西游记》《水浒传》《二十年目睹之怪现状》《恨海》《九命奇冤》《文明小史》《七侠五义》，以及"其他白话短篇小说"，并特别对自己把小说列入教材进行了说明：

> 教材一层，最须说明的大概是小说一项。一定有人说《红楼梦》、《水浒传》等书，有许多淫秽的地方，不宜用作课本。我的理由是：(1)这些书是禁不绝的。你们不许学生看，学生还是要偷看。与其偷看，不如当官看，不如有教员指导他们看。举一个极端的例：《金瓶梅》的真本是犯禁的，很不容易得着；但是假的《金瓶梅》——石印的，删去最精彩的部分，只留最淫秽的部分，——却仍旧在各地火车站公然出卖！列位热心名教的先生们可知道吗？我虽然不主张用《金瓶梅》作中学课本，但是我反对这种"塞住耳朵吃海蜇"的办法！(2)还有一个救弊的办法，就是西洋人所谓"洗净了的版本"（Expurgated edition)，把那些淫秽的部分删节去，专作"学校用本"（即如柏

---

① 原载《晨报》1920 年 6 月 25-26 日，见：顾黄初、李杏保主编《二十世纪前期中国语文教育论集》，成都：四川教育出版社 1991 年版，第 113-115 页。

拉图的"一夕话"（Symposium）有两译本，一是全本，一是节本）。商务印书馆新出一种《儒林外史》，比齐省堂本少四回，删去的是四回是沈琼枝一段事迹，因为有琼花观求子一节，故删去了。这种办法不碍本书的价值，很可以照办。如《水浒》的潘金莲一段尽可删改一点，便可作中学堂用本了。①

从中我们可以看出，胡适对于选小说入中学教材的态度还是较为积极和肯定的，也充分考虑到了现实生活中学生对于小说的兴趣以及古代小说中某些不适合青年学生的内容的处理方式。而在之后进行的两次关于中学国文教学的演讲（一次为 1922 年 7 月在中华教育改进社济南年会上所作的"中学的国文教育"，一次为 1932 年 8 月在北平中等教育暑期讲演班所作的"中学国文教学法"）中，胡适也均提到了引小说、戏剧（但这里的戏剧虽未加说明，应仍为"白话的戏剧"而非古代戏剧）进中学课堂的观点。

不过，这次胡适的观点却不像当初提倡白话文时那样一呼百应了，在当时即已引起了较多的讨论和争议，即使如大力提倡小说救国的梁启超也不赞成以小说作为中学国文的教材。在大家所熟知的《中学以上作文教学法》中，梁启超曾表达自己对于中学教育以小说为教材的不同意见："有人主张拿几部有名的小说当教材，我认为不妥。因为教授国文的目的，虽不必讲什么'因文见道'，也应该令学生连带着得一点别的智识，和别的科学互相补助。像那纯文学的作品，《水浒》《红楼》之类，除了打算当文学家的人，没有研究之必要。此其一。要领略他文章妙处，非全部通读不可。如此庞大的卷帙，实不适学堂教科之用。此其二。体裁单纯，不彀教授举例。此其三。"②很明显，这里的"有人"指的就是胡适。而在近年来发现的梁启超手稿中，对小说是否可以作为中学教材有进

---

① 《国语文选》第三集，上海：大东书局 1932 年版，第 33-35 页。

② 梁启超：《中学以上作文教学法》，《改造》4 卷 9 号，1922 年。

一步的论述,并明确提出"中学国文教材不宜采用小说"(因此文为新近发现的佚稿,见者不多,故全文照录如下):

中学国文教材不宜采用小说

主张用白话文当教材的人,事实上当然不能不多取材于小说。他们主张的理由,大概(一)现在一般人之能识字及文理通顺,什有九是从看《三国演义》一类书得来,足见小说为学文利器。(二)《水浒》、《红楼》等书,为中国最有价值之文学作品,宜令学生养成赏鉴能力。(三)这类小说书,从前禁学生看,学生总不免偷着看,何如公开的因势利导呢?

这些理由我以为都不充足。就第三点论,学生对于小说不劝自看,虽禁犹看,诚然是事实。既已有这种事实,然则让学生们多这一门课外自修不更好吗?何必占正课的时间?须知学生在校中学文的时候本就不多,我们对于时间经济不能不顾虑,如何才能利用这时间令学生对于本科或与本科联络各科发生最大效力,正是我们的责任。

再论第二点,问题益复杂了。学生须相当的有欣赏美文的能力,我是承认的;但中学目的在养成常识,不在养成专门文学家,所以他的国文教材,当以应用文为主而美文为附。除却高中里头为专修文学的人作特别预备外,我以为一般中学教材,应用文该占百分之八十以上,纯文学作品不过能占一两成便了。此一两成中,诗词曲及其他美的骈散文又各占去一部分,小说所能占者计最多不过百分之五六而止。若把小说占教材中坚位置,稍有教育常识的人,谅来都不能赞成。

在这成数占得极少里头来选择适用的纯文学作品,那更难之又难了。老实说,凡绝好的文学总带几分麻醉性,凡有名的文学家总带几分精神病。我们以中学教课为立场,对于这些青春期的学生,虽然不可以过分地压抑他的情感,要不可不常常加以节制,令情感变为情操,往健全路上发展。所以偏于幻想及刺激性太重的文,总不能认为适当。诸君啊!我绝不像老学究们的头脑,骂《红楼》、《水浒》为诲淫诲盗;我是笃嗜文学的人,这两部书我几乎倒背得出,其他回肠荡气的诗词剧曲,几于终日不离口。但为教中学生起见,我真不敢多用这种醉药。晁盖怎样的劫生辰纲,林冲怎样的火并梁山泊,青年们把这种模范行为装满在中,我总以为害多利少。我们五十多岁人读《红楼梦》,有时尚能引起"百无聊赖"的情绪,青年们多读了,只怕养成"多愁多病"的学生倒有点成绩哩!

关于第一点,我们教中学学生作文,不但希望他识字及文理通顺便了,总要教他如何整理自己的思想,用如何的技术来发表他,简单说,我们要教他以作文的理法。《水浒》、《红楼》固然是妙文,但总要通看全部,最少也拿十回八回作一段落,才能看出他的妙处。学校既没有把全部小说当教材的道理,割出一两回乃至在一回里头割出一两段,试问作何教法?用什么方法令学生在这一回或一段里领略全书的真价值且学得作文的技术?(引者注:此点和卫士生、束世澄序言中所记梁启超的意见相同:"中学作文,文言白话都可;至于教授国文,我主张仍教文言文。因为文言文有几千年的历史,有许多很好的文字,教的人很容易选得。白话文还没有试验得十分完好,《水浒》、《红楼梦》固然是好;但要整部地看,拆下来便不成片段。")

或者说:学文以学叙事文为最要,小说正是绝好的叙事文,为什么不学他呢?我说:这种论点完全错了,叙事文的性质和小说的性质恰立于正反对的两极端:叙事文是印写客观的事实,小说是表现主观的想象力,(即最极端的写实小说,也不过用想象力摄取社会魂影!)作法根本不同。叙事文对于客观资料要绝对的忠实服从,受严格的束缚,技术在摄收整理;小说是要骋想象力去构造,绝对的自由,技术在逆发表现。所以有名的史家或叙事文大家，大抵不会做小说；而叙事文的技术，绝非从小说可以学得来。

　　总而言之，小说是大学文科里主要的研究品，用作中学教材，无论从那方面看，都无一是处。①

从梁启超这段未公开发表的手稿中，我们可以看到，其观点与胡适的观点是针锋相对的，而且其语气较公开发表在《中学以上作文教学法》上的更激烈一些，其论述也更周密一些。双方有共识，也有分歧，共识在于都肯定古代小说的成就，尤其肯定其在白话文方面的成就。分歧则聚焦于两点，其一即思想方面，古代小说的思想未必完全合于当时时代的进步要求，易于对青年学生产生不良影响；其二，小说为大部头，阅读有一定难度；其三，中学生培养目标并非为将来作文学家，因此当以实用文章为重。周予同《对于普通中学国文课程与教材的建议》也认为"章回小说应用在教室内，似乎不大方便；不如在课外提倡学生自由阅览，由教师加以指导。至于量的多寡，视学生嗜好和课余时间作标准，不能一概而论"，并专门针对《水浒传》和《红楼梦》提出质疑意见："近人主张取为教材的两部小说——《水浒传》和《红楼梦》——我以为都有商榷的余地。我不主张看《水浒传》，和我不主张选语录的一部分理由是相同的；就是因为《水浒》杂了许多宋元时代山东一带的方言（作小说有时故意用方言，乃是文学上另一个问题）。《红楼梦》是问题小说，是有主义、有思想的著名小说，这人人都知道的；但作者的艺术手腕太高，每每引读者化身入大观园，而无暇细细研究他艺术上描写的方法"。显然，《水浒传》因其杂有方言不合纯正白话文的标准，《红楼梦》则因其艺术感染力过大、易对青年学生产生不良影响而遭摒弃，至于看《七侠五义》等，更是"中国文艺界可怜可羞的办法"，

---

　　① 参见陈平原：《八十年前的中学国文教育之争——关于新发现的梁启超文稿》，《中华读书报》2002 年 8 月 7 日。

"《西游记》、《镜花缘》等虽然略胜一筹",但作者还是"希望他们送到中国小说史上作材料去"①,认为不应选入中学生学习的教材。

这一时期,关于白话小说能否进入教材的问题散见于诸多讨论中学语文教育的文章中,论述较为充分的是何仲英,其在《白话文教授问题》②与《国语文底教材与小说》③两篇文章中均论及此问题,前者采用了生动活泼的对话体来写,用主客问答的形式解释了一些可能引起质疑的问题,如对于以小说为教材的问题,即先用"客"的质疑来表示反对意见,然后再用"我"的回答来加以解释:

> 客:你这选材的方法,大概我可赞同;不过以小说为教材,似宜研究。课堂上既公然讲小说,那么学生课外或是自习的时候,皆可看小说了。拿《红楼梦》为主课,《西厢记》为参考书,天天宝哥哥,天天林妹妹,人要问他,他要说:"我在这上边,修练我词句,发展我思想。"岂非笑话?学监有管理的责任,不准他看,他必定说:"某先生教我看的……"岂非自相矛盾?况且小说只可言消遣,哪能言文学?就是有文学意味,人总当他消遣,我恐少年时代看了究不相宜。
>
> 我:小说是文学中一大主干,小说不研究,还说什么文学?我们专门研究文学,和普通青年看书,自然两事,不可混为一谈;然而旧体小说之无流弊能启发思想者,新体小说之结构新奇,寓意深远者,不妨指示浏览。小说最容易叫他们知识长进,他们也最爱看小说。你与其强迫他们不看小说,他们反私自偷看不正当的书籍;何不彰明较著,痛说利害,使他们有轨

---

① 原载《教育杂志》第十四卷第一号,1922 年,见:顾黄初、李杏保主编《二十世纪前期中国语文教育论集》,成都:四川教育出版社 1991 年版,第 187-188 页。

② 原载《教育杂志》第十二卷第二号,1920 年,见:顾黄初、李杏保主编《二十世纪前期中国语文教育论集》,成都:四川教育出版社 1991 年版,第 140-141 页。

③ 原载《教育杂志》第十二卷第十一号,1920 年,见:顾黄初、李杏保主编《二十世纪前期中国语之教育论集》,成都:四川教育出版社 1991 年版,第 149-153 页。

道可寻,能得小说的利益,不至于为小说所害呢?《西厢记》思想不高,没有看的价值。《红楼梦》于年轻学生,亦不宜看;我所许学生看的,是《儒林外史》、《水浒传》、《三国演义》、《二十年目睹之怪现状》、《老残游记》以及胡译的《短篇小说》。总之现在讲小说,以时人译著为宜,若读旧小说,不能用文学的眼光去研究,却是耗费光阴,有损无益,这是做教员的应当谨慎的。

从这段表述中,我们可以看到"客"的质难还是从小说的地位入手的,认为小说只宜"消遣",这一守旧观念自然遭到何氏反驳,认为一方面,研究文学与普通青年看书乃两回事;另一方面,偷看总不如公开看、有指导地看。不过,从这里我们也能看出何氏的态度似乎有些矛盾,"时人译著"的小说固然最"宜",而"旧小说"若不能用"文学的眼光去研究"也是"有损无益"。然而就现实而言,一方面,可做白话文教材的资料确实不多,不得不取材于古代小说;另一方面,古代小说自有引人入胜之处,这既是好事,又似乎让人担忧青年学生会受到某些小说的不良影响。而换个角度来说,既然小说有引人入胜的力量,即使不允许阅读,学生也会偷偷摸摸地读,那么不如干脆把小说引入教材,在教师的指导之下更好地阅读。这和胡适的观点是非常接近的。不过总的来说,因为中等学校教白话文已成共识,而鉴于中国传统文化资源中白话材料实在太少,而小说本身又确实拥有极大的文学魅力,所以认为古代小说可以进中学课堂的观点还是占了较大的优势。正是据此立论,有些学者的观点比较公允,可称持平之论,如朱经农《对于初中课程的讨论·国语科的内容》[1]指出:"初中国语课程中略读一项采入各种小说,很有许多人对此怀疑。其实中学校学生很少不看小说的;不过

---

[1] 原载《教育杂志》第十六卷第四号,1924 年,见:顾黄初、李杏保主编《二十世纪前期语文教育论集》,成都:四川教育出版社 1991 年版,第 333-334 页。

从前是偷看,现在是公开的阅读。学生偷看小说,毫无选择能力,往往购阅有害于青年身心的坏书。看小说如果公开,教员就可以指导,使学生以文学眼光去辨别小说的好坏。这样办法,既可增进他们文学的兴趣,复可使他们少看坏书,岂不是一件有益处的事情?"不过,朱氏还是强调,进入学生视野的小说必须经过一番选择的工夫:"不过我们对于新小说要加一番选择,只把有文学价值的介绍给学生看。对于旧小说更要加一番整理,许多不相宜的地方,应该把他删掉,并且加上新标点,细分段落,另行出版,以供学生阅看。"其对于古代小说的处理方式与胡适也是相近的。面对一些学者重视白话小说的倾向,也有学者提出折衷意见,如林轶西《初中国文科读书问题之研究》认为"从前学校禁止学生看小说,固然是不对;现在却主张纯粹看小说,而忘掉别种有益的书;不及与太过,其为犯偏颇的误谬,是一样的",并把推荐给中学生读的书分为四类:关于帮助身心修养的、关于增加国文常识启发思想的、关于欣赏文艺的、关于实际应用的,第三类"关于欣赏文艺的"列了《西游记》《三国志演义》《上下古今谈》《儒林外史》《老残游记》等旧小说,胡译《短篇小说》《侠隐记》《茶花女遗事》等翻译小说和《小说月报》,并根据年级进行了分类,一年级略读《西游记》《三国志演义》,胡译《短篇小说》,二年级略读《老残游记》《侠隐记》,三年级略读《儒林外史》《茶花女遗事》①,很显然林氏是想采取折衷的方式,平衡小说与其他类型文本在教材中的地位。不管怎样,中学教材中纳入白话小说在 20 世纪二三十年代已成为教育界的共识了。

反观这一时期的讨论,我们会发现,教育界之所以对于小说戏剧是否能进中学课堂产生如此多的论争与顾虑,实则在于诸多学者都认识到语文学科较之其他学科的特殊性,"本国语文一科,较

---

① 原载《教育杂志》第十六卷第六号,1924 年,见:顾黄初、李杏保主编《二十世纪前期语文教育论集》,成都:四川教育出版社 1991 年版,第 340-348 页。

诸学科实居于特殊地位","其关系民族精神,建国基础,一切文化传统所在,何等重大? 学校训育实施,一般教育界所期望于青年之修养,除国文科外,了无更亲切之学科,可以藉资。"①正是出于对语文学科不同于其他理化学科性质的深刻认识,教育界才对小说戏剧进入教材一事慎之又慎。同时,在确认了小说以其纯熟的白话语体、描写的细腻生动、刻画的真实深刻等等可以进入中学教材后,关于如何选取篇目的问题又提上了日程。

　　既然古代小说进入教材已成定局,那么,又以什么样的标准、选择什么样的篇目来对学生进行教授呢? 何仲英在《白话文教授问题》中做了初步阐述,在《国语文底教材与小说》中作了更为具体深入的论证。前文中何氏认为,在选取国语教材时,"中国名家小说"是"能够做模范文的",中国古代小说"虽多长篇,然而,有高尚的思想,优美的结构,能自成段落,节录教授者,不妨酌选",并具体列举了一些可以作为选文的片断:"如《水浒传》中'武松打虎'一段;《儒林外史》中叙述'王冕放牛画荷花孝亲'一段(第一回),荆元弹琴,季遐年写字两段(第五十九回);皆描写如生,可选。其他如《西游记》,选其理解高妙有兴趣者;《三国演义》选其体贴尽至,不背历史事实者,甚而《红楼梦》描写人性世故细微的地方,《官场现形记》、《二十年目睹之怪现状》以及《老残游记》记人记事记景,有头有尾能够为白话文模范者,也不妨酌选。"②后文则将"国语文底教材的范围"分为散文、韵文、戏剧、小说四类,其中"戏剧,包括一切新旧剧而言",而"小说,包括白话的长篇(章回体或段落体)、短篇小说而言"。并将小说、戏剧二者可供选择的材料作了一个对

---

① 穆济波:《中学校国文教学问题》,原载《中等教育》第二卷第五期,1923年,见:顾黄初、李杏保主编《二十世纪前期中国语文教育论集》,成都:四川教育出版社1991年版,第263-264页

② 原载《教育杂志》第十二卷第二号,1920年,见:顾黄初、李杏保主编《二十世纪前期中国语文教育论集》,成都:四川教育出版社1991年版,第139页。

比："戏剧方面，元体有曲有白，联贯一气，大概四折，不便割裂。现在戏台上通演的剧文，又都鄙俗不堪，毫无意义。新剧稿本好的尤少。……西洋剧译成国语的，容有一二，又因他的意义，与我国国民生活和思想上不尽吻合，难作教材"，相比而言，"小说方面，比较他项材料实多一点，而且用白话文较早，影响于今日所谓新文学者甚大。从《水浒传》一直到《老残游记》，其中经过有价值的白话小说，不下若干部"。当然，何氏对于古代小说不是全盘肯定的，而是首先强调了其思想与艺术上的局限性："因为旧思想、旧形式所束缚，动辄一百回、八十回，抒写的技能，难免有缺憾，全体的结构，难免有拉拢杂凑欠紧严的地方；或是冗长散漫，没有一定的人生观，随意嘻笑怒骂，无言外之意；或是写到男女恋爱奸私，和武人强盗显他特殊势力的时候，作者往往自己动心，写上许多肉麻字句，以致意境不高，文情俗恶，难免有诲淫、诲盗的批评"；然而，何氏所强调的在于白话小说在表达上的真实恳切与言之有物："(白话小说的)写情记事，实在有的比现在国语底散文描写得好，内容所涉问题，实在有的比现在空洞的国语议论文见解得深；而且所用的白话，有的非常纯粹简净，可以为模范。所以有的人认白话小说，为统一国语底利器，也认为国语文唯一的教材。我以为中国著名的白话小说，虽抵不上西洋的所谓浪漫派、写实派的佳作，然而文意兼茂的尚多，即单就文学上描写的技能说，亦殊有可取。所以在现在的国语文底材料中，白话小说独居特殊的地位。"因而落实在教材编选上，何氏主张："就现在教材底分量说，小说实在是比较的多、比较的好，就教材底课外适宜说，小说实在是比较的有兴趣，比较的能持久。再深一层说，与其读一部高等小学理科读本，不如看一部《上下古今谈》；与其读《徐霞客游记》，不如看一部《老残游记》；与其读尽乾嘉时文人底专集，不如看一部《儒林外史》；与其模仿这篇传，模仿那篇传，不如看一部《水浒传》；与其学诗、学词、学歌、学赋，不如看一部《红楼梦》和一部《镜花缘》。所以我敢说白话在现在,虽不能说是国语文底唯一教材,也当占国语文教材底大部分。"那么在中学学习中,白话小说应占到怎么的分量呢? 何氏认为胡适提出的"二十部以上,五十部以下"的要求显然是太多了,并认为"真正好的,未必有如许之多",于是列出了九部古代小说以供学习,包括《上下古今谈》《老残游记》《儒林外史》《官场现形记》《二十年目睹之怪现状》《镜花缘》《西游记》《红楼梦》《水浒传》等。①正是在这样的思想和观念指导下,何仲英参与了《白话文范》的编选工作。

据现有资料看,时任南开学校国文教师的洪北平、何仲英编选的《白话文范》是最早选录古代白话小说的中学语文教材。此书由商务印书馆出版发行,共四册,相继出版于 1920 年 5 月、8 月、9月、12 月。其中共收入白话小说 12 篇,第一册有《王冕》、《郭孝子寻亲记》(出《儒林外史》),第二册有《季遐年》、《荆元》(出《儒林外史》)、《君子国》(出《镜花缘》)、《桃花山》、《玉大人诬盗记》(出《老残游记》)、《孙悟空》(出《西游记》),第三册有《〈文明小史〉楔子》、《大明湖》(出《老残游记》),第四册有《黄河结冰记》、《白妞说书记》(出《老残游记》)。可见,在明清白话小说中,《白话文范》尤重《儒林外史》和《老残游记》,这或许是从其语言的简净纯熟角度考虑的,因其编选用意在于"供研究白话的人做范本用的"②。另外,当时比较有特色的沈星一编、黎锦熙与沈熙校的新中学教材《初级国语读本》三册也是较能体现这一时期"国语"特色的教材,其第二册即"兼采旧说部,使学者略识国语文演进的历程"③(第一册中选入的李伯元《〈文明小史〉楔子》在当时虽为时人之作,在今日亦属古

① 原载《教育杂志》第十二卷第十一号,1920 年,见:顾黄初、李杏保主编《二十世纪前期中国语文教育论集》,成都:四川教育出版社 1991 年版,第 149-153 页。
② 《白话文范》,上海:商务印书馆 1921 年版,第 1 页。
③ 《新中学教科书·初级国语读本》,上海:中华书局 1924 年版,第 1 页。

代小说之列)。

就课程标准(教学大纲)的要求来说,1922 年,叶绍钧、胡适分别起草《新学制课程标准纲要——初级中学国语课程纲要》和《高级中学国语课程纲要》,初中"毕业最低限度的标准"的略读书目中收入了《西游记》和《三国演义》,高中"内容与方法"中"高级中学应读的名著"收入了《水浒传》《儒林外史》《镜花缘》等。1922 年之后,各书局共出版初中高中课本二十多种,古代小说中的一些经典段落,如《水浒传》中的《景阳冈武松打虎》,《老残游记》中的《明湖居听书》,《红楼梦》中的《刘姥姥》、《林黛玉》及《世说新语》中的一些条目都曾陆续入选。不过总的来说当时的语文教学还是很不统一的。阮真 1935 年发表的文章中还这样评价当时国文教学的混乱:"新国文教师的枪法,颇不一致了。有的来教白话新诗小说,有的从旧式白话小说中选取教材,有的从报章杂志上看见时人发表的论文,只要是白话的,便不问好歹,一起抄来"①,这既囿于当时的社会背景与时代环境,也囿于现代语文教育才刚刚起步,对其性质、目的都有着许多认识上的模糊,这也是无可厚非的。

第三节 古代小说戏剧教学方法的初步讨论

白话文进入课堂,引起的不仅是教材的革命,还有教学方法的变化:"从前教授古文,只须把古文中古典、难字、难句考查出来,就可在讲堂中,用详征博引的法子,逐字逐句解释给学生听。他的解释考证,未必和学生有益,但是总可以借此自炫渊博,敷衍教授的时间。若教授白话文,就形式一方面而论,学生比较的容易懂,不

---

① 阮真:《时代思潮与中学国文教学》,原载《中华教育界》第二十二卷第一期,1935 年,见:顾黄初、李杏保主编《二十世纪前期中国语文教育论集》,成都:四川教育出版社 1991 年版,第 603 页。

必要教员的逐句讲解。既然不要逐句讲解,那么,教员在讲堂上,好像无所事事,自己也不免难乎为情了。"①尤其是白话小说,基本都是学生可自行阅读的,那么应该如何在课堂上进行教授呢?而随着西方现代教育学、心理学的引进,许多学者也逐渐意识到传统的教学方法存在着一言堂、满堂灌的弊端,非常有改进的必要。二者相结合,使得古代小说戏剧的教学不得不另求新方法。

早在 1920 年"中学国文的教授"的演讲中,胡适就已经对小说的具体教学方法提出了很好的建议,提出了以选文为体、讨论为主的教学方法。胡适指出,小说的教学应该"都由教员指定分量,由学生自修。课堂内只有讨论,不必讲解,因为讲解是教授文言不得已的方法。"总体上要求小说教学以学生自学为主,并对长篇小说如何选取片段及不同内容题材的小说如何讨论提出了具体的建议。首先,长篇小说不可能一次讨论完,所以得"指定分量,不必限定一回,可以一段一段分",但内容的截取必须保持故事的相对完整性,"譬如《西游记》前八回说孙悟空的历史为一次,因为你就不指定八回,他们学生也自然看完了八回才止的"。又如《水浒传》记"生辰纲为一次",这既照顾到了学生的阅读心理,也照顾到了一堂课的讨论容量。其次,不同题材与性质的小说,讨论的方法也应有所不同,要"随材料变更",即使带有某些相同点的小说,在具体讨论时也应有所侧重。并举了"都是诙谐"、"都是描写"的《西游记》与《儒林外史》为例,"《西游记》前八回是神话小说,《儒林外史》写严贡生与严监生的家事,是社会小说",《西游记》写孙悟空大闹天宫固然"好看",但教师应该让学生讨论:"这八回的文章为什么好看?为什么令人发笑?为什么看了不肯放手?"而《儒林外史》中写

①　仲九:《对于中等学校国文教授的意见》,原载《教育潮》第一卷第五期,1919年,见:顾黄初、李杏保主编《二十世纪前期中国语文教育论集》,成都:四川教育出版社1991 年版,第 100 页。

严贡生临死前伸着两个手指头不肯断气的情节,"教员应该使学生懂得这种文章的好处究竟在什么地方,现在有没有这样的人;若是做小说的'过甚其辞',为什么我们看了觉得有趣。"再次,除故事外,胡适认为"一切布局、描写、用意、人物,都可以作讨论的内容,或则再加以批评。"从胡适的这些论述中可以看出,这种讨论教学应是较能引进学生的学习兴趣,并引发和促进其独立思考能力的。

此后,何仲英在《白话文教授问题》中也谈及白话小说的教授方法,具体以《水浒传》和《儒林外史》中的选篇为例,其中《水浒传》的武松打虎一段的讲解过程大概可以分为以下层次:首先,疏通文句,了解故事源流。何氏将从"武松在路上行上几日"起到"一步步挨下岗子来"的这段小说原文,分成段落,用新式标点标点后,参考《小说丛考》讲述《水浒传》的成书过程,然后与学生共同讨论《水浒传》的大致内容。其次,考察字义。《水浒传》虽为白话,但有些古白话用语却并非当时的学生一望可知的,因此尚须加以讲解,何氏在讲解中侧重的不仅是"明其然",更重要的是让学生"明其所以然",要让学生知道:"'怎地'、'恁地'怎么讲?'端的好酒'的'端'字何以作'真'字解?'休得胡鸟说'的'鸟'字,何以就指'男子的生殖器'?"再次,探讨小说在结构、语言、人物描写等方面的精妙之处。何氏组织学生讨论了一系列有趣的问题,有的涉及构思,如武松要怎样吃下十八碗酒,反复描写武松的哨棒有何作用等等;有的涉及语言与修辞,如"原来那大虫拿人……""原来打急了……""原来使尽了气力……"这几句话,为什么要用"原来"的字眼等等。应该说,何氏这样的讨论法,教学效果是非常好的:"我研究到这些问题,学生没有不欢喜推敲,没有不入神注意,我真敢相信,学生有了这种研究的兴趣,将来有少数的人研究古文,定能'势如破竹'"。对于《水浒传》这样故事生动的小说何氏这样讲,而对于像《儒林外史》这样不以情节取胜的小说则又采取另一种讲授方式。如从"王冕已是十岁了"到"买些好东西孝养母亲"这一段选文,因文字浅

显,所以不必讲解,但何氏用宋濂《王冕传》作为对照,启发学生体
会文言与白话表达的不同,"一是活文字,一是死文字,又互相讨论
一番,不觉就生出读者无限研究的兴趣。"而在《国语文底教材与小
说》中,何氏更系统地提出了学习小说的教学方法:

(一)规定分量　先由教师指定书名,自某处起至某处止,
让学生自己去看。……规定分量的方法,当以一事底起末为
标准。如《水浒传》武松打虎为一次,打蒋门神又是一次;《老
残游记》玉大人诬盗两章可并为一次,济南风景一章可分作两
次;又《西游记》前八回,叙述猴子底历史,可分可合,也可为一
次。总之以便于研究,规定分量底多寡,不拘泥于章回,此第
一要知道的。

(二)提出问题讨论　……无论哪一篇小说,总有那一篇
意义。学生得互相提出问题,由教师聚焦归并,并增加,依次
条列,令学生答复。譬如一篇小说底主意是什么？怎样的布
局？怎样的修辞？有没有和他篇比较的不同底地方？当尽量
让学生先答,教师再为详细的说明。

(三)练习应用　凡小说内容,可以表演的,选出几段,分
配学生在讲台上表演;从文字移到语言上,大可帮助国语底发
展,并矫正学生语法底谬误,养成他们言语也能修辞的习惯;
或者因此而于演说辩论的技能,练习纯熟。可以发感想的,不
妨拟相当题目,令学生发抒议论,或模仿翻译为种种文字,作
文上易于进益。

就何氏的教学方法而言,已经较为先进,除因当时语文课程未能确
定统一的教材,因而须由教师择定上课的具体篇目外,其他的讨论
过程及应用问题都已达到现代语文教育的水准了。

可以说,自晚清经五四前后至三四十年代,经过激烈论争,在
独特的时代语境与文化背景下,古代小说戏剧终于获得了进入中

学教材的地位,这既是古代小说戏剧自身价值的被发掘、被承认,也是现代语文发展的必然趋势。

第四节 当代语文教材中的古代小说戏剧

古代小说虽然自 20 世纪 20 年代起开始进入中学教材,但作为草创阶段,其选编情况不尽如人意,选文尚不够丰富,选择面也比较狭窄,基本上为《儒林外史》《老残游记》《镜花缘》等少数几部小说所笼罩,以古代小说的丰富性与多样性来衡量,可以发现编者的视野略嫌狭窄,体例也有不妥,如同一册往往会有若干篇选文出自同一部小说,而由于编选者在某种程度上仍带有较多传统文人的欣赏趣味,也影响了编者的选文,使其价值取向较为单一。

1949 年中华人民共和国成立后,国家对原有教育制度与教育体系进行了一系列研究和改造,先后制定颁布了数个教学大纲,对语文学科的性质、特点、教学方法等的认识有阶段性的变化。但就教材方面而言,80 年代之前都是由人民教育出版社主持编写和发行工作,因此这近 40 年的语文教学界基本是人教版的一枝独秀。进入 80 年代之后,中国的政治、经济、文化都发生了重大变化,语文教材的改革也提上日程。1980 年前后,教育部主持召开了两次中学语文教材改革座谈会,提交的教材改革方案就有 20 多份。人民教育出版社中学语文室借此机会在全国作了大规模的中学语文教学现状调查,并于 1982 年开始编制六年制重点中学阅读课本、写作课本。与此同时,全国各地也纷纷拟定教材改革方案,编写实验教材。至 1986 年,改革进行更加深入,国家颁布了《中国教育改革和发展纲要》,提出"中小学教材要在统一基本要求的前提下实行多样化。提倡各地编写适应当地农村中小学需要的教材",而"为了在统一教学基本要求的前提下,有领导、有计划地实现教材的多样化,以适应不同地区的需要",国家教委则专门成立了全国中小学教材审定委员会,负责审定各地编选的教材。到1992年,全国就有九套义务教育的初中语文教材审查通过,准予在全国范围内试用。自此,各地自编教科书如雨后春笋般纷纷问世,出现了所谓"一纲多本"的局面。在2001年第八次基础教育改革之后,教育部于2003年颁布了《语文课程标准(实验稿)》(即所谓新课标),为各地的语文课程改革拉开了帷幕。在"一纲多本"的教材编写思想的指导下,一些省市地区开始尝试自编教材,最终经教育部全国中小学教材中心审定委会员的审查,通过了五个版本的高中语文教材,它们分别为人民教育出版社与北京大学中文系合编的人教版,江苏教育出版社出版的苏教版,语文出版社出版的语文版,广东教育出版社出版的粤教版以及山东人民出版社出版的鲁人版。"一纲多本"打破了人教版一统天下的旧格局,适应了不同地区学生的个性化发展要求,在选篇内容、结构体系及学习安排等方面都显示出相当的差异,体现了鲜明的个性。

关于中国古代小说戏剧在中学教材中的选文情况,语文学界已有一定研究,有的专门针对古代小说戏曲选文,如许珍《中学语文教材如何选编中国古典小说》(华中师范大学硕士学位论文,2005年)、张晓琴《中学语文教材中古代小说选文研究》(上海师范大学硕士学位论文,2010年)、陈露《高中语文中国古代戏曲教材选编与教学研究》(东北师范大学硕士学位论文,2013年)等;也有的将古代小说戏剧与其他古代文学作品一起研究,如涂盈盈《两套高中语文教科书中古代选文研究》(东北师范大学硕士学位论文,2007年)、尹晓雪《高中语文教材中古代文学作品选文研究》(东北师范大学硕士学位论文,2013年)、高颖《新人教版和北师大版高中语文必修教材中国古代选文比较研究》(华中师范大学硕士学位论文,2014年)等;还有的将古代小说戏剧与同体裁文学作品一起分析,如谭琼《高中语文教材小说选文之思》(《太原大学教育学院学报》2008年第4期)、孙雪艳《建国以来我国中学语文戏剧文学作品选文研究》(山东师范大学硕士学位论文,2014 年)、张华伟《课标版高中语文教材戏剧选文研究》(华东师范大学硕士学位论文,2014 年)等;还有将古代小说戏剧选文研究与教学方法探讨相结合的,如潘冠海《教科书小说选文特色及教学策略》(《语文教学通讯》2008 年第 9 期)、党璇《人教版高中语文教科书戏剧单元练习系统研究》(华东师范大学硕士学位论文,2013 年)等等。可以说,研究范围已比较广泛,涉及当前主要的中学语文教材版本。从中我们可以看到,古代小说戏剧选文随着教育形势、教育改革及对语文性质的认识,也在不断地发生变化。

梳理古代小说戏剧在中学语文教材中的变化,可以发现无论是从篇目选择、呈现方式还是助学系统都有程度不同的变化,就总体而言,这些变化体现出了中学语文界对古代小说戏剧教学认识的深化,但并不是说当前的古代小说戏剧选文就完美无缺了。

首先,就篇目选择来说,不同版本的教材中,古代小说戏剧的选文有着较大的差异,这种差异在数量、时代、语体、篇幅等多个方面都有表现。以数量而论,几乎所有语文教材中都无一例外地收入了古代小说戏剧选文,但其数量却有着极大的差距。目前可见收入古代小说选文数量最多的是 1956 年汉语、文学分科后的《文学》课本,其初中部分收入了《鲁提辖拳打镇关西》(《水浒传》)、《岳飞枪挑小梁王》(《说岳全传》)、《王冕》(《儒林外史》)、《群英会蒋干中计》(《三国演义》)、《促织》(《聊斋志异》,此为现代汉语译文,非原文)、《错斩崔宁》(宋话本)、《解珍解宝》(《水浒传》)、《范进中举》(《儒林外史》)、《制台见洋人》(《官场现形记》)、《刘玄德三顾草庐》(《三国演义》)、《刘姥姥一进荣国府》(《红楼梦》)、《尸魔三戏唐三藏　圣僧恨逐美猴王》(《西游记》)、《灌园叟晚逢仙女》(《醒世恒言》)等 13 篇,高中部分则收入了《搜神记》二则(《李寄》《干将莫邪》)、《世说新语》四则(《荀巨伯》《管宁》《郗超》《周处》)、《柳毅传》(唐传奇)、《碾玉观音》(宋话本)、《林冲发配》(《水浒传》)、《失街

亭》(《三国演义》)、《大闹天宫》(《西游记》)、《杜十娘怒沉百宝箱》
(《警世通言》)、《严贡生和严监生》(《儒林外史》)、《诉肺腑》(《红楼
梦》)、《草木皆兵》(《二十年目睹之怪现状》)等 11 篇,共计 24 篇,
为历版语文教材收录古代小说数量之最。不过这套教材中收入的
古代戏剧则算不上最多,初中收入《打渔杀家》,高中收入《法场》
(《窦娥冤》)、《哀江南》(《桃花扇》),共 3 篇。其次则是 1981—
1984 年的人教版初中语文实验课本《阅读》,其中收入讲读课文
《鲁提辖拳打镇关西》(《水浒传》)、《狼》(《聊斋志异》)、《画琵琶》
(唐传奇)、《制台见洋人》(《官场现形记》)、《范进中举》(《儒林外
史》)等 5 篇,自读课文《杨修之死》(《三国演义》)、《李寄》(《搜神
记》)、《智取生辰纲》(《水浒传》)、《葫芦僧判断葫芦案》(《红楼梦》)
等 4 篇,共计 9 篇。1983—1985 年的人教版高中语文实验课本
(后据 1996 年《全日制普通高级中学课程计划》和《全日制普通高
级中学语文教学大纲》精神做过调整)中则更增加了古代小说戏剧
的选文分量,其《文学读本》中专门设置了古代小说鉴赏与古代戏
剧鉴赏的专门单元,古代小说鉴赏部分收入了《柳毅传》(唐传奇)、
《青梅煮酒论英雄》(《三国演义》)、《智取生辰纲》(《水浒传》)、《三
调芭蕉扇》(《西游记》)、《杜十娘怒沉百宝箱》(《警世通言》)、《促
织》(《聊斋志异》)、《严监生和严贡生》(《儒林外史》)、《林黛玉进贾
府》(《红楼梦》)等 8 篇,其中《三调芭蕉扇》与《严监生和严贡生》为
自读课文;其《文学作品选读》中亦收入古代小说 8 篇,分别为《错
斩崔宁》、《快嘴李翠莲记》(《清平山堂话本》)、《群英会蒋干中计》
(《三国演义》)、《孙庞斗智》(《东周列国志》)、《宝玉挨打》(《红楼
梦》)、《君子国》(《镜花缘》)、《明湖居听书》(《老残游记》);而其《文
化读本》中还选入了《红楼梦》中的《香菱学诗》,这样这套教材中一
共收入了 17 篇古代小说选文。在古代戏剧方面,《文学读本》安排
了专门的古代戏剧鉴赏单元,收入《窦娥冤》、《长亭送别》(《西厢
记》)、《游园》(《牡丹亭》)、《哀江南》(《桃花扇》)第 4 篇,其中《哀江

南》为自读课文;《文学作品选读》中选入了《陈州粜米》(节选)、《马嵬兵变》(《梧桐雨》)、《灞桥饯别》(《汉宫秋》)、《打渔杀家》等 4 篇;二者合计 8 篇,在古代戏剧选文中属数量之最。而以当前通行的五套课标版高中语文教材而言,古代小说戏剧选文的数量均大幅度减少,五套教材中均只有 1～2 篇古代小说、1～2 篇古代戏剧。古代小说方面,五套教材均选了《红楼梦》,人教版、苏教版、语文版、鲁人版均选取了第三回《林黛玉进贾府》(语文版命名为《宝黛相会》),粤教版选的是第三十三回《宝玉挨打》,此外,人教版加选了《水浒传》中的《林教头风雪山神庙》,粤教版加选了《三国演义》的《失街亭》。古代戏剧方面,人教版、鲁人版均选了《长亭送别》和《窦娥冤》,苏教版和粤教版则只选了《长亭送别》,语文版只选了《窦娥冤》。这种现象与语文难度降低、课文数量减少的趋势是相一致的,但如此之少的数量,确实很难达到通过这样一两篇小说了解中国古代小说发展大致历程与成就的目的。以时代而论,选文数量较多的教材能够做到在小说戏剧的时代上大致平衡,如人教版 1956 年文学课本,所选古代小说的时代范围涉及了魏晋(《搜神记》《世说新语》)、唐(《柳毅传》)、宋(《错斩崔宁》)、明(《三国演义》《水浒传》《西游记》《警世通言》《东周列国志》)、清(《儒林外史》《红楼梦》《聊斋志异》《二十年目睹之怪现状》),古代戏剧涉及了元(《窦娥冤》)、清(《桃花扇》《打渔杀家》)两个时代。1983—1985 年的人教版高中语文实验课本虽然古代戏剧选文有所增加,但涉及时代也均在元代与清代,这一点在现行五套课标版语文教材中也没有大的变化,只是更集中在元杂剧上了。以语体而论,基本上选文较多的语文教材,都能兼顾到文言与白话两种语体,文言小说多选自《搜神记》《世说新语》、唐传奇或《聊斋志异》,白话小说则多自明清取材。以篇幅而论,当前课标版五套教材中均为长篇小说节选,而此前教材中则往往兼顾长篇与短篇。古代戏剧则多为节选,往往选择整个戏剧中最精华的一出,如《窦娥冤》之《法场》,《西厢记》之《长亭送别》等。

其次,就呈现方式而言,古代小说戏剧选文在语文教材中的呈现方式存在着一定的无序性,甚至是混乱。语文教材除了要有合理的深层结构,能够满足学生学习的要求以外,还应该有与之相适应的表层结构,即为了使学生更有效地进行学习,教材应有精心设计的单元组织、功能模式等。换言之,即古代小说戏剧是以怎样的方式被选入语文教材的,又是以怎样的方式被统领起来的。以曾经被多数版本选入过的《林教头风雪山神庙》为例,可以看出不同教材选入的位置存在着极大的随机性,如表1-1所示。

表1-1 《林教头风雪山神庙》选入位置统计表

教材版本	初/高中	选入位置			备注
		册数	单元	专题	
人教版1952年版	初中	第五册	/	/	
人教版1959年版	初中	第六册	/	/	
人教版1960年版	初中	第四册	/	/	
人教版1963年版	初中	第六册	/	/	
人教版1978年版	高中	第一册	/	/	
人教版1982年版	高中	第一册	/	/	
人教版1990年版	高中	第四册	第五单元	古代小说	
人教版全日制普通高中语文（试验本）《阅读》	高中	第四册	第六单元	/	本册第三单元为古代小说,本单元则选入金圣叹《林教头风雪山神庙》评点
人教版高中语文实验课本	高中	文学作品选读		古代小说	
人教版2001年版	高中	第四册	第二单元	古代小说	

续表

教材版本	初/高中	选入位置			备注
		册数	单元	专题	
人教版 2004年版	高中	第五册	第一单元	/	
上海 H 版中学语文	高中	二年级第二学期即第四册	第一单元	人物形象的鉴赏	
北师大实验中学高中语文	高中	第六册	第四单元	明清小说	
上海 S 版中学语文	高中	三年级第一学期即第五册	第五单元	扩展阅读·理解和评价	《林教头风雪山神庙》及评点/金圣叹
湖南师大附中初中语文实验教材《阅读》	初中	第三册	第七单元	中国古代长篇名著选读	
上海华东师大二附中初中语文	初中	第三册			
上海教科所初中语文实验课本	初中	第三册	第十单元	小说·小说中的情节	附:《水浒传》简介
开明版高中语文实验课本	高中	第四册			
沪教版	高中	第一册			

　　从表 1-1 中可以看到,同样的《林教头风雪山神庙》一文,在不同教材中的位置安排有着很大的不同,最早的安排在初中第三册,即初中二年级第一学期,而最晚的则安排在了高中第六册,即高中三年级的第二学期,显然这两个时间段学生的学习能力与思维还是有着很大的差别的。古代戏剧因为选文一般较少,情况较之古代小说要好一些,以《窦娥冤》为例(见表 1-2)。

《窦娥冤》选入位置统计表

教材版本	初/高中	选入位置			备注
		册数	单元	专题	
人教版1956年版	高中	第三册	/	/	
人教版1978年版	高中	第四册	/	/	
人教版1978年版	高中	第四册	/	/	
人教版1990年版	高中	第四册	第三单元	戏剧	
人教版全日制普通高中语文（试验本）《阅读》	高中	第四册	第五单元	古代戏曲	后附"古代戏曲鉴赏"
人教版高中语文实验课本	高中	文学读本下册	第七单元	古代戏剧鉴赏	
人教版2004年版	高中	第四册	第一单元		

　　基本上《窦娥冤》都被安排在高中第三、四册，集中在高二年级，这比较符合学生的认知水平和语文学习的规律。除了选入位置之外，不同教材中的单元设置与功能模块也是不一样的，主要有三种不同方式：其一，比较多的教材为古代小说戏剧选文设置独立的古代小说和古代戏剧单元，并有辅助学生理解的介绍性文字或概述等；其二，也可能将古代小说戏剧与其他现代小说戏剧及外国小说戏剧合并在一起，设置成小说和戏剧单元；其三，也有的将之拆分成更细的分类，如上海H版语文教材中将《林教头风雪山神庙》归入"人物形象的鉴赏"这一专题下，可见其教学目的是人物形象的分析，而上海教科所初中语文实验课本则将之归入"小说中的情节"专题，可见其教学目的是对小说情节的分析。在现行课标版语文教材中，基本上还是以专题的形式来统领小说篇目，如苏教版把《林黛玉进贾府》放在必修二的"慢慢走，欣赏啊"这一专题中，而

2008 年 6 月第五版中以"总借俊眼传出来"单独领起此篇,2014 年 6 月第 6 版中则仍归于"永远新的旧故事"专题下。

再次,就助学系统而言,一般有教参引导、练习系统等。就教参设计上,存在两方面问题:一是教学目标设计忽视小说的文体特性,如人教版七年级下第六单元的单元目标设置为:"一、情感态度、价值观:激发学生珍视生命、关爱动物的情感,引导学生初步思考和认识人与动物的关系,感悟动物身上所折射出来的可贵精神。二、知识和能力:积累生动的词语和优美、深刻的语句,提高对不同体裁的整体感知能力。三、过程和方法:在理解课文内容的基础上,调动已有的知识储备,结合自己的生活体验,敢于发表自己的见解。做到观点明确,言之有理。"对教学目标的设置兼顾到了三个维度,但这样的设置却明显忽略了小说这一文体的独特性,课标中要求的"了解小说的文学样式"基本上就成了空话,对小说文体的要求直至九年级才开始设置,缺乏该有的过渡。二是教参的引导过于陈旧,程式化倾向严重,缺乏发展性。如九年级上第三单元单元目标设置为:"学习这个单元,首先要注意小说的体裁特点,了解人物、情节、环境等要求,才能更好地阅读小说,分析小说,把握小说的主题。其次要注意培养学生的想象能力和创造能力,理解作者的写作意图和作品本身是首要的,主要的还在于得出自己的见解。其三是注意揣摩小说的语言,从中得到启发,并不断积累,提高实际的语言运用能力。"这里要求学生从"人物、情节、环境"三要素入手分析小说,把握小说主题和语文特点。而九年级下第二单元目标则设置为:"在了解小说内容的基础上,体会小说的主题,学会欣赏人物形象,把握人物的性格,在学习上一个小说单元的基础上,进一步了解小说多样化的表现手法和艺术风格。"表面看来,对小说的阅读要求有所加深,但从具体篇目与课后练习的设置来看,对于如何理解"小说多样化的表现手法和艺术风格"并没有明晰的概念。高一下第一单元提出:"注意欣赏小说的人物形象;分析人物性格的丰富性及其发展变化，注意情节、环境与人物的关系，品味语言的内涵，学习作者语言运用的技巧，鉴赏作者不同的语言风格。"高二下第一单元则提出本单元学习的重点是小说的主题和结构，要求"把握小说的主题，要从感受小说的艺术形象出发，联系作品的时代背景和作家的创作意图，进行具体分析。了解小说的结构，要注意抓住线索，体会作者的谋篇布局，感受小说的艺术美"。基本上，不同阶段不同单元设置的学习目标大同小异，仍是小说的人物、情节、环境、主题及语言等等，不过篇目不同，主次有所不同而已，而且这些单元目标设置大多缺少可操作性。

就练习系统而言，有学者对人教版高中语文必修中的戏曲单元的练习题设计作了综合研究，指出在呈现方式上，习题设计知识系统性较强，更符合研讨探究、合作学习的精神，数量有所减少，能够体现整体阅读的指导思想，但是题目表述中指令性较弱的动词使用较多，题目说明和练习提示较少，增大了具体的操作难度；在题型上，以理解性练习为主，注重文学作品的鉴赏能力，但记忆性练习缺乏，应用拓展性练习的设计意图有偏颇，题型比较单一；在考察的知识类型上，以事实性知识、概念性知识为主，而反省性知识缺失[1]。小说单元的练习设计也存在类似的问题，可见作为助学系统的练习并不能完全达到其设计意图。

古代小说戏剧进入中学语文教材也已有近一个世纪的历程了，回首这百年风雨，其间得失功过，都值得我们今天在进行小说戏剧选文、编排时认真思考。

[1] 党璇：《人教版高中语文教科书戏剧单元练习系统研究》，华东师范大学硕士学位论文，2013年。

第二章 传统评点法与古代小说戏剧教学

评点不仅是中国古代文学批评独有的方式,也是一种独特的文化现象,其在中国文学批评史上虽然以"批评"的面貌出现,但其实际内涵并非文学批评所可涵盖。评点是读者与作者的对话,是读者与文本的对话,其对文本的精细揣摩与切身感悟是其他批评方式所难以企及的。在提倡师生对话、生本对话等对话式教学的今天,重新梳理与反思中国传统的评点法,采取古为今用的方式,将会是我们提升古代小说戏剧教学活力的一种可行的方式。

第一节 评点:一种独特的文学批评方法

评点是中国传统文学批评的重要形式之一,区别于"诗话"、"词话"、"诗品"等其他批评形式而共同构成中国古代文学批评的形式体系。但在文学批评史上,评点作为一种批评形式在自身发展过程中所使用的术语并非整齐划一,而是有着大量的异名,其中较为重要的有:批评、评释、评品、评订、批点、评阅、评次、评校、批阅、点评、品题、点阅、批选等等,其中最常用的是"评点"、"批点"和"批评"三个词,三个语词之间没有明显的界限,古人在使用上也是较为自由的,而现在一般以"评点"一词作为这种文学批评形式的通用术语。

一、评点的内涵与历史发展

评点，顾名思义，由"评"和"点"两部分构成。"评"有时又称"批"，均为批评、评论之意，就其出现位置与形式而言，有正文之中的双行夹批、行间的批注、页面上端的眉批、回前总评、回后总评等等。在"评""点"二字中，"评"是一种语言功能，可以清楚准确精致详细地表达意思或思想，稍长的评语甚至可以在所评文章之外单独成篇，如司马迁《项羽本纪赞》、《孔子世家赞》等，实际上它们最初仅以评点的形式出现，后人才将之视为独立的散文。而"点"，则是一种符号，其含义在历史发展过程中几经演变。《尔雅》："灭谓之点"，郭璞注曰："以笔灭字为点"，也即用笔在写错的或不当的字旁加点表示删除的意思，《后汉书·祢衡传》称赞祢衡文章援笔而成无须修改为"文无加点"即其意。后来"点"字陆续衍生出"点窜"（"点"为点灭，"窜"为窜改、修改）、"点定"（"点"为点灭，"定"为改定）、点烦（"点"为点灭，"烦"为多余）等不同义项，到唐代韩愈笔下出现了"点勘"（"点"为点灭，"勘"为核对、核定，即通过核对把不正确的字加点去掉而把正确的字记于旁边）一词，宋代学者则对韩愈的点勘有所评论："难追老杜风骚手，徒费昌黎点勘丹"，因此有学者梳理了"点"的发展历程，认为："'点'原先只是为了改掉文章中一些不必要的字，后来才发展成为核对、增删，甚至能够加注或'加足片言'，成为一种评改，到了宋代，有些人时在诗、文的关键之处用笔抹划或点出来，以作提示，并与简短的评语结合在一起，更是成为一种完整意义上的评点。"[①]而随着中国评点文学范围的扩大和丰富，"点"的形式也在不断发展中，出现了"点抹""点划""圈点"等许多专用形式。

作为一种读书的标示形式的圈点在宋代有了更丰富的发展。

---

① 孙琴安：《中国评点文学史》，上海：上海社会科学出版社1999年版，第27页。

朱熹曾回忆自己的读书经历云："某二十年前得上蔡语录观之，初用银朱画出合处；及再观，则又不同矣，乃用粉笔；三则同又用墨笔。数过之后，则全与元看时不同矣。"在《朱子语类·论读书法》也提出"先以某色笔抹出，再以某色笔抹出"的读书方法，"抹"又称"笔抹""标抹""涂抹""抹划"等等，即在文字的右侧用笔画一长划，以表示重要或关键之处。其作用如同今天读书，遇关键或重要之外则画一横线一样。因古人文字为竖排，所以画线的方向不像今天一样自左至右，而是自上而下，且毛笔画痕犹如抹划一般，所以宋元时人称这种做标志的方法为"笔抹""标抹""抹划"等等，且有时为了便于区分重点或醒目，还会用不同颜色的笔加以抹划。朱熹这种以各种颜色的笔抹划的方法即为其门人黄幹所继承，黄幹的读书方法又被其门人何基所继承，《宋史·何基传》称其"凡读书无不加标点，义显意明，有不待论说而自现者"，黄宗羲《宋元学案·北山四先生学案》也说何基"凡所读书，朱墨标点"。而何基的这种读书方法又被其学生王柏所继承，元人注经就多借鉴"王鲁斋（柏）先生凡例"："朱抹者，纲领、大旨；朱点者，要语、警语也；墨抹者，考订、制度；墨点者，事之始末及言外意也"，可以很明显地看出自朱熹—黄幹—何基—王柏的一脉相承的读书标示法，而这种读书标示法也极大地影响了当时的诗文评点。就现存资料而言，吕祖谦编选的《古文关键》是最早的文章评点本，其原本"实有标抹"，之后楼昉的《崇古文诀》直接受到《古文关键》的影响，再之后真德秀的《文章正宗》也有"点""抹""撇""截"等评点方法，至南宋末影响最大的谢枋得《文章轨范》则有"截""抹""圈""点"四种符号，并用黑、红、黄、青等不同的颜色再加以分解，正如黄宗羲所评价的："文章行世，从来有批评而无圈点。自《正宗》、《轨范》肇其端，相沿以至荆川《文编》、鹿门《八家》。一篇之中，其精神筋骨所在，点出以便读者，非以为优劣也。"（《南雷文定·凡例》）以上各种标示方法，后世为便于称呼就统称之为圈点，点或圈与抹一样，往往都标示在文字的右边,以示其重要性。有学者认为,评点方式之所以能风靡天下,与"圈点"这一形式有着极大的关系,姚鼐甚至认为"圈点启发人意,有愈于解说者矣"①。

作为一种文学批评方法的评点究竟起于何时,目前学界的观点并不一致。有学者将文学评点的历史远溯至汉代的训诂学与历史学,前者如齐鲁韩毛"四家诗"对《诗经》的不同阐释,后者如《史记》、《汉书》一脉相承而来的论赞②,可谓其源远矣。也有学者认为起于南朝梁代钟嵘《诗品》及刘勰的《文心雕龙》等文论之作,如章学诚认为:"评点之书,其源亦始钟氏《诗品》、刘氏《文心》"(《校雠通义·宗刘》),曾国藩认为:"梁世刘勰、钟嵘之徒,品藻诗文,褒贬前哲,其后或以丹黄识别高下,于是有评点之学"(《经史百家简编序》)。也有学者认为评点起于唐代,如袁枚认为:"古人文无圈点,方望溪先生以为有之,则筋节处易于省览。按唐人刘守愚《文冢铭》云有朱墨圈者,疑即圆点之滥觞。姑从之。"(《小仓山房文集·古文凡例》)也有学者认为评点起于南宋,如吴瑞草认为"诗文之有圈点,始于南宋之季而盛于元"(《瀛奎律髓重刻记言》),《四库全书总目》认为:"宋人读书,于切要处率以笔抹,故《朱子语类·论读书法》云先以某色笔抹出,再以某色笔抹出。吕祖谦《古文关键》、楼昉《迂斋评注古文》亦皆用抹,其明例也。谢枋得《文章轨范》、方回《瀛奎律髓》、罗椅《放翁诗选》始稍稍具圈点,是盛于南宋末矣"(《四库全书总目》卷三十七《苏评孟子》),张伯伟认为"考文学评点之成立,实始于南宋"③,应该说,南宋时期中国文学评点已

① 参见:吴承学《评点之兴:文学评点的形成和南宋的诗文评点》,《文学评论》1995 年第 1 期。

② 孙琴安:《中国评点文学史》,上海:上海社会科学出版社 1999 年版,第 1-13 页。

③ 参见:张伯伟《评点溯源》,章培恒、王靖宇主编《中国文学评点研究论集》,上海:上海古籍出版社 2002 年版,第 2 页。

发展至较完整的形态,而此前可作为滥觞时期。

二、古代小说戏剧评点的历史发展

古代小说戏剧虽均属叙事文学,但因戏剧属于舞台艺术,其古代研究不仅仅局限于评点之一体,而是出现了《曲律》《曲话》等体系性论著,并不像古代小说研究一样以评点为主体,因而下文所论主要建立在小说评点的历史发展与特点上,而于戏剧评点的发展则在第二节述及《西厢记》评点时再略作介绍。

小说评点的起源,一般认为"直接导源于唐宋以来的诗话及诗文评点著作"①,认为小说评点的基本形式如圈点、眉批、夹注、回评、总评等都已见于唐宋诗话、诗文评等中。但也有的学者认为,小说评点应该渊源于古籍的"注释",是"古代典籍评注形式在小说戏曲批评中的运用"②。不过一般认为,我们所说的明清小说戏剧评点是从传统的诗文评发展而来的,与《文心雕龙》等体大思精的文论之作相比,评点更注重对文本本身的品味与咀嚼,更注重文本修辞的细部性特征。诗评方面,唐代已有皎然的《诗式》等注重对诗歌声律、对仗、用典等的总结归纳,至宋代,江西诗派总结出各种"活法",如"点铁成金""夺胎换骨"等;文评则自宋代开始出现,一方面与文本解读品评的精细化及启示后学方便法门的目的有关,另一方面则有着实用的目的即应对科举考试之用,如吕祖谦《古文关键》、谢枋得《文章轨范》、楼昉《崇古文诀》等。就整体而言,小说戏剧评点在形式上的成熟得益于三个方面的因素,即典籍注释、史著体例与文学选评。

首先,是典籍注释。中国古代的注释是由注经开始的,并形成

---

① 王运熙、顾易生主编:《中国文学批评通史》第四卷,上海:上海古籍出版社1996年版,第728页。

② 董洪利:《古籍的阐释》,沈阳:辽宁教育出版社1995年版,第17页。

了经学研究的系统方法与术语。注经开始于西汉时期,是对经典文本的诠释,包括词义、句义,揭示义理及概括文本主旨等。典籍注释对评点的影响主要在体例上,尤其是注文与正文的融合是后来小说戏剧评点的直接源头,后来小说戏剧评点中的夹批、旁批、评注等都是由此而来的。

其次,是史著的体例,这种影响主要体现在史著的"论赞"上,"论赞"作为中国历史著作的一种独特评论方式,是历史学家对自己笔下的历史现象与历史人物的直接评价与议论,自《左传》的"君子曰"到司马迁《史记》中的"太史公曰"、班固《汉书》中的"赞曰"等等,都成为后来小说戏剧总评的直接渊源,尤其在历史演义类小说中,其影响更加显著。

再次,是文学选评的形式,这是评点这一批评形式的内部发展。《毛诗》与《楚辞章句》中已有篇首小序,实为后世文学选评的源头。南朝梁昭明太子萧统编选先秦以后诗文成《文选》,以"事出于沉思,义归乎翰藻"为选录标准,编成之后风行一时,相应的注释也随之出现,"文选学"遂成一专门学问,最著名者当推李善。"选学"的兴盛将注释学从经学领域引入文学领域,有利于诗文阅读,但相对而言缺少文学鉴赏。唐代以来,融选文与注评为一体的选本渐次出现,如殷璠《河岳英灵集》、高仲武《中兴间气集》等。真正意义上的文学评点从南宋开始,尤其是古文评点如吕祖谦《古文关键》、楼昉《崇古文诀》、真德秀《文章正宗》、谢枋得《文章轨范》等,在体式与功能上奠定了后世文学评点的基本格局。

古代小说戏剧评点虽然导源于以上诸种形态,但与传统诗文批评理论不同的是,古代小说戏剧尤其是小说是以评点为主要批评形式的。之所以出现这一现象,有其深刻的内在原因,尤与中国古代小说戏剧的通俗性、商业性密切相关:"南宋以来的文学评点以选评为一体,以实用性、通俗性为归趋,在宋以来的文学批评中可谓别开生面,赢得了读者和批评者的广泛注目。尤其在通俗小说领域,这种批评方式和批评特性深深地契合于通俗小说的文体特性和传播方式。从整体而言,中国古代通俗小说是一种最能体现'文学商品化'的文体,这是通俗小说区别于中国古代其他文体的一个重要标志,而推进小说文本的商业性传播无疑也成了小说批评的一个重要功能,南宋以来的文学评点以通俗性和实用性为其主要特性,正与通俗小说的这种文体特性深深契合"①。在明清小说戏剧评点大量涌现之前,在小说戏剧评点史上值得一提的是梁萧绮"录"《拾遗记》与刘辰翁评点《世说新语》。《拾遗记》为晋人王嘉所作志怪小说,成书情况不详,但今传本经过梁宗室萧绮的整理,全书十卷,在部分正文之后,有一段以"录曰"开头的文字,虽然还不能完全看成是萧绮对《搜神记》的文学批评,但就其性质而言已经是一种将评论附丽于小说文本的批评方法,可视为小说评点的滥觞。南宋刘辰翁的《世说新语》评点则一般被学者认为最早的古代小说评点。其形式基本上是眉批,凡有所体会处,即在眉端批点几句,或两三字,或三四字,多者不过二三十字。其内容大致可分为两类,一是对书中的人事本身进行的评论,如《世说新语》中著名的王羲之坦腹东床故事,刘辰翁批道:"晋人风致著此,故为第一,在古人中真不可无";一类是对书中的叙述或描写等从文学角度进行的评论,如"《世说》长处,在写一时小小节次,如见可想","此次较有俯仰,大胜史笔","此纤悉曲折可尚"等。虽然刘辰翁的《世说新语》评点形式还较为单一,基本上只有眉批一种,论述也较为简单,但已能在简单的三言两语的评论中注意到人物形象与语言描写,实开中国古代小说评点之先河。真正意义上的小说戏剧评点起于万历年间,就其形态而言,经历了一个渐进的发展过程:从带有深厚注释意味的双行夹注的形式逐渐向"评"演化,评点形态也随之出现了眉批、旁批、总批等,至崇祯十四年金圣叹《水浒

---

① 谭帆:《中国小说评点研究》,上海:华东师范大学出版社 2001 年版,第 9 页。

传》评点而形态趋于完备。其最完备的形态包含这样几个方面：
"开头有个序,序之后有读法,带点总纲性质,有那么几条、十几条,
甚至一百多条。然后在每回的回前或回后有总评,就整个这一回
抓出几个问题来加以议论。在每一回当中,又有眉批、夹批或旁
批,对小说的具体描写进行分析和评论。此外,评点者还在一些他
认为最重要或最精彩的句子旁边加上圈点,以便引起读者的注
意。"①不过大多数小说评点并不都具备如此完备的形态,而是往
往以其中一种或几种为主,其中以眉批为小说戏剧评点中运用最
普遍最轻灵的形式。

综观古代小说戏剧评点的发展历史,可以划分为四个时期,即
明万历年间的萌生期、明末清初的繁盛期、清中叶之后的平稳发展
期、晚清的转型期。现将四个阶段的基本特点与代表性评点之作
作一简述。

1. 万历时期小说戏剧评点的萌生

万历时期既是中国古代通俗小说走向兴盛的开始,也是小说
戏剧评点的奠基。就现有资料来看,此时期最早的小说评点之作
为万历十九年(1591)万卷楼刊本《三国志通俗演义》,根据封面"识
语"的介绍,这一版本在文字校订方面做了大量工作,有圈点、音
注、释义、考证、补注等不同方式,其形式均为双行夹注,正文中批
注则有释义、补遗、考证、音释、论曰、补注、断论等数种名目,其中
释义、补遗、考证、音释主要是比较单纯的注释,而论曰、补注、断论
三种则带有较明显的评论性质,虽然书中尚未出现"评点"字样,但
实际上已具备了评点的性质,因此此书可以被视为小说刊本由注
释本向评点本的过渡。万历二十年(1592)书商余象斗刊刻《新刻
按鉴全像批评三国志传》,这是首个标明"批评"字样的评点本;两
年后,余象斗又刊行了双峰堂《水浒志传评林》,该本均有眉批形式

① 叶朗:《中国小说美学》,北京:北京大学出版社1982年版,第13页。

的评点,每则评文均有标题,如"评宋江""评李逵""评诗句"等。不过,无论万卷楼本还是双峰堂本,其评点者或为无名文人或为书商,水平都不是很高,小说评点要真正获得文学批评史上的地位,还有赖于著名文人的加入与提升,李贽对《水浒传》的评点就是这样一个重要契机。李贽评点《水浒传》的过程较长,据目前资料可知,他最早接触到《水浒传》大概是在万历十七年(1589):他在写给朋友焦竑的信中说:"闻有《水浒传》,无念欲之,幸寄与之,虽非原本亦可"(李贽《复焦弱侯》),可见索借之心颇切;万历二十年,袁中道到武昌拜访李贽时,见时年已六十六岁的李贽"正命僧常志抄写此书(即《水浒》),逐字批点",还经常"称说《水浒》诸人为豪杰,且以鲁智深为真修行,而笑不吃狗肉诸长老为迂腐"(袁中道《游居柿录》卷九);四年之后,他在另一封写给焦竑的信中说:"古今至人遗书抄写批点得甚多,恨不能尽寄去请教兄……《水浒传》批点得甚快活人,《西厢》、《琵琶》涂抹改窜得更妙","千难万难不肯遽死者,亦只为不忍此数种书耳"(《与焦弱侯》),可见四年之后李贽犹醉心于《水浒传》与《西厢记》、《琵琶记》的评点。但李贽的评本在其生前未刊出,因而也造成了小说评点史上的一桩公案,容与堂本《水浒传》与袁无涯本《水浒传》究竟何者为李贽评点本,成为学界聚讼纷纭的话题,详下。

2. 明末清初小说戏剧评点的繁盛

明末清初的小说戏剧评点随万历之势而继续发展壮大,这是中国古代小说戏剧评点的黄金时期。与小说创作领域的繁盛相应的,这一时期小说戏剧评点数量有了大幅度增加,以小说评点而言,约有百种之多,占了明清小说评本的半数,评点质量也有了根本性的提高,从金圣叹评《水浒传》到张竹坡评《金瓶梅》的系列评点堪称中国小说评点史上的重要代表。大量文人加入了小说评点的行列,使小说评点的理论性和思想性都有了显著的提高,李贽借小说评点来传达自身思想情感的传统得到了进一步发扬,评点家开始将小说视为可以立身的事业和情感表现的载体。金圣叹《水浒传》评点中就体现出深厚的现实感慨与忧患意识,使评点像创作一样成为能够体现个人内在情志与精神追求的样式。这样的批评风格随着金圣叹批本的风行而得到了文人的广泛认同,张竹坡在谈到自己评点《金瓶梅》的动机时就说:"迩来为穷愁所迫,炎凉所激,……前后结构甚费经营,……我自做我之《金瓶梅》,我何暇与人批《金瓶梅》也哉!"(《竹坡闲话》)同时,评点家的笔触还更多地伸向了对作品情感内涵的把握与艺术技巧的揭示,往往发出对作者情感的认同与艺术的激赏,对读者的阅读起到了导引的作用。这一时期古代小说戏剧评点的理论价值也达到了评点史上的最高峰,如冯梦龙《喻世明言》《警世通言》《醒世恒言》的评点虽然形式简略,且只有眉批,但其三篇序言均是极富价值的小说论文,金圣叹《水浒传》评点对传奇小说的批评,毛纶、毛宗岗《三国演义》对历史演义小说的批评,张竹坡《金瓶梅》评点对世情小说的批评,都是同类型小说批评中的经典之作、代表之作,同时又体现了小说理论的普泛性,具有丰富深刻的理论内涵。

3.清中叶小说戏剧评点的平稳发展

清中叶之后的小说戏剧评点仍呈持续发展的态势,但已失去前一时期的蓬勃生机与广泛影响。这一时期各种小说评本层出不穷,数量上仍有着较大的优势,就其评点对象而言,大致可分为名著评点系列和其他小说评点系列。就前者而言,"四大奇书"中的《水浒传》之金圣叹评点、《三国演义》之毛纶毛宗岗评点、《金瓶梅》之张竹坡评点已经深入人心,而《西游记》仍评本纷出,如张书绅《新说西游记》、蔡元放《西游证道书》、悟一子(陈士斌)《西游真诠》、刘一明《西游原旨》等,但仍未出现足以与金、毛、张相媲美的评点本。清中叶新出现的重要小说是《红楼梦》、《聊斋志异》和《儒林外史》,《红楼梦》抄本的"脂批"已有流传,《聊斋志异》最早刊本青柯亭本已附有王士祯的评点,《儒林外史》卧闲草堂本已有评点,三者中带"脂批"的《红楼梦》抄本流传面较为狭窄而影响较小,《聊斋志异》青柯亭本王士祯评点因王士祯本人的文坛地位而有一定影响,而以《儒林外史》的卧闲草堂评本为翘楚,闲斋老人对小说主旨的界说、讽刺艺术的揭示、人物形象的剖析深刻影响了后来的评点家和读者,在小说流传史上,卧评几乎与小说文本合而为一,而成为后来《儒林外史》评点的唯一祖本。就其他小说评点而言,还出现了如蔡元放评点《东周列国志》、董孟汾评点《雪月梅》、许宝善评点杜纲《娱目醒心编》《北史演义》《南史演义》等系列小说、何晴川评点《白圭志》素轩评点《合锦回文传》等,均有一定的价值。但是可以看到小说评点在经历了明末清初的繁盛之后,此时期虽然评本众多,但已难以摆脱前人阴影而出现与之相比肩的评点家和评本,即使如脂砚斋、闲斋老人、蔡元放等这一时期小说评点的佼佼者与其前辈金圣叹等相比也是黯然失色的。

4.清代后期小说戏剧评点的转型

自道光以后,传统的小说戏剧评点进入尾声,一方面小说戏剧评点仍余波未绝,尤其是《聊斋志异》《红楼梦》《儒林外史》仍吸引着大量文人进行评点。另一方面,随着中西思想的交流,一些激进的小说家和理论家开始采用评点这一形式来宣扬他们的政治理想和现实感怀,并伴随着新兴报刊的兴起而在社会上风行一时,然而"旧瓶装新酒"毕竟不伦不类,甚至削足适履,古典小说戏剧评点就在这样看似热闹而又失却本来面目的境况下结束了它的历史使命。就评点对象而言,这一时期尤以《红楼梦》评点最为热门,道光时已有评本"不下数十家",其中以王希廉、张新之、姚燮三家影响最大,流传最广,此外陈其泰抄评本桐花凤阁评本及蒙古族评点家哈斯宝的蒙文评本《新译红楼梦》也具有一定思想深度和理论价值。《儒林外史》出现了黄小田抄评本、齐省堂本和天目山樵张文虎评点本,《聊斋志异》有何守奇评本和但明伦评本,还有如《野叟曝言》评点、《青楼梦》评点、《花月痕》评点等都是此时期较有价值的小说评点本。除上述传统意义上的小说评点外,这一时期还出现了另一种仅具外形的小说评点,它们往往出现在新兴刊物如《新小说》《绣像小说》《月月小说》等上,虽然采用了传统评点的外在形式,如总评、眉批、夹批等,却舍弃了传统小说评点对结构、内容、人物、艺术等的关注,而是借小说评点来宣扬其政治改良思想,实际上是以小说评点作为改良社会唤醒民众的工具,其中以燕南尚生《新评水浒传》为代表,评点者在封面上直书"祖国第一政治小说"作为其评点宗旨,提出《水浒传》是"社会小说""政治小说""军事小说""伦理小说""冒险小说",更是"讲公德之权舆也,谈宪政之滥觞也",评点已完全沦为评点家个人表达政治见解的工具了,而完全忽视了小说文本自身的价值与特点,因而也就距其生命终结不远了。中国古代小说戏剧评点历时三百余年,至此退出了历史舞台。

三、古代小说戏剧评点的特质

在明清以来的文学发展中,评点成为了中国古代小说戏剧批评的主要形式,这与其他民族的叙事文学批评以系统研究为主有很大的不同。可以说,古代小说戏剧评点在自身发展过程中吸收了传统经典注释、史著论赞、诗文评等等的不同长处,逐渐形成了富于民族特色的批评风格与形式特点,形成了自己的独特个性。古代小说戏剧评点往往灵活机动,形式多变,其内容既可从小说具体情节、人物出发进行文学、艺术的点评,也可借他人之酒杯浇自己之块垒;其交流既可是读者与作者的灵犀一点,亦可以是前之读者与后之读者的金针传递;其篇幅可长可短,可简可繁,可长篇大论,亦可片言只语;其位置可回前回末总评,亦可随时眉批夹批;其语言可严密而富有逻辑,可生动而饱含情感,亦可俏皮而滑稽幽默,还可愤激而笔力千钧,更可文思泉涌文采飞扬如自作诗文一般……正因为上述种种便利与特性,小说戏剧评点拥有强烈的感染力与生命力。而就形式而言,古代小说戏剧评点的最大特性是评点文字对文本文字的依附性,即一般情况下评点文字不能脱离文本文字而独立存在,体现出鲜明的传播性与实用性。

同时,在研究中国古代小说戏剧评点的时候还应该看到,评点是一种独特的文化现象,而非单一的文学批评,尤其是小说评点在明清时期的小说创作中所起的作用远远超出了"批评"的范畴,而是融批评鉴赏、文本修订、理论阐释于一体,尤其是把"评"与"改"合而为一是古代小说评点的一个重要特性。如万卷楼本《三国志通俗演义》就标榜"购求古本,敦请名士,按鉴参考,再三雠校"(万卷楼本《三国志通俗演义》封面识语,明万历十九年刊本)。更为著名的则是金圣叹对《水浒传》的重大修订,他愤慨于奸臣当道的黑暗现实,所以改变了原文的叙事次序,把高俅故事挪到了小说的开端,以突出"乱自上作"的谴责意味,另一方面却囿于传统文人士大夫的观念,"腰斩"《水浒传》而自撰"卢俊义惊恶梦"一回,将水浒英雄的结局都处理成不得好死。再如毛纶、毛宗岗父子的《三国演义》评点本则强化了"拥刘反曹"的政治倾向,并将这一观念深深地融入对小说文本的修订中,甚至把原文中很多称曹操为"曹将军"的地方都改成"瞒"或"曹瞒",使毛本成为《三国演义》系列版本中最强调正统、最具有文人色彩的一个版本。同时,这一时期的小说评点还往往涉及对小说情节结构的调整、细节漏洞的补订、语言的润色、文字的修饰、回目的加工等等,从整体上提高了通俗小说的艺术品位,有清一代及以后流传的"四大奇书"(《三国演义》《水浒传》《西游记》《金瓶梅》)都是以明末清初的评点本为定本的,这一现象正说明了明末清初的小说评点家们对于小说文本定型上的贡献。虽然就文学批评的本质而言,古代小说戏剧评点对文本的干涉显得不那么正常,但联系中国古代通俗小说戏剧创作和传播的实际情况来看,这一现象的出现还是合理的,甚至是必要的。可以说,如果没有明清小说戏剧评点家们的评点、修订与不遗余力的揄扬,中国古代小说戏剧尤其是小说的发展将会更加曲折、漫长。

第二节　古代小说戏剧评点的辉煌成就

明清时期的古代小说戏剧评点取得了辉煌灿烂的成就,出现了李贽、金圣叹、毛宗岗、张竹坡、闲斋老人、冯镇峦等诸多评点大家及相应的评点本,现以《水浒传》评点为例谈一下古代小说戏剧评点的成就,并兼攻其他重要评点。

一、《水浒传》评点

《水浒传》评点史上最著名的评本是晚明的李贽评本和明末清初的金圣叹评本。

李贽(1527—1602)号卓吾,又号宏甫,别号温陵居士,福建晋江人。明代著名思想家、文学家。嘉靖三十一年举人,官至云南姚安知府,54岁后辞官,致力于讲学著书,他继承和发展了泰州学派的进步思想,公然批判宋明理学,大力提倡"童心说",终被统治者以"敢倡乱道,惑世诬民"的罪名逮捕入狱,后自刎于狱中。其著作有《焚书》《续焚书》《藏书》《续藏书》等。关于李贽是否评点过《水浒传》虽一直有争议,但因李贽思想较为开通,又重视通俗文学,再结合《焚书》中有《忠义水浒序》一文,《续焚书·与焦弱侯》中有"《水浒传》批点得甚快活人,《西厢》《琵琶》涂抹改窜得更妙"等表述,多数学者还是更倾向于认为李贽生前确实评点过《水浒传》。今传署名李贽评点过的《水浒传》版本主要有三种,一是《李卓吾先生批评忠义水浒传》,明容与堂万历三十八年刻本,一百回。二是《李卓吾评忠义水浒传》,明杨定见增编,袁无涯刻本,约刊刻于万历四十至四十二年之间,一百二十回。三是《李卓吾评忠义水浒传》,明末清初芥子园刻本,一百回。芥子园刻本基本可以确认为伪作,而容与堂本与袁无涯本难以确认真伪,也有学者提出折衷的观点：李贽于万历二十四年左右完成《水浒传》评点，以后便在朋友间传阅，李贽死后，流传渐广，或全本，或部分，或直接以评点文字流传，万历三十八年以前，李贽的《水浒传》评点已流散在外，于是书坊主借其盛名，在其评点基础上聘请文人加以模仿、增改、扩充、定型，使其成为完整的《水浒传》评点本。容与堂本可能由叶昼所作，袁无涯本可能为袁无涯、冯梦龙等所作。因而，容与堂本、袁无涯本都不是李贽的真评本，但又都是以李贽的《水浒传》评点为基本的，其精神血脉依然是李贽的①。因此下文我们把容与堂本和袁无涯本统称为李贽评本。

李贽评本在小说评点史上具有重要价值。首先，它奠定了古代小说戏剧评点的基本形态。如容与堂本的评点形态是这样的：开篇有李贽《忠义水浒传序》，序后有署名"小沙弥怀林"的总论性文章四篇（《批评水浒传述语》《梁山泊一百单八人优劣》《水浒传一百回文字优劣》《又论水浒传文字》），正文中有眉批和夹批，回末有总评，署名有"李卓吾曰""卓吾曰""秃翁曰"等，正文中字旁大多有圈点，还有拟删节符号，或上下钩乙，或句旁直勒，并注明"可删"二字。袁无涯本的正文评点形态也有眉批、旁批、总评，但正文前有李贽《叙》、杨定见《小引》《宋鉴》《宣和遗事》（节选）、袁无涯《发凡》《水浒忠义一百八人籍贯出身》等。眉批和旁批带有随感而发的性质，而总评则一般具有全局性与整体性，这显示出李贽评本的评点者已在有意识有目的地进行文学批评活动。

其次，李贽评点对《水浒传》这样一部通俗小说予以极高评价，大大提高了《水浒传》及通俗小说乃至通俗文学的地位。容本前《忠义水浒传序》首先指出《水浒传》创作是有为而作的，其创作与司马迁《史记》有着共同的创作动机与意图：

---

① 参见：谭帆《中国小说评点研究》，上海：华北师范大学出版社 2001 年版，第 18 页。

太史公曰："《说难》、《孤愤》，贤圣发愤之所作也。"由此观
之，古之贤圣，不愤则不作矣。不愤而作，譬如不寒而颤，不病
而呻吟也，虽作何观乎？《水浒传》者，发愤之所作也。盖自宋
室不竞，冠屦倒施，大贤处下，不肖处上。驯致夷狄处上，中原
处下，一时君相犹然处堂燕雀，纳币称臣，甘心屈膝于犬羊。
施、罗二公身在元，心在宋；虽生元日，实愤宋事。

因而《水浒传》的创作是作者的发愤之作，而非游戏文字，这样就将
《水浒传》与严肃文学创作等同了起来，打破了小说不过"太平乐
事，含哺击壤之遗"的片面观点，这无论是对于小说创作本身而言
还是对提高小说社会地位而言都是非常有意义的。

再次，李贽评本从文学角度对《水浒传》的成就作了细腻分析
和高度评价，尤其是其人物塑造方面的成就。李贽评本指出，《水
浒传》的人物塑造达到了"传神""咄咄逼真"的化工境界。很多回
评都就不同人物的塑造强调了这一点，如容本第九回回评说："施
耐庵、罗贯中，真神手也！摩写鲁智深处，便是个烈丈夫模样；摩写
洪教头处，但是忌嫉小人底身份。至差拔处，一怒一喜，倏忽转移。
咄咄逼真，令人绝倒，异哉！"指出作者塑造人物时能够完美展现出
各自的性格与内心世界。第二十一回回评说："此回文字逼真，化
工肖物。摩写宋江、阎婆惜处，不惟能画眼前，且画心上；不惟能画
心上，且并画意外。顾虎头、吴道子安得到此？"指出《水浒传》在塑
造人物时不仅能写出人物当时的心理状态与外在表现，更能传达
出人物的性格底色与本质特点。第二十三回回评则反驳了某些读
者的错误观点："人以武松打虎，到底有些怯在，不如李逵勇猛也。
此村学究见识，如何读得《水浒》？不知此正施、罗二公传神处：李
是为报仇，不顾性命者；武乃出于一时，不得不如此耳！"指出虽同
为打虎，但武松与李逵的境遇与目的不同，自然打虎时的具体表现
有所不同，写出这种不同恰是作者的传神写照之处。第二十五回
回评说："这回文字，种种逼真。画王婆易，画武大难；画武大易，画

郓哥难。今试着眼看郓哥处,有一语不传神写照乎?"指出作者无论塑造何种人物哪怕是极次要的配角也都有传神之妙,其妙诀就在于作者选择人物事件中最能突出其本质的具体细节。同时,李贽评本也指出《水浒传》人物塑造之所以个性鲜明,正是因为作者擅长描写不同人物的不同性格特征,做到了"同而不同处有辨",容本第三回回评中说:"描写鲁智深,千古若活,真是传神写照妙手。且《水浒传》文字,妙绝千古,全在同而不同处有辨。如鲁智深、李逵、武松、阮小七、石秀、呼延灼、刘唐等人,都是性急的。渠形容刻画来,各有派头,各有光景,各有家数,各有身分,一毫不差,半些不假,读去自有分辨,不必见其姓名,一睹事实,就知某人某人也。"指出《水浒传》人物描写重视同中有异,擅长在性格的对比中显示出人物的独特性,对后来金圣叹的《水浒传》评点有重要启发。同时,李贽评本对《水浒传》人物塑造成功的原因也进行了探讨,认为其根本原因在于作者对现实生活有深入的观察与了解,容本卷首怀林《水浒传一百回文字优劣》对此有详细分析:"世上先有《水浒传》一部,然后施耐庵、罗贯中借笔墨拈出。若夫姓某名某,不过劈空捏造,以实其事耳。如世人先有淫妇人,然后以杨雄之妻、武松之嫂实之;世上先有马泊六,然后以王婆实之;世上先有家奴与主母通奸,然后以卢俊义之贾氏李固实之;若管营,若差拨,若董超,若薛霸,若富安,若陆谦,情状逼真,笑语欲活,非世上先有是事,即令文人面壁九年,呕血十石,亦何能至此哉!此《水浒传》之所以与天地相终始也与?"强调文学源于生活,只有充分了解生活才能为文学创作提供广阔的艺术天地,塑造出栩栩如生的人物,叙述出曲折生动的情节。

最后,李贽评本还为中国小说评点贡献了一批评点的专用语汇。自六朝至宋代以来的诗文评点,其语汇一般偏于庄重、严肃,而在李贽之前,对小说的评点虽然也算有几家,但在方法、形式、语言等方面总拓展不开,充其量也不过与诗、文的评点相并列。而李贽评本创造了一套小说戏剧评点的语汇,"爱怎么说就怎么说,爱用什么语调就用什么语调,时而大喜,时而大怒,时而赞叹,时而大骂,时而挖苦,时而讽刺,时而庄重,时而诙谐,随心所欲,无施不可。真所谓嬉笑怒骂,皆成评点,形成了一种特有的风格。后来人们对通俗文学,特别是对小说、戏剧的评点,基本上都沿用了李贽所开的这种风格。"①

自李贽评点《水浒传》之后,陆续有诸多文人注意到此书并加以评点,或自题姓名,或托名他人,一时鱼龙俱下,如题为钟伯敬、怀林、余象斗等批点的各种《水浒传》版本竞相问世,书商们也纷纷翻刻以射利。至崇祯年间,金圣叹评点、批改贯华堂刊本《水浒传》出版后,以往的《水浒传》评点顿时相形见绌,金批本一枝独秀,成为之后三百年间风行天下的通行本。

金圣叹(1608—1661),名采,字若采,明亡后改名人瑞,字圣叹,江苏长洲人。明末清初著名诗人、文学家、文学批评家。入清后因哭庙案而被杀。金圣叹文学修养深厚,知识渊博,据说他"每升座开讲,声音宏亮,顾盼伟然。凡一切经、史、子、集,笺疏训诂,与夫释、道内外诸典,以及稗官野史、九彝八蛮之所记载,无不供其齿颊,纵横颠倒,一以贯之,毫无剩义。座下缁白四众,顶礼膜拜,叹未曾有"(廖燕《金圣叹先生传》)。他的一生是才华横溢的一生,也是桀骜不驯的一生,他给后人留下的最大的文学遗产,就是他充满睿智广博精深的"六才子书"评点,即以《庄子》《离骚》《史记》《杜诗》《水浒传》《西厢记》为"六才子书"而分别加以评点,其中尤以《水浒传》与《西厢记》的评点影响深远,此处先叙述其对《水浒传》的评点。

与以往评家最大的不同是,金圣叹评点和批改的《第五才子书施耐庵水浒传》对原小说的结构和结局作了重大改变。金圣叹之

---

① 孙琴安:《中国评点文学史》,上海:上海社会科学出版社1999年版,第105页。

前流行的《水浒传》版本均为一百回本或一百二十回本,至金圣叹则把七十一回之后有关梁山好汉受招安、攻方腊等内容删去,而以卢俊义的恶梦为全书的结局。一般认为金圣叹是将袁无涯一百二十回《忠义水浒传》刻本的后四十九回删去,并将第一回改为"楔子",伪托"古本",这样就形成了七十回本,这就是所谓的金圣叹腰斩《水浒传》(关于金圣叹腰斩《水浒传》的评价,请参见第四章"接受美学与古代小说戏剧教学"第二节"当代学界的接受美学研究"之龙协涛《用接受美学读解〈三国演义〉和〈水浒传〉》)。金批《水浒传》的形态是这样的:前有《读第五才子书法》,是为对全书的总评,而每回开头有对本回的总评,共七十段,一般都在数百字左右,短则数十字(如第七回),长则近三千字(如第四十二回)。这些回评,有的论述回目之间情节的衔接次序,有的论述人物性格的发展变化。回中有分段评点,其中许多段落甚至是逐字逐句的详细评点,形式有双行夹批,也有眉批,重要字句则加圈点。与以往评点本相比,金圣叹评本大大扩展了卷首总论与回前总评的内容,阐述了一系列精彩的小说理论与批评理论,大大丰富了中国古代小说理论的宝库,影响了整个清代的小说批评领域,也因而成为小说评点史上一座难以逾越的高峰。

金圣叹的评点几乎涉及了《水浒传》的各个方面,如小说文本与历史的关系,小说的叙事结构,人物的性格塑造,小说的语言,等等,而且均提出了不俗的见解。下面分为结构、人物、叙事三个方面略作阐述。

首先,在小说结构方面。金圣叹对长篇小说的结构进行了前所未有的探讨,他的腰斩《水浒传》既是情感倾向、价值观念的体现,也是文学思想与结构艺术的选择。腰斩后的《水浒传》在结构上成为一个精致的整体:"一部大书七十回,以石碣起,以石碣止","天下太平起,天下太平结",这样整部小说就"章有章法,句有句法,字有字法","读之正如千里群龙,一齐入海"。同时,金圣叹将

高俅的出场移作第一回,更是有深意所在的,第一回总批中他严肃
指出:"一部大书七十回,将写一百八人也。乃开书未写一百八人
而先写高俅者,盖不写高俅便写一百八人,则乱自下生也;不写一
百八人,先写高俅,则乱自上作也",高俅出场时他又批注:"开书第
一样脚色。作书者盖深著破国亡家结怨连祸之皆由是辈始也"。
这就不仅仅是结构上的修改,更带有作者思想认识与价值取向的
意味。

金圣叹指出《水浒传》的整体结构之所以部法精严,是因为作
者在落笔前已有整体构思,即"全部书在胸而后下笔著书":

> 一部书共计七十回,前后凡叙一百八人,而晁盖则其提纲
> 挈领之人也。晁盖提纲挈领之人,则应下笔第一回便与先叙;
> 先叙晁盖已得停当,然后从而因事造景,次第叙出一百八个人
> 来,此必然之事也。乃今上文已放去一十二回,到得晁盖出
> 名,书已在第十三回。我因是而想:有有全书在胸而始下笔著
> 书者;有无全书在胸而姑涉笔成书者。如以晁盖为一部提纲
> 挈领之人,而欲第一回便先叙起,此所谓无全书在胸而姑涉笔
> 成书也。若即以晁盖为一部提纲挈领之人,而又不得不先
> 放去一十二回,直到第十三回方与出名,此所谓有全书在胸而
> 后下笔著书者也。夫欲有全书在胸而后下笔著书,此其一部
> 七十回一百有八人轮回掉叠于眉间心上,夫岂一朝一夕哉!
> (第十三回总评)

晁盖出现在小说第十三回,宋江则迟至第十七回才出场,所以金圣
叹认为"《水浒传》不是轻易下笔,只看宋江出名,直在第十七回,便
知他胸中算过百十来遍",只有胸有全局的作者才能对人物和故事
的安排如此有条不紊,从容不迫。而水浒一百零八人的故事之所
以结构成一个整体而引人入胜,在于作者运用了"禹王金锁法",像
《水浒传》这样写水浒众英雄起义并最终聚义梁山泊的小说,每位

英雄在上梁山之前都有自己独立的故事，即"《水浒传》一个人出来，分明便是一篇传记。至于中间事迹，又逐段逐段自成文字"，不同英雄的传记之间的关系如果处理不好，则容易"逐段捏捏撮撮，譬如大年夜放烟火，一阵阵过，中间全没贯串，使人读之，无处可住"，为避免这种情况，作者采用了"禹王金锁法"，如杨志与鲁智深本不相识，而林冲徒弟曹正的出现将二者关联在了一起，如大禹的金锁锁住了两条龙一般；再如鲁智深与武松也本不相识，但二者都到过张青夫妻店中，于是"张青夫妇以为贯索之蛮奴"，而"以禅杖戒刀为金锁"将二人关联起来。这样一来，一百零八将未上梁山之前如"大珠小珠，不得玉盘，迸走散落，无可罗拾"，而梁山聚义则如"金锁"一把，便"各自千里怒龙，遥遥奔赴"梁山泊，构成了"《水浒传》七十回，只用一目俱下"，"二千余纸，只是一篇文字"的艺术整体。

其次，在人物形象方面。金圣叹将小说中人物形象的塑造问题提到了一个非常突出的位置，并作了相当深入的探讨。可以说，金圣叹率先将"性格"这一术语引入了小说理论范畴，并将创造有性格的人物确定为小说艺术的中心和评判小说艺术成就的标准，他指出：

> 《水浒》所叙，叙一百八人，人有其性情，人有其气质，人有其形状，人有其声口。(《〈水浒传〉序三》)

> 别一部书，看过一遍即休。独有《水浒传》，只是看不厌。无非为他把一百八个人性格都写出来。(《读第五才子书法》)

> 《水浒传》写一百八个人性格，真是一百八样。若别一部书，任他写一千个人，也只是一样，便只写两个人，也只是一样。(《读第五才子书法》)

当然，说《水浒传》能将一百零八人写成一百八样，无疑有夸张之嫌。但金圣叹明确指出《水浒传》之所以百看不厌的关键在于成功的人物形象塑造，这种将人物塑造作为衡量小说艺术高下的重要标志，是小说批评史上的一大进步。

金圣叹的人物论包含了相互关联的三个部分。第一，金圣叹指出人物塑造应重视其身份与共性。如第十二回写杨志与索超比武时观众的反应各不相同："月台上梁中书看得呆了，两边军官看了，喝采不迭，阵面上军士们递相厮觑道：'我们做了许多年军，也曾出了几遭征，何曾见这等一对好汉厮杀！'李成、闻达在将台上不住声叫道：'好斗！'"金圣叹即在回评中说："每一等人有一等人身份。如梁中书只是呆了，是个文官身份。众军官喝彩，是个众军官身份。军士们便说出许多话，是众人身份。李成、闻达叫好斗，是个大将身份。"第二，金圣叹更强调的是即使是身份、性格近似的人物，其个性还是有所不同的，而《水浒传》能把这种不同体现出来，如"《水浒传》只是写人粗鲁处，便有许多写法。如鲁达粗鲁是性急，史进粗鲁是少年任气，李逵粗鲁是蛮，武松粗鲁是豪杰不受羁勒，阮小二粗鲁是悲愤无说处，焦挺粗鲁是气质不好"（《读第五才子书法》）。这六个人都是粗鲁的，但这粗鲁中却又"各有有其性情，各有其气质"，并不会让读者混淆。第三，金圣叹全面而深入地分析了《水浒传》人物塑造的手法，涉及人物语言、动作、细节等，有时还以自己独特的术语为之命名。如不同性格的好汉初见大名远扬的宋江时，其表现便各各不同，第二十一回武松初见宋江，先是定睛看了看，然后纳头便拜，道："我不信今日早与兄长相见！"武松是个细心、精明的人，虽然仰慕宋江已久，但因为是突然相见，所以需要定睛细看，然后才说出心中之语，所以金圣叹夹批道"古有相见何晚之语，说得口顺，已居烂套，耐庵忽翻作不信相见恁早，真是惊出泪来之语"；而第三十七回李逵初见宋江时，戴宗让他下拜，他却因怕被骗而不肯下拜，等宋江亲口说出"我正是山东黑宋江"时，李逵反怪道"我那爷，你何不早说些个，也教铁牛欢喜"，"我那爷"处金圣叹夹批道"称呼不类，表表独奇"，"你何不早说些个"金圣叹夹批道"却反责之,妙绝妙绝","也教铁牛欢喜"处金圣叹夹批道"写得遂若不是世间性格,读之泪落。铁牛欢喜四字,又是奇文",指出这样的描写正生动地传达出了李逵粗鲁憨厚而有时又自以为精明的可爱性格;第五十七回鲁智深初见宋江,说的是:"久闻阿哥大名,无缘不曾拜会,今日且喜认得阿哥",鲁智深为人热情豪爽,一连两个"阿哥"足见亲热之情,金圣叹夹批道"活是鲁达语,八字笑哭都有";同回杨志初见宋江时,则是起身再拜道:"杨志旧日经过梁山泊,多蒙山寨重义相留,为是洒家愚迷,不曾肯住。今日幸得义士壮观山寨,此是天下第一好事",杨志作为将门之子,热衷仕途,他的话确实显示出"旧家子弟体""官体",所以"一发衬出鲁达直遂阔大来"。为了更好地总结人物的描写方法,金圣叹还创造出了衬染、烘云托月、背面敷粉等不同术语,如"衬染之法",即用环境与景物的描写来表现人物性格,如第六十三回写擒索超,却有多处描写当时的天气,如"日无晶光,朔风乱吼""连日大风,天地变色,马蹄冰合,铁甲如冰""彤云压城,天惨地裂""云势越重,风色越紧""成团打滚,降下一天大雪",金圣叹在本回回评中说:"写雪天擒索超,略写索超而勤写雪天者,写得雪天精神,便令索超精神。此画家所谓衬染之法,不可不一用也。"也就是作者故意借雪天写出一派肃杀之景,与索超威猛的形象相映衬。再如"背面敷粉法",背面敷粉本是中国画的一种技法,指在画的背面敷上一层铅粉以衬托正面的墨迹。金圣叹借用此语来强调不同性格之间的互相映衬,这种映衬又可分为两种,一是同一人物不同性格侧面的映衬,如第五十三回写李逵要去井底救柴进,却又怕别人弄断绳子,显得似乎机智,金圣叹即在该回总批中说:"李逵朴至人……乃此书但是写李逵朴至,但倒写其奸猾。写得李逵愈奸猾,便愈朴至,真奇事也。"李逵此处貌似机智,反正更显示出其憨厚。二是不同人物性格侧面的映衬,尤其是宋江与李逵之间的映衬关系,金圣叹屡屡点出,《读第五才子书法》中即提出"如要衬宋江奸诈,不觉写作李逵真率",如第五十九回晁盖被杀,林冲、吴用等力推宋江为山寨之主,宋江谦让,李逵则叫道:"哥哥休说做梁山泊之主,便做个大宋皇帝你也肯!"金圣叹在此处夹批道:"有眼如电,有舌如刀,逵之所以如虎也。包藏祸心,外施仁义,江之所以如鬼也。"第六十六回,宋江与卢俊义相让彼此第一把交椅,李逵叫道:"哥哥偏不直性!前日肯坐,坐了,今日又让别人,这把鸟交椅便真是个金子做的,只管让来让去,不要讨我杀将起来!"金圣叹在此处连批了四个"快人快语",宋江大喝"你这厮"处,金圣叹又夹批道:"只三字妙绝,对此快人如镜,快语如刀,不得不心惊语塞也。"卢俊义说:"若是兄长苦苦相逼,着卢某安身不牢"时,李逵又叫道:"若是哥哥做个皇帝,卢员外做个丞相,我们今日都住在金殿里,也值得这般鸟乱。无过只是水泊子里做个强盗,不如仍旧了罢",把宋江"气得说话不出",实际上李逵正是道破了宋江的心意,所以金圣叹认为"句句令宋江惊死羞死"。

　　再次,在小说叙事方面。金圣叹在《水浒传》评点中提出了一系列概括小说叙事特点的术语,建立了较为系统的小说叙事理论。第一,金圣叹明确区分了小说叙事与历史叙事的不同,提出了"以文运事"与"因文生事"的概念,在《读第五才子书法》里这样说:"某尝道《水浒》胜似《史记》,人都不肯信,殊不知某却不是乱说。其实《史记》是以文运事,《水浒》是因文生事。以文运事,以先有事生成如此如此,却要算计出一篇文字来,虽是史公高才,也毕竟是吃苦事。因文生事即不然,只是顺着笔性去,削高补低都由我。"这里金圣叹强调的是文学叙事的虚构性与其"文"的特质,即从文学艺术的角度来探讨小说叙事的特点,比如第二十八回武松醉打蒋门神的故事,如果按照历史叙事的要求,作者只要写一句"施恩领却武松去打蒋门神,一路吃了三十五六碗酒"就够了,但是在"因文生事"的文学叙事中,作者却要精心安排:"武松为施恩打蒋门神,其事也;武松饮酒,其文也。打蒋门神,其料也;饮酒,其珠玉锦绣之心也。"围绕着武松的饮酒,作者写了千载第一酒人、千载第一酒场、千载第一酒时、千载第一酒令、千载第一酒监、千载第一酒筹、千载第一行酒人、千载第一下酒物、千载第一酒杯、千载第一酒风、千载第一酒赞、千载第一酒题,也就是说,作者显然是以打蒋门神为"事"和"文料",而借以发挥自己的锦心玉口,写出武松饮酒的千古风姿之绝妙好辞。金圣叹指出小说中的许多人物与故事都是作者出于行文的需要而塑造出来的,如第三回对鲁智深五台山出家一事的设计:"鲁达遇着金老,却要转入五台山寺。夫金老则何力致鲁达于五台山乎?故不得已,却就翠莲身上,生出一个赵员外来。所以有个赵员外者,全是作鲁达入五台山之线索,非为代州雁门县有此一个好员外,故向鲁达文中出现也";再如第十九回林教头风雪山神庙故事中的酒店伙计李小二夫妻,"非真谓林冲于牢城营有此一个相识,与之往来火热也。意在阁子背后听说一段绝妙奇文则不得不先作此一个地步"。第二,金圣叹注意到了小说叙事的诸多技巧与方法,如犯避法、倒插法、弄引法、獭尾法、欲合故纵法、横山断云法等等,涉及叙事结构、叙事节奏、叙事视角、叙事语言等多个方面,姑以叙事视角为例做一略述。金圣叹注意到了作者叙事视角的重要作用,第十二回写杨志与索超比武一段,借描写观众的反映来映衬二人武艺的高超,金圣叹此处有眉批道:"一段写满教场眼睛都在两人身上,却不知作者眼睛乃在满教场人身上也,遂使读者眼睛不觉在两人身上。真是自有笔墨未有此文也",金圣叹已注意到这段描写并不是从"作者眼睛"的视角来直接叙述,而是通过"满教场眼睛"的视角来间接描述,以虚写实,大大丰富了小说的艺术表现力。尤其可贵的是,金圣叹已注意到限知视角的运用,并凭借自己的理解对《水浒传》的文字作了修订,如第二十六回武松在张青夫妻的店中被迷昏这一段,金圣叹评本就对所谓"俗本"作了精妙的修订,试将这段文字与容与堂本相比较:

容与堂本:武松也把眼来虚闭紧了,扑地仰倒在凳边。只听得笑道:"着了,由你奸似鬼,吃了老娘的洗脚水。"便叫:"小二,小三,快出来!"只见里面跳出两个蠢汉来,先把两个公人扛了进去。这妇人后来,桌上提了武松的包裹,捏一捏看,约莫里面是些金银。那妇人欢喜道:"今日得这三头行货,倒有好两日馒头卖,又得这若干东西。"把包裹缠带提了入去,却出来看。这两个汉子扛抬武松,哪里扛得动? 直挺挺在地下,却似有千百斤重的。那妇人看了见这两个蠢汉拖扯不动,喝在一边说道……那妇人一头说,一面先脱却了绿纱衫儿,解下了红绢裙子,赤膊着便来把武松轻轻提将起来。

金评本:武松也把眼来虚闭紧了,扑地仰倒在凳边。只听得笑道:"着了,由你奸似鬼,吃了老娘的洗脚水。"便叫:"小二,小三,快出来!"只听得飞奔出两个蠢汉来,听他把两个公人先扛了进去,这妇人便来桌上提那包裹,并公人的缠袋,想是捏一捏,约莫里面已是金银。只听得他大笑道:"今日得这三头行货,倒有好两日馒头卖,又得这若干东西。"听得他把包裹缠带提了入去了。随听他出来,看这两个汉子扛抬武松,哪里扛得动? 直挺挺在地下,却似有千百斤重的。只听得妇人喝道……听他一头说,一头想是脱那绿纱衫儿,解了红绢裙子,赤膊着,便来把武松轻轻提将起来。

金评本中加点的字均为金圣叹所改,他并且边改边评,很得意于自己的修订,在每一个"只听得"或"听得"后夹批道"妙绝",眉批中称"俗本无八个听字,故知古本之妙",其实所谓"古本"不过是伪托。原本容与堂本的叙事是全知视角的叙事,而金圣叹则有意识地改为限知视角,因为武松假装迷倒的时候是闭了眼睛的,所以作者一连用了八个"只听得""听得""听",把所有发生的事情都通过武松的听觉来一一叙述,有些难以完全通过听觉来感知的,就用了"想是"这样的揣摩之词。这说明金圣叹已经有了明显的区分全知视角与限知视角的意识,已经认识到后者更能体现出人物特定的心理,如第九回写陆谦等人来到李小二酒店密谋陷害林冲时,几人的情形均是通过李小二的眼睛来观察的:"看时,前面那个人是军官打扮,后面这个走卒模样,跟着也来坐下",金圣叹在"看时"处夹批道:"'看时'二字妙,是李小二眼中事",在句后夹批道"一个,小二看来是军官;一个,小二看来是走卒。先看他跟着,即又看他一齐坐下,写得狐疑之极",这种李小二眼中看出的"不尴尬"不仅提供了故事进一步发展的动力,也营造出了一种疑惧不安的氛围。金圣叹还注意到了小说中多重叙事视角的重叠,如第十八回写晁盖等人上梁山拜见王伦后,吴用对晁盖等人分析梁山诸人之间的微妙关系:"早间见林冲看王伦答应兄长模样,他自便有些不平之气,频频把眼睛睃着王伦,心内自己踌躇","模样"后金圣叹夹批道:"十四字一句,又如话,又如画。王伦应晁盖,林冲看王伦应晁盖,吴用见林冲看王伦应晁盖",这句话虽仅 14 个字,实际上重叠了数个画面,第一重是吴用与晁盖的交流场面,第二重是吴用看林冲与王伦的交流的场面,第三重是吴用看林冲看王伦与晁盖的交流的场面,既传神地写出了智多星吴用的观察细致入微,又暗示了林冲与王伦的不睦由来已久且即将迎来一次大的爆发。

金评《水浒传》既是《水浒传》评点史上最著名的版本,也是中国小说评点史上最有成就的版本之一,除了对小说本身艺术水平的深刻分析之外,金圣叹评点的语言文字本身也是极其灵动的:"金圣叹写总评也好,回评也好,哪怕是一部分的眉批也好,他总不喜欢枯燥单调地说那些空洞乏味的文章作法之类的大道理,而喜欢打比方,设譬喻。以一种生动活泼的语言和各种各样的形象来告诉读者,令读者胃口大开,趣味顿生,喜看爱看,兴会无穷。"①这也是金评本历来受人赞叹的原因之一。

---

① 孙琴安《中国评点文学史》,上海:上海社会科学院出版社 1999 年版,第 183 页。

二、《三国演义》评点

继金圣叹评点《水浒传》之后,毛纶、毛宗岗父子对《三国演义》进行了评点。毛纶号声山,毛宗岗(1632—1709)字序始,号子庵,毛纶之子,江苏长洲人。毛纶与金圣叹同乡、同时代,当时也颇有文名。毛纶见金圣叹评点《水浒传》与《西厢记》而得名,便欲评点《三国演义》与《琵琶记》与之争胜,可惜后来双目失明,便由其口授评点意见,由儿子毛宗岗加以笔录与文字加工,因学界多认为此本毛宗岗出力为多,故一般称为毛宗岗评本。在毛宗岗之前,《三国演义》版本繁多,现存明刻本即有二十多种,内容与繁简均有所不同,于是毛宗岗也采用了与金圣叹类似的办法,将《三国演义》原本加以修订,形成了今天通行的一百二十回本。其书卷首《读三国志法》,后有凡例十条,阐明了毛氏父子的评改原则,具体评点形式有回评、夹批。

毛氏评本《三国演义》在思想上最大的一个特点即是强化了小说尊刘贬曹的倾向,《读三国志法》首先强调的就是:"读《三国志》者,当知有正统、闰运、僭国之别。正统者何?蜀汉是也。僭国者何?吴、魏是也。闰运者何?晋是也。"并批评了当时流行版本在思想倾向上的问题:"俗本谬托李卓吾先生批阅,而究竟不知出自何人之手,其评中多有唐突昭烈、谩骂武侯之语,今俱削去,而以新评校正之。"这一思想是毛宗岗批评《三国演义》的思想总纲,也对后人的研究产生了极大的影响。

因《三国演义》是据史以演义的,所以其中很多描写涉及历史事实,毛宗岗对小说中故事与人物的很多评论都是针对此而发的,不属于文学评论的范畴,但毛宗岗毕竟还是有文学家的眼光,无论是对于历史演义小说的认识还是对于小说结构及人物形象的分析都达到了相当的高度。

在人物分析上,毛宗岗指出"古史甚多,而人独贪看《三国志》

者,以古今人才之众未有盛于三国者也",认为英才众多是读者喜欢看《三国演义》的原因,并指出小说在人物形象的塑造上取得了极高的成就,塑造出了诸葛亮、关羽、曹操这样三个"奇""绝"的人物形象,诸葛亮是"古今来贤相中第一奇人",关羽是"古今来名将中第一奇人",曹操是"古今来奸雄中第一奇人",这些人物形象都是"乃前后史之所绝无者"。这实际上已经涉及长篇小说发展前期人物的类型化典型问题。所谓类型化典型,是指人物有一个主要的突出的性格特征,且这一特征一般不会发生变化。比如毛宗岗评价曹操为"奸绝",认为"曹操平生无真,至死犹假",他小时候就心思诡诈,曾经假装中风陷害关心他的叔叔,死的时候还要设计七十二疑冢欺瞒世人;而诸葛亮智绝天下,不仅活着的时候聪明过人,神机妙算,死了都能设计吓走司马懿。而《三国演义》人物塑造之所以能取得这样的成就,在于作者运用了很多具体的方法,其中最重要的一点就是"不于有处写,正于无处写"。比如在塑造诸葛亮的形象时,其形象是隐隐约约、一步一步透露出来的,在诸葛亮的名字出现之前,作者先为刘备设置了一个谋士徐庶以为诸葛亮的引子。第三十五回写刘备跃马檀溪之后偶遇司马徽,司马徽推荐"伏龙、凤雏,两人得一,可安天下",却并不直接说明伏龙、凤雏是谁。夜半时徐庶夜访水镜,刘备误以为"此人必是伏龙、凤雏",第二天询问司马徽却仍不知其名姓,使徐庶"如帘内美人,不露全身,只露半面,令人心神恍惚,猜测不定。至于诸葛亮三字,通篇更不一露,又如隔墙闻环珮声,并半面亦不得见。纯用虚笔,真绝世妙文!"(第三十五回回评)。第三十六回化名单福的徐庶因母亲被曹操羁縻而被迫归曹,临行前去而复返,方说出诸葛亮之名,毛宗岗在本回回评中说:"孔明乃《三国志》中第一妙人也。读《三国志》者,必贪看孔明之事。乃阅过三十五回,尚不见孔明出现,令人心痒难熬。及水镜说出'伏龙'二字,偏不肯便道姓名,愈令人心痒难熬。至此卷徐庶既去之后,再回身转来,方才说出孔明。"而直至第

三十七回才浓墨重彩地大书特书"刘玄德三顾茅庐",而在刘备拜
访诸葛亮的路上,却屡屡出错,屡屡误会,"闻水镜而以为孔明,见
崔州平而以为孔明,见石广元、孟公威而以为孔明,见诸葛均、黄承
彦而又以为孔明",可谓"极写孔明,而篇中却无孔明",在此毛宗岗
提出了著名的"善写妙人,不于有处写,正于无处写"的理论:

> 写其人如闲云野鹤之不定,而其人始远;写其人如威凤祥
> 麟之不易睹,而其人始尊。且孔明虽未得一遇,而见孔明之
> 居,则极其幽秀;见孔明之童,则极其古淡;见孔明之友,则极
> 其高超;见孔明之弟,则极其旷逸;见孔明之丈人,则极其清
> 韵;见孔明之题咏,则极其俊妙。不待接席言欢,而孔明之为
> 孔明,于此领略过半矣!(第三十七回回评)

这样虚写的手法,便得孔明的形象隐而愈现,使读者心痒难熬,层
层渲染,很好地刻画出了一个隐居隆中、胸怀天下的卧龙先生的形
象,为他出山之后的三分天下的种种活动做了铺垫。另外,毛宗岗
还指出了《三国演义》人物塑造中的其他几种方法,如正衬和反衬
法,第四十五回回评中说:"写鲁肃老实,以衬孔明之乖巧,是反衬
也。写周瑜乖巧,以衬孔明之加倍乖巧,是正衬也。"而二者之中,
正衬的使用会产生更强的艺术感染力:"写国色者,以丑女形之而
美,不若以美女形之而觉其更美;写虎将者,以懦夫形之而勇,不若
以勇夫形之而更觉其勇",如写周瑜为关羽所折服,并不能完全突
出关羽的豪杰之气,而写曹操也为关羽所折服,则更好地突出了其
英勇豪迈。

在小说章法结构上,可以说毛宗岗比金圣叹更重视长篇小说
的结构问题,并把"结构"作为一个独立的概念提出来,指出《三国
演义》在"总起总结之中,又有六起六结":"其叙献帝,则以董卓废
立为一起,以曹丕篡夺为一结。其叙西蜀,则以成都称帝为一起,
而以绵竹出降为一结。其叙刘、关、张三人,则以桃园结义为一起,

而以白帝托孤为一结。其叙诸葛亮,则以三顾草庐为一起,而以六出祁山为一结。其叙魏国,则以黄初改元为一起,而以司马受禅为一结。其叙东吴,则以孙坚匿玺为一起,而以孙皓衔璧为一结。凡此数段文字,联络交互于其间,或此方起而彼已结,或此未结而彼又起。读之不见其断续之迹,而按之则自有章法之可知也。"(《读三国志法》)而在具体的情节结构中,毛宗岗列出了《三国演义》叙事的十三种"妙"处:追本穷源之妙,巧收幻结之妙,以宾衬主之妙,同树异枝、同枝异叶、同叶异花、同花异果之妙,星移斗转、雨覆风翻之妙,横云断岭、横桥锁溪之妙,将雪见霰、将雨闻雷之妙,浪后波纹、雨后霢霂之妙,寒冰破热、凉风扫尘之妙,笙箫夹鼓、琴瑟间钟之妙,隔年下种、先时伏着之妙,添丝补锦、移针匀绣之妙,近山浓抹、远树轻描之妙,奇峰对插、锦屏对峙之妙,并一一作了细致阐述。虽然这些妙处,大多是继承金圣叹而来,但由于毛宗岗在具体分析过程中结合了小说文本,因而仍显得生动可观。

三、《西游记》评点

无论在"四大奇书"系列还是"四大名著"系列中,与其他三部小说相比,《西游记》的评点都是不尽如人意的,而且没有像其他三部小说的评点一样形成一个后世通行的版本。同时,因小说本身的宗教性质,《西游记》评点本总有一些牵强附会谈玄说道之处。明清时期流传的《西游记》评点本中,较为著名的评点者有李贽(一般认为为叶昼托名)、汪象旭、黄周星、张书绅、陈士斌、刘一明、张含章、含晶子等,其中仍以《李卓吾先生批评西游记》较为著名。

《李卓吾先生批评西游记》大约刊刻于明代泰昌、天启年间,是现存最早的《西游记》评点本,学界一般认为此书的评点者实际上是叶昼,署名李贽只是书坊主假托名人以招徕读者的手段。叶昼,字文通,无锡人,活动于明代万历天启年间,家贫嗜酒,富于才情,曾从学于顾宪成,但一生潦倒,死后也长期埋没。李评本以世德堂本为底本,前有署名幔亭过客的《西游记题辞》,后有《凡例》,点明读法,评点形式有眉批、夹批及大量回末总评,且以眉批为多,全书844处评语中眉批有734处。大多数眉批惜墨如金,如多处批"猴""趣"等,《凡例》谓:"批'猴'处,只因行者顽皮,出人意表;批'趣'处,或八戒之呆状可笑,或行者之尖态可喜,又或沙僧之冷语可味,俱以一'趣'字赏之。"相对于眉批的简洁随意,回末总批则往往篇幅较大,所论或揭示大旨,或总结技巧,文风则或严峻沉郁,或幽默诙谐,《凡例》谓:"总评处,皆以痛哭流涕之心,为嬉笑怒骂之语,实与道学诸君子互相表里。"

就评点内容而言,李评本涉及《西游记》的思想主旨、人物形象、美学特质等方面。李评本受到阳明心学的深刻影响,因而往往以心学来解读小说,全书有200多条评语都从这一角度立论,如第一回回评就指出"心"是《西游记》的宗旨,第十三回在"心生,种种魔生;心灭,种种魔灭"下又夹批道"宗旨","一部《西游记》,只是如此,别无些子剩却矣"。在人物形象方面,李评本对孙悟空的欣赏跃然纸上,常用"猴"来评价孙悟空,凡例中这样解释:"批'猴'处,只因行者顽皮,出人意表。亦思别寻一字以模拟之,终不若本色'猴'字为妙,故只以一'猴'字赞之",李评本以"猴"这一兼具名词与形容词性的词来形容孙悟空的性格,真是恰到好处,如孙悟空龙宫索宝,死活赖着不走;大闹天宫时变出瞌睡虫让人睡觉,像吃炒豆一样偷吃金丹;观音院中故意不救火;车迟国三清殿偷吃供品还撒尿冒充圣水;剃光朱紫国满朝文武的头发等,李评本在这些有趣的地方多以"猴""顽猴""妙猴""趣猴"等点评,并发出"此猴可恶又可喜也""顽皮恶状至此,可发大笑"的感慨。除了猴性,李评点还关注到孙悟空的聪慧、侠义与高超本领,如第一回写孙悟空独自漂洋过海求仙访道,李评本批道:"如此勇决,自然跳出生死,可羡可法";第二回写菩提祖师将孙悟空头上打了三下,就走入里面关了中门,众人都抱怨孙悟空,孙悟空却知道这是师父要秘密传授他本领,李评本批道"老猴聪明";第四十三回总评则赞:"行者说《心经》处,大是可思,不若今之讲师,记得些子旧讲说,便出来做买卖也";第七十四回,孙悟空变成小钻风打探消息,花言巧语,循循善诱,李评本赞其"勇智双绝";第四十七回孙悟空替一秤金献祭,李评本批道"能替人性命,真是大侠!然又谈笑而为之,不动一毫声色,真圣也"。当然,李评本也指出了孙悟空性格中的一些缺陷,如第四十一回写孙悟空语言上占红孩儿便宜,李评本批道"这猴头委是轻薄",指责孙悟空说话刻薄。对小说中其他人物形象如猪八戒、沙僧、唐僧等,李评点也有精到的点评,并且注意到了小说人物塑造上的对比手法,"描画孙行者顽处,猪八戒呆处,令人绝倒,化工笔也",指出作者是有意识地把孙悟空的顽皮机灵与猪八戒的憨傻笨拙对比着来描写的。李评本对于《西游记》这样不同于历史演义、英雄传奇和世情小说的神魔小说的美学特征也做了一定的揭示,指出了其"文不幻不文,幻不极不幻"的特点,有助于引导读者理解神魔小说这样一种新的文学品类。

四、《红楼梦》评点

《红楼梦》的评点本非常多,前期有脂砚斋评本。道光以后,评者不下数十家,如"护花主人"王希廉、"太平闲人"张新之、"大某山民"姚燮、"桐花凤阁主人"陈其泰、"耽墨子"哈斯宝等,不过就其价值而言,均不如脂砚斋评本。脂砚斋是目前所见最早且最有影响的《红楼梦》评点者,虽然目前发现的脂砚斋评本里面署名众多,有脂砚斋、畸笏叟、棠村、梅溪、松斋、鉴堂等等,但批点最多、最重要的无疑是脂砚斋。不过,脂砚斋究竟是何人,目前学界尚聚讼纷纭,莫衷一是,甚至连其是男是女都无统一意见。但有一点是大家比较认同的,即从评点的内容和口吻来看,脂砚斋应是一个与曹雪芹关系密切的人,他不但熟知曹雪芹的生平,而且二人有一些相同或类似的生活经历,甚至在曹雪芹创作《红楼梦》的过程中提供了不少修改意见,也因此脂评的观点历来为研究者所重视。

脂砚斋的小说评点既受到金圣叹的深刻影响,又与曹雪芹本人的小说观一致。总的来说,脂评涉及《红楼梦》的主旨、总纲、人物、结构等多个方面,兹以人物为例略叙如下。

脂评对《红楼梦》的人物形象塑造有着很深刻的认识,《红楼梦》塑造了众多生动鲜活的人物形象,如贾宝玉、林黛玉等都是独一无二的艺术创造,都是与众不同的"这一个":"按此书中写一宝玉,其宝玉之为人,是我辈于书中见而知有此人,实目未曾亲睹者。又写宝玉之发言,每每令人不解;宝玉之生性,件件令人可笑;不独于世上亲见这样的人不曾,即阅古今所有之小说传奇中,亦未见这样的文字。于颦儿处更为甚,其囫囵不解之中实可解,可解之中又说不出理路。合目思之,却如真见一宝玉,真闻此言者,移之第二人万不可,亦不成文字矣。"然而这些独一无二的形象并非作者按照先验的善恶观念演绎出来的,而是按照生活本来的情理与复杂情态塑造出来的,所以千古若活。小说中女子很多,而这些女子大多美貌,然而曹雪芹绝不像一般的才子佳人小说描写美人一样动不动用"羞花闭月""沉鱼落雁"之类陈腐套语,而是自创新格,如第一回写娇杏"生得仪容不俗,眉目清朗,虽无十分姿色,却亦有动人之处",脂评在此处眉批道:"这便是真正情理之文,可叹近之小说中满纸羞花闭月等字",而写娇杏眼中贾雨村的相貌则是"生得腰圆背厚,面阔口方,更兼剑眉星眼,直鼻权腮",脂评道:"最可叹世之小说中凡写奸人则用鼠耳鹰腮等语。"再如无论是文才还是相貌均为大观园众女子之首的林黛玉,在第二回中首次出现时,曹雪芹只用了"聪明清秀"四个字,脂评眉批道:"如此叙法方是至情至理之妙文,最可笑者近小说中满纸班昭蔡琰文君道韫。"而在林黛玉进贾府一回中,迎春、探春、惜春三姊妹描写则同中有异,迎春、探春都是简笔勾勒,而惜春则用了"身量未足,形容尚小"一句囫囵带过,脂评指出"浑写一笔更妙,必个个写去则板矣。可叹近之小说中有一百个女子,皆是如花似玉一副脸面"。同时《红楼梦》在人物刻画上的高明之处还在于打破了"从前的小说叙好人完全是好,坏人完全是坏"的局面,如贾宝玉,他对待女儿有平等之心、兼爱之心,但也有骂茜雪、踢袭人的粗暴之举;而林黛玉美丽非凡,诗才横溢,美中不足的是孤高自许,有时说话尖利刻薄;史湘云聪明美丽,性格又豪迈直爽,却也并非完美无缺,她说话咬舌子,"爱""二"不分,脂评就在此处提出了著名的"真正美人方有一陋处"的观点:"可笑近之野史中,满纸羞花闭月,莺啼燕语,殊不知真正美人方有一陋处,如太真之肥,飞燕之瘦,西子之病,若施于别个不美矣。今见'咬舌'二字加之湘云,是何大法手眼,敢用此二字哉!不独不见其陋,且更觉轻俏娇媚,俨然一娇憨湘云立于纸上。掩卷合目思之,其'爱厄'娇音如入耳内,然后将满纸莺啼燕语之字样填粪窖可也。"(第二十回庚辰本夹批)"真正美人方有一陋处"指出了人物形象塑造的一个重要规律,因为人无完人,将小说人物塑造得完美无缺会让人觉得虚假,而展现人物的某一缺点则会让人觉得这一形象更加真实,如香菱,其美貌在小说中应居第一等,但小说中却经常用"呆"字来形容她,如第四十八回写香菱学诗学得茶饭无心,坐卧不定,宝钗说"你本来呆头呆脑的,再添上这个,越发弄成个呆子了",脂评道:"最恨野史中有一百个女子,皆曰聪明伶俐,究竟看来她行为也只平平。今以'呆'字为香菱定评,何等妩媚之至也。"(第四十八回庚辰本夹批)与"真正美人方有一陋处"相对的,恶人也并非全是坏处,如王熙凤,她阴险狠毒,贪婪狡诈,兴儿说她"上头一脸笑,脚下使绊子,明是一盆火,暗是一把刀",手中还有贾瑞、尤二姐等几桩人命案子,贾府的抄没更是与她放高利贷分不开,然而曹雪芹却同时写出了她的灵活机智,口才出众,尤其是她高超的管理才能"竟是个男人万不及一的",所以脂评才会说出"我爱之,我恶之"这样的话。这正是脂评指出的"所谓人各有当地,此方是至理至情。最恨近之野史中恶则无往不恶,美则无一不美,何不近情理之如是耶?"(庚辰本第四十三回夹批),而《红楼梦》则把人物放置在具体的生活环境中,通过合乎人情物理的各种手法,将人物描绘得"言语形迹无不逼真"(第十五回总批)。

在人物的具体写法上,脂砚斋总结出了多种手法,如"如闻其声,如见其形",林黛玉进贾府这一回中,写王熙凤出场,就用了"未写其形,先使闻声"的手法,在众人"敛声屏气,恭肃严整"的氛围中突出王熙凤的"放诞无礼",然后才细致描写其衣饰形貌等,脂评眉批道"试问诸公,从来小说中可有写形追像到此者?"再比如第十六回贾蓉贾蔷要出去采买戏子,贾蓉悄悄问王熙凤可有什么东西要捎回,而凤姐一口回绝道:"别放你娘的屁!我的东西还没处摆呢,希罕你们鬼鬼祟祟的?"脂评在这里连批"有神"、"像极,的是阿凤",因为这样的语言只有泼辣而自视甚高的王熙凤才说得出。再如第八回写薛宝钗鉴赏通灵宝玉,看完一遍之后,又翻过来细看,并将玉上刻的"莫失莫忘,仙寿恒昌"念了两遍,然后回头向莺儿笑道:"你不去倒茶,也在这里发呆作什么?"这几句话下,脂评道:"请诸公掩卷合目想其神理,想其坐立之势,想宝钗面上口中,真妙!"而当莺儿想向宝玉介绍宝钗的金项圈八个字的来历——"是个癞头和尚送的,他说必须錾在金器上……"时,却被宝钗打断:"宝钗不待说完,便嗔他不去倒茶,一面又问宝玉从哪里来",也是将二人的神态描绘得如描如画,脂评夹批道:"妙神妙理,请观者自思"。

五、《儒林外史》评点

《儒林外史》在清乾隆十四年(1749)之前已有抄本流传,但抄本至今尚未发现,目前能看到的最早刻本是嘉庆八年(1803)的卧闲草堂刻本,卷首有署名"闲斋老人"所作的序,而绝大多数回末有无名氏的总评,学界一般称为卧闲草堂评本,简称卧本。其形式主要为每回结尾的回末总评,除个别章回外,几乎回回有评。其总评大都较为详细,平均均有上百字,长者或至六百余字。其内容主要评论小说中的人物与事件,有时也会提示作者作法之妙。关于闲斋老人其人,有人认为即是小说作者吴敬梓自己,也有人提出其他人选,究竟如何都还有待进一步的考证。之后较重要的评本还有齐省堂增订本、黄小田评本和天目山樵(张文虎)评本,但还是以卧本影响最大。

作为一部以普通士林生活为题材的小说,卧评强调了《儒林外史》的写实性,"迥异玄虚荒渺之谈",如第六回回评就指出小说写严监生吞并严贡生家产的过程就写得极为平实可信:"(严监生)省中乡试回来,看见两套衣服、二百两银子,满心欢喜,一口一声称呼'二奶奶'。盖此时大老意中之所求,不过如此。既已心满志得,又何求乎?以此写晚近之人情,乃刻棘刻楮手段。如谓此时大老胸中已算定要白占二奶奶家产,不惟世上无此事,亦无此情。要知严老大不过一混帐人耳,岂必便是毒蛇猛兽耶?"同时,卧评批评了"俗笔稗官,凡写一可恶之人,便欲打、欲骂、欲杀、欲割,惟恐人不恶之。而究竟所记之事,皆在情理之外,并不能行之于当世者。此古人所谓'画鬼怪易,画人物难'。世间惟最平实,而为万目所共见者,为最难得其神似也。"此外,卧本对于《儒林外史》的主旨、讽刺艺术、人物形象等都有深刻地剖析,下面以卧评对小说讽刺艺术的揭示为例略述如下。

卧本在《儒林外史序》中明确指出了《儒林外史》是"以功名富贵为一篇之骨"的,而在围绕这一中心写那些"心艳功名富贵而媚人下人者""倚仗功名富贵而骄人傲人者""假托无意功名富贵而自以为高被人看破耻笑者"时,又是以充满了讽刺戏谑的笔调,不是板着面孔的严正批判,而是婉而多讽的"谑语诔之"。如著名的范进中举的故事中,范进中举前后丈人胡屠户对他的评价和态度判若两人,然而作者并未对此发表主观评论,而是通过"范进进学,大肠瓶酒、是胡老爹自携来,临去是'披着衣服,腆着肚子'。范进中举,七八斤肉四五千钱是二汉送来,临去是'低着头,笑迷迷的'"这样"前后映带""谨严之至"的白描来讽刺胡屠户的市侩嘴脸。范进母丧期间，赴汤知县的宴请，看到席上摆着"燕窝、鸡鸭，此外就是广东出的柔鱼、苦瓜"，席上"用的都是银镶杯箸"，因而"退前缩后的不举杯箸"，汤知县连忙换了"一个磁杯，一双象箸来"，范进还是不肯用，直到"换了一双白颜色竹子的来"方才肯用。汤知县正在"疑惑他居丧如此尽礼，倘或不用荤酒，却是不曾备办"时，却看到他"在燕窝碗里拣了一个大虾元子放在嘴里"，这才放下心来。这段描写真是无一褒贬而情伪毕现，传神地勾勒出了范进虚伪的假孝子形象。此回回末总评说："上席不用银镶杯箸一段，是作者极力写出。盖天下莫可恶于忠孝廉节之大端不讲，而苟索于末节小数。举世为之而莫有非之，且效尤者比比然也。故作者不以庄语责之，而以谑语诛之。"（第四回回末总评）

同时，卧本指出《儒林外史》讽刺最基本的特点就是客观、冷静，在不动声色的叙述中使得黑白自现。所谓"直书其事，不加断语，其是非自见"，如第四回中张静斋劝汤知县借回教老师夫送牛肉一事"出个大名"，结果将这位回教老师夫活活枷死了，其残忍阴暗真是令人发指，然而人物本身毫不以为忤，作者也不作评论，因此卧本回末总评中说"席间宾主三人侃侃而谈，毫无愧怍。阅者不问而知此三人为极不通之品。此是作者绘风绘水手段，所谓直书其事，不加断语，其是非自见也"。再比如同回中严贡生刚在对范进等人口口声声表白"小弟只是一个为人率真"，"从不晓得占人寸丝半粟的便宜"，小厮却已经走来报告"早上关的那口猪，那人来讨了"，卧评写道："才说不占人寸丝半粟便宜，家里已经关了人一口猪。令阅者不繁言而已解。使拙笔为之，必且曰：'看官听说，原来严贡生为人是何等样'，文字便索然无味矣。"正是在这样含而不露的叙述中，小说完成了"机锋所向，尤在士林"的批判任务，并达到了神似的境界，以致使人读完之后"乃觉日用酬酢之间，无往而非《儒林外史》"。

六、《聊斋志异》评点

蒲松龄《聊斋志异》完成后,曾请当时名士王士禛批阅,王士禛题诗一首:"姑妄言之姑听之,豆棚瓜架雨如丝。料应厌作人间语,爱听秋坟鬼唱诗",并做了一些评点,因而王士禛可谓是《聊斋志异》最早的评点者。虽然王士禛的评点数量不多,所评多为三言二语,主要针对内容与人物而言,正如冯镇峦所说:"此书评语亦只循常,未甚搔着痛痒处,《聊斋》固不以渔洋重也"(《读聊斋杂说》),但是因为王士禛的文坛地位,所以其评点还是影响了后来许多人关注《聊斋志异》一书,也催生了后来的十数家评点,比较著名的是冯镇峦、何守奇、但明伦等三家,其中又以冯镇峦所评最为人瞩目。

冯镇峦字远村,合州人,生平所存资料甚少,有《晴云山房诗文集》、《红椒山房笔记》及《聊斋志异》评点。其评点《聊斋志异》始于嘉庆二十三年(1818),但其书至光绪十七年(1891)始问世。卷首有《读聊斋杂说》,首先反驳了纪昀等人对《聊斋志异》的指责,纪昀认为"《聊斋志异》盛行一时,然才子之笔,非著书者之笔也",以较为保守的小说观念认为"小说既叙见闻,即属叙事,不比戏场关目,随意装点",而《聊斋志异》"一书而兼二体,所未解也"。冯镇峦则提出"《聊斋》以传记体叙小说之事,仿《史》《汉》遗法,一书兼二体,弊实有之,然非此精神不出,所以通人爱之,俗人亦爱之,竟传矣。虽有乖体例可也。纪公《阅微草堂》四种,颇无二者之病,然文字力量精神,别是一种,其生趣不逮矣",肯定了《聊斋志异》的创造性,并认为"当代小说家言,定以此书第一"。

冯镇峦在肯定《聊斋志异》体例上的创造性的同时,对《聊斋志异》的思想、人物、故事、结构、意境等均作了细致的分析,认为《聊斋志异》"虽海市蜃楼,而描写刻画,似幻似真,实一一如乎人人意中所欲出。诸法俱备,无妙不臻。写景则如在目前,叙事则节次分明,铺排安放,变化不测。字法句法,典雅古峭,而议论纯正,实不谬于圣贤一代杰作也"。尤其值得注意的是,因《聊斋志异》为谈狐说鬼之作,常人一般以为"莫易于说鬼,莫难于说虎。鬼无伦次,虎有性情也。说鬼到说不来处,可以意为补接;若说虎到说不来处,大段着力不得"。冯镇峦则对此观点进行尖锐的批驳,认为"说鬼亦要有伦次,说鬼亦要得性情",认为"《聊斋》说鬼狐,即以人事之伦次,百物之性情说之。说得极圆,不出情理之外;说来极巧,恰在人人意愿之中。虽其意亦有意为补接,凭空捏造处,亦有大段吃力处,然却喜其不甚露痕迹牵强之形,故所以能令人人首肯也。"在《聊斋志异》谈狐说鬼的表象之下,实际上寄寓了作者的满腔孤愤之情,作者是"有意作文,非徒记事"的(《读聊斋杂说》),冯镇峦特别注意分析作品背后的寓意所在,如《罗刹海市》写罗刹国不重文章而重相貌,长得越丑官位越高,冯镇峦在这里指出"颠倒妍媸,变乱黑白,丑正直邪,人情有之,亦以讽世也";《饿鬼》中的饿鬼转世的教官,有钱就"作鸱鸮笑",没钱就"睫毛一寸长",冯镇峦评道:"饿鬼居然教官,以教官中原多饿鬼也";《梅女》中的典史受了小偷三百钱的贿赂就诬陷梅女与小偷私通,梅女被迫自尽,后来典史妻子死后为娼,冯镇峦夹批中说:"或谓聊斋骂人太伤雅道,骂教官为饿鬼,骂典史为龟头。予曰:非也。有可骂则骂之,以三百钱便污人名节,此岂尚得谓之官乎? 天下如此官岂少乎? 人各扪心自问,无怪人骂也。……至骂教官为饿鬼,以教官中原不少饿鬼,骂之宜。"可以说,冯镇峦清醒地看到了在《聊斋志异》迷离惝恍的狐鬼故事中寄寓着作者对于现实世界的深刻批判与讽喻,这也正是《聊斋志异》独步天下、效颦无数而无人能及的原因。冯镇峦强调,那些"无《聊斋》本领,而但说鬼说狐,侈陈怪异,笔墨既无可观,命意不解所谓。臃肿拳曲,徒多铺陈;道理晦涩,义无足称"的"效颦"之作,只能是让读者"不转瞬而弃如敝屣,厌同屎橛,并覆瓿之役,俗人亦不屑用之",与《聊斋志异》相比,真是"相悬万万"(《读聊斋杂记》)。

当然,《聊斋志异》中给人留下深刻印象的不仅仅是那些孤愤寄怀之作,还有数量众多的"佳鬼佳狐"的动人故事,如爱笑的婴宁、机智的小翠、多情的青凤、柔弱的小倩、舞姿出众的晚霞,还有小谢、翩翩、娇娜、白秋练、香玉、葛巾等等,他们的故事中充满美好的邂逅、坚贞的相守和幸福的结局,洋溢着对自由爱情的执着与向往,以及与恶势力斗争的智慧与勇气,冯镇峦在这些故事后往往批道"皆令人心动""情亦为之动矣",或者"令人泣下""每读泪下""我每读鼻酸泪下"等等,认为作者"写情痴工",并称赞"聊斋真温柔乡中总持,每写儿女之情,便已透纸十重,不只称风月主人已也"。虽然志怪小说中写爱情由来已久,然而以前的作品在描写人性的深度与广度方面均远远逊色于《聊斋志异》,正是所谓"花妖狐魅,皆具人情",而《聊斋志异》之所以取得这样的成就,其原因也正是冯镇峦指出的"说鬼亦要有伦次,说鬼亦要得性情"。

除了指出《聊斋志异》思想的深刻之外,冯镇峦对小说的艺术成就也做了高度的概括:"《聊斋》之妙,同于化工赋物,人各面目,每篇各具局面,排场不一,意境翻新,令读者每至一篇,另长一番精神。如福地洞天,别开世界;如大池未央,万户千门;如武陵桃源,自辟村落","《聊斋》说鬼说狐,层见叠出,各极变化。如初春食河豚,不信复有深秋蟹螯之乐。及至持螯引白,然后又疑梅圣俞不数鱼虾之语徒虚语也",高度评价了《聊斋志异》的"变"与"新"。正如喻焜在冯镇峦评本序中所说,冯镇峦"随处指点,或一二字揭出文字精神,或数十言发明作者宗旨,不作公家言、模棱语,自出手眼,别具会心",确乎是《聊斋志异》诸评本中的上品。

七、《西厢记》评点

戏剧作为一种融文学、音乐、舞蹈、美术及其他表演因素于一体的综合性艺术,既不同于传统诗文和同具叙事性的小说,同时又与诗文小说有着千丝万缕的联系,因而戏剧研究既有与诗文研究、小说研究的共同性，如思想、内涵、结构、语言、人物、艺术等，同时又要兼顾舞台表演，涉及声腔韵律、场次布景、时空设置、舞台效果，因而古代戏剧研究的形式既有与诗文研究类似的《曲律》《曲话》等这样系统性的论著，也有与古代小说批评类似的评点形式，却又不像古代小说批评一样以评点为其最主要的形式。

作为中国古典戏剧的典范之作，《西厢记》自明代起就被各类评论家、评点家所关注，是目前所知评点最早、评本最多的戏剧，在这一过程中出现了一大批评点本，如徐士范本、凌濛初本、毛奇龄本、徐文长本、李卓吾本、金圣叹本、毛声山本等，其中以金圣叹评本《第六才子书西厢记》评点为最著名。金圣叹幼年即曾读《西厢记》，读至"他不偢人待怎生"时，因这七字的"勾魂摄魄之气力"而"悄然废书而卧者三四日"，后进行评点，于顺治十三年（1656）完成，以贯华堂名义刊行。目前发现的金批西厢的版本非常多，清顺治间原刻本已失传，目前认为刊刻于乾隆年间的宝淳堂精刻本是与原刻本最接近的本子。通行版本的体制一般是这样的：卷一有两篇序，序一《恸哭古人》、序二《留赠后人》；卷二为《读第六才子书〈西厢记〉法》，共81条；卷三为元稹《会真记》，并附元稹、白居易等人相关诗作23首；卷四至卷七为《西厢记》正文，在每一卷前有长篇总批，卷内每一节后有节批，曲白间有众多夹批，有时每出戏结尾还会就总批再加发挥，所以全本中金圣叹的评点文字几与原文的字数相仿佛。就整体而言，序与总批的内容主要涉及两个方面，一是阐明《西厢记》的义理、批评宗旨和目的，二是论述创作理论和方法技巧；节批主要阐述人物形象、章节结构、语言文字等；夹批则散见于曲白之间，主要关注细节，如情节演进、人物心理、语言艺术等。

金评本《西厢记》主要在以下三个方面取得了远超前人的成绩，其一是为《西厢记》"辨淫"，《西厢记》自诞生之时起就因赞美青年男女的自由结合而遭到一些封建卫道士的批判、诬蔑乃至禁毁，被认为是"淫书"。金圣叹之前也有一些学者为《西厢记》辨淫，但他们在《西厢记》描写男女性事这一点上往往躲躲闪闪，认为之所以写此事是为了惩淫戒淫，不敢承认《西厢记》所描写的灵肉合一的爱才是天下至情。对此，金圣叹在《读第六才子书西厢记法》中连用六章的篇幅进行了激烈的批驳，他认为"夫张生，绝代之才子也；双文，绝代之佳人也。以绝代之才子，惊见绝代之佳人，其不辞千死万死，而必求一当，此亦必至之情也"，才子佳人相爱，本就是男女之至情，是世间自然而然之事。他以愤激地语气怒斥那些"说《西厢记》是淫书"的人，诅咒他们"后日必堕拔舌地狱"，因为《西厢记》断断不是淫书，断断是妙文"。金圣叹分析了世人之所以视《西厢记》为淫书，不过是因为"中间有此一事"即男女性事，然而"细思此一事，何日无之，何地无之？"这本是人生世上最普通最平常的事情而已，"不成天地中间有此一事，便废却天地耶？细思此身自何而来，便废却自身耶？"金圣叹幽默而尖锐地说，总不能因人皆自男女交合而来，便不做人了。接下来，金圣叹又用反讽的口气说："若说《西厢记》是淫书，此人有功德。何也？当初造《西厢记》时，发愿只与后世锦绣才子共读，曾不许贩夫皂隶也来读。今若不是此人揎拳捋臂，拍凳搥床，骂是淫书时，其势必至无人不读，泄尽天地妙秘，圣叹大不欢喜。"至于写莺莺与张生西厢幽会的《酬简》一节，前人曾认为"最鄙陋者"，金圣叹则认为这真是"三家村中冬烘先生之言"，因为男女之事"论此事，则自从盘古至于今日，谁人家中无此事者乎？若论此文，则亦自从盘古至于今日，谁人手下有此文者乎？谁人家中无此事，而何鄙秽之有与？谁人手下有此文，而敢谓其有一句一字之鄙秽哉？……而彼三家村中冬烘先生犹呶呶不休，詈之曰鄙秽，此岂非先生不惟不解其文，又独甚解其事故耶？然而天下之鄙秽，殆莫过先生，而又何敢呶呶为？"这样的批评恰是反戈一击，正中要害，正是阅者心地不磊落才会认《西厢记》这样的妙文为淫，真乃"文者见之谓之文，淫者见之谓之淫耳"。可以说,经过金圣叹的抗争与辨析,《西厢记》"断断不是淫书,断断是妙文"的观点得到了认同,剧中那些描写爱情的段落与情节都在金圣叹笔下得到了肯定。

其二,金圣叹对《西厢记》中的人物形象及形象体系作了精细的分析。他从戏剧整体着眼,揭示了作品中主要形象与次要形象的分别。一般认为《西厢记》中莺莺、张生、红娘是全剧的三个主角,金圣叹认可这一观点,认为"《西厢记》止写得三个人:一个是双文,一个是张生,一个是红娘",但是他反对前人从角色唱段的多寡角度将莺莺看成最次要人物的观点,相反,他认为莺莺才是整个戏剧的中心人物:"《西厢记》亦止为写得一个人。一个人者,双文是也。若使心头无有双文,为何笔下却有《西厢记》?"张生与红娘都是莺莺的配角,并用了"文字"和"药"两个比喻来形象地说明:"譬如文字,则双文是题目,张生是文字,红娘是文字之起承转合","譬如药,则张生是病,双文是药,红娘是药之炮制"。不过,金圣叹还指出,《西厢记》写莺莺并不是孤立地写,而是通过红娘与张生来写,首先,写红娘是为了写莺莺:"《西厢记》止为要写此一个人,便不得不又写一个人。一个人者,红娘是也。若使不写红娘,却如何写双文?然则《西厢记》写红娘,当知正是出力写双文。"其次,写张生也是为了写莺莺:"《西厢记》所以写此一个人者,为有一个人,要写此一个人也。有一个人者,张生是也。若使张生不要写双文,又何故写双文?然则《西厢记》又有时写张生者,当知正是写其所以要写双文之故也。"因而,金圣叹提出:"《西厢记》写红娘,止为写双文,写张生亦止为写双文,便应悟《西厢记》决无暇写他夫人、法本、杜将军等人。"金圣叹既看到了莺莺是作者所着意塑造的最主要的人物形象,也注意到了莺莺的形象之所以塑造得血肉丰满,是与红娘、张生形象的塑造密不可分的,莺莺是在与张生、红娘的互动中显示出其生动的性格特征的。此外,金圣叹对人物性格也有细致入微的分析,尤其是对莺莺既渴望爱情又过于矜持的矛盾性格,作出了合理的分析:"双文,天下之至尊贵女子也;双文,天下之至有情女子也;双文,天下之至灵慧女子也;双文,天下之至矜尚女子也",正是因为尊贵、有情、灵慧、矜尚这多种复杂的性格集于一身,才使莺莺的"赖简"等行为有了合理的解释,而且正是寄简之后又赖简这样出尔反尔的行为才显示出莺莺"真是不惯此事女儿",而完全不是那些惯于偷期密约的放荡女子,因为"天下安有既约张生而尚瞒红娘者哉?"这样的反复才"真写尽又娇稚,又矜贵,又多情,又灵慧千金女儿,不是洛阳对门女儿也",这样的分析很能帮助读者理解莺莺由于独特出身与个性而导致的情感与行为上的种种变化。

其三,金圣叹对《西厢记》文本进行了阐幽发微式的论述,其评点本身即秉着"鸳鸯绣出从君看,又把金针度与人"的态度,特别注意立足文本本身,对文学表现手法进行深度解剖,通过对字法、句法、章法层层深入、细致入微的分析,总结出种种文字表现的技法,如烘云托月法、移堂就树法、月度回廊法、羯鼓解秽法、摇曳法、那(挪)辗法、虚字法、排荡法、浅深恰妙法、龙王调尾法、反衬法、狮子滚绣球法、暗度陈仓法、一笔多用法等等,正如李渔所赞叹的:"自有《西厢》以迄于今,四百余载,推《西厢》为填词第一者,不知几千万人,而能历指其所以为第一之故者,独出一金圣叹。"如人物描写方面的烘云托月法,金圣叹用月和云的关系来比喻主要人物和次要人物的关系,认为:"欲画月也,月不可画,因而画云。画云者,意不在于云也;意不在于云者,意固在于月也。然而意必在于云焉,于云略失则重,或略失则轻,是云病也。云病即月病也",指出要想塑造好主要人物,次要人物的刻画也是极其重要的。可以说,金圣叹一改以往《西厢记》评点以感悟为主的习惯,而对作品进行宏观把握、系统剖析,把感性的"悟"提升为理性的"法",将零散的戏曲叙事理论严整化、系统化。

还有需要注意的一点是,金圣叹的《西厢记》评点与其《水浒传》评点一样，也是"批""改"并举，他公然宣称"圣叹批《西厢记》是圣叹文字，不是《西厢记》文字"，具有强烈的主体性与主动性。也正因此，后世学者对金批本褒贬不一，褒之极高，贬之亦极低。一般来说，从文学鉴赏角度来评价金圣叹的，往往褒多于贬，如，蔡冠洛称金圣叹"以奇特之识见，批文章之妙处，别作奇警之新熟字以为命名……其赅博审辨如此"（《清代七百名人传·金人瑞》）；而从曲学或舞台演出角度来评价金圣叹的，则往往贬多于褒，如梁廷枏斥之："圣叹以文律曲，故每于衬字删繁就简，而不知其腔拍之不协。至一牌划分数节，拘腐最为可厌。所改纵有妥适，存而不论可也。"（《曲话》）综合两方面而言，应该说李渔的评价是较为全面和中肯的："圣叹之评《西厢》，可谓晰毛辨发，穷幽晰微，无复有遗议于其间矣。然以予论之，圣叹所评，乃文人把玩之《西厢》，非优人搬弄之《西厢》也。文字之三昧，圣叹已得之；优人搬弄之三昧，圣叹犹有待焉。"（《填词余论》）

第三节 传统评点法与批注式阅读教学

就中国古代小说戏剧的评点历史来看，评点者是在对全书有总体把握、深刻理解的前提下来评论其中的某一部分，所以往往能准确揭示出这一片断在全书中的地位与作用，并善于指摘出人物的某句话、某一动作在表现人物性格和刻画人物形象中的意义与特点，而这些往往是一般读者阅读时容易忽略掉的。评点可以随着小说情节的发展、故事的进程，逐步揭示作者的创作目的与艺术手法，将"一部之旨趣，一回之警策，一句一字之精神，无不拈出"。就故事发展而言，评点可以提醒读者注意作者前后描写之间的联系，揭示作者埋下的伏笔或伏线，及其对后面描写所起的作用。同时，古代小说戏剧评点基本都是理论与文本密切结合的，所有理论都是从文本中提炼和升华而来。这些对于当今中学语文中的古代小说戏剧教学尤其具有参照意义,我们也很欣喜地看到,已经有中学语文教师关注到传统评点法在语文教学中的实际意义,并将之与近现代教育理念、文艺理论相结合,形成当代批注式阅读教学的新理念与方法。

批注式阅读教学或称批点式阅读教学、评点式阅读教学等,是指借助传统评点方式,结合现代教育理念而进行的一种语文阅读教学方法。它将传统的评点法引入当前语文教学中来,引导学生在阅读时对文本语言进行品味与感悟,并要求学生在对文本的内容、思想、情感、手法、语言及精彩片断或重点语段进行思考、分析、判断的基础上,用符号和文字加以标注,以此实现文学阅读间文本与学生、学生与老师、老师与文本间的多重对话,从而提高学生的阅读能力,实现真正意义上的阅读。较早提出批注式阅读这一概念的是东北师大附中的孙立权老师,其《“语文教育民族化”的一个尝试——批注式阅读》中提出批注式阅读是一种深含中国文化意蕴的阅读方式,其突出特点是“意(批注)随文(文本)生”,这一方法强调学生对文本的直接领悟,阅读者在阅读过程中兴之所至,随感而生,信手拈来,议论纵横①。近几年来,对批注式阅读教学的研究越来越多,涉及其内涵界定、理论基础、实施步骤、课堂效果、价值定位等多个方面,发表了上百篇相关研究文章,包括一些较高水平的硕士研究论文与一线语文教师的教学思考。可以说,中学语文界已经发现,批注式阅读是一个培养创造性阅读的过程,其运用有助于学生在阅读过程中形成独立的思考、休味、感悟,读出新意,读出创见,而这正是对语文新课标“逐步培养学生探究性阅读和创造性阅读的能力,提倡多角度的、有创意的阅读,利用阅读期待、阅读反思和批判等,拓展思维空间,提高阅读质量”要求的积极回应。

具体到古代小说戏剧教学中,我们也欣喜地看到传统评点法

① 《东疆学刊》2005年第1期。

已经在课堂教学中崭露头角,如郭郁老师在教学《香菱学诗》一课时就指导学生对文本进行点评,并对学生进行评点方法的指导,而经过指导后学生的阅读潜能被激发出来,写出了不少非常有水平、有见地的评语,如在香菱拿了林黛玉给的王维诗回去后就"向灯下一首一首的读起来"处,有学生在"一首一首"处批道:"痴、呆、魔、苦,感动;非'顽'也";在"香菱又逼着黛玉换出杜律来"处,有学生批道:"一个'逼'字见执着";而在宝玉感慨香菱学诗时宝钗说"你能够像他这苦心就好了,学什么有个不成的"而"宝玉不答"处,有学生评道:"此时无声胜有声;话不投机半句多。"①可见,学生的阅读兴趣一旦被调动起来,并加以适当的引导,是能够对古代小说文本产生深刻的理解的。下面再介绍几则运用传统评点法进行古代小说教学的案例,或为课堂实录,或为教学反思,或为教学简案,虽形式不同,但都显示出了当代语文教师在古代小说教学中对于传统评点法的尝试与思考深度。

一、《林黛玉进贾府》评点教学一

笔者按:本课执教教师为于德龙老师。

师:上堂课,我们明确了《林黛玉进贾府》借林妹妹的一双俊眼第一次展示了全书的典型环境——贾府,第一次介绍了贾府的主要人物,这堂课我们首先来鉴赏男女主人公的第一次见面——宝黛初会。

这堂课,我们回归传统的读书方法,古人有不动笔墨不读书的习惯,这习惯就是边读、边想、边记的方法,这就是评点法。

明清以来,对四大名著的评点可以说是异彩纷呈,流派众多。你知道人们公认的比较好的四种评点本是哪几种吗?

---

① 郭郁:《初中名著阅读教师导引方式的实践研究——以〈香菱学诗〉为例》,《中华活页文选·教师版》2014 年第 6 期。

生1:脂砚斋评点《红楼梦》。

生2:金圣叹评点《水浒传》。

师:很好,知道两个已经很不简单。

(多媒体显示"四大名著著名评点",另两个是毛宗岗评点《三国演义》、李卓吾评点《西游记》。)

师:从某种意义上说,他们的评点是另一种极具价值的名著。那么,什么是评点法呢?

(多媒体显示"评点法",学生齐读。)

生:评点法是一种研究性的学习方法。在阅读过程中,圈圈点点,心有所感,笔墨追录,三言两语,生动传神。可以评点字词,也可评点句段;可以评点人物,也可评点情节、环境,等等。

(给同学们两分钟,整理上堂课的评点,然后自由发言。)

生3:我认为宝黛见面时的描写好。黛玉一见,便吃一大惊,心下想道;而宝玉看罢,就笑了,并且说见过林妹妹。从他们见面的不同表现,可以看出他们不同的性格:黛玉内向,小心谨慎;宝玉外向,性格直白。

师:语言叫直白,性格最好叫——

生4:直爽。

师:很准确!刚才的同学评点得很好,他抓住了俩人见面的典型细节,利用比较分析的方法评点得很到位。(板书)

师:两人见面都有似曾相识的感觉,用李商隐的诗句概括是什么?

生5:心有灵犀一点通。

师:心理学家说男女初次见面的三分钟内的感觉就决定了他们以后有戏没戏,(生笑)你同意吗?

众生:同意。

师:两人见面这么有感觉在全书中有什么作用?

生6:和前面的"木石前盟"相照应,也为两人后来的爱情发展埋下了伏笔。

师:很好。回答类似的问题我们都要联系文章的前后。这是规律。谁还想评点其他地方?

生7:我想评点的是黛玉回答宝玉的问话。宝玉问:"妹妹可曾读书?"黛玉道:"不曾读,只上了一年学,些须认得几个字。"而在前面贾母问的时候,黛玉说:"只刚念了四书。"从前后不同的回答中可以看出黛玉是步步留心,时时在意的。

师:怎么看出来的呢?

生7:因为黛玉在回答贾母的话时已经很谦虚了,但当她问贾母姊妹们读什么书的时候,贾母说:"读的是什么书,不过是认得两个字,不是睁眼的瞎子罢了!"由此可以看出贾母不太喜欢女孩子读书,并且让黛玉感觉自己的话说得大了。

师:评点得很到位。谁还发现了什么其他的妙处或有什么疑问?

生8:我有疑问。为什么宝玉忽然摔玉?

师:问得很好! 哪位同学可以帮他解决这个问题?

生9:摔玉可以看出宝玉有叛逆的性格。

师:这是评点宝玉行为表现的意义,似乎没有解释出摔玉的原因。大家想想宝玉是忽然摔玉的吗?

生10:不完全是。前文王夫人已经说过他是疯疯傻傻的,若这一日姊妹们和他多说了一句话,他心里一乐,便生出许多事来。

师:是啊,宝玉是典型的给点阳光就灿烂的主儿。但他是不是看见谁都摔玉啊?

众生:不是。

师:宝玉发狂的强度是和他对面前女孩的喜爱程度成正比的。他对黛玉是怎么评价的?

生11:神仙似的妹妹。

师:是啊,他太喜欢林妹妹了,太认同林妹妹了,太想和她一致了。你从哪里可以看出他想和林妹妹一致呢？

生12：宝玉说："我也不要这劳什子了！"从"也"字可以看出。

师：太棒了。这就是我们评点时要注意的抓关键词。（板书）宝玉太认可林妹妹了，他又率真娇惯，"我是宝玉我怕谁！"所以任性摔玉。他摔玉了，贾母还宠爱他吗？

生13：爱。从贾母急得搂了宝玉可以看出。

生14：从贾母编了谎话哄宝玉也可以看出。

师：贾母说"孽障"是"爱"还是"恨"啊？

众生：爱！

师：还是爱恨兼有呢？

众生：都有。

师：如果贾母更爱黛玉，她会怎么样呢？

生15：她会搂黛玉。

生16：她会真骂宝玉是孽障。

师：是啊。她应该急忙搂了黛玉道："孽障！你妹妹远道而来，你吓着她了。"（生笑）

师：大家注意到没有，宝玉摔玉的时候说"家里姐姐妹妹都没有"，为什么不说"家里哥哥弟弟都没有"呢？

生17：因为宝玉喜欢女孩。

生18：因为宝玉身边没有兄弟。

师：贾府除了宝玉没有男孩吗？

众生：有。

师：这反映了宝玉把女孩当人看。（生笑）我们现在当然把女孩当人了，但注意宝玉生活的时代是什么时代，那时是不把女人当人的。而宝玉甚至对丫鬟都能平等对待，这是难能可贵的。作者通过宝玉这一形象表达了自己的思想感情。也正因为宝玉把女人当人，他在当时的人们眼里是什么样子呢？

生19：是孽根祸胎，是混世魔王。

生 20：从《西江月》二词中可以看出，在当时的人们看来他是无能、不肖的傻子、狂人。

师：刚才我们分析了摔玉这样的典型细节，这是评点法的抓手之一。抓住关键词、重点句和典型细节，通过比较分析和探究归纳这样的思维流程，得出的评点语言要尽量的简洁、独到和深刻。（板书）当然，深刻性对于我们同学来说是有难度的，但随着我们的阅历的增加，我们对于作品的理解也就会越来越深，曹雪芹说："世事洞明皆学问，人情练达即文章。"文学即人学。我们对作品的评点不断修改的过程就是我们阅读不断深入的过程。有人说宝玉摔玉是反抗封建社会的行为，你同意吗？

生 24：不同意。因为当时的贾宝玉还很小，不可能有那么深的意义。

生 25：我也不同意。曹雪芹的思想也没有达到那么高的层次。

师：是啊，如果曹雪芹有那么高的思想认识，也许创立中国共产党的就是他了。（生笑）那么，如果我说刚才的观点是毛泽东提出来的，你同意吗？

众生：不同意。

师：孟子曰："尽信书，则不如无书。"亚里士多德说："吾爱吾师，吾更爱真理。"我希望大家在评点时都能保持自己的个性，不人云亦云。其实，毛泽东对红学的发展是起到了推动作用的。他说"《红楼梦》是中国封建社会的一部百科全书"，你同意吗？

众生：同意。

师：他又说"《红楼梦》是一部阶级斗争史"，你同意吗？

众生：不同意。

师：因为毛泽东首先是一位——

众生：政治家。

师：他认为"与天斗，与地斗——"

众生:与人斗,其乐无穷。

师:因此,对作品的评点是见仁见智的。现在我们来初步小结一下评点法。(多媒体显示评点法的流程图即板书设计)

探究归纳

抓关键词 简洁性

找重点句 评点法 独创性

析典型细节 深刻性

比较分析

师:接下来,我们评点王熙凤出场的那一段文字。给大家两分钟,用这一方法完善你课前的评点,也可以讨论。然后自由发言。

生26:王熙凤的出场写得好,未见其人,先闻其声。形象地写出了人物泼辣的性格特点。

师:仅仅写出了性格特点吗?

生27:还写出了王熙凤在贾府的特殊地位。

师:很全面。谁还要评点?

生28:王熙凤连续问黛玉一系列的问题,写得好。写出了王熙凤的热情关心和考虑问题周到的特点。

师:有一定的道理。请看课后王蒙对这一段的评点,他从王熙凤不等黛玉回答,先提一串问题中评点出了4点。我认为他第2点讲的"是关心的表示也是走过场"的评点不是十分准确的。大家认为王熙凤的一串问题需不需要黛玉回答?

众生:不需要。

师:因此她的问话表现更多的是——

众生:走过场。

师:所以王蒙的这个评点最好改为——

生29:不是关心而是走过场。

生30:是关心的表示更是走过场。

师:谁的更准确些呢?

众生:第2个。

师:我也是这么认为的。谁还有新的评点?

生31:王熙凤回答王夫人的问话,可以看出她是一个精明强干的管家。

师:你认为哪几个词是关键词呢?

生32:"这倒是我先料着了"的"先"和"我已预备下了"的"已"。

生33:我认为王熙凤的"哭"是假的。因为她正笑着却很快就"用帕拭泪",当贾母说"快再休提前话"时,她又"忙转悲为喜"了,变化太快了。

生34:从王熙凤的哭更看出她虚情假意,善于演戏。

师:是啊! 在她高雅、清洁的"哭"的表象下,显现的是她的机智逢迎。若说我没哭,没看见我用帕拭泪了吗? 若说我哭而无泪,没看见我用帕拭过了吗? (生会心地笑)可见,曹雪芹非常善于通过典型细节来刻画人物。

生35:王熙凤夸林黛玉的语言描写也很妙。"天下真有这样标致的人物,我今儿才算见了!"可以看出她很会讨好林黛玉。

师:是为了讨好林黛玉吗?

生36:讨好林黛玉是为了讨好贾母。

师:有道理。那么刚才那两句话中关键的词应该是什么呢?

生37:"真"和"今儿"。

生38:应该是"真"和"才"。

师:大家读一下,应该是什么?

众生:"真"和"才"。

师:正确。她用两个很有分量的词,将对黛玉的赞美提高到惊叹的程度,而且表达得自然、得体。但是,心理学家说:千万不要在一个女孩面前夸另一个女孩漂亮,尤其是男生,这样做很危险。

（生笑）看来王熙凤也不高明啊！

生 39：我不同意。王熙凤说这些是为她接下来的话作铺垫。因为她接着就说："况且这通身的气派，竟不像老祖宗的外孙女儿，竟是个嫡亲的孙女，怨不得老祖宗天天口头心头一时不忘。"可以看出她夸黛玉是为了说明只有老祖宗才有这么漂亮的外孙女。

生 40：也夸了在场的贾母的三个嫡亲孙女。

师：在场的还有迎、探、惜三姐妹的母亲邢夫人和王夫人，她们听了高兴吗？

众生：高兴。

师：从中我们可以看出王熙凤的八面玲珑，只一句话，就把在场的主要人物一一拍遍，不愧阿谀逢迎的高手，堪称"红楼第一拍"。（生笑）凤姐是一有机会就拍老祖宗的马屁的。不过仔细想来，并不是任何场合、任何情景之下都是适宜于拍马屁的；拍得乖巧，拍得让人听了喜欢而不反感，是极不容易的事。且看第三十八回，写贾母带着一大家子人在水池上的藕香榭欣赏风景，心里高兴，就说起小时候在枕霞阁玩儿，不小心失脚掉进了水里，几乎没淹死，救起来头上却碰破了一块，现今鬓角上还有指头顶儿大的一个窝。在这种情景之下，如果你是凤姐，你怎么拍呢？

生 41：老祖宗，大难不死，必有后福。

师：好吗？

众生：不太好。

生 42：老祖宗，有窝儿这叫残缺美。（生笑）

师：对一个 80 多岁的老太太谈美是她最喜欢听的吗？

众生：不是。

师：对于老太太来说，美已经是过去时了，更何况是残缺美。（生笑）可见这个拍马的难度系数是 9.8，非一般功力所能为也。那么王熙凤说的是什么呢？当时她说："那时要活不得，如今这么大福可叫谁享呢？可知老祖宗从小儿的福寿就不小，神差鬼使碰出那个窝儿来,好盛福寿的。寿星老儿头上原是个窝儿,因为万福万寿盛满了,所以倒凸出些来了。"王熙凤专从福、寿两方面发挥,贾母听了会高兴吗?

众生:会。

师:因此我们抓住重点句,就可以准确地评点人物的性格。几句话就活脱脱地画出了凤姐的世故聪明,所谓"大拍无形"啊!

师:为什么对于王熙凤的外貌描写没有同学评点呢?

生43:我认为作者把王熙凤写得富贵而美丽,恍若神妃仙子。

师:是很美,丹凤眼和柳叶眉都是很美的。但请大家注意她的丹凤眼的造型是"三角"的,柳叶眉是"吊梢"的,给你什么感觉啊?

生44:狡黠。

生45:难对付。

师:从对眼睛的描写可以归纳出贾宝玉、林黛玉和王熙凤的性格各有什么特点呢?

生46:宝玉多情,黛玉多愁,凤姐多威。

师:太棒了。那么大家从凤姐的服装打扮上除了看出富贵之外,还能看出什么呢?

生47:很高贵。

师:是吗?她都有什么装饰啊?

生48:头上戴着金丝八宝攒珠髻,绾着朝阳五凤挂珠钗,项上戴着赤金盘螭璎珞圈,裙边系着豆绿宫绦,双衡比目玫瑰佩。

师:这么多的金银珠宝集一身给人的感觉是高贵吗?

生49:不是,是俗气。

师:凡事都要恰到好处。女子更要自然高雅,才是大美,就像广告说的:"你能看出我擦了粉了吗?"所谓"大妆无痕"啊!

师:同学们评点得很好,现在我们来看看脂砚斋是怎么评点的。我们举两个例子。请看大屏幕。(多媒体显示服饰外貌描写及评点)

脂砚斋评曰:服饰依次按照头、颈、腰的顺序而写。(对于外貌)甲戌眉批:试问诸公:从来小说中可有写形追像至此者?

师:这是什么意思?

生50:是说以前的小说描写人物没有像曹雪芹这么传神的。

师:这个评价是很高的。以前的小说描写人物经常是程式化的,如"此女有闭月羞花之姿,沉鱼落雁之貌,乃江南第一美女"等,你知道她长什么样吗?

众生:不知道。

师:因此,我们写作时也要善于抓住人物的特点,写出人物的个性特征。要不就用侧面烘托的笔法,我们学过的《陌上桑》,就用这种方法刻画了哪个美女啊?

众生:罗敷。

师:有个笑话说一个女孩奇丑,到了出嫁的年龄也嫁不出去,他爸爸只好叫她到庄稼地里当稻草人,果然,那些鸟都不敢来了,有几只乌鸦还把前天偷的玉米都送回来了。(生大笑)

师:请看脂砚斋的另一处评点。(多媒体显示"回王夫人"段的评点)【甲戌眉批:余知此缎阿凤并未拿出,此借王夫人之语机变欺人处耳。若信彼果拿出预备,不独被阿凤瞒过,亦且被石头瞒过了。】

师:和我们刚才评点的相同吗?

生51:不同。我们刚才以为她真拿出来了,所以认为她精明能干;但根据脂砚斋的评点她并没有拿出,那就是机变狡猾了。

师:你的评点不断修改的过程,就是你阅读不断深入的过程。谁能概括一下王熙凤的形象?

生:(各有见地)

师:(多媒体显示王熙凤的形象特点)这堂课,我们用评点法鉴赏了课文,有人说:"名著是人人都希望自己读过但人人都不喜欢读的作品。"你同意吗? 当我们真正进入曹雪芹为我们创造的文学大观园时,我们定会禁不住意荡心驰,目眩神迷,沉醉其中,欲罢不能的。到那时,你也许就不同意这种说法了。希望同学们课下有机会能通读《红楼梦》。谢谢大家!

(转引自 http://wenku. baidu. com/view. be7deec40242a8956bece48b. htoml。)

二、《林黛玉进贾府》评点教学二

对于《林黛玉进贾府》这篇小说,如何引导学生品味其美妙之处? 以前执教这一文本时,我更多的是设置问题引领学生阅读,或着眼于人物形象的分析,或着眼于小说中的人物的出场描写,或从林黛玉这一视角入手分析。这次执教这一文本,我想变换一下文本鉴赏的切入点,新的切入点怎样确立呢? 我想起了叶圣陶先生在《文艺作品的鉴赏》中的论述:"凡是出色的文艺作品,语言文字必然是作者的旨趣的最贴切的符号。读者若不能透切地了解语言文字的意义和情味,那就只看见徒有迹象的死板板的符号,怎么能接近作者的旨趣呢? 文字鉴赏还得从透切地了解语言文字入手。"何不让学生从语言入手来品味这一文本的魅力? 但是运用什么方法能让学生咂摸出文本语言的真味道、接近作者的旨趣呢? 于是确立了运用评点法鉴赏文本的人物语言这一教学思路。我先让学生自己评点,在评点中与文本对话,与作者对话,与人物对话,然后在课堂上与同学对话,与老师对话,与名家对话,在对话中求得深度解读文本。

(一)巧引名家评点,授之以法

《普通高中语文课程标准》(实验)(以下简称《课标》)在第三部分"实施建议"中的"教学建议"部分中的第四条中提到:"在教学中,充分发挥主动性,创造性地使用教科书和其他有关资料。"《红楼梦》一书自经问世以来,古有脂砚斋,今有俞平伯、王蒙、冯其庸等众多的学者都作过评点,这是教学中极其宝贵的教学资源,在教学《林黛玉进贾府》这一文本时我首先想到了这些名家评点。因此，第一课时我先让学生整体阅读了一遍文本，在大致了解了文本的内容的基础上自我评点，第二课时，课堂伊始，我先让学生体会、借鉴一下学者们的评点方法。幻灯投影王蒙先生评点的相关文本内容及其评点。

幻灯投影：

文本内容：厮见毕归坐，细看形容，与众各别：两弯似蹙非蹙罥烟眉，一双似喜非喜含情目。态生两靥之愁，娇袭一身之病。泪光点点，娇喘微微。

评点：黛玉的气韵神情与众各别："罥烟眉"，清、淡、秀；"含情目"，性灵之光；"愁、娇、泪"，使人顿生爱怜，并暗示其悲剧命运。

师：哪位同学试参悟一下，王蒙先生是如何评点这一段话的？

生：王蒙先生先用"黛玉的气韵神情与众各别"对这段话进行内容概括，然后重点抓住"罥烟眉"和"含情目"分析其表现出来的特点，抓住"愁、娇、泪'，三个词语分析其作用。

师：这位同学参悟得很到位。评点时，我们可以用抓关键词语或句子的方法，或概括其内容，或分析其作用，或分析其言外之意。当然，我们也可以记录下自己阅读时的感受，像这段话中的"两弯似蹙非蹙罥烟眉"，脂砚斋的评点就是"奇眉妙眉，奇想妙想"。

（二）巧用名家评点作对比，深化学生的解读

叶老曾说过，"鉴赏文艺，不妨听听别人的话"，"虽然并不是所有的批评文章都有价值，但是看看它们，就像同许多朋友一起在那里鉴赏文艺一样，比较独个儿去摸索要多得到一点切磋琢磨的益处和触类旁通的机会"。名家的评点分析往往视野更为宽广，对文本的解读往往更有深度，让学生将自己的评点与名家的评点相对照，会打开学生的思路，让学生对文本能够有更深入的理解。如：

生1：我评点的是"又忙携黛玉之手，问：'妹妹几岁了？可也

上过学？现吃什么药？在这里不要想家，想要什么吃的，什么玩的，只管告诉我，丫头老婆们不好了,也只管告诉我'。一面又问婆子们：'林姑娘的行李东西可搬进来了？带了几个人来？你们赶早打扫两间下房,让他们去歇歇'这段话。我的评点是：这段话可以看出王熙凤对黛玉的关心体贴，为人处世的精明、做事的周全。

生2：前面称"妹妹"，后边又变成"林姑娘"，还可以看出她前面是以嫂子的身份说话,后边又是以管家大奶奶的身份说话，表现出她身份的转变，突显她在贾府的地位。

师：抓住称呼来评点，阅读得很仔细。

生3：老师，我不同意前面同学说是对黛玉的关心体贴，我们看，她问的那一串问题，问得太急，如果是关心的话，应该每一次问完了之后，等待黛玉的回答，应该是一问一答，而这里，只有问，没有回答，说明王熙凤表面上是关心黛玉，实际上是问给别人听的，貌似关心，实际上是在走过场，讨好贾母而已。

师：分析得很精辟，看到了王熙凤骨子里的东西。我们说初次见面这些问话里面应该有关心，但成分更多的是表演。我们不妨看一下王蒙先生的评点。

幻灯投影：

不等回答，先提一串问题：一、急脾气。二、是关心的表示,也是走过场。三、在"老祖宗"面前可以连珠炮般地说话提问，也是份儿、格儿。四、通过关心人显示自己的全面性、细致性、责任性。

师：可以看出王蒙先生理解的更为全面，可以参考他的评点修改完善一下自己的评点。

(三)咬文嚼字中深度解读，接近作者旨趣

《课标》在第三部分"实施建议"中的"教学建议"部分中的第五条中"必修课程内容的组合和教学实施"中有关"阅读与鉴赏"中提到："阅读文学作品的过程，是发现和建构作品意义的过程。作品的文学价值,是由读者在阅读鉴赏过程中得以实现的。文学作品的阅读鉴赏,往往带有更多的主观性和个人色彩。应引导学生设身处地去感受体验,鼓励学生积极地、富有创意地建构文本意义。"叶老也曾经讲过:"鉴赏文艺的人如果对于语言文字的意义和情味不很了了,那就如入宝山空手回,结果将一无所得。""读者必须把捉住语言文字的意义和情味,才能辨出真滋味来——也就是接近作者的旨趣的希望。"评点的过程,就是引领学生咬文嚼字,不放过文中富有表现力的实词或虚词,在咀嚼中品味词语的丰富表现力,用自己的情感、经验、眼光、角度去体验作品,去与文本对话,与作者对话,引领学生发现和建构作品意义,深度解读文本。如:

生1:我评点的是林黛玉说的"不曾读,只上了一年学,些须认得几个字"这句话,我的评点是:这句话写出了林黛玉的谨慎、小心、心细、敏感的性格特点,同时也照应了小说开头写的"步步留心,时时在意"这句话。

师:你怎么看出她"谨慎、小心、心细、敏感"这一性格特点?

生:评点这段话时,我注意到小说前面的一段话:"贾母因问黛玉念何书。黛玉道:'只刚念了《四书》。'黛玉又问姊妹们读何书。贾母道:'读的是什么书,不过是认得两个字,不是睁眼的瞎子罢了!'"黛玉回答贾宝玉和回答贾母的问话截然不同,说明她从贾母的话中听出了贾母不满意她对读书的回答,她意识到了自己回答的不妥,因此,回答宝玉时便改了口,由此看出她的这一性格特点。

师:分析得很有道理,这一同学能够联系文本的前后内容来对比分析,给我们提示了一种评点时的分析方法,就是——

生(齐说):对比法。

再如:

生:我评点的是"骂道:'什么罕物,连人之高低不择,还说'通灵'不'通灵'呢!我也不要这劳什子了!'"和"宝玉满面泪痕泣道:

'家里姐姐妹妹都没有,单我有,我说没趣;如今来了这们一个神仙似的妹妹也没有,可知这不是个好东西。'"这两句话,第一句话,我的评点是:"连人之高低不择"写出了宝玉见到黛玉后的自惭形秽,"也"字不仅写出了宝玉的率真,看到黛玉没有玉后狠命地摔通灵宝玉,而且"也"字更能表明宝玉想和黛玉一样,写出了他对黛玉的极其喜爱。第二句话,我的评点是:这句话反映了宝玉的男女平等的思想,"神仙似的"是他对林黛玉的评价,从宝玉的眼中写出了黛玉的超凡脱俗,与众不同。

师:评点很到位,并且善于抓住语句中的重点词语,尤其是虚词,来评点分析,给我们做了一个很好的榜样。

(四)评点与朗读结合,涵泳品读出真滋味

评点的过程,有时候仅仅书面上理解不一定能够深刻领悟出作者的深意,教师不妨引领学生运用朗读的方法,从语音的层面去感受其中的真滋味如:

生1:我评点的是"因笑道:'天下真有这样标致的人物,我今儿才算见了!况且这通身的气派,竟不像老祖宗的外孙女儿,竟是个嫡亲的孙女,怨不得老祖宗天天口头心头一时不忘。只可怜我这妹妹这样命苦,怎么姑妈偏就去世了!'说着,便用帕拭泪。"这段话,我的评点是:"天下真有这样标致的人物"这一句夸奖了林黛玉长得漂亮,"竟不像老祖宗的外孙女儿,竟是个嫡亲的孙女"这句话不仅夸奖了林黛玉,也夸奖了这时在贾母面前的三春姊妹,可以看出她讨好贾母、善于奉承、圆滑、精明的特点。

生2:前面是喜,后面忽然就悲,哭起来,表面是写王熙凤同情黛玉的遭遇,实际上写她很会装,写出她善于机变的一面。

生3:王熙凤的这番话,贾母、王夫人、邢夫人听着都受用,还能体现她左右逢源、八面玲珑的特点。

师:我们再细读一遍,再品一品,她是怎么夸林黛玉漂亮的?

谁朗读一下有关的语句？

生4：（朗读得比较平淡。）

师：朗读时，我们要注意重读哪几个有表现力的词语？

生5："真""才"。

师：对，抓住这两个关键词，朗读时应该怎样读？设想你就是王熙凤，你要表达一种什么样的情感？再读一读，能读出什么味来？

生6（朗读后）：更加突出黛玉的貌美、妩媚，有对黛玉美貌的赞叹和美慕。

生7（运用重音轻读的方法朗读后）："真"字，表示以前对天下有这样标致的人物表示怀疑，"才"字表示以前从未见过，现在终于眼见为实。

师：这位同学朗读得非常好，运用重音轻读的方法，真正读出了这两个词语的言外之意，这两个字表明这不只是赞叹了，简直是在惊叹了。我们不得不佩服王熙凤的这种得体而又高超的说话艺术，作者用高超的语言艺术把这个能说会道、八面玲珑的人物展现在了我们面前。

（五）在"细"字上下功夫，在追问中品味言外之意

文本解读的过程中，有些作者富含深意的地方，学生往往容易忽略，这时就需要教师的引领，追问就是一种很好的引领方法。如：

生1：我评点的是这段话："众人见黛玉年貌虽小，其举止言谈不俗，身体面庞虽怯弱不胜，却有一段自然的风流态度，便知他有不足之症。因问：'常服何药，如何不急为疗治？'黛玉道：'我自来是如此，从会吃饮食时便吃药，到今日未断，请了多少名医修方配药，皆不见效。那一年我三岁时，听得说来了一个癞头和尚，说要化我去出家，我父母固是不从。他又说：'既舍不得他，只怕他的病一生也不能好的了。若要好时，除非从此以后总不许见哭声，除父

母之外,凡有外姓亲友之人,一概不见,方可平安了此一世.'疯疯癫癫,说了这些不经之谈,也没人理他.如今还是吃人参养荣丸."我是从内容概括角度评点的,我的评点是,这段话是黛玉进贾府说的比较长的一段话,讲了四个方面的内容:先讲自己的病史,再讲神奇的经历,然后讲了和尚的话,要想病好开的药方,最后黛玉自己对和尚药方的评价.

师:对话语内容的概括评点很准确,我们看这一段话,有没有更深层次的作用?

学生沉默不语.

师:我们先看众人的问话是什么?

生(齐答):"常服何药,如何不急为疗治?"

师:根据这个问题,林黛玉按照常规应该怎样回答? 谁说一下?

生2:我自来是如此,从会吃饮食时便吃药,到今日未断,请了多少名医修方配药,皆不见效,所以如今还是吃人参养荣丸.

师:很准确,那为什么作者偏要林黛玉回答问话的过程中,有一些内容跑偏呢? 跑偏的这些内容是否可以删掉? 不能删掉的话,有什么作用呢? 请大家再细读文本,对看似跑偏的这些内容再深入作一评点.

学生细读文本,有的前后位主动展开讨论,有的迅速评点.

师:我们交流一下.

生3:我对"总不许见哭声"这一句的评点是:哭声,照应了小说第一回的木石前盟内容,还泪以报答绛珠仙草的甘露灌溉之恩.

师:评点时学会联系小说的前后文,充分利用我们第一节课介绍的内容,课堂学习善于倾听、记录,值得学习.哪位同学还有其他评点?

生4:不能删掉,这些话重点暗示了黛玉的命运.

师:什么命运?

生5:悲剧命运。因为这里讲一概不能见"外姓亲友之人,方可平安了此一生",而林黛玉这时来到了贾府,见到了除父母之外的其他人,这预示了她人生的不平安开始了,也就是悲剧命运的开始。

师:评点有理有据,也很深刻,读出了对人物命运的暗示作用.这里可以说是作者的匠心所在。

总之,运用评点法教学,可以很好地引领学生鉴赏文本的语言,评点让学生学会品赏文本的语言要在"细"字上下功夫,可以让学生在评点中读出人物的性格,读出文本的言外之意,读出作者的匠心独运之所在,领悟到作者高超的语言运用艺术,在慢读细品中感受文本的魅力,让语文课真正上出语文味。

(李思衡《细评慢品真滋味,涵泳方觉意味长——评点法教学〈林黛玉进贾府〉教学思考》,《中学语文旬刊》2015年第13期。)

三、《林教头风雪山神庙》"细读·批注·玩味"三步教学

笔者按:岳国忠老师将古代文人"玩味"的阅读接受与中国古代小说"点评""批注"的阅读方法相结合,移植到中学古代小说教学中,并设计为"细读·批注·玩味"的三步教学法。其教学设计如下:(有删改)

1.课前预习,任务驱动

我在实施这一小说的教学之前,先布置学生去阅读原著《水浒传》。针对当下高中学生学业负担沉重这一现实,我先从以下方面对阅读任务进行了拆分:

第一步,教师导读,补充背景知识。教师为学生提供《水浒传》以及《林教头风雪山神庙》的导读材料,材料中涵盖施耐庵的生平简介及其思想倾向、《水浒传》成书的时代背景、思想内容简析(历时和共时两个角度介绍)、主要艺术特点简析,金圣叹、叶昼等的批

注等知识,让学生在读之前,对作品先有大体了解。

第二步,整体感知,阅读相关章节。学生通过分步阅读,初步把握作品内容、了解人物遭遇及性格特点,利用寒暑假通览《水浒传》全书,利用大假和周末精读《林教头风雪山神庙》前后相关的章节,摘读全书中有关林冲命运的章节,从整体上初步把握作品的内容和人物形象的特点,同时质疑,批注,为课堂学习交流做准备。

圈点评注具体要求如下:圈点,阅读时运用相关符号,勾、画、圈、点出触动自己的美词佳句、精美语段、疑难困惑等;评,侧重文章内容或形式,就文本内容的干瘪或丰腴、情感的深沉或苍白,视角的新颖或陈旧,结构的圆润或残缺等诸多优缺点,进行评析,以简洁的语言批于文本中;注,即援引注释作注解,侧重于文中之生僻字词、文史典故、风俗人情等。

第三步,学习小说文体知识,读出小说滋味。引导学生初步了解小说的相关理论知识,尝试运用基本的方法,拓展阅读视角,把小说当小说读。了解、学习小说的相关理论及阅读方法,初步了解、尝试运用小说叙事理论中的叙述者、叙述时间、叙述角度和叙述结构等知识以及文本细读、批注法等方法,探析小说之妙。

2.细读聚焦、品析内蕴

《林教头风雪山神庙》教学中,教师首先对文本进行自主解读,大致列举本文从"内容"到"形式"都可能涉及的小说教学的要素(见附表),选择这些要素,既要关注传统的"人物、情节、环境"三要素,更要抓住小说作为叙事文体这一突出的特点,紧紧把握住作品中的叙述时间、叙述角度和叙述结构等形式层面的内容,关注叙述视角,叙事节奏,线索,伏笔铺垫等新要素,关注环境描写中的"风""雪""火""酒店""草料场""山神庙"等物景以及象征(景物中风、雪、火与物件中酒葫芦、酒、花枪、解腕尖刀等物象的意蕴)等手法,关注陪衬人物李小二、老军、店家等人物在作品中的作用及意蕴,把握林冲的性格转变、命运坎坷悬疑,于真实的探究品析之中去深切领悟小说的主旨,从而赋还小说教学的本真意义。

3. 参照示范,尝试批注

教师选印金圣叹的批注文本,提供样本为学生做直观的批注示范。教师对选印的批注示范,结合细读聚焦的聚焦点、关注点,进行示范性评析。实施步骤为:

(1)示范评析:可据学生实际水平,由学生先揣读这些批注,体会这些批注是聚焦于小说哪一方面进行的评析,再选学生代表在班级内进行讲评,为其他学生做示范,教师适切地予以归纳或评析,以激发其他学生的学习热情,带动其他学生的参与。

(2)选择分组:让学生据其自身实际水平,自主选择小说文本的批注点、评析点,再据学生选择结果将其分类分组,将全班分成几组,每组的组员于课前自我阅读中,完成围绕批注点、评析点的自主批注。

(3)课堂交流:课堂上,教师根据分组情况,由每组选派出主发言人,进行专题主发言,其余同学积极补充,教师据学生发言内容,或亲自进行评析或选取学生当堂进行评析,教师于评析中,注重渗透批注的聚焦点,渗透基本方法以及方法背后的小说知识理论,帮助学生从感性的认知向理性的认识提升。

(4)课后展览:各小组于课堂交流完毕之后,将各自批注文本进行集中,教师据学生批注内容结合课堂发言,对各小组的批注文本进行归纳、修改和完善,最后按照不同的批注点及批注收获,出一期语文专题阅读小报进行专题展览,深度交流。

4. 内化生成,出新创新

结合课前自主细读批注体验和课堂交流发现,教师以课后作业形式,让班级每一成员据自己的学习和体会,再任选一个或多个批注点,对《林教头风雪山神庙》或《林黛玉进贾府》进行批注阅读,以加深对"细读"和"批注"的体验和运用,进一步培养学生的自主研读能力,促成方法的运用和理念的内化。

或以林冲为第一人称,以他自己从"隐忍"到"忍无可忍"再到"手刃仇敌"的心理轨迹变化为线索,改写《林教头风雪山神庙》为《我的反抗之路》,通过这一练习,进一步巩固学生对小说《林教头风雪山神庙》的接受认知,进而提升学生的实践运用能力。

《林教头风雪山神庙》解读要素一览表

小说解读要素	三要素	人物	主要	林冲	经历、性格、命运	豪杰英雄落难之际的苦命与抗争
				陆谦	言行、性格	凶险奸诈之徒的"玩火自焚"
			次要	小二夫妻	言行、性格	下层小民的知恩图报
				老军、店家	言行、性格	热情豪爽者的率直大气
				管营、差拨	言行、性格	趋炎附势者的为虎作伥
		情节	序幕、开端			序幕,交代故事发生的时空场域,或简介核心、主要人物及人物之间关系;开端为矛盾冲突之起点
			发展、高潮			发展,为矛盾冲突之具体展开,推进深化;高潮,为矛盾冲突至最紧迫、最尖锐、亟待爆发的阶段
			结局、尾声			结局为矛盾冲突的最终解决,情节的终结。尾声为冲突解决之后的补充或交代,或对前景进行展望
		环境	社会环境	内容		社会环境是指人物所生活的形成其性格、并驱使其行动的特定环境
			自然环境	内容		自然界的景物或人物生活的场景

续表

		语言	"闪""紧"等字的妙处	言为心声,个性化的语言表现人物的思想品格。
小说解读要素	新要素	象征	人物的象征	李小二、老军、店主——善的象征;陆谦、差拨、管营——恶的象征
			意象的象征	雪、火、酒葫芦等
			环境的象征	风雪交加,火光冲天的草料场——命运的陷阱,重生的希望
		叙述角度的全知叙述及其特点	叙述者大于人物,即叙述者比任何人物知道的都多,他全知全觉且可不向读者解释他是如何得知	优势在于视野无限开阔,适合表现时空延展度大,矛盾复杂,人物众多的题材;便于全方位(内、外、正、侧、虚、实、动、静)地描述人物和事件。还可以局部灵活地暂时改变、转移观察或叙述角度,既增加作品的可信度,又使叙事形态显出变化并从而强化其表现力,叙事朴素明晰。中国古代的白话小说常用这一视角
		叙述结构中的线性结构	前因后果,具有井然有序、符合逻辑的线型叙事结构,迂回穿插、曲笔达意,以悬念夺势	《林教头风雪山神庙》属于线性结构,环环相套,一波三折完整连续,单纯清晰
				如:李小二夫妻,就是为引出在阁子背后听说话一段的绝妙奇文,先事而起波。这一番偷听,林冲能否得知,知后结果如何,达已成悬念,引人入胜
		叙述语言	背景概括、讲述评议、过渡等形式	作家运用叙述语言交代背景、讲述故事、描绘画面,也于此含蓄表达自己的某种认识、判断、赞许、批评,表现自己的某种文化价值取向和喜怒哀乐的感情。可联系作品的外部语境和内部语境,揣摩叙述语言表层语义下的那些言外之意
				如:原来天理昭然,佑护善人义士,因这场大雪,救了林冲的性命。此番评议,为作者着实为林冲躲过一劫而暗自欣喜
		叙述时间中的叙述节奏	通过叙事文本表现出一种张弛交错的特殊美感	《水浒》中多"急事缓写"。以舒缓闲适之笔调,状写迫在眉睫之事件,亦可展现事情之急迫
				如:林冲得知陆虞侯前来加害于他之后,急欲寻仇,连寻几日未果,让人急于一探究竟,可直到山神庙中避寒才亲闻门外陆谦自陈罪过,手刃仇敌。

(岳国忠《高中古代小说的教学接受研究——林以〈教头风雪山神庙〉为例》,四川师范大学硕士学位论文,2013 年。)

第三章　叙事学与古代小说戏剧教学

小说戏剧是典型的以叙事为主的文学作品,也是"叙事"这一特定活动的产物,以叙事学作为理论工具无疑能够很好地解析古代小说戏剧的内涵与特质。

第一节　叙事学理论概述

"叙事学",有时也翻译成"叙述学",叙事学理论的形成得力于20世纪以来俄国形式主义与法国结构主义文学对叙事作品的探讨。1928年,俄国学者费拉基米尔·普洛普在《民间故事形态学》中分析了俄罗斯的一百个民间故事,指出这一百个故事虽然表面上纷繁复杂变化多端,然而它们实质上受到一个恒定结构的制约,这一结构体现在按照严格的、不可改变的次序相衔接的31个功能中。这一观点被法国结构主义学者列维-斯特劳斯接受并传播到法国学术界,影响及于60年代,法国学界催生了大量对叙事作品结构的分析,如以格雷马斯为代表的神话分析,以布雷蒙德为代表的民间故事分析,以罗兰·巴特、托多洛夫、热奈特等为代表的小说研究等。作为一个语词,"叙事学"最早即见于法国学者茨维坦·托多洛夫(也译成托多罗夫)1969年发表的《〈十日谈〉语法》一书:"这部著作属于一门尚未存在的科学,我们暂时且将这门科学取名为叙事学,即关于叙事作品的科学",研究者往往也将此视为叙事学成立的标志。

一、叙事学的发展历程

从叙事学成立至今,叙事学的发展经历了两个阶段。20世纪六七十年代为经典叙事学(也称结构主义叙事学)阶段,代表作家主要是法国的一批叙事学大师,如热奈特、罗兰·巴特、托多洛夫、格雷马斯、布雷蒙德等。经典叙事学以结构主义为理论背景,主要研究叙事形式本身,具有明显的形式主义倾向,而对文学的社会文化背景有所忽视,因而其研究导致了一定的片面性。至20世纪80年代,以西方马克思主义为主的叙事学研究开始转向对文学社会文化背景尤其是意识形态的研究,形成了借叙事研究以进行社会批判的研究思潮。90年代后,叙事学研究进入所谓现代叙事学(也称新叙事学、后经典叙事学)阶段,代表作家主要是美国的一批叙事学家,如希利斯·米勒、苏珊·兰瑟、詹姆斯·费伦、戴卫·赫尔曼、马克·柯里等。现代叙事学在理论上具有极强的开放性,注重叙事学的跨学科、多样化发展,广泛借鉴女性主义、解构主义、精神分析学、历史主义、电影理论、计算机科学等众多学科的理论与方法,扩展了研究思路与视野,并对结构主义叙事学的一些理论概念进行了重新审视或解构。同时,现代叙事学也发展出女性主义叙事学、社会叙事学、历史叙事学等不同分支。

叙事学自20世纪80年代中期传入中国,至90年代而大热,考察叙事学理论传入中国的轨迹及其研究状况,可以说,中国叙事学研究基本上沿着译介、挪用、杂交、创建的轨迹呈螺旋状上升发展,一方面积极吸取西方叙事学在研究理论与方法上的最新成果,另一方面也主动汲取中国传统叙事理论的精华,通过二者的结合,形成了具有鲜明创新性与个性的中国叙事学。①

①　梅新林、曾礼军、慈波等著:《当代中国古代文学研究(1949—2009)》,北京:中国社会科学出版社2013年版,第743-751页。

二、叙事学的基本概念与术语

叙事是叙事学的基本术语。但对于叙事,不同的理论家却有不同的界定,在最一般的意义上,叙事指的是用语言尤其是书面语言表现一件或一系列真实或虚构的事件。叙事学的理论构成一般可以分为故事、叙事话语和叙事者三个组成部分,三个部分分别对应于叙事作品讲述的内容、讲述的方式和讲述者三个方面。

(一)故事

故事即叙事所"叙"之"事",在最一般的意义上,故事指的是叙事文本的内容,热奈特认为故事就是"真实或虚构的、作为话语对象的接连发生的事件,以及事件之间连贯、反衬、重复等等不同的关系",不过,在实际研究过程中,叙事学往往并不关注故事的具体内容,而是着力于研究故事的组织、形态及构成故事的种种因素,即事件、情节、人物、环境等。

1.事件。事件是构成故事的基本单位,指发生的事情,它由所叙述的人物行为及其后果组成。事件的组成有若干层次,如《西游记》可以说讲了一个唐三藏等人西行取经的事件,但这个总的事件中又包含了许多小的事件,如孙悟空的事件、唐三藏的事件等等,这些小的事件中又可以再分为更细小的事件,如孙悟空的事件中就包含了石猴出世、远游学艺、龙宫取宝、大闹地府、大闹天宫等。米克·巴尔把事件定义为由角色引起或经历的从一种状态向另一种状态的转变,也就是说叙事学上所说的事件强调的是事物从某一状态向另一状态的转变。一般情况下,一个故事至少要包含两个事件以及两个事件之间的联系,这种联系可以是故事中的人物、事件之间的因果,也可以是时间、空间等任何具有可持续性的东西。

不同的事件在故事中的作用是不同的,有的事件起的作用是功能性的,有的则是非功能性的。功能性事件指对故事发展产生影响的事件,非功能性事件则反之,罗兰·巴特称前者为核心事件,称后者为卫星事件。在故事中,核心事件是故事的关键或转折点,不能省略,卫星事件则可以省略或重新设计甚至可以由另一个卫星事件代替。如《三国演义》中,刘备三顾茅庐拜请诸葛亮出山是核心事件,而刘备等人一路行来对隆中景色的欣赏及在见到诸葛亮之前先见到诸葛亮的家人亲朋等则是卫星事件。是否核心事件,不是以故事的重要程度来区分,而是以其在故事中的关系和作用来区分的,如《西厢记》的总事件是张生与崔莺莺的恋爱故事,但第一折中,张生在上京赶考途中准备去探望朋友白马将军杜确,这是个很小的事件,而且是一个并未实现的事件,因为张生并没有真正地拜访杜确。但这个事件就其功能而言却是一个核心事件,具有极其重要的作用:其一,张生因打算访友而滞留城中,因而有时间和机会去普救寺游玩,由此引出了后文与莺莺的相遇;其二,杜确是镇守蒲关的征西大元帅,这就为后来张生解决孙飞虎兵围普救寺事件埋下了伏笔。可见,准备探望杜确这一事件对整个崔张爱情故事的发展都起着重要的作用,是核心事件而非卫星事件。卫星事件对核心事件主要起补充、丰富和完成的作用,就故事结构而言,其作用低于核心事件,但在表现精神思想、塑造人物形象以及形成艺术风格等方面却十分重要,甚至超过核心事件。最典型的如《金瓶梅》,小说前几回的故事基本脱胎于《水浒传》中武松的故事,在核心事件方面与《水浒传》并无太大区别,变化的只是一些卫星事件,也就是故事的细节,然而正是这些卫星事件,不仅丰富了《金瓶梅》的思想、人物和艺术,使《金瓶梅》显示出了比《水浒传》更高明的艺术手法,也显示出作者与《水浒传》完全不同的思想内涵与价值追求。核心事件与卫星事件在故事中的作用是相辅相成的、缺少核心事件,故事的连续性就无法形成;缺少卫星事件,故事的生动性和意义就会损失甚至丧失。

　　2.情节。情节是按照因果逻辑组织起来的一系列事件。英国小说家福斯特曾经对故事与情节作过这样的比较:"国王死了,不久王后也死了"便是故事,而"国王死了,不久王后也因伤心而死"则是情节,也即情节是把在表面上看来偶尔地沿着时间先后顺序出现的事件用因果关系加以解释和重组。虽然福斯特的这一观点在现代叙事学那里受到批评,认为故事中的事件摆在一起就会具有某种联系,不一定非要在形式上有什么安排,但就中国古代小说戏剧的实际情况来看,情节的这一定义还是非常准确的,比如在《水浒传》中,洪太尉误走妖魔导致水浒一百零八将出世就是一个情节,而《红楼梦》中绛珠仙草与神瑛侍者的前世灌溉之恩也是一个情节。可见,情节是作者从自己的思想出发对故事进行的重新组合,体现的是作家的主观能动性和主观意图。

3.人物。人物是事件和情节发生的动因。不同叙事类型的作品中,人物与情节的关系不尽相同,在以情节为中心的叙事作品中,人物是为推动情节发展而设置的,而在另一些作品中,人物是艺术表现的核心,情节则是展现人物性格的手段。金圣叹在批评《水浒传》时认为:"别一部书,看过一遍即休;独有《水浒传》,只是看不厌,无非为他把一百八个人性格,都写出来",显然更注重的是人物;而李渔在《闲情偶寄》中则强调戏剧首先要有"奇事",作品的"主脑"就在于作为整个情节关掾的"一人一事",显然更强调情节的作用。根据格雷马斯的理论,上述两种人物我们可以分别称为行动元和角色。前者是指人物作为推动故事情节发展的行动要素,比如在才子佳人小说中,虽然人物的姓名、身份,故事发生的时间、地点各不相同,但总体上却给人以相似甚至雷同的感觉,这往往是因为其中的人物虽然名称、身份有所变化,但他们行动的目的、意识与基本方式却是一致的,其实不过是同一类型的行动元而已,比如总是有爱情的追求者(才子),追求对象(佳人),促进者(朋友、侠客或仆婢),反对者(有权势的人物),竞争与破坏者(小人)等。而角色则指具有生动具体的形象和性格特征的人物,也即小说戏剧中的典型人物。对叙事作品中角色的认识在明清小说评点中已较充分,如睡乡居士在《二刻拍案惊奇序》中就指出:"即如西游一记,怪诞不经,读者皆知其谬。然据所载,师弟四人,各一性情,各一动止,试摘取其一言一事,遂使暗中摩索,亦知其出自何人,则正以幻中有真,乃为传神阿堵。"也就是说,即使是纯粹虚构性的叙事作品,亦可塑造出生动具体的可以被读者当真的人物。人物同时具有行动元和角色两种属性,但这两种属性并不总是相互吻合的。有时一个行动元可以由多个角色担任,如《西游记》中有许多妖魔,虽然属于不同的角色,具有不同的性格特点,但对情节发展而言,都属于同一个行动元,即西天取经的阻碍者,而唐僧师徒一行则构成另一个行动元:取经人。反过来,一个角色也可以包括几个行动元,如猪八戒、沙僧、白龙马,都是由取经的阻碍者变成取经人的。正是这种行动元与角色的二重性使得人物在故事中的地位和意义变得较为复杂,如《西厢记》中的主要人物,李渔认为是张生,而金圣叹则认为是崔莺莺。因为李渔是从张生作为行动元的性质来论述的,剧中主要情节的发展都是由张生推动的;而金圣叹则是从莺莺作为角色的性质来论述的,莺莺的美丽容貌及其含蓄性格对张生、红娘等人产生了直接的影响,并间接地影响了整个故事的发生。可以说,行动元是情节发生的动因,表现为人物"做什么",而角色则是形象的基础,表现为人物"怎么做"。

角色既是人物,但又不等于人物。角色是就故事行动的角度而言的,而人物则是从形象的角度而言的。有的人物在故事结构中没有功能作用,而有的角色没有表现出具体的性格。一个角色可以由许多人物充当,如叙事作品中的群众这一角色;一个人物也可充当多种角色,如一个男人,既可以是父亲,也可以同时是丈夫、儿子。根据角色在叙事中的不同功能,可以分为两类四种。第一类是主角和对象。在故事中,最重要的功能关系是追求某种目的的角色与他所追求的目的之间的关系,二者可以称为主角与对象,如《西厢记》中,张生追求崔莺莺,那么张生就是主角,莺莺就是对象。对象不一定是某个人物,也可能是某种状态,如《儒林外史》中范进追求的就是功名,《三国演义》中刘备追求的则是匡复汉室。第二类是帮助者和反对者。帮助者是帮助主角达到自己目的的角色,反对者则是阻挠主角达到自己目的的角色。《西游记》中,唐僧师徒四人的目的是上西天取经,帮助他们达到这一目的的如来、观音、众菩萨、天兵天将等就是他们的帮助者,而阻挠他们西行的妖魔鬼怪以及人间想与唐僧结婚的女王等,就是反对者。一部叙事作品中,主角和对象可以不变,但帮助者和反对者可以不断变化,从而使故事产生跌宕、起伏、曲折,增加可读性。

4. 环境。环境是故事的另一个重要构成部分。环境是人物生存的空间,人物的存在与活动总是在一定的环境中进行的。有些作家喜欢详细地描写环境,有的作家则反之,但任何作品都会有一个预设的环境,只是有的直接表现,而有的隐藏在人物活动和事件叙述的背后。环境又可以分为自然环境和社会环境,前者指自然界,是人物活动的时空,后者则指人与人之间的社会关系、文化氛围、风俗习惯等,在具体故事中,环境又有不同的文学表现类型,大致可以分为写实的、假托的和虚幻的。写实的环境是比较接近现实生活、有明确所指的环境,如《三国演义》和《水浒传》中的环境;假托的环境是较接近现实生活但是虚指的环境,这类环境描写符合生活的逻辑,但时间、地点等常常是虚指和假托的,如《红楼梦》和《镜花缘》中的环境。虚幻的环境则是一种非现实的环境,这种环境完全超出了生活的逻辑,人们不能去追究它的真假和有无,但这种环境又不是与现实无关,它往往在更高的层次上映射着社会现实,具有深广的社会意义,如《西游记》和《封神演义》中的环境,以及现代一些科幻小说中的环境。

(二)叙事话语

叙事话语主要研究叙事作品中的结构要素及其相互之间的关

系,它包含叙事结构、叙事时间等。

1.叙事结构。叙事结构是指叙事作品中各个组成成分或单元之间关系的整体形态,即故事内容的存在形态。故事是一个话语系统,它的内部结构可以分为两个层面:一是表层结构,即根据故事叙述的前后顺序研究句子与句子、事件与事件之间的关系;二是深层结构,即研究故事内容各要素与故事之外的文化背景之间的关系。一般情况下,对故事的表层结构可以进行简化和提炼,形成一个单句或若干具有结构关系的叙述句。如《西游记》的表层结构即可以简化为:(1)唐太宗招募人取经;(2)唐僧应诏取经;(3)沿途收孙悟空、龙马、猪八戒、沙僧等为徒并战胜众多妖魔;(4)取得真经。深层叙事结构则指表层故事之后的另一层意义,它往往是作品的深层文化意义,植根于一定文化的深层社会心理,因而往往呈现出多义性的状态,造成理解的困难和纷歧。因此对同一部作品深层结构的分析往往会出现众说纷纭的局面,尤其越是经典的作品越是如此,如对《西游记》深层结构的理解便有数十种不同的观点,从儒释道不同的角度分析就能得出不同的结论。

2.叙事时间。叙事时间这一术语的提出是为了研究叙事文本与故事之间的时间关系。任何一部叙事作品都涉及两种时间,一个是故事内容发生发展的时间,即故事发生的自然时间状态;另一个则是讲故事的时间,即故事内容在叙事文本中具体呈现出来的时间状态。前者可以称之为故事时间,它是故事内容中虚构事件之间的前后关系;后者可以称之为文本时间或叙事时间,它是作者对故事内容进行创作加工后提供给读者的文本时间秩序。一般情况下,叙事者在讲述故事时不可能像体育比赛中的现场解说员一样完全跟着比赛的进程来进行叙述,而是按照叙事意图对文本时间进行重新调整。如何处理故事时间与文本时间就成为作者处理叙事效果的一种艺术手法,故事越长越复杂,叙述者对故事时间的调整就会越大。二者之间的关系主要涉及叙事顺序、叙事速度、叙事频率三个方面。

叙事顺序指文本时间顺序与故事时间顺序相互对照形成的关系，前者指故事讲述中从开头到结尾的前后顺序，后者则指故事中事件从开始发生到结束的自然发展顺序。显然，二者并不总是一致。就二者的关系来说，叙事顺序可分为三种类型：一是顺叙，即按照故事时序来安排文本时序，如《三国演义》这样的历史演义小说就整体上以顺序为主；第二种是倒叙，即在叙述的过程中打乱故事时序，而将发生晚的事件放到发生早的事件之前来讲，如《西游记》中的凤仙郡故事先讲了凤仙郡的旱情，然后再追溯造成旱情的原因；第三种是预叙，即将将来发生的事件放到现在来讲述，如《红楼梦》第五回的人物判词和十二支红楼梦曲子就预示了故事主要人物的命运。除以上三种叙事顺序外，还有一种插叙，即在顺叙中插入一段或几段与下文时间不相连的故事内容，使主要故事进程产生暂时中断和延宕，如《水浒传》中宋江两次攻打祝家庄之后插入解珍、解宝的故事即是一种插叙。在实际文学作品中，顺叙、倒叙、插叙往往是交叉运用的，既可以在顺叙中加入倒叙与插叙，也可以从倒叙或插叙转回顺叙，叙事次序的更换会造成故事节奏、情调的调整与变化。

叙事速度指故事时间长度与文本时间长度相互对照形成的时间关系，故事时间长度指叙事作品中故事发生到结束所需要的自然时间，文本时间指叙事文本中讲述这个故事所需要的时间。但文本时间既不可能以作者写作的时间来计算，也不可能以读者阅读的时间来计算，一般情况下只能以文本本身的标准来计算，即以文本的字、行、页来计算。我们可以设想这样一种叙事：故事中的人物语言被完整地叙述或者人物动作基本按照动作进行的时间过程进行叙述，这种情况下叙述所用的时间长度与故事发生的时间长度大体一致，这种情况我们称之为匀速叙事。根据故事时间与叙事时间之间的对照，除匀速叙事外，叙事速度还有变快和变慢两种情况,一是变快,即故事时间长而文本时间短,即用相对比较简短的语言叙述一段较长时间里发生的事件,如中国历史小说的开篇套语"自从盘古开天地,三皇五帝到如今"以及《西游记》开篇第一回讲述世界形成都是典型的快速叙事,也叫概要叙事;二是变慢,即用较长的文字叙述很短时间里发生的故事,中国侠义小说中描写人物的打斗时常有"说时迟,那时快"的套话即是典型的变慢叙事,再如《西厢记》"惊艳"中用大段唱词描述张生见到莺莺那一瞬间的惊艳之感也是如此。即使在同一部作品中,叙事速度的变化也可能是极大的,如《水浒传》中第一回写宋仁宗嘉祐三年(1058)洪太尉上龙虎山,误放一百零八个魔君,其后故事跳到宋哲宗末年(1100)端王宠信高俅,这开头的一回半,故事时间是140年,故事速度相当于每回100年;而之后的九十八回由宋哲宗末年写到宋徽宗宣和五年(1123),故事时间只有24年,故事速度相当于四回一年。二者的速度相差是惊人的。

叙事频率指的是一个事件在故事中出现的次数和它在文本中被叙述的次数的比例。不同的叙述频率会造成不同的阅读效果。叙事频率可以分为三种:一是实叙,即事件在故事中出现了多少次,文本中也就叙述多少次;二是复叙,即事件在故事中只发生过一次,文本中却被叙述了多次;三是概叙,事件在故事中多次发生,但文本中只叙述一次。其中复叙的运用,往往取得某种特殊的效果,如《西游记》中孙悟空的大闹天宫虽然只发生过一次,但却在小说中多次提及,不仅孙悟空屡屡回忆,也从其他妖怪、神仙的嘴中不断得到复现。概叙如《红楼梦》第二十三回写贾宝玉搬进大观园之后心满意足,写了一些即事诗,想来宝玉的这种行为应是极多的,但小说中只集中叙述了这一次。

(三)叙事者

叙事者是叙事学的核心概念之一,叙事者指故事的讲述者,但不同于作者,罗兰·巴特认为:"叙述者和人物主要是纸头上的生命,一部叙事作品的(实际)作者在任何方面都不能同这部作品的叙述者混为一谈。"也就是说,叙述者指的不是故事的创造者即现实生活中的作者,而是指作者在作品中设置的讲述故事的人,因此叙事者是一个虚构的人物。在叙事性文学作品中,叙事者与故事的关系是文本最重要的关系。这一关系可以从叙事人称、叙事视角、叙事声音、叙事方式、叙事表述五个方面来考察。

1.叙事人称。叙事人称即叙事者以什么样的身份来讲述故事,是作为故事中的某个人物还是作为与故事发展无关的旁观者。叙事人称有第一人称、第三人称、第二人称三种,传统叙事作品主要采用第三人称叙事,近现代叙事作品中采用第一人称叙事的慢慢多了起来,而第二人称叙事始终是一种较少见的特殊叙事。不同人称叙事在作品中有着不同的叙事功能。第一人称叙事中,叙事者采用第一人称代词"我",以作品中人物的身份出现,讲述自己或他人的故事。根据叙事在作品中的地位,第一人称叙事又可以分为两种,一种是第一人称叙事者同时是作品的主人公,如吴趼人《二十年目睹之怪现状》中的叙事者"九死一生"同时也是小说的主人公;另一种是第一人称叙事者是小说中的次要人物,这在中国古代小说中较少,如唐传奇中的《古镜记》即以作者王度口吻叙述一面古镜的神奇经历,实际上古镜才是故事的主人公,王度只是个叙事者。两者在叙事形式上并无太大差别,不同的是第一人称主人公叙事中的叙事者经历了所有应该叙述出来的故事,他的感知范围没有受到限制;而第一人称次要人物叙事中的叙事者的感知范围受到一定的限制,有一些与故事有关的事情他可能没有经历或不知道。两种叙事各有特点,适用于不同的叙事目的。第三人称叙事中,叙事者采用第三人称代词"他",他站在故事的虚构世界之外,以第三者的身份讲述小说中的故事。第三人称叙事是最自由最客观的叙事,叙事者如同无所不知的上帝,可以在同一时间出现在不同的地点,也可以了解过去、预知未来,还可以进入人物的心灵世界,能够广泛地反映社会和生活。中国古代小说大多是第三人称叙事,其好处是作者获得了充分的叙述自由,但往往使叙述者完全控制所有事件的发展,任意摆布人物的命运,因此也有一些作者意识到问题的存在而采用限制型的第三人称叙事,如《红楼梦》第三回林黛玉进贾府就把叙事严格限制在林黛玉的所见所闻所思上,这种叙事实际上已经相当于第一人称叙事了。在第二人称叙事中,叙事者也处于虚构的故事世界之外,但他不是以自由的第三者的身份来讲述故事,而是以故事中的某一人或某些人作为自己叙事的接受者或对话者,面对这一固定的接受者讲述小说中的故事。第二人称叙事是一种受限制很大的叙事方式,它既不能像第一人称叙事者一样深入到作品之中,也不像第三人称叙事那样自由灵活,因而是三种叙事人称中运用最少也最难的方式。

2.叙事视角。叙事视角可以从不同的角度进行不同的划分。也有的学者将叙事视角与叙事人称合并起来,如第一人称叙事视角、第三人称叙事视角、第二人称叙事视角等。还可以根据视角承担者与故事的关系将视角分为人物视角与叙事者视角。人物视角中的视角承担者是叙事性作品中的人物,叙事者视角中的视角承担者是叙事者。两者在功能与性质上都有区别,人物视角受人物和人物活动范围的影响,受到的限制比较大,它不能无所不在,也不能深入到其他人物的内心世界。而叙事者视角则十分灵活,可以无所不在,不受限制。根据视角的运用情况,又可以把视角分为流动视角和固定视角。流动视角可以设在任何人物身上,没有任何限制,而固定视角则往往固定在某一或某些人物身上,不能任意移动。如《水浒传》第九回开头的一段描写就是流动视角的典型例证:"话说当时薛霸双手举起棍来,望林冲脑袋上便劈下来。说时迟,那时快,薛霸的棍恰举起来,只见松树背后雷鸣也似一声,那条铁禅杖飞将来,把这水火棍一隔,丢去九霄云外,跳出一个胖大和尚来,喝道:'洒家在林子里听你多时!'两个公人看那和尚时,穿一领皂布直裰,挎一口戒刀,提起禅杖,抡起来打两个公人。林冲方才闪开眼时,认得是鲁智深。"叙事视角在叙事者、两个公人和林冲之间流动。

3. 叙事声音。叙事声音指的是叙事者在叙事过程中介入的程度,即叙事者以什么样的口气或态度进行叙述。根据叙事者对叙事的参与程度和主观情感表达程度,叙事声音可以分为三种,一是缺失的叙事声音,叙事者不介入叙事,只是纯客观地讲述故事,不表露自己的思想与情感;第二种是隐蔽的叙事声音,叙事者间接介入叙事,用反语、对比、讽刺等方法含蓄表达自己的思想与情感;第三种是公开的叙事声音,叙事者直接介入叙事,明确地表达自己的思想与感情,这在中国古代话本小说中较为常见,如"三言二拍"在讲到人物将要遭遇灾难时,往往会出现"若是说话的与他同时生,并肩长,便劈手扯住,不放他两个出去,纵有天大的事,也惹他不着"这样的套话,显示叙事者对于故事强烈的情感倾向与干预立场。

当然,叙事学有一个非常复杂和庞大的理论体系,以上只是针对中国古代小说戏剧研究中可能涉及的做了一些浮光掠影的论述,更深入的有关叙事学的研究可参见叙事学的专业理论书籍。

第二节 当前学界的叙事学研究

运用叙事学理论来分析中国古代小说戏剧,首先要求我们掌握比较系统的叙事理论,其次要求阅读一定数量的叙事作品,了解相关的叙事现象,再者还要有一定的社会历史与文化背景等知识,这样才能使叙事学的运用不仅仅流于表面的形式分析,还能深入文学作品的内核。具体地说来,可以从以下几个方面进行:一是运用叙事学理论来分析具体叙事作品的叙事手法、叙事技巧;二是综合运用各种叙事理论,总结某一部、某一类或某一些叙事作品的叙事现象、叙事特点、叙事模式等;三是通过对叙事形式的分析,深入探讨作品隐含的社会、历史、文化内涵;四是探讨不同叙事作品中叙事艺术的发展与流变。下面为大家提供一些与中学语文教学相关的作品研究的例子。

一、《三国演义》叙事结构系统

《三国演义》叙事结构宏大壮阔、布局严谨、脉络分明,主要表现在三个方面:从叙事结构的要素上,形成了结构单元;从叙事结构的组合上,采用了复式线索;从叙事结构的功能上,立足于整合透视。这三者浑然一体,建构成一个完美的艺术大厦。尽管刻画的人物多达四百个,描写的时代跨度近一个世纪,情节纷繁,线索纵横,但仍令人感到舒卷自如,张弛有致,大开大阖,波澜壮阔。

一、单元结构

《三国演义》开创了长篇小说叙事系统中的结构单元。叙事结构系统是由若干个相互关联、相互作用的要素,即结构单元构成的一个整体。全书不仅分出章回,眉目清晰,而且按照故事情节的划分将若干个章回连接成不同的结构单元。这些单元对整体叙事结构来讲,是一个单个组合元素;就自身来讲又是一个小系统,包含若干个章回。全书大体分为 16 个结构单元:

1. 董卓之乱　　　（3—9回）

2. 豪强争霸　　　（10—24回）

3. 官渡大战　　　（25—34回）

4. 三顾茅庐　　　（35—38回）

5. 刘备转战　　　（39—42回）

6. 赤壁大战　　　（43—50回）

7. 三气周瑜　　　（51—57回）

8. 刘备取川　　　（60—65回）

9. 争夺汉中　　　（67—73回）

10. 关羽之死　　（74—77 回）

11. 曹丕篡汉　　（78—80 回）

12. 夷陵大战　　（81—85 回）

13. 七擒孟获　　（87—90 回）

14. 六出祁山　　（91—105 回）

15. 九伐中原　　（108—115 回）

16. 曹魏灭蜀　　（116—119 回）

划分根据是：第一，反映三国形成、鼎立和瓦解的历史进程的阶段性。这些结构单元长短不一，长的含有十几个章回，短的也有三四个章回，都是叙事结构的有机组成部分，与叙事主线丝丝相扣。官渡大战、赤壁大战和夷陵大战分别由十、八、五个章回构成，叙事长度虽然不一，但都是沿着叙事主线的脉络发展而展现的，都是三国历史进程的标志。官渡之战——曹操统一北方，赤壁之战——开创天下三分，夷陵之战——鼎足之势瓦解，就像《三国演义》叙事结构的三根大梁，支撑着整部小说宏大的叙事框架。第二，有些结构单元依照故事情节的展开而分割成相对独立的人物结构。如董卓之乱，围绕着重点人物董卓，以及本事件的主要人物吕布、王允、貂蝉，人物结构出现了多层次、多侧面的旋涡风暴，展现了诸路豪强袁绍、袁术、孙坚、曹操以及刘备；武将关羽、张飞、赵云以及华雄；文人谋士李肃、李儒、陈宫、蔡邕、贾诩等。第三，这些结构单元都以一个历史事件为中心，具有相对独立性——如三气周瑜是围绕荆州，孙权和刘备既联合又斗争的故事，其中又包含若干个小故事，如抢荆州、借荆州、讨荆州、甘露寺东吴招亲、柴桑口诸葛亮吊丧等。以上三个原则并不是对立的，而是互相包容。官渡、赤壁、夷陵三次大战，既是以历史进程阶段性为根据划分的，同时又是相对独立的人物结构系统，相对独立的完整的历史事件。而有的结构单元则只体现单一的划分原则，如三顾茅庐，只着眼它是一个相对完整的历史故事，因其在三分天下的重要地位，又不是一般的历史故事,也可以称其为历史事件。

二、复式线索

《三国演义》由 16 个结构单元按照历史发展的顺序,依次连接,其轨迹自然就形成了一条历史逻辑发展线索,这就是叙事结构线索。于是需要考察三个问题:第一,单个结构单元叙事结构线索具有什么样的特征;第二,当若干结构单元组合在一起时形成的叙事结构线索呈什么样的形态;第三,这些叙事结构线索间的关系又是如何布局。

《三国演义》每一个结构单元本身都包含多重复杂的矛盾线索。以董卓之乱为例,董卓进京,宦官断了种,外戚绝了根,统治阶级内部近百年的宦官与外戚的斗争,演变为豪强与豪强之间的矛盾和斗争,而且彼此双方不是赤裸裸地争权夺地,便是借维护皇权这张"王牌",图谋私利。汉献帝自永汉元年(189)即位,至建安二十五年(220)逊位,长达三十一年仍代表着汉室名义存在,对当时产生的正统思想的影响也绝不可低估。于是形成王允等代表的东汉王权的维护者,各路诸侯联军与董卓擅权的斗争,这是一条主脉。在这其中还有豪强袁绍与袁术的斗争,豪强孙坚与刘表的斗争,董卓余党李傕、郭汜与王允代表的东汉王权的斗争。可见,以董卓之乱这一历史事件为中心的结构单元蕴含着巨大的思想容量,包容着丰富的社会内容,贯穿着多重复杂的矛盾线索,但基本上都是一种由事件的对抗或事件向对立面转化构成的情节类型。它的深层结构是多元对立,各种矛盾冲突和斗争的结果出现三种特征:(1)阶段性。对立斗争的结果出现某一方自身的否定,从此这个政治集团或重要人物灭绝。董卓之乱这个结构单元便是以董卓豪强集团的灭绝而告结束,从而转入另一种形式对抗的斗争。(2)导向性。对立的一方自身的否定加强了对另一方的肯定,使其矛盾发展具有了"导向性"。官渡之战这个结构单元以袁败曹胜告终,意味着曹操统一北方,将挥师南下。像"七擒孟获""六出祁山"

"九伐中原"这类的结构单元,其"导向性"更为明显,全部都是按照"北定中原"的方针,向既定的方向努力。(3)可能性。表现为对立双方的结局出现多种选择,每一种选择都存在着可能性。像"三顾茅庐""关羽之死"等结构单元便是如此。

诸多结构单元组合在一起,形成了复式线索的多重运动。主线贯穿叙事结构过程的始终,最能体现主宰历史前进方向的主要人物的性格,反映笼括历史进程的基本事件。副线紧紧环绕主线的发展脉络而朝纵向或横向延伸,以空间艺术形式体现历史的阶段性。主线与副线之间有时并行发展,有时相互交叉,有时若即若离,其形态主要取决于主线的发展。副线虽处于服从的地位,但它的延伸与扩张,却为主线的发展提供了不可缺少的叙事根据。

《三国演义》叙事结构的主线是:三足鼎立的形成、发展和衰亡的历史进程以及影响和推动这一历史进程的曹操、刘备、孙权三个政治军事集团的兴衰。16 个结构单元全部被这条叙事结构主线贯穿和囊括。换句话说,结构单元有机地组合在一起的发展轨迹便构成了《三国演义》的叙事结构线索。在这发展轨迹上,既有纵向的延伸,又有横向的扩张,这就又构成了与主线相辅的五条副线:

1. 东汉王室与挟天子的豪强的矛盾,分成董卓、曹操和曹丕三个阶段;

2. 曹魏集团在扫荡群雄中崛起,统一北方,与孙、刘争霸;

3. 孙权继承父兄,巩固江东,鼎足一方,与曹、刘争霸;

4. 刘备建立蜀汉政权和诸葛亮实践隆中路线,与曹、孙争霸;

5. 司马氏权力膨胀,代魏灭吴,一统天下。

这五条副线与主线的关系有三种:

(一)并行关系。东汉王室与挟天子的豪强这条副线,从第 3 回"董卓之乱"起至第 80 回"曹丕篡汉"止,一直时隐时现地与主线并行向前发展,分为三个阶段。从第 3 回董卓进京到第 14 回曹操都许为第一段；从第 14 回曹操都许到第 78 回曹操去世为第二段；第 78 至 80 回曹丕篡汉为第三段，是一条内涵量不大的副线。司马氏这条副线始于第 106 回"司马装病"至第 119 回"司马禅魏"，也是和主线并行发展的，是五条副线中最短的一条。

（二）交合关系。曹魏集团这条副线从第 2 回"讨十常侍"起至第 119 回"曹魏灭蜀"止，其中第 3 回"董卓之乱"至第 34 回"官渡之战"，这一阶段是与主线交合在一起的。这一阶段形成以曹操统一北方为主线，而以刘备东奔西走，孙坚、孙策父子初创江东为副。主线内涵有三层意义：①董卓之乱揭开了三足鼎立的序幕；②豪强混战中，曹魏集团迅速崛起，与袁绍成为北方最大的两个势力；③曹操战败袁绍，统一北方，于是形成了三足鼎立的前提。这既是曹魏集团这条副线的内涵，也是交合在主线上不可分割的内涵。刘蜀集团这条副线虽然是从第 1 回"桃园结义"起到 119 回"曹魏灭蜀"止，但第 35 回"三顾茅庐"之前延伸和扩张的幅度都很小。因为它仅仅在塑造刘备的典型性格方面有一定的内涵，所以对主线的作用不大，直到第 35 回以后才肩负起艺术主角的使命。孙吴集团这条副线相对最短，内涵量也较少，它是从第 29 回孙权"坐镇江东"始至全书结束，但从第 85 回"夷陵之战"以后，也是一条延伸和扩张不大的线索交合在主线上，在历史发展的背景上有着不可替代的作用。

（三）重合关系。曹、刘、孙三条副线与主线共同重合的一个阶段是三国鼎立的形成时期，即始于第 43 回"赤壁大战"，止于第 73 回"汉中大战"。这 11 年的历史时间短，空间大。共写了三十个章回，包括"赤壁大战""三气周瑜""刘备取川""争夺汉中"四个结构单元，集中了曹操、刘备、孙权以及三国时代的一大批精英人物，是内涵延伸和扩张最大的一个历史时期：既是魏、蜀、吴各自发展史的鼎盛时期，也是三国历史的主旋律红红火火高扬的时代，"三合一"都与主线相重合。

三、整合透视

"任何情节中都必然存在两个基本因素:作为实体的故事与使这个故事成为实体的结构,而逻辑性是其中的一个核心。因为正是逻辑使叙事主体将一系列的故事联结起来,构成为一个被称作'情节'的整体",而"情节模式的特有魅力来自于其内在的整体性"(徐岱《小说叙事学》,北京:中国社会科学出版社1992年版,第220页)。我们把这种从全聚焦视点出发,把握整体叙事模式的方法,称为整合透视。

整合透视《三国演义》叙事结构系统,分为五个部分:(1)序幕(第1—9回)。这一时期主要有两方面的历史内容:一是东汉政权崩溃——外有黄巾军农民起义,内有宦官外戚争相攘政。二是董卓之乱,是宦官与外戚矛盾爆发导致的结果,也是农民起义对统治阶级内部的压力造成的。董卓之乱标志着东汉末年豪强混战的开始,也是三国鼎立格局的序幕。在序幕展示的情节中突出了两个主要人物形象:袁绍和曹操,这两个人物的亮相,暗示了北方豪强在混战中形成的两大势力,角逐北方,争雄天下。(2)曹操平定北方(第10—34回)。这一时期包括"豪强争霸"和"官渡大战"两个结构单元。"豪强混战"这一单元出现的人物很多,他们之间的矛盾和事件接二连三,大大小小的事件和形形色色的人物,都串连在曹操和他的事业发展壮大的线索上。"官渡大战"这一结构单元又分为三个叙事层次:白马之战、乌巢劫粮、官渡劫寨。白马之战造成了曹操与袁绍官渡相持的局面,乌巢劫粮使战争发生了根本性的转变,官渡劫寨致使袁军损失大半,三个层次,步步深入,为曹操统一北方奠定了基础。这一时期穿插两个富有象征意义的章回:第28回"会古城主臣聚义",展示了刘备集团的聚合;第29回"碧眼儿坐领江东",展示了孙权集团的勃兴。而这两个集团的出现将和曹操三分天下,很自然地过渡到第三时期。(3)三足鼎立的形成(第35—73回)。这个时期包含"三顾茅庐""刘备转战""赤壁大战""三气周瑜""刘备取川""争夺汉中"六个结构单元,是《三国演义》情节发展的高潮部分,也是再现曹操、刘备和孙权的典型性格以及形形色色人物性格的典型环境。"三顾茅庐"放在三足鼎立局面形成之初,是有其深意的。小说家叙事的谋篇布局,是以《隆中对》作为概括历史生活的指导思想,高度地概括了自董卓之乱到曹操平定北方的历史经验,即"非惟天时,亦抑人谋也"。"刘备转战"是刘备一生的转折时期。从"赤壁大战"至"争夺汉中"描写了三足鼎立的历史形成过程,始于赤壁大战而止于汉中大战。这一过程大体分为三个阶段:第一个阶段主要表现在赤壁大战之中,孙刘联盟,共抗曹操,这是主要矛盾。在次要矛盾中,写了孙权内部主战派和主降派的矛盾,主战派中青年将领周瑜和老将军程普的矛盾,同盟联军内部周瑜和诸葛亮的矛盾。第二个阶段都是围绕荆州问题展开的。小说情节集中为"抢荆州""借荆州""讨荆州",以及孙刘交恶以后发生的"失荆州"几个过程。刘备从赤壁大战得荆州,到汉中大战割荆州一半与孙权,这期间围绕荆州问题一直是两手交替地展开军事和外交的斗争。一手维护孙刘联盟,一手抢夺地盘;一方面谋求政治均势,一方面谋求地理均势。而二者又是相辅相成的。正是在这个意义上,三国鼎立的形成,始于赤壁大战而止于汉中大战。《三国演义》的叙事结构恰恰以此为重心。如果说荆州是圆心,曹、刘、孙则是三条辐线,延伸扩张,交错缠绕,分化组合:既把重大的政治军事斗争及其发展写得惊心动魄,又把"横槊赋诗""文姬归汉"等抒情性画面写得情趣横生;既把三国帝王、豪强的思想性格、谋略情欲刻画得细致入微,又把文人学士、医师巫汉的气质、才华和技艺勾勒得宛然可见。(4)三国征伐的时代(第74—115回)。第四时期分为两个阶段,前一个阶段写孙刘交恶,包括"关羽之死""曹丕篡汉""夷陵之战"三个单元;后一个阶段写诸葛亮掌权,包括"七擒孟获""六出祁山""九伐中原"三个单元。三足鼎立之势形成后,曹、刘、孙三家都为着扩张,处心积虑,用尽权谋,争取盟友,孤立对手,力求造成二对一的态势,于是出现了分分合合、时友时敌这样一种复杂的军事斗争和外交活动的格局。(5)尾声(第115—120回)。这一时期主要是写曹魏灭蜀,另外大跨度地勾勒了东吴归晋,天下一统。

上面用粗线条将《三国演义》的叙事框架的历史逻辑勾勒了一个轮廓,从中可以清楚地看到体大而严密的结构系统的整体性。这内在的整体性是由结构单元与结构单元之间的"关系"而显露出来的,"关系"对"意义"的生成归根到底取决于结构单元的性质,即它所聚拢的历史事件的复杂性及蕴含的历史内容的多少,决定了结构线索延伸和扩张的范围和长度。《三国演义》叙事结构的创造,关键就在于结构单元的创造。

(见郑铁生:《三国演义叙事艺术》第五章"《三国演义》叙事结构"第一节"《三国演义》叙事结构系统",原文约13000字,笔者进行了缩写。《三国演义叙事艺术》,北京:新华出版社2000年版,第202-220页。)

二、《西游记》叙事的谪世模式

百回本《西游记》以唐代高僧玄奘取经事迹为素材,但却以独特的叙事策略与文化指归对这一宗教史奇迹作了颠覆性改写,一方面消解了历史上玄奘取经"胜典虽来,而圆宗尚阙,常思访学,无顾身命"(玄奘《还至于阗国进表》)的学理热情,另一方面,完全解构了真实的玄奘取经"乘危远迈,杖策孤征"(李世民《大唐三藏圣教序》)的艰辛历程,重构起一个充满隐喻与象征的意义世界。在这一解构与重构的过程中,"谪世"模式的加入是一个举足轻重的环节,取经五众"犯过被谪——经历考验——重归仙界"的谪世经历构成了小说的叙事模式,并由此形成小说的复调风格,使百回本成为一个具有多重意义与多种阐释可能性的经典文本。

一

　　所谓"谪世",按孙逊先生的界定,指的是"正果得道居于上界的仙人,由于触犯某种戒规(通常是由于动了凡心),而被谪降至人世……谪仙们的人生历程是被规定好的:即经过一段尘世生活,又重新回归上界"①。谪降本为道教思想与观念,但后来逐渐超越了具体情节的意义,而具有了结构性的价值。

　　在百回本中,取经五众之所以从东土大唐、五行山下、高老庄前、流沙河畔、鹰愁涧底走上漫长的取经之旅,深层原因即在于他们的前身均在仙界犯了某种过失,不得不到尘世经历劫难与考验,而劫难结束、考验完成之后又重归仙界,这实际上正是一个中国古典文学中源远流长的谪世模式。已经有一些学者注意到取经五众在走上取经路之前都犯有某种过错,如方克强运用原型批评理论提出的"成年礼说"②,诸葛志的"赎罪说"③,再如张顺提出《西游记》就整体而言是一个道家的"谪世"故事,整部《西游记》就是一个描述孙悟空谪世前后故事的有机整体④。但这些结论的得出往往仅就百回本而言,虽不乏真知灼见,却未能结合整个西游故事的演化过程,无形中忽视了百回本谪世结构的整合性与总体性。

　　对比《大唐三藏取经诗话》、《西游记杂剧》、平话《西游记》等西游故事演化中的代表性文本,可以发现百回本为取经五众设计的圆型谪世模式在之前的取经故事中是付之阙如或不尽完整的:

---

　　①　孙逊:《释道"转世"、"谪世"观念与中国古代小说结构》,《文学遗产》1997年第4期。

　　②　方克强:《原型模式:〈西游记〉的成年礼》,《文艺争鸣》1990年第3期

　　③　诸葛志:《〈西游记〉主题思想新论》,《浙江师范大学报》1991年第2期。

　　④　张顺:《以谪世为中心的〈西游记〉结构》,《湖北广播电视大学学报》2005年第1期。

文本＼人物	《大唐三藏取经诗话》	《西游记杂剧》	平话《西游记》	百回本《西游记》
唐僧	无明确谪世描写,仅言及唐僧前生曾两度取经,均被深沙神所吃	西天毗卢伽尊者为取经求法而托化人世		如来二徒金蝉子,因不听佛讲,轻慢大教,被谪人世
孙悟空	名猴行者,因偷食西王母蟠桃被配在花果山紫云洞,类似谪世	名孙行者、通天大圣,盗仙丹、仙桃、仙衣,被二郎神所擒,观音求情免死,押于花果山石缝内	乃老猴精,名齐天大圣,偷蟠桃、灵丹、绣仙衣,被二郎神所擒,观音求情免死,押于花果山石缝内	天产石猴,后封弼马温、齐天大圣,因偷桃、偷酒、偷丹,大闹天宫,被如来压于五行山下
猪八戒		摩利支天部下御车将军,盗金铃、开金锁,私自下凡,本像为大猪模样		天河天蓬元帅,因醉酒调戏嫦娥被贬凡世,错投猪胎
沙僧	深沙神有"一堕深沙五百春,浑家眷属受灾殃"之语,细节不详	玉皇殿前卷帘大将军,带酒思凡,被贬沙河		玉皇殿前卷帘大将,失手打碎玻璃盏,被贬下界
龙马	经过女人国处第十则中有"女王赠白马一匹",无具体描写	南海沙劫驼老龙第三子(南海火龙三太子),行雨差迟,法当斩罪,观音求情免死,化为白马		西海龙王敖闰之子,因纵火烧毁殿上明珠,被父王告了忤逆,不日遭诛,观音求情免死,化为白马

可见，百回本之前西游故事中的谪世经历或是个别人物的，或与整个故事缺乏有机联系，往往游离于结构之外。百回本则整体性、全局性地重构了取经一行的前世今生，无一例外地为五人安排了一个犯过被谪的始点，一方面使师徒五众参差不齐的"取经前传"至此获得了性质上的统一，另一方面在犯过被谪这一相似形式下，作者对个别人物所犯过失及谪世方式的不同设计又使得小说错落有致，是一种别具匠心的创造。下面从两个方面进行论述。

首先，百回本对取经五众的谪世缘由作了重新加工，并强化了前世今生的联系。在之前的西游故事中，取经五众谪世的缘由具有较大的随意性，而百回本则对之作了煞费苦心的设计，使之与人物性格、故事情节都发生了更有机的关联，从而成为百回本重构西游历程的重要环节。

（一）唐僧

百回本将此前西天毗卢伽尊者在神佛安排下的托化人间改成金蝉子因不听佛法而被贬下凡，这样设计深意有二：其一，从小说布局上看，金蝉子的前世使唐僧的肉身具有独特的价值，于是西行一路上，男妖想食其肉，女妖想取其阳，为小说构建起了一种独特的"食色叙事"，充分实现和丰富了故事的"神魔化"色彩。同时，这一设计也最大限度地保证了唐僧前世与今生之间的联系，与《杂剧》中毗卢伽尊者托化为玄奘后再无照应形成鲜明对比。其二，让前世不听佛法、甚至听佛法时打瞌睡的唐僧承担取经重任，一方面显示出了百回本特有的文化反讽意味，是百回本作为精英文化的代表而远远高于此前西游故事之处；另一方面，这样的设计更突出了小说"修心"的象征与寓意，使取经之行对于取经人而言，不仅仅是"苦历千山，询经万水"的现实旅程，更是心性修炼、意志磨砺、精神升华的心路历程。

唐僧前世今生最直接的联系自然是其肉身价值，最内在的联系则在对佛法的理解上。读百回本，很多读者常会为一个问题困惑,即唐僧虽然是孙悟空的师父,但他对佛理的领悟能力却远远逊色于孙悟空。这一点只有联系前世才能解释,正是因为前世的金蝉子不听说法、轻慢大教,才有今世谪降人间的唐僧;而谪降后的唐僧除保持着金蝉子肉体上的价值外,还内在承续了金蝉子不听佛法的"原罪"。百回本多处描写唐僧佛学修养不如孙悟空,正是小说在人物形象塑造上瞻前顾后、细针密线之处,更是百回本远远高于前辈与同侪之处。

(二)孙悟空

不同于对唐僧谪世缘由的大幅修改,百回本中孙悟空的人物身份及主要情节一仍其旧,但诸多细节的润饰与调整,却显示出不同的境界与追求。其一,将原本有亲属关系的孙悟空改成了天产石猴。《杂剧》中的通天大圣有"弟兄姊妹五人"及"金鼎国女子"为妻,平话中的齐天大圣"由于偷王母绣仙衣、搞庆仙衣会,除了认为象杂剧那样地有妻子以外,不能有其他的设想"①。而百回本则将这些亲属关系一概弃而不用,而将孙悟空塑造成了一个天地精华所生的自然之子,先验性地奠定了孙悟空热爱自由的天性。其二,将此前通天大圣、齐天大圣等这些在凡间自我修炼、自我加封的神号,改为玉皇大帝亲封的弼马温、齐天大圣,一方面使得百回本中孙悟空的"齐天大圣"身份获得了仙界的承认,不再是以前取经故事中的野仙、妖仙,更符合谪世模式的潜在规定性;另一方面,这样的设计使孙悟空的"大闹天宫"不再是像通天大圣等人的"犯上作乱",而是带有某种"乱自上作"的意味,大大增强了百回本的讽刺性。其三,将此前取经故事中的偷桃、偷丹、偷衣改成了偷桃、偷丹、偷酒,虽然只是由偷衣到偷酒的置换,却是人物性格发生转换

———

① [日]太田辰夫:《〈朴通事谚解〉所引〈西游记〉考》,转引自复旦大学中国语言文学系古典文学教研室《中国古典文学丛考》第1辑,上海:复旦大学出版社1985年版,第409页。

的契机。将未免好色之嫌的偷衣行为换成颇具英雄气概的偷酒之举,并围绕偷酒这一情节,一方面描写了孙悟空与花果山众猴"亲不亲,故乡人"的乡土情谊,强化"享乐天真"的花果山世界与等级森严的天宫的对立;另一方面还描写了孙悟空在大敌面前"诗酒且图今朝乐"的潇洒风度,对人物形象的塑造也是神来之笔。其四,将此前取经故事中收押孙悟空的人物由观音改为如来。一方面,孙悟空"大闹天宫"需佛祖如来亲自出面才能收服,既突出了孙悟空的本领高强,又强化了佛祖的法力无边;另一方面,观音由压迫者变成了拯救者,为百回本中观音与孙悟空的亲密做了铺垫。其五,与上项相联系的,将关押孙悟空的花果山改成五行山,后来又改称为两界山。五行山乃佛祖如来"将五指化为金、木、水、火、土五座联山",其间佛道混融之处自不待言,而两界山不仅标志着地理上的"两界",还具有深刻的隐喻与象征意味。花果山作为孙悟空的生身之处,成为他永远眷恋的故乡和精神家园;而两界山作为孙悟空的受难之地,隔开了他辉煌的历史与艰难的前途、天不拘兮地不羁的自由与紧箍儿下的痛苦。

(三)猪八戒

百回本在猪八戒谪世经历上的更改主要有两处。首先,将猪八戒的前身由摩利支天部下御车将军改成天蓬元帅,其意义有三:其一,摩利支天部下御车将军属于佛教系统,而天蓬元帅则来自道教,①这样就与孙悟空、沙僧共同构成了人物总体设计上的"弃道从释"、"由道入释",从一个侧面体现了百回本对佛道二教的态度。其二,西行路上凡水中的战斗一般由猪八戒出面,与不谙水战的孙悟空形成优势互补。其三,天蓬元帅之称号明显比摩利支天部下御车将军更通俗、更中国化,弃后用前是百回本在佛教化与道教

① 杨义:《〈西游记〉:中国神话文化的大器晚成》,《中国社会科学》1995 年第 1期。

化、异域化与民族化之间的有意选择。其次,将私自下凡改为因醉酒调戏嫦娥而谪降,使猪八戒不仅继承了《杂剧》中的好色之习,更把这一"劣习"上溯到了前世,使好色成为猪八戒宿命的烙印;另一方面天蓬元帅是戴罪被贬,要想重归天界就必须通过西天取经的严酷考验,为猪八戒"又有顽心,色情未泯"但仍然坚持把取经担子挑到西天提供了深层的心理与行为依据。

(四)沙僧与龙马

百回本中的沙僧与龙马都是前世身份基本不变,而被谪缘由发生了巨大变化。对沙僧而言,将"带酒思凡"改为蟠桃大会上失手打碎玻璃盏,具有重大意义:首先,思凡是谪世模式中最滥俗的原因,体现不出人物遭遇的独特性;其次,因思凡而谪降,错在沙僧,而"失手"打碎玻璃盏,且玻璃盏并非罕见之物,不仅女儿国宫中有,寇员外家也有,更显示出沙僧命运的多舛、天威的莫测、赏罚的不公,是百回本一以贯之的反讽笔墨;再次,把思凡这一神仙"常犯错误"改成"失手"打碎玻璃盏这一无心之过,把沙僧写成取经五众中犯错最轻、受罚最重的,为西行路上沙僧诚惶诚恐的赎罪心理提供了最可靠的解释。对龙马而言,将"行雨差迟"改为"纵火烧了殿上明珠",因而被父亲"告了忤逆",这一改编也大有深意:首先,对龙而言,"行雨差迟"也是一个"常见错误";其次,小白龙所谓"忤逆"之罪依据的是儒家道德范畴,有论者认为"小龙的形象,是我东土大唐家庭关系异化、家教刻薄寡恩这样一种严酷现实的象征。"[1]此论虽未免有过激,但此处对儒家"孝道"的处理,似非无的放矢,联系小说中其他叙述,如"猴王初学道,是孝子指师;玄奘初出门,是孝子引路;及还丹纯熟,脱胎换骨,仍是孝子指往灵山;则孝子者,百行之先,仙佛之根也"(张含章《通易西游正旨后跋》),则反讽之意隐隐若见。

---

① 诸葛志:《〈西游记〉主题思想新论》,《浙江师大学报》1991年第2期。

其次,百回本对取经五众的谪世方式进行了总体设计。孙逊指出,"谪世"原本指天上神仙直接谪降至人世,后来这种"谪世"说又糅合进了佛教的"转世"说,演变为上界仙人重新托生于人世的模式①。取经五众的谪世方式包含了直接谪世与重新托生两种不同的方式。直接谪世的是孙悟空。笔者曾经指出,诞生于石的孙悟空被压于五行山的石匣中,从神话学的角度来讲,正是一种死亡回归的置换变形,经过五行山下的象征性死亡,孙悟空获得了新生。② 采用直接谪世的方式来处理孙悟空前世与今生之间的转换,一方面是对此前取经故事中相关情节的继承,另一方面则使得孙悟空能最大程度地保持其前世的武功、智慧、精神以及人脉。重新托生的是猪八戒与唐僧。猪八戒"好色"的基因来自前世,"贪食"却是错投猪胎之后增加的,不仅在天蓬元帅的谪世方式与其谪世后的性情之间建立了有机联系,也因而成为小说中"食色二欲的象征"③,与超越了人类基本欲望的孙悟空形成鲜明而有趣的对比,为西行一路增添了笑声,也增添了哲理的意味。然而猪八戒虽错投猪胎,却"一灵真性"不泯,唐僧虽出身高贵,却不知前愆,因而前世之过就成了神秘的"原罪",今世的他虽然不知其罪,却注定要为这一"原罪"进行艰难的赎救,这样的设计使得唐僧成为彻头彻尾的肉体凡胎。他虽然以佛门高僧的身份出现,但支撑他前行的精神力量却并非佛道二家的修行赎罪理论,而是儒家的忠君爱国思想,凝聚取经集体的精神力量则既包含了佛道再修正果的观念,更蕴含了儒家"一日为师,终身为父"的类家庭伦理。可以设想,假

---

① 孙逊《释道"转世"、"谪世"观念与中国古代小说结构》,《文学遗产》1997 年第 4 期。

② 崔小敬《冲动与规范:〈西游记〉神话精神与宗教精神的文化剖析》,浙江师范大学硕士学位论文,2001 年。

③ 刘勇强《奇特的精神漫游:〈西游记〉新说》,北京:三联书店 1992 年版,第 117-132 页。

如唐僧也知道自己的前世,小说不仅会损失许多生动的趣味,更会丧失某些形而上的内涵,因为西天之旅考验的不仅是取经人的体能与法力,更是取经人的信心与意志。可以说,唐僧以重新托生的方式完成他的谪世而且在谪世后完全不知前世,正是小说必然的安排与选择。

取经五众中既非直接谪世又不同于重新托生的是沙僧与龙马,二人都是既经历了仙界的谪降,同时又经历了尘世的变形。由于小白龙是在"不日遭诛"的情势下得到观音救拔的,化为白马西天取经成为他当时境遇下的唯一选择;而沙僧是在七日一次飞剑穿胸的苦况下得到观音指点的,也使得取经成为沙僧在当时境遇下的更好选择,因而小白龙与沙僧一样成为了西行路上最坚定最顽强的分子,第三十回"意马忆心猿"、第四十回唐僧被红孩儿所擒时,二人都在大难当头、人心涣散的危急时刻以自己的虔诚重新凝聚起了取经队伍。带着前世心惊肉跳的记忆,沙僧与小白龙以一种决绝的姿态投身于西行之路,并在这一路上默默奉献了自己的智慧与力量。

论人物形象之鲜明活泼,性格之生动逼真,百回本堪为历代西游故事的集大成之作,人物形象与性格与此前西游故事相比,既有继承,更有发展,尤其是百回本注意到了人物谪世前后性格的内在延续性与变化性,使得谪世不仅仅是人物命运的一种转折,也是人物性格的一次发展,同时也使得百回本中的谪世模式不仅仅具有单纯结构的形式意义,也成为故事情节发展、人物性格形成乃至文化意蕴生成的有机组成部分。

二

百回本《西游记》为取经诸人设置了一个谪降的前世际遇,一方面扩大了叙述范围,使小说笔触从西行一径扩展到上至天庭下至地府的三界,并重新建构了取经故事的框架,使取经历程成为人物完成各自谪世经历的中间环节。更重要的是,这一结构为小说平添了一种意义的复调,因为谪世模式的加入,使得原本单纯的取经故事成为一个体现多种文化内涵的多声部合唱,呈现出复杂的寓意结构。

以谪世结构为基点,小说重构的取经历程具有了多种阐释的可能性与必要性,也只有以谪世为原点,才可以更好地解析小说中诸神的众多矛盾行为,如上界诸神既对取经持肯定态度,又经常故意为取经人设置障碍,正说明诸神所需要的是取经的过程而非结果,取经五众只有经过艰难的磨砺才能修成正果,所谓"《西游》取真经,即取'西游'之真经,非'西游'之外,别有真经可取"(刘一明《西游原旨读法》),正是此意。谪世结构的存在,使得小说重构的取经故事具有了史诗与寓言的双重风格。

就史诗层面而言,这是一种"天将降大任于是人也"的历史使命。玄奘取经无疑是中国佛教发展史与中外文化交流史上的壮举,"冒越宪章,私往天竺"的玄奘是抱着"常思访学,无顾身命"(玄奘《还至于阗国进表》)的追求真理的大无畏精神,以及"宁可就西而死,岂东归而生"(慧立、彦悰《大慈恩寺三藏法师传》)的坚定信念而踏上漫漫征程的。而在百回本中,小说重构的取经历程虽然失去了历史上玄奘取经的学理热情,但却增加了沉重的使命感。一方面,唐僧幼经磨难,可谓是"天将降大任于是人也"的现实演绎,这一凄苦身世既是唐僧作为谪降佛子必须经历的劫难之一,也为唐僧的生命历程增加了传奇性;而另一方面,唐僧是带着"使我们法轮回转,愿圣主皇图永固"的政治意图走上取经路的,而在"苦历程途多患难,多经山水受迍邅"的西行路上,唐僧虽然"处处逢灾,步步有难",经受了饥饿、恐惧、情欲等诸般考验,却时时把太宗的嘱托记在心头,始终把"受王恩宠,不得不尽忠以报国"的儒家道德作为自己的信念,始终怀有真诚而强烈的使命意识。这种沉重的政治使命感甚至使得唐僧忘记了自己佛门高僧的身份,而更多地以朝臣自居,甚至称自己"奉旨全忠,也只为名"(第四十八回)。

作为一部叙事文学作品,百回本不仅具有强烈的史诗风格,把一段"乘危远迈,杖策孤征"(李世民《大唐三藏圣教序》)的可歌可泣的历史演绎成了"寻穷天下无名水,历尽人间不到山"的宏伟篇章,更重要的是,百回本还在史诗层面之上设置了一个寓言层面,建立起一个心性修炼的文化隐喻。百回本酝酿与形成的时代,正是心学风行的时代,小说受到心学的深刻影响已是学界公认的事实,尤其是关于《心经》在小说中的重要地位前贤更是早有深论,如杨义先生称《心经》为"《西游记》神话思维的一个精神纽结","这个纽结是整部神话小说的隐喻所在"①。而当我们结合小说重构的谪世模式来观照这一问题时,会对百回本所揭示的这一心性修炼的主题有更深刻的领悟。从某种意义上说,常被称为"心猿"的孙悟空是百回本的核心与灵魂,承担着小说叙述的终极意图和价值指归,最突出最集中地体现了小说心性修炼的主题。

小说叙述伊始,就为孙悟空设置了一个特异出身,灵石化生使孙悟空拥有了神秘、神圣的诞生,然而他赤裸裸地降生于这个世间,既无人伦的牵连与约束,也无世俗的挂念与纠葛,彻底的自由自在又使他成为一种十足的野性存在,这种野性使得他在百回本的神仙世界中常被称为"妖仙",而野性的妖仙要修成正果,必须经过"尽勤劳,受教诲"(第十四回)的磨难。以大闹天宫被谪五行山为界,孙悟空开始由"不伏地不伏天"的"妖仙"、"散仙"走向"秉教加持,入我佛门,再修正果"的修炼之路。大闹天宫意味着孙悟空野性活力的最大张扬,展示出人类自由精神的魅力与光彩,然而毫无制约的野性张扬必然导致"一朝有变散精神"的悲剧性后果,而经过五行山下五百年的反思,孙悟空走上了西天取经之路。正如论者所指出的,尘世的"取经"对这些谪仙来说,是一个回归天界前的改过立功机会,是一个在尘世除尽欲望,重新磨炼心性的过程。

① 杨义:《〈西游记〉:中国神话文化的大器晚成》,《中国社会科学》1995年第1期。

"西天取经"象征的正是一个修心去欲的过程。① 西行一路上,孙悟空头顶着令他痛苦不堪的紧箍儿,外之斗妖魔鬼怪,内之炼意马心猿,经过十四年的艰辛与曲折,终于走进了南无斗战胜佛的法相佛光中——来自神话、野性的生命在宗教的菩提世界中找到了归宿,而成佛之后,孙悟空头上的紧箍儿神秘消失,意味着他终于达到了"从心所欲不逾矩"的最高境界。

在孙悟空身上,既体现了深刻的心性修炼主题,同时又是一个古老民族构筑新的民族精神的尝试,百回本将此前西游故事中孙悟空的果位由《诗话》中的"铜筋铁骨大圣"、平话中的"大力王菩萨"改为"斗战胜佛",正如论者所指出的,这是百回本所作的"最微小却又是最重大的改动",说明作者"正是以'斗战胜'来概括孙悟空的形象实质,把孙悟空塑造成了封建时代的斗士形象"②。这一"斗士"的人生历程充满了坎坷与磨难,无论是大闹天宫的无限风光继之以五行山下五百年的苦楚,还是重获新生后又被戴上紧箍儿推到西行一路降妖伏魔的风口浪尖上,但最终孙悟空通过了所有预设的与意外的考验,不仅以取经功成圆满赎救了前愆,完成了自谪降人世至重归仙界的圆形循环,也在这一过程中完成了对一个古老民族文化精神的模拟与营造。

作为一个有着悠久历史与文化的民族,中华民族既有着傲立世界的优良传统,又有着不可讳言的民族劣根性。在儒家文化浸淫与主导下的传统社会,既在社会上层形成了"家天下"的政治结构模式,也导致了普通民众对皇权与强权的服从、顺从心理,形成了既自强不息、勇敢坚强又温柔敦厚、循规蹈矩等矛盾统一的民族性格,对此有学者称之为奴性哲学。然而,即使在奴性哲学的笼罩之下,中华民族依然飘扬着不屈不挠的斗争旗帜,从共工头触不周

① 苟波:《"尘世磨难"故事与道教的修仙伦理》,《四川大学学报》2004年第5期。
② 曹炳建:《孙悟空形象的深层意蕴与民族精神》,《河南大学学报》1996年第5期。

山、刑天操干戚以舞、女娲炼五色石补苍天、鲧盗息壤以止淫水、禹
治水三过家门而不入、孟子的浩然正气、仲连的义不帝秦、岳飞的
抗金志气等等,乃至历代风起云涌的农民起义、忠勇正直的名臣良
将、济人之难的刺客游侠等等,无不象征着人性在哪怕任何专制时
代的美好与昂扬,象征着中华民族在哪怕任何黑暗时代的抗争精
神与生命意志。而历史上众多抗争者的形象,则不仅是百回本创
造孙悟空形象的深厚文化土壤,也给这一形象直接或间接的启迪
与影响,如有学者指出,孙悟空大闹天宫的顽强斗争精神,提出"皇
帝轮流做,明年到我家""若还不让,定要搅扰,永不清平""英雄只
此敢争先"等革命口号和永不屈服的精神,和那种与天兵恶斗失败
后,刀砍剑穿不能伤其身、火烧雷击不能治其死的顽强意志,是与
刑天氏"与帝争位"的顽强的反抗精神一脉相承的①。而结合百回
本的时代文化背景,早在明代中期,古老的封建中国大地上已经出
现资本主义生产关系的萌芽,尤其是东南沿海一带,甚至已经有了
比较成熟的资本主义生产方式,经济基础的新进展,带来了社会意
识与文化心理的大变革大解放,日渐强大的市民阶层要求冲破封
建礼教、制度的束缚,争取人性的自由、人格的平等,而在思想领域
中,阳明心学及随后的王学左派的出现,无论是他们对程朱理学的
激烈抨击,还是对封建制度的深刻怀疑,无不撼动和震惊了当时的
思想界乃至对普通民众发生了巨大影响。在这样的时代境遇下出
现的百回本《西游记》,自然不可能不熏染上时代的文化气息,可以
说,孙悟空的形象既孕育于古老的取经故事演化过程中,同时又赋
予了新时代的新气象,以致曾经有研究者提出,孙悟空的形象是新
兴市民社会势力的政治思想面貌在文学上以理想化了的浪漫主义
形式的表现②,虽不无过激之嫌,但却在一定程度上揭示出了孙悟

---

① 刘毓忱:《孙悟空形象的演化:再评"化身论"》,《文学遗产》1984年第3期。

② 朱彤:《论孙悟空》,《安徽师大学报》1978年第1期。

空形象与当时社会进步势力的联系,揭示出了孙悟空这一形象独特的时代意义与文化价值。可以说,孙悟空身上那些热爱自由、坚定顽强、百折不挠、乐观进取等等精神,既是对中华民族优秀民族精神的继承与礼赞,也是百回本在新的时代条件下反思民族精神、重塑民族精神的尝试。

百回本《西游记》构建的圆型谪世模式,不仅是对作品叙事结构的精心设计,更是构建小说深层意蕴与主旨的自觉努力。作者在这一谪世的整体设计中,融进了儒释道三教的文化理念与个体的独立思索,使得百回本所重构的西游历程迥异于此前的取经故事,成为一种颠覆史实的崭新创造,并升华为一个有关心性修炼、民族精神与传统文化的诗性寓言。①

三、《红楼梦》的双重叙事时空

时间、空间与人物是叙事作品的三个核心要素,而时间与空间是人物存在与活动的场景和舞台,是对整个叙述发生与发展的预设和限定。然而,文学艺术中的时空相对于历史时空(自然时空)而言,则是一种虚拟时空,它不仅是一种物理存在,更重要的是一种心理体验,一种情感投射,甚至是一种哲学表述。就时空构型而言,《红楼梦》的独特之处在于其成功地创造了一种现实时空与魔幻时空两相交融与循环运动的时空形态,并在其中注入了深邃的哲理意蕴。这与"假作真时真亦假,无为有处有还无"所蕴含的对应论与循环论的艺术哲学精神是息息相通的,换言之,"假作真时真亦假,无为有处有还无"一联已提纲挈领地预示和统摄了《红楼梦》时空构成与转化的内在奥秘。

---

① 崔小敬:《谪世:〈西游记〉的结构模式与意义复调》,《明清小说研究》2010年第2期。

一、现实—魔幻时空

《红楼梦》中的时空由现实时空与魔幻时空复合而成：所谓现实时空，是指合于现实生活逻辑的时间流程与空间转换；所谓魔幻时空，则是指突破现实经验而体现永恒价值的时空指向。前者是有始有终，有限的；后者是无始无终，无限的。就现实时空而言，《红楼梦》是以贾府为场景和舞台，贾宝玉入世于斯，出家于斯，历时十九个春秋；就魔幻时空而言，《红楼梦》是以神话时期的大荒山为始点和终点，贾宝玉本原于此而又归宿于此。前者也可以称之为世俗时空，后者也可以称之为神圣时空。二者的对立与循环正是"假作真时真亦假，无为有处有还无"总纲精神的演绎，以俗眼视之，则现实时空为真，为有，魔幻时空为假，为无；以神眼视之，则魔幻时空为真，为有，现实时空为假，为无。站在现实的河流中，遥望魔幻时空的彼岸，也许脚下的河流才是真切可触的，而远处的世界则在虚无缥缈间；立于高远的大荒山巅，俯视芸芸众生，红尘碌碌，也许这远古的寂静才是生命的本原与本真，远离家园的游子正走在归来的路上。

现实时空与魔幻时空在《红楼梦》的时空构型中，表现为两种密切相联的状态，一方面是两相交融，另一方面则是循环运动。就前者而论，是以现实时空为主导，以魔幻时空为辅助；就后者而论，则是以现实时空为主干，以魔幻时空为始终。然而，这并不意味着魔幻时空不重要，相对于现实时空而言，魔幻时空的特殊地位在于：它既是现实时空的本质，又是现实时空的归宿，决定着后者的具体流程与实际流向。同时，它又具有现实时空所没有的超时空性，既无边无际，又无始无终，而这正是人类梦想超越现实的光辉理想与不灭的希望。

就超时空的性质而言，魔幻时空都可追溯至远古神话，尤其是远古创世神话，二者具有天然的血缘关系，从一定意义上说，魔幻时空亦即神话时空，或者说是神话时空的变形。在《红楼梦》中，魔幻时空也同样起始于远古创世神话——女娲炼石补天与抟土造人,再一次表明魔幻时空直接源自于神话时空的普遍性,因而《红楼梦》的魔幻时空也同样不可避免地带有神话时空的共同特征。法国学者卡西尔通过对神话思维的深入研究,得出结论,在神话时空结构中,最重要的是时间、空间与数,神话以"它的直觉图式证明是空间、时间的基本形式,最终是数的基本形式,在这种形式中表现出空间和时间的分离的因素,'共存'和'连续'的因素互相渗透。把作为经验意识内容的神话内容逐渐结合在一起的所有联系,只有在这些空间、时间和数的形式中,并且通过这些形式才可能达到"①。神话的神性"首先表现在神圣的场所、神圣的节日和季节,最后表现在神圣的数字中。神性和渎神之间的对立不再视为一种特殊的对立,而视为一种真实的普遍的对立"②。在《红楼梦》的创世神话中,首先以"女娲氏炼石补天之时"点出了女娲创造石头生命活动的神圣时间,此"时"究竟为何时? 没有具体界定。因其为生命创造的起点,因而是原始的、悠远的时间始点;于空间仅仅点出"大荒山无稽崖",此地究竟为何地? 也无法具体界定,因其为生命创造的始点,因而是原初的、无际的空间始点。然后,高"十二丈"、方"二十四丈"、顽石"三万六千五百零一块"、只用了"三万六千五百块"、只单单剩下"一块"未用等一连串数字也都是神圣数字,同时又隐含了时间与空间形式在内,或者反过来说,是时间与空间的数字化。女娲炼石本是为了补天,但偏偏又舍弃已炼成的"零一块"顽石而不用,遂使这块顽石痛失补天机会而生悲怨惭愧之情,其中也同样意味着神性与渎神的对立,这种对立实质上反映了神灵的创造动机与创造结果以及人类的欲望追求与现实之间的普遍矛盾与内在悖论。

---

① 卡西尔:《神话思维》,北京:中国社会科学出版社1992年版,第91页。

② 卡西尔:《神话思维》,北京:中国社会科学出版社1992年版,第92页。

正因其超时空性,现实时空的人必须通过超时空的媒介与状态才能感受和把握魔幻时空。在《红楼梦》中,主要是通过幻境与梦境二重途径得以实现的。梦境常人皆可抵达,而且入梦出梦都有明确的暗示,现实与梦境之间有明显的标志,尽管梦境本身的设计可以有某种超现实的启示意义,最为典型的如第一回甄士隐梦见太虚幻境,第五回贾宝玉梦游太虚幻境。幻境则须通过超现实的神话世界与宗教世界才能显现于世,比如开篇从女娲炼石补天神话说起,直至携带石头下世历劫,以及空空道人与石头的对话,都是神话世界的重述。再如甄士隐梦后一僧一道下世对甄士隐命运的预示与点化,直至最后携带甄士隐离家出世,则是宗教世界的演绎。由于神话世界与宗教世界都是由现实世界指向超现实世界,虽然其本身具有先天的魔幻性,但借助文化传统的积淀与延续,后人在接受心理上对此已予以普遍认同,因而不仅不会构成接受障碍,反而会引起征服和超越时空的心理愉悦。不过,在许多场合,幻境与现实常常没有明确的提示与边界,因而反比梦境更易与现实混为一体,也正因如此,可以更多地借此表现人世沧桑之感。幻境与梦境在《红楼梦》中时而分写,时而合一。最明显的如第一回甄士隐梦见太虚幻境,第五回贾宝玉梦游太虚幻境,第十三回王熙凤梦见秦可卿临终托梦,第六十六回柳湘莲梦见尤三姐前来道别,等等,都是幻境与梦境的合一。其中,既有入梦出梦的明显标志与界限,而梦中所见又皆为超现实的神话世界与宗教世界之幻境。

通过幻境与梦境,被血肉之躯禁锢于苍茫大地上的人寻找到了通向另一种生存的道路,也由此展开了一番既灿烂又凄苦、既琐碎又庄严的精神历险。《红楼梦》的现实时空正是始于与魔幻时空交接的边界——甄士隐见到一僧一道的白日梦,继之逐步切入现实时空的主要场景与舞台——贾府,然后再进入核心地带——大观园。在大观园中,现实时空经历了最激动人心的辉煌、惊变与毁灭,然后又逐步从大观园退转至贾府,再退转和回归至魔幻时空,其间历时十九个年头。于是,所有的爱情毁灭了,所有的亲情流散了,所有的友情远离了,所有的风花雪月和所有的柴米油盐一样都荡然无痕,最后只有永恒的石头亘古无言,却又默默地诉说着一个不灭的传说。来自离恨天的,又回归于离恨天;来自大荒山的,又回归于大荒山;魔幻时空仍然是现实时空逃不脱的宿命。

魔幻时空同时作为本原与归宿,就文化传承而言,显然是得益于神话文化的滋养,是顽石神话原型的变形与回响,充分显示了神话原型的迁延力量。就作家主体意志而言,则是为了传达那如梦如幻的人世感慨,写出那若真若假的生命体验,留住那似有似无的岁月血痕,以及在无法解脱的生存中寻找虚幻的解脱。也许现实时空与魔幻时空的浑然交融状态本身正是作者之于生命与生存的真切体验,是作者内心世界的真实写照。就此而言,现实—魔幻时空的双重复合与并置,已不仅仅是时空形态本身,而是拥有指喻生命与生存的本体意义。

二、切换与对接

现实时空与魔幻时空本是《红楼梦》时空构型中的两极,那么如何使此二极得以切换与对接呢?小说主要是通过一僧一道与一甄一贾的双重中介作用实现的:前者是由神而俗的中介,由其将神界魔幻时空切入俗界现实时空;后者是由俗而神的中介,由其将俗界现实时空引向神界魔幻时空。兹以第一回为例作一简要分析:

(一)从魔幻时空切入现实时空。

分三个层次进行:

1.女娲于大荒山无稽崖炼石补天。小说于时间仅点出“女娲氏炼石补天之时”,于空间仅点出“于大荒山无稽崖”,在这一最高层次中,时空形态具有同为始点与终点的本原性与魔幻性。同时,由于女娲创造的“零一块”石头被弃置不用,意味着它要离开大荒山无稽崖这一原始神界而进入俗界,因而在这最为本原的魔幻时空中隐含着切入现实时空的趋向。

2. 一僧一道于大荒山无稽崖对石头的预言与承诺。当女娲创造了石头生命后即悄然隐退,接着便由神界使者——由神而俗的中介——一僧一道与石头展开对话。相对于女娲于大荒山无稽崖炼石补天而言,这第二层次的时空形态显示出了次级本原性与魔幻性,即已进一步显示出了切入现实时空的态势。一僧一道现身之时,小说以"一日,正当嗟悼之际"标示之,此"一日"相对于"女娲炼石补天之时"似乎具体一些,但仍具有不确定性;然后又以"静极思动,无中生有"标示已然时间;以"受享几年","待劫终之日,复还本质,了此案",以及"日后自然明白"等标示未然时间。这些时间标度虽仍具有相当的不确定性,但已逐步向现实时间接近。而在空间形态上,小说不仅引入与神界相对应的"红尘""人间""人世间""富贵场中,温柔乡里"等现实空间概念,而且由一僧一道将巨石变成一块可托于手上的美玉,更不能与其在大荒山无稽崖相提并观。尽管其空间场所仍在大荒山无稽崖,一僧一道作出预言与承诺之后"飘然而去,竟不知投奔何方何所",仍具超现实的魔幻性。这一方面表明,魔幻时空中的空间正在逐步缩小,同时也正在逐步向现实空间切入。一僧一道的预言——"究竟到头一梦,万境归空","待劫终之日,复还本质,了此案",实际上也正是对从魔幻时空到现实时空再回归于魔幻时空的圆型循环模式的高度概括。

3. 空空道人于大荒山无稽崖发现和解读《石头记》。小说先以"后来,不知过了几世几劫"的不确定时间演进作为过渡,然后继一僧一道暂先离开大荒山无稽崖之后让空空道人登场。就时空形态而言,空空道人于大荒山无稽崖青埂峰下发现并解读《石头记》,处于与开篇女娲炼石补天、创造石头生命遥相呼应的终点上,即在一僧一道关于石头"待劫终之日,复还本质,了此案"的预言已经应验,石头从魔幻时空的始点经过现实时空再回归于魔幻时空的终

点的循环历程已经完成,石头的入世历劫故事已以《石头记》为名
刻写于青埂峰石头上之后。换言之,空空道人在大荒山无稽崖的
现身及其对《石头记》的发现、解读、评论乃至醒悟,既是女娲炼石
补天、创造石头生命、一僧一道预言石头命运的进一步发展的必然
结果,同时也是对具体展示石头入世历劫循环历程的预叙和喻示,
是整个石头生命循环历程大圆圈的虚拟和缩影。但另一方面,在
这虚拟与缩影中,既包含着魔幻时空的始点与终点,同时也包含着
现实时空的中间过程。从这个意义上看,它显然比之前两个层次
与现实时空联系得更为紧密。

　　以上自魔幻时空切入现实时空的三个阶段,实际上即是变与
不变的辩证统一过程。从远处看,宏观空间场景始终是大荒山无
稽崖,这是女娲炼石补天创造石头生命、一僧一道为石头命运预
言、空空道人发现并解读《石头记》的共同场所,这是不变的一面。
然而从近处看,时间总是在不断流逝,空间总是在不断移位,女娲、
一僧一道、空空道人相继现身于大荒山无稽崖,但此大荒山无稽崖
非彼大荒山无稽崖,如果说,女娲出现之大荒山无稽崖只是石头生
命历程的一个始点,一僧一道出现之大荒山无稽崖已出现石头生
命中由神而俗、由石而玉的转折,那么,空空道人出现之大荒山无
稽崖已成为石头生命历程的终点,刚好构成一个"终点又回到始
点"的生命循环圆圈,其中具有严密的逻辑结构。而就石头本身的
存在形态观之,女娲首先为其注入了生命意志,把一块自然之石变
成生命之石;一僧一道进而激发起他的世俗欲望,并借助幻术把巨
石变成一块美玉;空空道人则最终发现了承载石头生命历程的《石
头记》,石头最后又由美玉回归于石头,但此石既非一僧一道之时
的美玉,也非女娲炼石补天之时的石头,彼此不仅不能同日而语,
简直令人有沧海桑田之叹。再从具体的时空标示来看,也是逐步
由远古切入现世,从神界切入俗界,虽然作者有意声明具体"朝代
年纪,地與邦国却反失落无考"——也许除了作者的难言之隐外,

力图保持小说开篇的魔幻性以与前文时空形态相和谐也是一个重要的主观因素,但从总体上看,已明显地显示出逐步由魔幻时空向现实时空切换的演进态势。

(二)从现实时空趋于魔幻时空。

作为对前半回内容的回应,后半回内容则直接落笔于现实时空,由现实时空趋于魔幻时空,以与前半回的从魔幻时空切入现实时空相衔接。与此同时,在前半回从魔幻时空切入现实时空的过程中,一僧一道主要担当了由神入俗的中介角色,相应地,在后半回由现实时空趋于魔幻时空的过程中,则主要由一甄一贾承担中介职能,一甄一贾与一僧一道形成不同时空形态中的密切呼应。由一甄一贾从现实时空趋于魔幻时空的始点是夏天的葫芦庙旁,然后分四个层次分别逐步展开:

1.甄士隐首见一僧一道。甄士隐所处现实时空中的空间始点是位于东南姑苏城阊门外十里街仁清巷中的葫芦庙旁。葫芦庙本身具有葫芦大梦等的隐喻意义,因甄士隐最先醒悟,故住在葫芦庙外;而贾雨村正沉酣未醒,故居于葫芦庙内,一甄一贾自身又于葫芦庙内外构成呼应与对比。但不管是甄还是贾,其时都处于现实时空之中,欲由他们与正从神界走向俗界的一僧一道发生对接,唯有通过梦境或幻境,所以小说为甄士隐设计了一个神奇的白日梦,地点是甄士隐书房,时间为夏天。正是在这一神奇的白日梦中,甄士隐奇遇一僧一道,首先获知了"木石前盟"的神界秘闻,继之见到了"通灵宝玉"的具体形状,最后则见到"太虚幻境"及"假作真时真亦假,无为有处有还无"的对联。甄士隐的时空始点是现实性的,但借助梦境,便可从现实时空趋于魔幻时空,而与前半回的魔幻时空相呼应和衔接。不过,大荒山无稽崖的原始魔幻时空至此也已发生变形和移位,即由大荒山无稽崖之原始神界转向太虚幻境之仙界,大荒山无稽崖之石头变形为神瑛侍者,而创造主体也相应地由女娲变形为太虚幻境之警幻仙子,同样体现了变与不变辩证统一的逻辑关系。

2.甄士隐二见一僧一道。甄士隐从梦中醒来回到现实,当他将女儿带至"街前"时,真的在现实中目睹了一僧一道——癞头和尚和跛足道人,这是他们在尘世中的幻相,与神界中的"骨格不凡,丰神迥异"正好形成鲜明对比。一僧一道为英莲同时也为甄士隐的命运作了不祥的预言,最后二人就此分手,三劫后,"会齐了同往太虚幻境销号"。甄士隐这些所见所闻虽发生于现实,但又具有强烈的魔幻性,实为一种现实性与超现实性浑然一体的幻境,较之首见一僧一道的梦境发生了继承性的变异。

3.甄士隐引出贾雨村。一甄一贾既与一僧一道分别成为沟通神俗的中介角色,而在一甄一贾两人中也同样具有神性与俗性的对比与关联。所以,当具有准神性的甄士隐一方面率先二度奇遇一僧一道,另一方面则必须由他引出寄居葫芦庙内的贾雨村,以此构成一僧一道与一甄一贾的完整组合。与具有准神性的甄士隐不同,贾雨村实为一个入世者的符号象征,无论是吟中秋诗于不凡抱负的抒发,还是对娇杏所谓"巨眼英雄"、"风尘知己"的动情,都充分显示了他俗性的一面,与甄士隐形成鲜明对比。然而"生于末世"的命运又注定了悲剧的同样不可避免,甄贾于葫芦庙内外的频频联系也进一步加强了固有的隐喻意义。

4.甄士隐三见一僧一道。时间至中秋节,甄士隐二见一僧一道时所听到的预言真的开始应验了,元宵节失女,三月十五失火,一二年后,经不起"贫病交攻,竟渐渐的露出那下世的光景来"。可巧又在二见一僧一道的"街前"第三次见到了一僧一道中的跛足道人,跛足道人唱着《好了歌》,甄士隐注解《好了歌》,最后竟随之飘然而去。

后半回的从现实时空趋于魔幻时空与前半回的从魔幻时空切入现实时空构成两向对流之势,彼此的对接是通过甄士隐的"白日梦"得以实现的。与前半回一样,后半回的时空形态演变颇为严谨,其主要场景便是十里街葫芦庙内外,正相当于前半回的大荒山无稽崖:其时间始点则是夏天。但仍然是不变中有变,即从双度时空向单向时空分化组合,所谓双度时空,即现实与梦幻中具有不同的时空向度,比如甄士隐首见一僧一道,现实时空是夏天的书房内,而梦境时空则是无始无终的太虚幻境,然后依次从梦境走向幻境,又走向现实。当甄士隐引出贾雨村时,双度时空也一变为单向时空,但最后又回归于幻境,甄士隐随跛足道人飘然而去实际上是对现实时空的又一次超越,其中的演变历程与前半回至为相似。甄士隐的率先悟道出家作为一僧一道预言的应验,既是对空空道人的呼应,同时也是对石头入世历劫的预示,具有极强的贯通力。不过,与一僧一道不同的是,一甄一贾本身又存在着神性与俗性的逆向对比与呼应。当葫芦庙外的甄士隐离世出家之时,葫芦庙内的贾雨村则正走马上任,即由甄士隐一头通向走向俗界的一僧一道,一头通向走入俗界的贾雨村,彼此交替进行。小说分别联结着神界与俗界、魔幻时空与现实时空。

由于《红楼梦》的整个时空构型是以魔幻时空为本原,以现实时空为主干,又以魔幻时空为归宿,所以在小说的开篇与结尾,一僧一道与一甄一贾之于现实—魔幻时空的对接与切换的中介作用特别重要,脉络也特别清晰。但在其他场合,更多的是让其退居幕后,时隐时现,以虚写手法处理。从作者的主观动机看,并不仅仅满足于魔幻时空作为本原与归宿的简单构型,而是试图寻求现实—魔幻双重时空的浑然一体。统观二者的关系,首先是现实时空与魔幻时空的两相映照,比如大观园,本是一个现实时空,但经过作者的艺术熔铸,使其成为天界仙国太虚幻境的凡界幻影,二知道人曾视之为《枕中记》中吕氏之枕窍,又比之陶渊明笔下的"桃花源",说明其具有明显的魔幻性。其次,是现实时空与魔幻时空的双重并置,如第十二回贾瑞观一僧一道所授之"风月宝鉴"而死亡,魔幻时空之物件出现于现实时空之中,而仍具有其在魔幻时空中之功用;第一百三回,贾雨村于急流津再遇出世之甄士隐,此一事件虽仍发生于现实时空中,而人物之一则已超越现实时空的束缚,进入永恒的魔幻时空。再次,是现实时空与魔幻时空的彼此对接,如第一回甄士隐于梦中一遇一僧一道后,醒后二遇一僧一道;第六十六回柳湘莲梦见尤三姐,醒后即获高人指点而出世;以及第十三回王熙凤梦见秦可卿托梦,而惊醒之时,丧钟亦同时响起。在小说的整体世界中,现实时空与魔幻时空互相映照、并置、对接,现实时空魔幻化,魔幻时空现实化,现实乎?魔幻乎?充满了一种迷离惝恍的况味,真是沧海桑田,恍若隔世,人世哀乐永难忘怀,大道宿命无法违抗,的确具有一种单纯的现实主义作品无法臻达的神圣感与浸透力。

三、时间流程

时间与空间原是浑然一体而不可分割的,这里只是为了方便起见,将两者分开论述。

《红楼梦》的时间历来是红学研究关注的重点,早期红学家已不断发现小说人物年龄的矛盾舛误之处。大某山民(姚燮)《红楼梦回评》部分回后都有批注:"此回是某年某月事",苕溪渔隐所著《痴人说梦》中有《红史编年》,作者以年份干支为纲,始于"己酉",终于"丙辰",回目下注明是几年或几年之一。此为第一部相对独立的红楼梦编年,推算年月的方法则大体与大某山民相仿,皆"以第九十五回甲寅岁记,推其前后"。1929 年易俊元著《红楼梦大事年表》,连载于是年 4 月 14 日至 5 月 16 日北京《益世报》,据有正书局出版之八十回本《红楼梦》编纂。至 5 月 20 日,张笑侠据当时一百二十回通行本新编成《红楼梦大事年表》,连载于是年 8 月 3 日至 12 日北京《益世报》。这是一个完整的《红楼梦大事年表》,但表中推至第二十年,显然与小说明写十九年不合。周汝昌先生也曾作有《红楼纪历》,考定八十回本《红楼梦》实共写了十五年的事情,此作有许多新的考证成果,也较为详尽,非以前诸表可比。以此为基础,青年学者王彬引入西方叙事学理论,悉心研究《红楼梦》时空与叙事的关系,提出了许多新的见解,所感不足的是与周先生《红楼纪历》一样,仍限于八十回,历时十五年。③且以上各表,分歧极多,并有一个共同的缺点,即不管是采用八十回本的十五年,还是一百二十回本的十九年,都仅限于现实时间,而未充分关注超现实的魔幻时间及其与现实时间的两相交融与循环运动。《红楼梦》的现实时间虽然只有十九个春秋,但其始点与终点却是超时间性的永恒时间,而在这十九年中,也不时交融着魔幻时间,因而显然不能仅仅以十九年作为《红楼梦》的时间流程。实际上,《红楼梦》以远古创世神话开篇在艺术思维包括时间流程上都明显受到神话思维的影响,具有神话时间的特点,即时间不仅可以逆转、延搁,而且可以通过神—俗时间的并呈、交融与循环而获得超越。在此,我们将依次从时间之维度、向度、速度三个方面予以论述。

神话时间之维往往是从本源创始开始的,卡西尔认为:"当神话存在显现为本源之存在时,它的真实特征便第一次展示出来。神话存在的一切神圣性,归根到底源于本源的神圣性。神圣性并不直接依附于既成物的内容,而是依附于它产生的过程,不依附于它的性质和属性,而是依附于它过去的创始。""过去本身并不存在'为什么':它就是事物的原因。神话时间同历史时间的区别在于,对于神话时间来说,有一个绝对的过去,既不需要也不容许任何解释。……用谢林的话说,神话意识中仍旧通行一种绝对前历史时间,一种'本质上不可分的和绝对同一的时间,因而不管把何等持久性归之于它,它只能被看作瞬间。就是说,在这种时间中,终点如同起点,起点如同终点,它是一种永恒性,因为它本身不是时间序列,而只是唯一时间,它本身并非客观时间,即诸时刻的序列,而只是相对于随之而起的时间的时间(即过去)。'"①以此观之于《红

---

① 卡西尔:《神话思维》,北京:中国社会科学出版社1992年版,第119-121页。

楼梦》的女娲炼石补天神话,女娲炼石补天又创造石头生命,既是宇宙的创始,又是石头生命的创始,是其后一切时间的始点,也是其后一切时间的终点,相对于后起时间,它是绝对的"过去",也是绝对的"未来",因而是一种本源时间,也是一种终极时间。

由具有本源性与终极性的神话时间为始点向前推延,依次进入宗教时间,较之神话时间,宗教时间仍是超现实的魔幻时间,但却是后起于神话时间的时间,具有次级永恒性。在《红楼梦》中,主要是一僧一道出现后的时间,它是以女娲炼石补天创造石头生命的事实为前提的,在时间维度上是以"劫"为单元的,比如一僧一道就曾告诫凡心已炽的石头:"待劫终之日,复还本质,以了此案";从石头下凡历劫到空空道人访道求仙的时间历程是"又不知过了几世几劫";一僧一道携石头下凡后分手时道:"三劫后,我在北邙山等你,会齐了同往太虚幻境销号"。"劫"是一个佛教用语。佛教认为,世界有一个周期性的生灭过程,在经历若干万年之后,就要毁灭一次,重新开始,此一周期称之为一"劫"。每一"劫"中又包括"成""住""坏""空"四个阶段。至"坏劫"阶段,将会出现水、火、风三灾,整个世界归于寂灭,因而"劫"又可引申为灾难之义。虽然宗教时间"劫"较之现实时间要久远得多,但毕竟存在着时间刻度,不如神话时间的永恒性。

与具有原始永恒性的神话时间、次级永恒性的宗教时间相对应的是现实时间,三者共同构成《红楼梦》时间流程中的三维。现实时间是一个可以年、月、日甚至更小时间单位计算的时间刻度,它不具永恒性特点。在《红楼梦》中,以贾宝玉的降生到出世计,前后凡十九年,这十九年的时间刻度是既定的,无法更改的,但对这十九年的时间流程,作者可以根据自己的主观意愿与作品表现需要予以重组,甚至可以通过逆向运动与神话时间和宗教时间沟通、穿插与切换,从而征服和超越时间。于是,我们便转到本节的第二个论题:时间的向度。《红楼梦》的时间流或者说时间向度,从整体上看,是由现实—魔幻双重时空复合构型所决定的,是一个圆圈循环,即从神话时间依次流向宗教时间与现实时间,然后又从现实时间回归于宗教时间与神话时间。时间就如一条慢慢流淌的河流,不管它如何弯弯曲曲,总是流向前方。然而,由于《红楼梦》以循环运动为时间构型,因而其时间流程也就如一个循环圆圈,可以从起点流到终点,又从终点流到始点。另一方面,即使在具有具体时间刻度、先后历时十九年的现实时间中,《红楼梦》也并非按线型时间流程展开,而是经常予以切割与重组,使时间发生逆转和倒置,最典型的莫过于第五回、第一百十六回贾宝玉二度梦游太虚幻境,按照现实时间的流程,此二回分别处于现实时间中的第九年与第十九年,但作者却将此时间之流予以隔断和切割,然后由现实时间回溯至宗教时间,现实时间与魔幻时间得以有机地融为一体。因有这一时间逆转与倒置,以及宗教时间的嵌入,遂使现实时间立刻拥有一种预言性的超越性意义。

与时间流向具有同等重要意义的是时间的流速问题。《红楼梦》中的时间既不是直线流动,也不是匀速流动。早在神话尤其在宗教中,时间被重新分割为不同重要程度的"阶段感"就特别突出。卡西尔已充分注意到了这一现象,他说:在神话的时间直观中,"时间整体被类似于音乐小节线的界线划分开。不过,最初它的'节拍'不是被度量或计算,而是直接被感受的。人的宗教活动最先显示出这种韵律结构。……各种'祭神日'、喜庆节日,打断了统一的生活流程,引入鲜明的分界线,成为'关键日期(critical dates)'"①。这些"关键日期"具有神圣性。由于时间分界线的重新分割,由于具备神圣性的关键日期的人为确立,原为单纯均等的时间之流显示出了不平凡的、不均等的意义反差;有的时间阶段可以忽略不计,让其白白流失;有的时间阶段则意义凸现,在一再延

---

① 卡西尔:《神话思维》,北京:中国社会科学出版社1992年版,第123页。

搁中慢慢流动,让每一天每一时每一分每一秒都尽情地谱写着辉煌篇章,闪烁着神圣之光。《红楼梦》于此也曾自觉或不自觉地吸取了神话与宗教传统,然后予以创造性地运用。以十九年为限,首先,十九年中各年之间的非匀速流动,综观小说全部叙事,十九年中主要集中于第十三年。这一年在叙述中所占的篇幅最大,分量也最重。其次,是年中各季之间的非匀速流动。根据《红楼梦》季节时令出现频次依次为秋、春、冬、夏。脂批:"用中秋诗起,用中秋诗收,又用起诗社于秋日。所叹者三春也,却用三秋作关键。"秋的出现频率较其他各季为多。再次,月中各日之间的非匀速流动。相当于宗教中各种祭神日、喜庆节日的"关键日期"分布于每一个月,大体有宗教节日、民俗节日、生日等,当叙述遇上这些"关键日期"时,笔调便一再延搁。最后,是日中各时之间的非匀速流动。花解语之良宵,玉生香之静日,怡红庆寿之夜宴,笔致之细,节奏之慢,时间在此处仿佛停滞不前了。在以上四个序列的非匀速流动中,作者已赋予不同时间以不同意义,从而将时间从作为场景因素、工具手段上升为具有本体论意义的思索对象,其时间流程的深度也由此得以凸现。这可从两个方面来看,一是艺术形式上的,现代小说所孜孜追求的时间倒置、悬搁、嵌合等打破直线时间顺序的艺术手法,在《红楼梦》中已有较成功的尝试。二是在内在意蕴上的,由现实时间与神话、宗教时间的切割和重组,现实时间的倒置、悬搁与嵌合,以及"关键日期"的浓笔铺写,都使《红楼梦》具有一种回归神话、宗教之源的预言性与寓言性意义。

四、空间移位

《红楼梦》的空间移位与时间流程一样,也是从神话空间移至宗教空间,然后切入现实空间,最后又由现实空间回归宗教空间与神话空间,其轨迹同样是一个循环圆圈。然而,空间毕竟不同于时间单位,在与时间流程并观中具体分析一下空间移位历程,当有另外一番意义。

从《红楼梦》自身所显示的空间移位轨迹来看,其本源与归宿都是属于神话空间的大荒山无稽崖,其中心则是贾府,贾府的中心又是大观园,大观园的中心又是怡红院、潇湘馆、衡芜苑,它们是构成这一核心的金三角。据此,小说空间移位的维度可以分解为一系列的对应组合:

1. 神话空间(大荒山)与宗教空间(太虚幻境)的两相对应。大荒山无稽崖之空间意义与时间意义一样,属于具有创始意义的神话空间,是小说中一切空间的始点与终点,具有本原意义与终极意义,具有超空间的永恒性,而太虚幻境则是宗教空间,具有次级永恒性,但相对于现实空间而言,都是超现实的魔幻空间,太虚与大荒、无稽,无论是文字上,还是意义上,都是相通的。

2. 宗教空间(太虚幻境)生命与死亡空间的两相对应。作为神界空间,太虚幻境本身是超越生死的,但它又管辖着凡间的生死,兼有天堂与地狱的双重意义。第一回甄士隐梦中所闻一僧一道对话,道人云:"趁此何不你我也去下世,度脱几个",僧人云:"待这一干风流孽鬼下世已完,你我再去",二人分手时相约:"三劫后,我在北邙山等你。"这里的"风流孽鬼下世"指喻从死亡到再生,"北邙山"指喻从再生到死亡,而"度脱"则是从死亡之鬼到永生之仙,是一个生死循环的过程。又第五回贾宝玉梦游太虚幻境,警幻仙子自称"司人间之风情月债,掌尘世之女怨男痴"。尔后宝玉所见之"痴情司""结怨司"各司及"金陵十二钗"的判词与配画,所饮之"千红一窟""万艳同杯",所闻之《红楼梦》十二曲,更一而再再而三地反复渲染从生命到死亡的不可避免。还有如第十二回导致贾瑞死亡的"风月宝鉴",这"风月宝鉴"恰恰是一僧一道所授,已极为明确地喻示了太虚幻境兼有生命与死亡的双重意义,《红楼梦》中一些关于死亡世界的描写,实为太虚幻境死亡意义的对应延伸。

3. 宗教空间与世俗空间的两相对应。宗教空间有分别指喻生命与死亡的双重性,以此对应于俗界的大观园内外,即太虚幻境对应于大观园,更准确地说,大观园是太虚幻境在俗界的幻影。小说本身可以提供有力的佐证,第十七至十八回写到贾政等人行至大观园正殿:

> 贾政道:"此处书以何文?"众人道:"必是'蓬莱仙境'方妙。"贾政摇头不语。宝玉见了这个所在,心中忽有所动,寻思起来,倒像在那里曾见过的一般,却一时想不起那年月日的事了。

脂批:"仍归于葫芦一梦之太虚玄(幻)境。"王希廉《红楼梦回评》:"玉石牌坊宝玉心中忽若见过,直射第五回梦中所见太虚幻境牌坊。"因而大观园具有神圣性和魔幻性。另一方面,宗教空间中的死亡世界则相对于大观园以外的世俗世界,二者都是恶浊、腐朽的死亡象征。

4.俗界中贾府之内与贾府之外的两相对应。《红楼梦》的空间移位从神界移向俗界之后,主要以贾府为核心逐步展开,但也经常拓展至贾府以外的世界,上至朝廷,下至乡村。贾府是一个相对独立的世界,其中酝酿着自己的悲欢离合,但这一世界又没有脱离外面更广阔的世界,外界的风吹草动都或直接或间接地影响到贾府的盛衰。

5.贾府中大观园内与大观园外的两相对应。自第十七至十八回建成大观园后,贾府中便以其内与其外构成相对立的双重空间,彼此具有不同的象征意义。其中,宁府与荣府又是一个两两对应的空间单位,宁府为长,但活动中心则在荣府,实以荣府为主,以宁府为辅。因荣府中元春的入宫,遂有省亲之盛仪,然后才有大观园之建筑。大观园是太虚幻境的凡间幻影,是贾府世俗世界之外的一片净土,是贾宝玉与众女儿的主要生存空间,因而大观园从出现到消失都与贾宝玉与众女儿的命运连为一体,其空间移位也具有特别重要的意义。

6. 大观园中潇湘馆与衡芜苑的两相对应。怡红院、潇湘馆与衡芜苑是大观园中的金三角,大观园的一些重要活动几乎都集中于这金三角中。以怡红院为轴心,潇湘馆与衡芜苑一直是几乎同等重要的空间单位,但无论从物理空间还是心理空间而言,则潇湘馆比之衡芜苑与怡红院更为靠近。

《红楼梦》空间移位之向度与时间流程相当,从整体上看,也呈循环圆圈运动轨迹,即从神话空间依次移向宗教空间与现实空间,然后又依次从现实空间回归于宗教空间与神话空间,这同样是由《红楼梦》现实—魔幻双重时空复合构型的整体时空体系决定的。具体地说,就是沿着由远而近,由外而内,然后又由近而远,由内而外的轨迹向前推进,这正好是两个方向相反而又殊途同归的运动轨迹。在小说的前半部分,是由远而近,由外而内,可分为三个层次:(1)神界空间与俗界空间的过渡。《红楼梦》中的神界空间始点是大荒山,俗界空间始点是甄士隐家。彼此的过渡是由一僧一道与一甄一贾共同完成的。(2)俗界空间中贾府外部空间与贾府内部空间的过渡。由贾雨村带林黛玉至贾府,从而完成了"木石前盟"在俗界的会合,俗界中由贾府外至贾府内的空间移位的过渡也至此完结。3. 贾府中大观园外向大观园内的过渡。自大观园建成之后,便成为小说叙述的全部重心所在。大观园的存在,使得所有爱情故事的发生有了可能性,并最终成为现实。但如何突破封建礼教的限制,使得宝玉亦与众女儿一起搬进大观园?小说借用了已贵为皇妃的元春之谕:"命宝钗等只管在园中居住,不可禁约封锢,命宝玉仍随进去读书",这样,一个半独立的小天地终于形成了。元春之于大观园,正如警幻仙子之于太虚幻境,二者对应性是明显的,也可以说,前者是后者在人间的投影。到了小说的后半部分,黛死钗嫁,众女儿亦死的死,嫁的嫁,原本"花招绣带,柳拂香风"的大观园,已是凄凉满目,甚至妖孽纵横了,小说叙述的重心又自大观园退出,转向贾府。这也可分为三个与上述方向正好相反的层次:首先,是贾府内大观园内向大观园外的过渡;其次,是贾府内部空间向贾府外部空间的过渡;最后,即是由俗界空间向神界空间的过渡。方向相反,而终点则一,仍是最初出发的原点。终于,终点又回到始点,一切的恩怨情仇,一切的喜笑恋慕,都回归于原初的寂静。

现实时空与魔幻时空的两相对应与循环运动,以独特的方式展现了《红楼梦》艺术时空构成与运演的神奇魔力。当小说作者以自己的血泪与生命铸造这一独特的时空世界时,昔日的缤纷繁华,只剩下当下的绳床瓦灶,雨夕灯窗,面对无法缅怀的过去,无法预期的未来,唯有沉湎于一个真真假假的世界,一个似有若无的时空,以求精神慰籍与解脱。可以说,《红楼梦》的魔幻时空笼罩和统摄着小说的整体叙述结构与节奏,但现实时空却仿佛是一种反抗既定命运的不屈不挠的力量,不愿接受威严的神谕,却想拥有高傲的灵魂。在某种意义上,现实时空只是无尽的时空长河中微不足道的一朵浪花,而魔幻时空则是这一条无尽的河,然而,这一朵浪花如此美丽鲜活,使得整条长河为之欢腾啸叫,汩汩生姿。

(梅新林、崔小敬《现实时空与魔幻时空:〈红楼梦〉艺术原理研究之二》,原刊《红楼梦学刊》2003 年第 3 辑。)

第三节　叙事学与古代小说戏剧教学

随着中学语文教学改革的深入进行,教材中选入了一些现代的小说戏剧,如意识流小说、先锋小说、后现代派戏剧等,传统的主题加人物、情节、环境三元素的文学理论已经很难分析这些具有强烈现代性的作品,而即使是面对古代小说戏剧,学生也厌倦了那些老掉牙的理论模式,这就启发和逼迫中学语文教师拓宽理论视野,更新理论素养,寻找新的突破,于是叙事学首先进入了他们的视野。近年来，语文教育工作者出于对小说戏剧等叙事文类教学的反思，开始了借鉴叙事学理论的尝试，做了较多的理论探讨与实践摸索。姚公涛早在1992年就提出了叙述学应与中学语文教学相结合的观点，认为中学语文教师可以运用叙事学中的叙事视角、叙事时间、叙事功能以及叙事距离等角度对教材中的叙事性文本进行分析①。之后，中学语文界对叙事学与中学语文教学相结合的研究陆续出现，《语文教学通讯》2007年第32期特邀李海林老师为主持，开设了"叙事学与中学文学教学"的专栏，发表了朱羽、倪文尖《叙事学与中学文学教育——以〈祝福〉教学为例》及夏红星《叙事学对于拓展文学作品教学内容的意义》两文，这可以视为中学教育工作者集中探讨叙事学对于中学语文教学意义的一个表现。

当前中学语文界对叙事学进行的研究正如火如荼展开，就其方向和性质而言，研究和探讨主要集中在以下三方面：第一，探讨叙事学在中国语文教学中的意义。如朱羽、倪文尖《叙事学与中学文学教育——以〈祝福〉教学为例》一文指出长期以来诸如"小说三要素"之类陈旧的知识内在限制了教材与教学的创新，就算教师课堂上"戏法"变得再花哨，往往也无法有效提升大多数学生阅读文学作品的能力，因为合宜的能力需要适当的知识来建构。传统读小说的方法往往使我们的眼光关注小说所营造的"真实"，而与之相辅相成的"读主题"的读法恰恰是短路化的，叙事学将小说看作叙述与虚构行为的结果，这样在作品世界与现实世界之间就出现了一个中介层面，这个层面可以有效阻止作品内部世界与主题思想之间"短路化"对接，而在小说形式（包括人物描绘、情节设置以及更多看似"技术化"的处理）与主题内容之间建立更令人信服的关系，并且将作者的情感态度适时纳入进来，这样小说的形式就成

---

① 《叙述学与中学语文教学研究浅说》，《中学语文教学》1992年第2期。

为"有意味的形式"。叙事学理论引入中学语文,给小说教学甚至整个文学教育带来的是"哥白尼"式的革命。

第二,探讨叙事学理论与相关知识在小说阅读教学中应如何应用。这类研究往往通过分析当前小说教学中存在的问题,有选择地引进叙事学相关知识来指导小说阅读教学,涉及小说教学内容、教学策略、教学方法等多个层面。如杨天和《叙事学与中学小说教学内容的构建初探》提出叙事学对于构建中学小说教学内容有重要意义,能够丰富、深化小说教学内容,促使小说教学内容更贴近文本,突出小说的审美教育意义,并帮助师生探寻小说阅读规律,搭建多元阅读、审美阅读的平台①。而葛岚《现代叙事理论在高中小说鉴赏教学中的应用》则运用叙事学理论对《杜十娘怒沉百宝箱》中的百宝箱这一细节做了教学分析,提醒读者牢记百宝箱这一小说情节核心,并分析了小说中几次对百宝箱的叙述。②

第三,运用叙事学理论具体分析中学语文教材中的小说文本。这既涉及古代小说,也涉及现代小说与外国小说,如吴含荃《把握叙事视角,倾听人物心声——〈林黛玉进贾府〉教学设计思路》③、詹冬红《利用叙事学理论优化语文课堂结构的策略——以鲁迅〈祝福〉为例》④、朱冬民《不能删除的"开头"和"结尾"——从叙事学的角度再读〈装在套子里的人〉》⑤等等,目前虽然类似的优秀成果并不很多,但却显示出中学语文教育工作者汲取新知识,锐力改革的良好势头。下面择取三则运用叙事学进行小说教学的较有特色的案例或练习设计,以飨读者。这些教学案例都对传统小说教学进行了较大的改革,运用叙事学理论对小说文本做了创新性的分析,

① 首都师范大学硕士学位论文,2007年。
② 辽宁师范大学硕士论文,2007年。
③ 《语文教学通讯》2006年第1期。
④ 《广西教育》,2016年第6期。
⑤ 《语文建设》2011年第2期。

均有其可取之处。以下教案的题目为笔者所加,原作者、题目及出处详后,个别文字有删节或改动。

一、教案:《林黛玉进贾府》的叙述视角

《林黛玉进贾府》在《红楼梦》中具有很特殊的叙事功能。这种叙事功能体现在三个方面:第一,通过林黛玉进贾府,写出整个贾府的布局和气派;第二,通过林黛玉进贾府,介绍贾府复杂的人际关系;第三,介绍宝黛的第一次相会。

作为一个独立的文本,《林黛玉进贾府》运用了三种叙事手法:第一,"移步换形"。就是读者随着林黛玉一步一步地走进贾府,不断地发现新奇的人物、场景,整个过程如行云流水,非常自然,凸现了故事的"动态性"和"现场感"。第二,人物有限叙述视角的巧妙运用(即从林黛玉视角写人写事写环境)——这是本文最突出的叙事特点。第三,"不写之写"。作者通过林黛玉的视角让我们看到了一个热闹喧哗的贾府,让我们看到了一个个栩栩如生的人物形象,也让我们看到了隐藏在环境背后的东西,听到了人物发自内心的声音,但同时,主人公林黛玉的性情容貌也在叙述过程中一览无余地展现出来。这种写法我国古代文论中叫"不写之写"。

《林黛玉进贾府》是高中语文教材中的传统经典篇目,以往的教学设计,可归纳为这么几种:一是"出场对比型",主要抓住王熙凤和贾宝玉的出场加以比较来分析人物性格。二是"描写艺术型",主要抓住环境和人物的描写来揭示贾府的奢华、人物的性格,并品味作者精彩的描写艺术。三是"音乐欣赏、诗词品读型",教师在课堂上播放《红楼梦》插曲、主题曲,调动学生的情绪,提供小说中相关人物的判词,进而分析人物形象。应该说,这些设计都有一定的合理性,但总的来说,存在两个问题:一是只抓住文本的某个方面,有脱离文本肢解文本之嫌。二是不能真正领略课文通过林黛玉为叙述视角而形成的独特的艺术魅力。因而,我认为,本文的

学习有必要找寻一个新的教学突破口,即教学的最佳切入点。这个切入点就是"看"和"听",通过这样一个教学切入点,我们不但可以领略课文在"人物有限叙述视角"作用下所展现的奇妙的叙事艺术,而且还可以更深刻地把握人物形象以及作品的主题,收到"一石三鸟"、"以一驭十"之功效。

一、教学目标

1. 欣赏小说采用"人物有限叙述视角"写人物、写场景的妙处。

2. 透过"人物有限叙述视角"的叙事艺术,深刻把握主要人物形象。

其中1是教学重点,2是教学难点。确定1是重点,是因为教材的"单元提示"明确提出"本单元的学习重点是小说的阅读和欣赏"。也就是说,通过本单元的教学,教师应教会学生怎样阅读怎样欣赏小说。而具体的文本具有各自不同的特点,因而决定了各自不同的读法。对于《林黛玉进贾府》这样一篇具有鲜明叙述特点的课文,教师要通过对这篇课文的教学教会学生欣赏。欣赏什么呢? 当然是欣赏这篇小说最大的叙事特点——"随黛玉的行踪,借黛玉的视角观察贾府,聆听人物心声"的表达效果。

确定2为难点,出自两方面的考虑:一是考虑到人物性格本身的多重性和复杂性。因而我们在把握人物形象时,需要倾听文本来体会人物性格的内在矛盾,有时还要借助某种生活还原以达到发现艺术与生活差距的目的,更好地多角度地透视人物性格。二是考虑到学生透过林黛玉的视角把握贾府的众人形象可能不太难,但是学生难于发现在林黛玉观察贾府人物场景的同时凸显了林黛玉自身的个性特征。为什么林黛玉能看出他人之所不能见,听出他人之所不能听? 教师要引导学生透过林黛玉的视角反观林黛玉独特的身份立场、文化修养和个性特征。用这种方法来欣赏小说的叙事艺术,从而把握人物形象,能够更好地接近小说艺术的本质内涵。而这,对于学生而言是一种全新的方法和视角,在具体的学习中可能会受到以往欣赏小说的惯用思维定式的影响和干扰,因而我把这一点作为这篇课文的教学难点。

二、教学设计思路

按"一理二看三听"的思路,紧紧抓住"林黛玉的视角"展开教学。

1.导入课题。

师:有人说,"开谈不讲《红楼梦》,纵读诗书也枉然。"《红楼梦》是中国古典文学创作的巅峰之作,代表了中国古典小说的最高成就。哪些同学听说过或读过《红楼梦》?请你来给大家介绍一下你所了解的《红楼梦》,一点即可。(鼓励学生大胆发言,积极参与。学生发言后,教师加以补充。)

(设计意图:鼓励学生介绍《红楼梦》的主要目的是:①让读过《红楼梦》的同学有表现的机会。②让不了解或了解不多的同学对《红楼梦》有一个大致的了解。③通过师生互动、生生互动,营造一个和谐共享的对话氛围,凸现学生主体性,激发学生的学习兴趣。教师的补充可以弥补学生发言的不足,让学生对《红楼梦》这部作品有一个较为全面的了解。)

师:今天就让我们跟随林黛玉的行踪,走进富贵奢华的贾府,感受《红楼梦》里人物的喜怒悲欢。(板书课题)在学习前一篇课文《项链》的时候,我们看到作者仿佛是无所不知,无所不晓。通过作者的叙述,我们知道了发生的一切事情。我们把这种叙述叫作"全知视角"叙述。这一个知识点,我们上《项链》的时候已经掌握了。那么《林黛玉进贾府》又是如何叙述的呢? 还是采用作者的"全知视角"吗? 我们一起来读课文。(初读课文)

(设计意图:在教《项链》时,已向学生介绍过关于叙事视角的知识。这里通过将《林黛玉进贾府》与《项链》的叙事角度进行对比,一是承上启下,自然过渡,引出教学主题,二是激发学习兴趣,形成阅读期待。)

2.明确视角,理清行踪。

师:请结合"正定荣国府的示意图",简要说说林黛玉去了哪几处,见了哪些人。请你为林黛玉画一幅进贾府的简明行程图。(二读课文)

老师巡视并根据学生的回答形成如下板书:

林黛玉进贾府

林黛玉

扬州—金陵贾府

贾母处(史、王、邢、李—三姐妹、王熙凤)—贾赦处、贾政处—贾母处(宝玉)

(设计意图:①明确本文叙述的独特之处,形成新的关注点。②整体感知,以线串珠,化繁为简。让学生学会抓过渡句理清思路的方法,"读短小说"。③借助板书,让学生体会小说"移步换形"的叙事特点。)

3.品"看"和"听"。

师:让我们再度跟随黛玉的行踪,重入荣国府。但是,这次要求大家睁大你的眼睛,想一想:林黛玉看到了什么,看出了什么?针对林黛玉所看到的、所看出的,你有什么想法?下面请大家细心品读,"慢慢欣赏"。(学生聚焦于"看",三读课文)

(补充说明:这是教学的重点,教师利用较多的时间,紧紧抓住"看"(谁看,看到什么,看出什么,读者看出什么,看与被看)加以定点爆破、深入赏析,在学生与文本,学生与学生以及学生与教师之间展开充分的对话。

重点品读完"看"后,教师把学习的自主权交给学生,要求学生按照"听"(谁听,听见什么,听出什么,读者听出什么)的方法自己品读课文,展开小组合作学习。)

(设计意图:一般人读《林黛玉进贾府》只停留在了解林黛玉看到了什么,听到了什么,这是非常浅表的阅读。实际上,小说中存在复杂的"看/被看"的关系。这是我们学习的重点。而解开这个"看/被看"关节的,还是"林黛玉的视角"。)

4.解读采用"林黛玉叙述视角"之意义。

师:通过文本细读,我们清晰地感受到了作者高超的叙事艺术,可谓"写人写景高人一等,绘声绘色入骨三分"。下面我们来进一步探讨:作者为什么采用"林黛玉视角"而不像《项链》那样采用"全知视角"? 如果我们给课文换一种叙述视角,结果会怎样呢?

(补充说明:在这一环节,学生的深入讨论可能会出现一些困难,教师可以提供"刘姥姥进大观园"和"冷子兴演说荣国府"两个互文本,让学生在比较中深化认识,体悟"林黛玉视角"的无可替代性。在此基础上再请学生任选一个片断,改为"全知视角"或"刘姥姥"的视角来叙事,比较一下他们的表达效果有什么不同。)

(设计意图:在比较的过程中让学生明确:"全知视角"与"人物有限视角"这两种叙述视角的运用是根据具体的情况灵活运用的,必须服务于特定的叙述需要。选择这样而不选择那样的"叙述视角"主要受制于你想表达什么,想达到什么样的艺术效果。通过这样的设计,学生对两种叙述视角的掌握就更深入了。)

5.布置作业。

要求课外阅读《红楼梦》,任选片段,归纳出几种叙述视角,并利用叙事视角的知识来鉴赏人物形象。

有兴趣的同学可以在网上搜索有关《红楼梦》的相关知识,也可以去图书馆借阅如下书籍:刘心武的《红楼三钗之谜》,王蒙的《红楼启示录》,叶朗的《胸中之竹——走向现代之中国美学》,周汝昌的《曹雪芹小传》《红楼小讲》,鲁迅的《中国小说史略》。

三、教学反思

小说教学的重要目的,就是教会学生阅读小说。我觉得这里关键有两点。一是要有一个适宜的阅读态度。小说是文学作品,它反映着人与现实之间的一种审美关系,我们必须以审美的态度来鉴赏小说所写到的人和事,不能把小说里的人和事作"传记"或"新闻报道"式的分析。二是要教给学生读小说的方法,才能实现叶圣陶先生所讲的"教是为了不教"的思想。

　　小说教学的这两个目的,都需要"知识"的支持。过去,我们反对语文教学中过多的知识教学,这种主张在"知识陈旧"的情况下是对的,但语文教学本身并非不需要知识,恰好相反,我们的许多教学目的,都需要通过知识教学这个载体,以知识教学为渠道来实现。我们不需要陈旧的知识,但我们却迫切需要新的知识。这新旧之别就在于:旧知识是客观陈述教学对象的特征,知识学习就成为一个带领学生走向客体、认识客体对象的过程;新知识是从学生出发,帮助学生"阅读"的知识,帮助学生"实践"的知识。有人称这种知识为"策略性知识"、"程序性知识",或者叫"实践性知识",反正是帮助学生开展语文实践活动的知识。这样的知识是"管用"的知识,是帮助学生提高语文素养的知识。在小说教学中,"叙事视角"知识,就是这样的知识。它教给学生如何读小说。

　　(吴含荃、钟峰华:《把握叙述视角,倾听人物心声——〈林黛玉进贾府〉的教学设计思路》,《语文教学通讯》2006 年第 1 期。)

二、教案:《范进中举》的叙事结构

　　《范进中举》是清代著名小说家吴敬梓的长篇讽刺小说《儒林外史》中极为精彩的篇章之一。然而,长久以来,我们在教学过程中存在偏差,比较偏重字词句的认识和人物形象、中心思想的讲解,忽略了至关重要的叙事结构的分析。本文以《范进中举》为例,进行小说片段的叙事结构分析,以期将叙事学所提倡的叙事结构分析研究方法有效地运用到初中语文小说片段教学中去,从而提高整个初中语文教学对小说片段内容分析的水平。

　　一、《范进中举》的表层结构分析

　　《范进中举》通过描写老秀才范进参加乡试考中举人一事,重点讲述了他得知自己高中后喜极而疯以及他的老丈人胡屠夫前后判若两人的表现，刻画了一个科举制度高压下心灵极度扭曲变形的封建士人形象，深刻反映了当时社会的世态炎凉，并描述了清代一些封建知识分子和官绅士人的生活情况及精神面貌，有着非常高的艺术价值和社会历史价值。

《范进中举》的表层结构可以由以下几个叙述句构成：①范进考中秀才，老丈人胡屠夫前来教育训导；②范进意欲参加乡试，遭到胡屠夫的责骂；③范进乡试高中举人，得到消息后喜极而疯；④在众人的劝说下，胡屠夫扇了范进一个耳光，范进恢复常态；⑤张乡绅前来拜访范进。

在这个因果连续的表层结构中，范进与胡屠夫是对立的，穷书生、老秀才范进依靠老丈人胡屠夫为生，经常遭到胡屠夫的责骂，日子长了，范进和胡屠夫都觉得心安理得，胡屠夫处于上风，范进处于下风，这种情况在范进考中秀才后也没有发生改变，这是最初的平衡。范进私自跑去参加乡试得中举人之后，胡屠夫前去道贺，但是，范进喜极而疯，胡屠夫在众人的劝说下，拿出平日里老丈人的威严来，打了范进一个耳光，范进清醒过来，胡屠夫却因为打了举人老爷这一个耳光心有余悸，此时，范进与胡屠夫的关系因为范进地位的改变发生了变化，两个人都有些尴尬，一时还不能适应过来，这是中间的不平衡。最后，张乡绅前来拜访范进，送房子、送银子，说了很多客套话，范进的声望和地位随之陡然拔高，范进拿出银子来送给胡屠夫，胡屠夫不得不承认此时的范进已非昔日的范进，这时候，范进处于上风，胡屠夫处于下风，胡屠夫由此确认了范进地位的高升，这是最后达到了否定性平衡。

在这个"平衡—不平衡—否定性平衡"的表层结构中，范进因中举而得到的社会地位的实质性的提高是推动这种改变的实质性因素。事情为什么会如此呢？这就需要我们在深层结构分析中来求解。

二、《范进中举》的深层结构分析

《范进中举》叙述的是清代科举制度下士人的经历。因此，它的深层结构分析就得从清代的科举制度入手进行深度探讨。

清代的科举考试制度分两个阶段：一初步考试，一正式考试。初步考试分为三种：其一童试，其二岁试，其三科试。童试，又叫作"小考"，凡童子开始应初试的时候称作"童生"，童生由县教谕选拔了以后推荐学优者交由府督学进行考试，督学考试合格就可以称作"秀才"。《范进中举》中的主人公范进就是个多年的童生，好不容易考中了秀才。秀才每年一小考，这叫"岁试"，每三年还要参加一次大考，这叫"科试"。科试主要是择秀才优秀者参加举人考试。范进参加童试的这一年恰逢举行科试，他是童试第一名的秀才，也就获取了参加举人考试的资格。

之后是科举考试的正式考试，分为乡试、会试、殿试三种。乡试每三年举行一次，考中者授予举人，举人可以到吏部注册，取得了做官的资格。乡试之后的第二年二月举行会试，考中者叫贡士。会试之后第二个月，由皇帝亲自主持在太和殿考试，考中者即为进士，可以直接做官。

范进考中举人后，获得了当官的资格，身份就和常人不一样了，胡屠夫等小民百姓自然要敬若神明。至此，我们也就知道胡屠夫等人对范进前后态度反差巨大的真正原因了。

（梁明礼：《浅析初中语文小说片段教学的叙事结构分析模式——以〈范进中举〉为例》，《教师》2012年第3期。）

三、练习：《林黛玉进贾府》练习设计

一、练习设计案例

（一）故事的形式探讨

1. 林黛玉进府去了哪几处？见了哪些人？林黛玉进贾府是个总的事件，它还包含了许多小事件。你认为哪些事件是核心功能？

哪些事件是催化功能？试分析。

2. 小说开头写林黛玉谨记母亲教诲，"步步留心，时时在意，……唯恐被人笑话了去"。此心理在后文人物行动中有哪些表现？这样写是为了突出什么？

3. 在林黛玉进贾府所见的人物中，哪两个人使她感到特别惊讶？为什么？他们有什么特殊的地方？

(二)表达的形式思考

小说的叙事角度即叙述者与他所讲的故事之间的关系。这种角度通常有两种：一是叙述者处于超越所有人的地位，无所不知无所不在，称为全知视角；另一种是叙述者隐藏于作品中的人物，通过人物的眼睛让读者看到一切，称为人物有限视角。两种角度各有其优缺点，在一部小说里通常以一种角度为主或综合使用。

1. 此文主要采用了哪种叙事角度？还有其他叙事角度吗？阅读时注意叙事角度的变换。

2. 此文能否采用贾宝玉视角、贾雨村视角或刘姥姥视角？（参阅"刘姥姥进大观园"和"冷子兴言说荣国府"）

(三)语言细读

1. 王熙凤初见林黛玉有一段话："天下真有这样标致的人物……怎么姑妈偏就去世了！"试问，王熙凤这番话是对谁讲的？这时在场的有哪些人物？她说这番话的意图是什么？她是怎样把握在场人物的心理的？

2. 此文第六自然段王夫人与王熙凤姑侄对话有段有两处矛盾，一处是王夫人既然让人找缎子，又为什么说找不到没什么要紧呢？一处是王夫人和王熙凤到底谁先想到给林黛玉做衣服呢？试分析解释。

3. 文中林黛玉关于她自己是否读书曾出现自相矛盾的回答，是不是曹雪芹的疏忽？

4. 文中几次写到哭？表达的人物感情有何区别？

5.文中多次写到笑,这些身份、辈分不同的人,出场时为什么都笑?

(四)如果你是林黛玉,你第一次进贾府目睹耳闻了些什么呢?你印象最深的是什么呢?你的内心有怎样的感受呢?请替林黛玉写一则进贾府的日记。

二、练习设计案例说明

(一)1.此题目的是运用叙事学中的功能分析法,整体把握小说主要故事情节,化繁为简,"读短小说",体会小说情节与人物处理的艺术。

核心功能:去贾母处——去贾赦、贾政处——回贾母处

催化功能:史王邢李、三姐妹、王熙凤——贾府宁荣府环境——贾宝玉

2.此题让学生体悟小说行文缜密之艺术,伏笔照应之手段。

拜见众人——贾赦处辞饭——贾政处让座——贾母处吃茶——宝黛问答

3.此题让学生把握小说塑造人物形象之匠心及人物性格特征。

(二)1.此题让学生掌握小说叙事角度(视角)的知识,并培养学生运用这些知识解读小说文本的能力,同时,体味小说视角采用和变换的艺术。

主要采用人物有限视角:林黛玉视角。也采用了全知视角。

2.此题采用比较的方法让学生体会作者选择林黛玉的角度来叙述而产生的一石多鸟的艺术效果及"林黛玉视角"的无可替代性。

如果采用贾宝玉视角,不但无法达到介绍贾府众人及环境的目的,而且会让人产生生硬不自然之感。采用贾雨村视角根本不可能介绍这么多人物及环境。而刘姥姥就不适合担当介绍贾府的众人,她的出身、年龄及教养怎么能够清楚而具体地了解贾府的家

世、地位及贵族气派的环境?

（三）此题想培养学生学会紧扣文本，发现问题，细读品味的方法，同时能够充分领略此文高超的语言艺术。

（四）此题读写结合，既能引导学生仔细品读文本，也能激发起他们的写作兴趣。

三、设计思考

（一）局部思考

《林黛玉进贾府》是高中语文教材中的传统篇目，以往的教学设计主要是抓住王熙凤和贾宝玉的出场加以比较来分析人物性格或突出环境描写之精彩以及高超的语言艺术。这些只抓住文本的某个方面，不能真正领略课文通过林黛玉视角而产生的特殊艺术魅力。因此，此设计在原来的基础上突出了此文的叙事艺术特点，容易使教学更贴近文本，可以更深刻地把握人物形象及作品主题。

（二）整体思考

小说教学的目的之一就是教给学生如何读小说，要教给学生读小说的方法，需要知识的支撑。过去，我们反对语文教学中过多的知识教学，但语文教学本身并非不需要知识，相反，许多教学目的要以知识为渠道来实现。关键是要看这些知识能不能用来解决实际问题，而在小说教学中，功能分析法知识和叙事视角的知识就是能帮助学生把握小说文本的"管用"的知识，这样的知识越多越好。

（节录自杨天和《叙事学与中学小说教学内容的构建初探》，首都师范大学硕士学位论文，2007年。）

第四章　接受美学与古代小说戏剧教学

　　作为一种文本阅读理论,接受美学的传入为中国文学批评打开了一个新的窗口,其对传统文学理论的变革与创新引起了研究者极大的关注,自 20 世纪 70 年代传入中国以来,接受美学逐渐与中国传统文艺理论相结合,演变成中国文艺界独具特色的理论批评话语,并与中国现代文学批评、文学教育相交融,直接参与了新时期中国的语文教学改革。接受美学思想逐渐延伸至中学语文教育界时,语文教育工作者从中看到了改革语文阅读、提升学生阅读能力的契机。

第一节　接受美学概述

　　接受美学又称接受理论或接受研究,它是在 20 世纪 60 年代末、70 年代初在德国出现的一种文学美学思潮,以康斯坦茨学派的罗伯特·姚斯、伊塞尔(或译伊瑟尔)等为代表。1967 年姚斯《作为向文学理论挑战的文学史》(或译《文学史作为向文学理论的挑战》)的发表和 1970 年伊塞尔《文本的召唤结构》的出版,被视为接受美学成立的宣言。以读者为中心的接受美学的崛起,意味着一个新的文学批评方法革命时代的到来。欧美文学理论界也因此出现了一个重要的研究转向,即文学批评关注的中心从文本转移到读者,形成了读者反应批评的新范式。可以说,接受美学的出现是对此前文学批评领域作者中心论和文本中心论的反拨,确立了以读者为中心的美学理论,实现了文学研究方向的根本变化,对当代文艺理论与美学的发展都有着重要的创新意义。

一、接受美学的理论创新

接受美学围绕读者与文本的对话这一核心展开研究,形成了对文学活动过程研究的新思路。首先,接受美学确立了读者的中心地位。文学作品是为读者而创作的,文学的唯一对象只能是读者,未被阅读的文学作品仅仅是一种"可能的存在",只有在读者的阅读过程中才可能转化为"现实的存在"。读者在文学活动中居于中心地位,是文学审美价值实现不可或缺的因素。作品的意义来自两个方面,一是作品本身,二是读者的赋予。在阅读过程中,读者充分调动利用主观能动性,不但把作品中的艺术形象加以充分的理解与体验,而且还渗入自己的人格、气质与生命意识,重新创造出新的艺术形象,甚至能够对原来的艺术形象进行补充和创造,体会到作者在创造这一形象时未曾想到与说出的东西,使得艺术形象更为丰富鲜明。读者接受是一个融理入情、情理统一的复杂过程,正是在这种情理交融过程中完成了对文本意义的再创造。没有读者的阅读,没有读者将文本的具体化,就没有文学审美价值的实现。由于时代、文化、环境、心态等的不同,不同读者对文学作品会产生不同的审美接受与意义阐释,但任何一种阐释都有其存在的意识和价值,都有其合理性。

其次,接受美学恢复了审美经验的中心地位。姚斯从艺术创作、艺术接受和艺术交流三个维度来阐释审美经验的内在结构。艺术生产的审美经验是诗,艺术家在创造迷狂中,重新认识到自身过去的经历和经验,在有意识的审美活动中放弃现实的异化而重新创造世界,把已经被遗忘的事实重新带回读者的意识中来。艺术接受的审美经验是审美愉悦,它肩负着反抗社会异化的重任,保护人的原初世界经验,维护一个共同的视野。艺术交流的审美经验是净化,在艺术交流中,审美经验使读者体验到日常经验所无法到达之境,并提供净化心灵、实现自身的可能性。审美经验具有三个层次,一是表层次的审美愉悦,作者通过创作活动获得美的享受,观赏者也通过艺术观赏的审美享受摆脱被日常生活羁绊的自我,使心灵产生新的变化;审美经验的中层次体现在艺术观赏过程中获得心灵的解放并得到自我的确证,使观赏者在艺术中发现迥异于日常世界的全新世界,独立地对作品作出审美评价和审美判断,在审美中拥有审美价值的独立自主性;审美经验的最高层即催生全新的经验方式,使人性从日常生活的麻痹猥琐和习惯偏见中解放出来,正是在这个意义上,姚斯认为,"艺术经验是人的解放的车轮","它可以同哲学思辨相竞争"(姚斯《审美经验与文学解释学》导言)。根据作品主人公的五种原型:神、半神、英雄、凡人、反英雄,姚斯把接受者与作品主人公在审美经验中的认同分为五种类型:联系型认同要求接受者以自由联系的方式积极介入演出活动,使演员与观众融成一片;敬慕型认同中,接受者对完美的主人公表示倾倒和崇敬以至深受教诲或暗中模仿;同情型认同中,接受者对主人公的非尽善尽美感同身受,甚至将自己置于主人公的地位;净化型认同中,接受者体验受磨难的主人公的"凡人"处境,在悲剧性的震惊和喜剧性的欢笑中受到陶冶,并保持一定的审美距离;反讽型认同中,主人公以卑琐、荒唐甚至邪恶的行为引起接受者的嘲弄和否定,往往导致接受者产生失望、破裂或否认,促使他们对现实社会进行反思、怀疑和批判。审美经验的五种认同模式涵盖了文学作品审美效果的不同实现方式。

再次,接受美学注重文学交流活动论。传统文艺理论往往把文学活动仅仅看成是文学创造的过程,只考察作家和作品,而忽视了读者与作品之间的交流活动研究。而实际上,世界上不存在绝对独立的文本,也不存在超越时空和历史的文本,文本的意义存在于读者的理解之中,文本的意义只有通过读者的阅读才能生成,读者的解读打破了文本意义的封闭结构，使其中的未定点和空白点获得具体化，使读者经验与文本结构相互阐释，相互生成。姚斯提出，文学的本质是它的人际交流性质，这种性质决定了文学不能脱离其观察者而独立存在，作者和读者通过文本来进行交流。接受美学认为，艺术审美活动的本质在于，人总是通过文本与潜在地存在于文本中的作者进行对话，将人与文本的关系变成"我与你"的关系，变成心灵对话、灵魂问答的关系。

接受美学强调文学文本并不是一个独立自足的客观存在，它是一种活动的艺术，作品的意义也不局限在作品本身，而是阅读过程中的一种经验，是阅读过程中的一系列事件，而文学批评的任务就是忠实地描述阅读活动，对读者的具体反应进行分析。姚斯认为："不是完美的语言结构，亦不是封闭的符号系统，也不是形式主义的描写模式这类方法，而是依靠问与答进行解释，使创作与接受以及作者、作品、读者的动态过程合理化的历史学才能使文学研究翻新，才会把文学研究从淤埋在实证主义的文学史的泥坑中解救出来，才能把文学研究从为解释而解释，或为写作的形而上学而解释的死胡同中，从为比较而比较的比较文学的死胡同中引导出来。"（姚斯《审美经验与文学解释学》）接受美学作为文学研究领域的一种全新的方法论，在当代文学研究中，起到了革故鼎新、拓展视界的作用。它将文学研究的重心从作者和作品上移到了读者审美接受和审美经验的研究上，从而使文学研究跳出了狭隘的研究范围，进入一个更广阔的领域。

二、接受美学的基本概念与术语

作为一种新的文学批评思潮，接受美学和读者反应批评开拓出一个全新的研究领域，涉及作家对作品所持的态度与要求和文学作品自身的地位以及作者、作品、读者之间的关系等，形成了一系列具有特定内涵的术语和概念，下面我们作一个简要介绍。

（一）文学史是接受史

文学史问题是姚斯创立接受美学的研究基点。传统历史实证主义的文学史观都倾向于将文学意义的理解限定在审美生产与表现领域,而忽略了文学作品为读者的阅读而创作并在阅读中实现其意义这一事实,所以文学史研究在20世纪的理论界陷于困境。姚斯寻找到新的文学史方法,试图沟通文学与历史、美学方法与历史方法的断裂,他认为,传统的文学史家将文学作品与一般的历史性等同起来,将文学看成永不变更的客观认识对象,将文学的编年排列和事实规程当成是文学的历史性,而忽略文学作为艺术作品的动态生成性特征,这种文学描述绝不是历史。文学的历史性并不取决于对过去的文学事实的整理,而是取决于读者对文学作品的经验,文学的历史必须建立在若干代作者、读者和文学批评家的文学经验延续上。第一个读者的理解将在一代又一代的接受之链上被充实和丰富,一部作品的历史意义在这一过程中得以确定,它的审美价值在这一过程中得以证实。在这样的认识下,姚斯提出,文学的历史是一种美学接受和生产的过程,这个过程必须通过接受的读者、反思的批评家和再创作的作家将过去的作品加以实现才能进行,也就是说,文学史不是一部部文学作品累积的历史,而毋宁是一部文学作品的接受史或者读者的消费史。比如《红楼梦》的每一个读者都会产生自己的阅读经验和审美感受,但并非每个接受者的理解都是相同的,从与小说作者同时代的读者脂砚斋、畸笏叟,到之后的王希廉、张新之再到五四时期的蔡元培、胡适、王国维,20世纪50年代的蓝翎、李希凡,80年代以来的余英时、蒋勋、梅新林以及海外学者蒲安迪、余国藩等,对于《红楼梦》都有自己的理解与阐释,《红楼梦》的意义一直处于不断地增殖与丰富中,并永远期待着新的发现。不同的读者在《红楼梦》的文学阐释史上代代相继,环环相扣,前人的理解为后人提供了理解的基础和质疑的可能,而后者则在回答前者的同时又为更后来者提出新的问题。

（二）隐含读者

隐含读者是伊瑟尔提出的一个概念,他认为隐含读者就是阅读分析中普遍有效的读者,不论真正的读者是谁、是什么人,他总是扮演着文本向他提供的一种特殊角色,这种特殊角色构成了隐含读者这一概念。隐含作者并不是实际进行阅读的读者,而是文学文本的一种特殊构造,是作者在创作中预期设计和希望的读者,即一部文学作品隐含的接受者。隐含作者的结构为文本阅读提供了一个参照系,在这个参照系下,读者对文本的个人反应就可以和其他读者对文本的反应进行交流。隐含作者概念的提出为我们理解阅读行为提供了一个很好的观察点,它提供了一种存在于所有读者对文本的历史实现和个别实现之间的联系,使我们可以对之进行分析。隐含读者是作者预先设计的一个意向视野,是引导读者对文本进行理解的指向标,它帮助读者克服自身固有倾向性的制约而看到文本内在的单向性。隐含读者排除了许多干扰因素,比较接近于"理想读者"。不过"理想读者"是作者或批评家根据文学作品的预期效果得以实现而设想出来的读者类型,是虚构的。姚斯认为,"理想读者不仅具备我们今天可及的一切有关文学史的知识,还能够有意识地记录任何审美现象,并反过来印证文本的效果和结构"(《阅读视野嬗变中的诗歌文本》)从文学交流的角度来说,理想读者是不可能真实存在的,是一种纯粹的虚构之物,但这一概念还是非常有用的,作为虚构人物,理想读者能弥补文学效果与反应分析中不断出现的缺陷,人们可以根据阅读期待赋予他各种各样的特性。

（三）期待视野

期待视野是接受美学的核心概念,指在文学阅读之先或阅读过程中,读者过去阅读中的艺术经验、读者所处的社会历史环境以及由此感到的文学观、审美观、价值观等综合心理定式,它是读者据以理解文学文本意义的心理图式。视野的本意是眼睛注视某一点时视力所及的范围,这里比喻形成理解的某种角度,理解向未知开放的可能前景以及理解背后的历史与传统文化背景。任何一个读者,在进行阅读活动之前并不是一片空白,当他面对一部文学作品时,过去存留在他脑海中的阅读记忆和当下生成的阅读经验会立刻一起参与到当下的阅读活动中来,并产生阅读期待。同时,一部文学作品,即使以崭新的面目出现,也不可能 在信息真空中以绝对性的姿态展示自身,它总是"通过预告、公开和隐蔽的信号、熟悉的特点或含蓄的暗示","预先为读者提示一种特殊的接受。它唤起以往阅读的记忆,将读者带入一种特定的情感状态中,随之开始唤起对'中间与终结'的期待。"(《文学史作为向文学理论的挑战》)

期待视野的内涵非常丰富,主要包括生命经验视野、文体期待视野、主题期待视野,它是由诸多读者个体与社会、主观与客观等不同因素共同形成的,并非纯粹主观心理的产物。读者的期待视野与作品的实际之间的距离,决定了文学作品的艺术特性:一部作品在其出现之初,第一个读者的期待视野是满足、超越、失望或反驳,这种距离明显地提供了一个决定作品审美价值的尺度。如果这个距离很小或接近于零,则读者的接受无须转换,会轻松产生审美愉悦,但也难免会感到作品缺乏新意和刺激而索然寡味。也有的作品可能在诞生之初因与读者的期待视野距离太大而没能获得大量读者,其创新性与经典性都需要读者的逐渐成长与品味更新。

与期待视野相关的是视野融合的概念。接受美学强调,对一部作品的评价,不仅仅是读者、批评者和观察者们积累的判断,而且是一部作品所包含的意义潜势不断显现和现实化的结果。所以,文学接受并非读者的期待视野与文本之间的任意填补,而是与文本自身的视野系统进行交融,互相阐释互相理解的过程。事实上,文学文本本身就是一个视野系统,读者阅读和理解的过程就是读者将自我期待视野与文本视野不断相互融合和修正的过程。期待视野对于读者阅读活动的展开具有指导性意义,但并不是一成不变的,而是在接受活动中不断建立、修正乃至重新确立。由于不同时代不同读者的期望视野在不断的成长与转换过程中,所以文学作品的接受也具有鲜明的时代印迹与个性色彩。现象学家伽达默尔就指出:"一部文学作品的意思永远不会被其作者的意图穷尽;随着作品从一种文化或历史背景传到另一种文化或历史背景,人们就会从作品中采集出新的意识,而这新的意识也许从未被它的原作者和同时代的读者料到。一切解释都是由情境决定的,受到某种特定文化在历史上的相对标准的影响和抑制。"(《真理与方法》)正如鲁迅先生在《"绛洞花主"小引》中对《红楼梦》主题研究多样化的精彩表述:"经学家看见《易》,道学家看见淫,才子看见缠绵,革命家看见排满,流言家看见宫闱秘事",越是经典的文学作品,不同读者的期待视野与文本自身视野的相融合,就越是显示出文本广阔无边的阐释空间和近乎无限的阐释可能性。

（四）召唤结构

召唤结构的概念是由伊塞尔提出的,他认为,文学作品存在着未曾实写出来或未曾明写出来的部分,但文本已经确实写出的部分为它提供了重要的暗示,这种空白和意义的不确定性是联结作者的创作与读者接受的桥梁,文学作品的不确定性和空白形成了文学作品的基本结构,即召唤结构。这种结构本身随时都在召唤着接受者的参与,通过审美再创造将之填补和充实,使文本得到实现和具体化。接受过程就是读者运用经验和通过各自的想象填补不确定性和空白的过程,由于不同读者的阅读经验、个体心理、文化背景各不相同,填补的方式和内容也各不相同,因而把握到的作品的意义也就各不相同。这样,召唤结构的存在使文本呈现为一种开放性的结构,有限的文本就有了意义生成的无限可能,而且一部作品中的不确定性和空白愈多,读者就会越深入地参与到作品审美潜能的实现和作品的审美再创造中,文本的含义就越是深邃,也就越易于成为后人阐释不尽的经典。如在《红楼梦》中就隐含着大量的空白与未确定点,尤其是曹雪芹原稿中人物命运与归宿的研究更是形成了红学的一个重要分支"探佚学"。

接受美学强调读者和接受者的重要作用,与语文教育改革中强调学生的主体性恰好一致,因而语文教育界已有较多学者认识到接受美学的理论价值并在教学实践中加以运用。但不可否认,在运用的过程中也出现了一些不尽如人意的现象,如过于重视读者即学生的主观能动性,过分强调对文本的多元解读,而忽视了作者与文本的客观限定等,往往造成学生不得要领,无所适从的困惑,甚或使课堂陷入无序和混乱中。因此,从接受美学的角度来分析中国古代小说戏剧还应遵守一定的教学原则,曹明海先生在《语文教学解释学》中提出了召唤结构的三个教学原则,非常具有启发意义:一是质量兼备的原则,教师引导学生发现和填充文本空白与未定点的质量和数量都要恰到好处,即适质适量。适质是指教师呈现给学生的文本空白要适合学生的水平,满足学生的期待视野,达到其能力的最近发展区。适质则指教师选择的空白要主次相间,一篇作品中空白很多,教师要选择最能突出表现主题、人物、意境、意蕴的主要空白和与学习重点、学习目标密切相关的空白。适量是指教师在有限的上课时间里着重解决的空白数量要适度,太多会使课堂拥挤、紧张,太少则会造成课堂松散,重点缺漏。二是趣歧结合的原则,"趣"指能引发学生注意力,调动学生积极性,激发探索欲望的文本空白;"歧"指内涵、意义丰富,具有争议性的文本空白。"趣""歧"结合要适度,只讲前者会进入表层化、浅显化、形式化的低谷,只重后者则会陷入走迷宫的泥潭中,二者结合才能碰出思想的火花。三是课内外互补的原则。对文本的解读必须贯彻课内、课外互补原则,让文本空白与未定点特有的张力延伸到课下,让学生通过查阅工具书、共同调查、相互切磋等方式进行研究,课下研究中觉得有意义的问题也可以再到课堂上继续讨论。这样课内思考延伸到课外,课外探索保持到课内,学生的即时兴趣即变为稳定的兴趣,不断引导学生进行课外阅读,继而以饱满的热情去进行更深入的研究性阅读。①

第二节　当前学界的接受美学研究

接受美学是一个命题繁多、阐释功能强大的理论系统,具体研究方向自然也各有不同,总的来说大概分为以下几个方面:一是运用隐含读者、召唤结构等理论,分析某个文本对读者的召唤与制约作用;二是探讨作品在传播过程中产生的多义性现象;三是探讨文本在不同历史语境中的接受史;四是探讨不同接受视野嬗变中的文本;五是探讨不同历史语境中的经典重读、翻案、重写等现象。下面选择与中学语文教学相关的研究案例简介如下。题目有的为笔者所加,有的为原文标题,原作者及出处见文后附,个别文章有删节或修改。

一、本文结构与林黛玉之死的多重解读

在《红楼梦》中,林黛玉是最中心的女性形象,黛玉之死则是全文的大关键,是原著精彩绝伦、撼人心魄的情节之一。但由于这一情节的原稿现已无存,接受史上的批评家只能从小说文本自身和脂批提供的有关依据进行个性化理解,并得出了纷呈各异的结论。我们将简单勾勒批评史上关于林黛玉之死的几种代表性观点,并从小说本文的"空白"、"召唤结构"与"隐含读者"等角度与层面去分析这些观点形成的原因。

---

① 曹明海主编:《语文教学解释学》,济南:山东人民出版社 2007 年版,第 260-262 页。

（一）"召唤结构"与解释的多元性

林黛玉作为《红楼梦》的中心人物，被作者刻画得细腻深刻，但空白处仍旧不少，尤其是比较接近原本的"戚蓼生所序之八十回本"，竟然缺失了全书的关键情节——林黛玉之死。根据小说本文的暗示可以知道，曹雪芹已经写完了全书共一百一十回。对于为什么缺失了后三十回，学术界的说法很多，但效果却很明显，语义空白与情节断裂给了红学家极大的解读空间，使林黛玉之死的理解具有了无限的可延伸性。研究结果显示，关于林黛玉死亡的时间、地点、方式、原因以及死亡意义等多个方面都有不同的说法。

就死亡时间而言，大多数读者持"死于宝玉宝钗婚前"说。也有人认为黛玉死于宝玉婚后也即八十回后不久，也有人认为黛玉固然也像晴雯那样早夭，但她从书中消失的时间却并不很早，而是也参与或目击了诸如二宝完婚和贾府被抄一类的大事。作为小说的女主角，她是不能消失得太早的。对于黛玉死亡的具体时间，则有春末夏初说与中秋月夜说两种。

对林黛玉死亡原因的探讨具有更大的空间，批评界得出的结论也最多，因为它并不局限于具体的个体行为选择，更是来自于个体与社会、主体精神与客观现实、有形与无形的综合性力量。研究者主要沿着自杀与他杀、性格悲剧与社会悲剧的不同方向理解黛玉的死因。有人从黛玉自身挖掘其死因，强调其自身人品、人格的悲剧性因素，更多人深信黛玉是为爱情而生，必死于"恋爱失败"，并与某些具体的外在原因密切关联，还有大部分读者从社会批判的角度出发，挖掘封建制度、文化礼教、门阀观念、婚姻体制等强大社会力量的罪恶。他们或者认为黛玉死于对贾府命脉具有操纵力量的具体个人，如王熙凤、贾母、元春、王夫人等，或者只是作出理性而笼统的判断，认为黛玉死于"贾府顽固贵族集团"与封建礼教。无论是性格悲剧说还是时代社会悲剧说都不能否定一个事实，即黛玉是悲伤过度而逝。但就死亡的具体方式而言，又有不同的说法,最具代表性的观点是"泪尽天亡证前缘",其他还有"悬梁徇情"说、自投于水说、病重并感伤过度说、精神自杀说等等。关于具体死地的说法主要有三种,即死于尼庵、悬于梁上或自沉于水,自沉之具体处所又有凹晶馆、沁芳池之别。

说法不一产生的原因恰恰在于黛玉之死这一具体情节的缺失,正是这一"空白点"带来了黛玉死因、死法、死地、死时的不确定性。不确定因素的存在使文本成为一个允许读者参与,并期待读者填补的空框子。但是,这种填补并不是任意的,谁也不可能说林黛玉死于烈火或者死于终老,他们的理解基本上能够在小说本文中找到相关的信息内在依据。

(二)"隐含的读者"对再创造的指引

一般情况下,"隐含的读者"是艺术本文自身信息的集结,与文本之外的信息无关,但《红楼梦》是一个特例。脂批虽然是文本之外的批语,但这些批者是熟悉曹雪芹创作意向的亲友,周汝昌先生甚至认为曹雪芹就是脂批的主要人物。所以,脂批可以算是文本自身意向的有机构成,其提供的信息也是我们分析的有效依据。

如"草蛇灰线"般若隐若现的伏笔技法在《红楼梦》中被运用得出神入化,脂批称之为"千里伏线"法。小说文本通过神话、寓言、梦境、诗词曲赋、灾异现象等具体手段暗示了每一个重要人物的命运走向,因此,即便故事没有读完,人们也可以根据这些暗示得到故事与人物命运的大致结局。西方有句名言:性格决定命运。性格如果与环境处于不可调和的矛盾中,则注定了这种性格的悲剧性与牺牲结局。《红楼梦》在几百个人物严丝密织的网络结构中全面展示了封建伦理柔软而强大的杀伤力,并通过具体而传神的细节描写充分展示了人物的性格特征,黛玉就是这一伦理大合唱中最不谐调的音符,她注定会在孤独与伤痛中夭逝。文本第十八回"第四出,《离魂》"处,脂本批曰:"《牡丹亭》中伏黛玉之死"。至于如何夭逝,我们可以在文本中寻找相关的信息,并据之思考前人的分析是否符合文本自身的结构指向。

　　文本开头就给读者提供了笼罩全书的神话意象,青埂(情根)峰下灵性已通的补天之石,灵河岸边三生石畔的甘露浇灌,定下了"木石前盟"与泪尽人亡的神秘基调。全书女性命运的纲领性提示当在太虚幻境一回。《枉凝眉》唱道:"一个枉自嗟呀,一个空劳牵挂。一个水中月,一个镜中花。想眼中多少泪珠儿,怎经得秋流到冬,春流到夏!"有论者据此认为黛玉死于对宝玉的思念,因为宝玉"秋季"遇祸患患离家,黛玉哭至次年春末泪尽而亡。这样的理解基本能够成立,它不仅合了神话故事的"情根"主题与"还泪"寓言,也与文本的基本情节及人物性格吻合。至于黛玉之死在文本中的位置,吴世昌认为当发生在第八十回后不久。① 从第七十回"林黛玉重建桃花社"至第八十回,多个回目发出了林黛玉将亡的征兆。《桃花行》中有道:"泪眼观花泪易干,泪干春尽花憔悴……一声杜宇春归尽,寂寞帘栊空月痕!"诗句不仅暗示了她将逝去,也暗示了春尽月夜的具体时间。而"抄检大观园"不仅是整个理想世界即将倾颓的前奏,还直接在黛玉的房间里搜到一些宝玉的披带、荷包、扇子之类的东西,这可以成为批评界以黛玉遭谗言而加病至死的文本依据。紧接着的三回,即"凹晶馆联诗悲寂寞"、"俏丫鬟抱屈夭风流"、"痴公子杜撰芙蓉诔"可以看作是黛玉将亡浓墨重彩的铺垫。以此可见,死于八十回后不久的结论有相当可信的说服力。

　　由于"金陵十二钗"正册上第一页画着两株枯木,木上围一玉带,又言"玉带林中挂",胡文彬等人从这里得出林黛玉死于悬梁的结论。徐继文将此与《葬花吟》结合进行研究,得到了这样的结论:"花谢指桃花凋残零落,花飞乃柳絮离枝飞扬……以花拟人,桃花喻林黛玉,柳絮指薛宝钗。花谢花飞乃暗示她二人殊途同归——

---

　　① 吴世昌:《林黛玉之死》,见吴令华编《红楼梦探源》,北京:北京出版社 2000 年版,第 262-264 页。

死亡！……我考证她二人因大观园祸变,宝玉被抓走后……悲愤不已,士为知己者死,悬梁自尽而徇情。"笔者认为这种理解稍嫌牵强,它只能解释黛玉的归宿,却违背了本文结构对宝钗的暗示。她虽有才华,但与黛玉相比,应不是判词中所言的"咏絮才",而是"停机德",又怎能强行与"柳絮"意象挂钩呢?而且判词中题:"玉带林中挂,金钗雪里埋。"依此看来,若黛玉死于悬梁,宝钗应埋于雪中,二者死亡之季节与方式应该是完全不同的。[终身误]云"空对着,山中高士晶莹雪;终不忘,世外仙姝寂寞林",也明确显示宝玉并不是同时拥有黛钗,如果同时拥有,就有违木石前盟和情根指向,因此,她们二人不可能同时夭亡,应该宝钗在后。端木蕻良则从《葬花吟》中"质本洁来还洁去"一句得到启发,认为水洁净,是生命之泉,而"女儿是水做的骨肉",并进而从"娇花照水"的描写和《芙蓉女儿诔》"素女约于桂岩,宓妃迎于兰渚"等相关的内容得出黛玉赴水而亡的结论。① 周汝昌也持"自投于水"的观点,而且指出具体的时间是"中秋之月夜,地点即头一年与湘云中秋联句的那一处皓晬清波,寒塘冷月之地"。② 他这种理解的重要文本线索是第七十六回"凹晶馆联诗悲寂寞"的最后一句绝响"冷月葬花魂"。

可见,悬梁与投水两种解释的确能够在本文中找到令人信服的依据,具有较强的说服力。但由于理解既得遵循本文结构的指引,又受理解者自身视野的影响,因此,同是以"冷月葬花魂"作为理解的出发点,周广曾又有不同的理解。他指出,第五十回宝玉从栊翠庵折取回红梅后有诗云,"不求大士瓶中露,但乞嫦娥槛外梅",大士与嫦娥都指妙玉,她所住的尼院当然就是广寒宫了,所以吟出"人向广寒奔",意味着黛玉住进了尼院,并死在这孤寂清冷的所在。

---

① 端木蕻良:《林黛玉之死》,《红楼梦学刊》1993年第4辑。
② 周汝昌:《冷月寒塘赋宓妃——黛玉夭逝于何时何地何因》,《河北师范大学学报》1984年第2期。

（三）文本结构矛盾与曹雪芹的创作危机

曹雪芹创作的《红楼梦》因其浑然天成的语言和结构形式，细腻深邃、博大悠远的人文内涵，被公认为中国的小说经典。一旦被确认为经典，它就在危险地靠近"通俗"艺术般的认知惯例，使读者很容易窒息在他人的经验阐释樊篱中。因此，当代读者有必要重审经典，启开另一个解释的维度，还原经典文本永远的开放性，也为今天乃至未来的创作提供有益的借鉴。笔者经过详细的研读发现，以林黛玉之死的解读为起点，可以发现残本比全本具有更大的审美意义。

脂批的有关信息强烈暗示着全书的总回目不是续作的一百二十回，而是百一十回。庚辰本第二十一回回前批曰："……然未见后三十回，犹不见此回之妙。……此回'娇嗔箴宝玉，软语救贾琏'，后回'薛宝钗借词含讽谏，王熙凤知命强英雄'……今日写袭人，后文写宝钗；今日写平儿，后文写阿凤。文是一样情理，景况光阴，事却天壤也。多少眼泪，洒与此两回书中。"这一批语明显表达了这样的意思：见过后三十回的读者，方真正领略本回与后三十回中的对映，可见，批者已"见过"后三十回，其中有"薛宝钗借词含讽谏，王熙凤知命强英雄"一回正好与此回对照。即此稿总回目为八十回加上三十回，即百一十回。庚辰本第四十回回前批云："钗玉名虽两个，人却一身，此幻笔也。今书至三十八回，已过三分之一有余。故写是回，而使二者合而为一。"这条批语透露了"钗黛合一"的指向，也给出了全书回目的数量：如果原书为百一十回，那么三十八回刚好超过其三分之一；若为百二十回，三十八回则未及三分之一。

至于这三十回是怎样佚失的，学术界大致有两种说法：一是在传阅的过程中不小心丢失的，一是作者在"重读"之后割爱砍去的。第一种说法不具备人为的痕迹，纯粹是不得已。但如果是有意而为，我们就可以深入探究一下其内在的动机。白盾在《悟红论稿》

中指出,曹雪芹在文本处理中"钗黛合一"与"政宝合一"的倾向,既违背了生活逻辑与人物性格发展规律,也违背了自己"内宇宙"的真实情感,并使自己建构起来的充满着爱情美与人性芬芳的爱情悲剧重新跌入传统的泥淖,"新人"形象的叛逆性也被消解。因此,《红楼梦》未成全璧的原因在于思想矛盾导致曹雪芹陷入了深重的创作危机之中,无法写下去,而所谓后三十回本只存在于作者的构想中。他还指出,也不排除作者已经写完了后三十回,但在所谓的"旧时真本"、"端本"、"三六桥本"中,都淡化了悲剧色彩和矛盾冲突,宝玉沦为乞丐而并未出家,这样的"真本"因削弱了批判功能、取消了美好希望,终于敌不过程高本的竞争而被淘汰。霍国玲等人则认为,这三十回是作者有意删去的。他们从《红楼梦》第二回贾雨村在"智通寺"看到的对联寻找这一立论依据。对联写道:"身后有余忘缩手,眼前无路想回头",而雨村想道:"这两句话,文虽浅近,其意则深。"甲戌本有脂批云:"一部书之总批。"这一批语意在明告读者:有许多东西作者"不能公开说出,只好隐写在小说之中",靠读者自己在看似"眼前无路"的残缺文本中"回头"去理解,去领悟。他们的解释无疑具有一定的说服力,但也存在某种牵强,因为全书多次表达了这种人生感悟,未必就是对文本自身回目删改的暗示。笔者认为,如果说作者真是自己割爱的话,"不能说出"的原因除了受到意识形态力量的限制之外,还在于他陷入了难以逾越的创作危机,小说的总体构架出现了无法调和的矛盾与冲突。

　　前文分析到,黛玉之死的多重解读大部分都能够在文本中找到相关的信息依据,属于合理性解释。但这些解释却暴露了《红楼梦》中"隐含的读者"这一结构指向的明显矛盾性,最突出的矛盾表现在死亡方式与死亡时间上。作为人物命运预告的"金陵十二钗"簿册首页上的判词确实隐藏着黛玉死于悬梁自缢的信息。但端木蕻良与周汝昌等人得出的黛玉赴水而亡的结论也有充足的文本证据,"质本洁来还洁去"的人物归宿自我指向,"凹晶馆""冷月葬花魂"的"气数"所指,"芙蓉"花傍水而生的习性等等,都暗示了其终归于水的选择,而且正好与"隐含的读者"对"女儿是水做的骨肉"这一意向性评价吻合。如果说曹雪芹一定要写出黛玉之死,到底怎样死就让他颇费心思。如果作者根据太虚幻境中"假作真时真亦假"来否定判词中黛玉自缢的暗示,而以脂批所云"《葬花吟》是大观园诸艳之归源小引"(二十七回回前批)为准则,强调其"质本洁来还洁去"的指向,以投水为结局;则直接与本诗中"一抔净土掩风流"、"强如污淖陷沟渠"流露出的对水葬的拒绝态度产生矛盾。同样让作者难以处理的矛盾还在于死亡季节的安排上。死于春末的观点有相当坚实严密的文本根据。《枉凝眉》的歌词和《桃花行》"一声杜宇春归尽,寂寞帘栊空月痕"、《葬花吟》"一朝春尽红颜老,花落人亡两不知"的诗句,都以强大的力量指引着读者:因宝玉"秋季"遇祸患离家,黛玉因思念哭至次年春末泪尽而亡。但中秋夜有关"气数"的联诗绝响"冷月葬花魂",无疑在接近死亡时间的地方暗示读者的理解方向:黛玉死于某年的中秋月夜。可见,文本精心建构的"隐含读者"结构网出现了无法解决的矛盾。

如果硬是要解决这种矛盾,作者可以删除"凹晶馆联诗悲寂寞"一回,但黛玉、湘云乃至妙玉的命运暗示、性情神采都将大打折扣。脂批回评云:"此回着笔最难……云行月移,水流花放,别有机括,深宜玩索。"批语同样在引导读者深味其中的"机括"、"玩索"与重要人物相关的潜在信息,而决不可能被略而不谈。即便是删除了这一回目,他也无法解决死亡方式上的矛盾。而且,提供这些相关信息的回目,无一例外都是最精彩绚烂、动人心魄之处。所以,曹雪芹与其保全消解了矛盾冲突、散尽了爱情芬芳、削弱了新人品格的后三十回而置自己的精彩故事于重重解读危机之中,还不如忍痛割舍那无法避免的确定性描述,让读者在情节缺失中细味小说中互存歧义的相关暗示,得到符合小说情感逻辑的合理性解读。这种处理在曹雪芹本人也许只是迫于无奈,但在小说自身的流传中却具有巨大的意义。

正是因为文本的结尾悬而未决,而文本之中的种种暗示又显露出相互矛盾却自成一体的不同理解方向,使文本"隐含的读者"的指向具有了交叉性和相互否定性,给读者的精确解读带来了些许困难,却引导了"多声合鸣"的多重叙事效果,为读者的开放性理解提供了可能,让读者可以在无言处、模糊处、矛盾处领悟其深长的多重意味。也正是这有意无意的删减,启开了《红楼梦》永无止境的解释空间,使之成为逾越时空樊篱的文学经典。从这一角度看,曹雪芹的创作危机以及他对这一危机的处理,具有了积极的审美意义和文学史意义。

(赵炎秋:《文学批评实践教程》,长沙:中南大学出版社 2007年版,第 186-192 页。收入本书时有删节。)

二、用接受美学解读《三国演义》和《水浒传》

《三国演义》和《水浒传》是我国古典小说史上两部脍炙人口的名著。关于这两部书的主题、社会价值和艺术手法的种种争论,聚讼纷纭,其中一个重要原因,无论是研究者还是读者,都是把这两部作品当作一个纯粹的审美客体,企图寻绎出其中固有的某些东西。关于《三国演义》的主题,有人概括有 15 种之多:"正统"说、"忠义"说、"悲剧"说、"分合"说、"仁政"说、"道义"说、"人才"说、"农民愿望"说、"忠义变异"说、"乱世英雄歌颂"说、"反映三国兴亡"说、"宣扬用兵之道"说、"讴歌封建贤才"说、"圣君贤相鱼水相谐"说、"拥刘反曹反映人民愿望"说等等。面对如此思想活跃的争论,有些研究者企图找出解决争论的办法。有这样一种观点是颇具代表性的:

我认为产生《三国演义》主题越争越多这一现象的根本原因,是提出主题论点的人,对什么是主题的理解不同。为什么对主题的理解不同呢?一方面因为目前通行的文学理论教科书关于主题的说法不一,另一方面,因为古典长篇小说的主题研究具有独特的性质。所以建立统一的、科学的主题观是解决矛盾的基础,而建立统一的、科学的古典长篇小说的"主题"概念,更是古典文学工作者的当务之急。①

除主张"建立统一的、科学的主题观"外,还有研究者提出"主题模糊说"和"主题相对性",以期找到"解决矛盾"的办法。从研究问题的思维方法和提出的观点看,这是习惯于在分析作者、文本这两个维度中兜圈子的传统的读解方法。其实,问题症结不是由于"对什么是主题的理解不同",也不需要提出主题"模糊"和"相对",而是客观上存在审美理解的多样性和无限性,这是任何人不能强求统一的。如若按照产生于20世纪60年代初的西方接受美学理论,引入读者第三个维度,将研究的视角翻转过来,通过读者去反观作者和文本,就能摒弃通过争论而使众多的说法定于一尊的企图。文学史不只是作家和作品文本的历史,文学作品在不同时代的读者和不同层次的读者的眼里,不都是以同一种面貌出现的审美客体。文学史是作家加作品文本再加读者接受这个最大变数的历史。罗贯中、施耐庵加工整理创作的《三国演义》《水浒传》并不是《三国演义》《水浒传》的全部,他们只是做了从民间流传到文人创作的文本赋形工作。而具有完整意义上被称为作品的《三国演义》和《水浒传》,则是经历了民间流传、文人创作和长期的接受过程才完成的;应该把作品从创作到传播看成一个巨大的完整的链条,如果少了读者接受这重要环节,就不能完整地、动态地理解一部杰出作品的真实存在。由是观之,关于《三国演义》主题的15种说法,对《水浒传》的欣赏之、赞誉之、批评之、禁毁之,乃至被当成"农民革命的史诗""表现了一种空想的社会主义思想"②……正是

---

① 杨凌芬:《为什么〈三国演义〉的主题越争越多》,《三国演义学刊》第2辑。
② 游国恩:《中国文学史》第4册,北京:人民文学出版社1964年版,第875-883页。

这些层出不穷、形形色色的观点共同谱写了一部丰富多采的《三国演义》和《水浒传》的接受史、传播史。

《三国演义》和《水浒传》在历代读者中引起的种种不同甚至相矛盾的看法与评价，从一个侧面正好说明了它们的伟大，说明了它们不愧为名著。因为内蕴越是丰富、复杂的作品，留给读者思考与感受的空间越大。文学作品的不朽意义，正是在于它的文本是建立在多重意义基础之上的。换言之，它不是把一种意义强加给不同的读者，而是向不同的读者和不同的时代呈现不同的意义。名著的文本具有巨大的包容性，它带给读者的是开放性。三国戏中一个家喻户晓的故事，讲赤壁之战时周瑜和诸葛亮一块儿研究用什么办法攻曹操，他们俩互相摸底，各自伸出手掌心来一看，不约而同都写着一个"火"字，两人会心地开怀大笑。然而，文学读解中作者和读者的关系却不是这样，作者写一个"火"，应该允许读者读成"大"、"太"或"犬"，即使被读成水火不相容的"水"字，也用不着大惊小怪。当然这是一个形象化的说法，在接受美学理论中，允许"误读"，允许"歧解"，允许"作者之心未必然，而读者之心何必不然"。文本对象与接受主体呈双向交流，二者是一种对话关系。我们应该改变以往对这两部作品的静态考察、客观考察，转向以读者为中心的动态建构，从文学接受史的动态流程中去重新审视作品的意义和价值。

一

接受美学产生于西方，是有深远影响的一种美学理论。它突出了文学活动中接受主体这个最为活跃的因素。把读者视为文学进程的基本环节和重要动力，从解决著名的"文学史悖论"入手，不再把审美和历史看成对立的两极，认为文学有着自身独立的审美特质和形式的演进，但同时又与"一般的历史"即经济、政治、思想、文化史的发展休戚相关；文学史又有别于受因果关系连缀、展示无数历史事实的客观系列的"一般的历史"。它突破了纯客观的因果关系链，而是包含着两种主体(作者和读者)的参与和介入的一部流动的历史。

接受美学对文本结构的分析是：文本虽是由作者完成的，但它不仅仅是一个语言的形式结构系统，而是一个处在潜伏状态的深层的语义结构系统和表征了某种特定价值趋向的意义系统。也就是说，文本是某种"图式化"的框架，有待于读者通过阅读活动将其意义现实化和具体化。因此，接受美学认为，作品的意义生成，既不是文本对象的客观反映，亦非接受主体的主观引申，而是分布在两极之间相互作用形成的张力场内。

在中国古典文论中我们可以发现许多与西方当代接受美学理论相契合的命题与思想。与西方古典文艺理论相比，中国古代文论中鉴赏论比创作论发达，古代文论家一贯重视与肯定阅读主体的主观能动作用。早在刘勰《文心雕龙·知音》中就有语云："兰为国香，服媚弥芬；书亦国华，玩绎方美"，对此，刘永济先生解释道："文学之事，作者之外，有读者焉。假使作者之情性学术，才能识略，高矣美矣，其辞令华采，已尽工矣，而读者识鉴之粗精，赏会之深浅，其间差矣，有同天壤……盖作者往矣，其所述造，犹能绵绵不绝者，实赖精识之士。"[①]这里对读者的作用，特别是对其中的"精识之士"对作品的"识鉴"和"赏会"、对文学传播的作用，都给予了充分肯定。明清之际涌现出了一大批具有很高文学修养的评点家，他们正是刘永济所称道的"精识之士"，他们对诗歌、戏曲、小说的评点风靡一时。此时是中国评点学的形成时期，产生了李贽、金圣叹、毛伦父子、张竹坡等评点大家，鉴赏理论发展到高峰，其中所蕴含的丰富的接受美学思想比20世纪诞生在德国的"康士坦茨学派"要早三四个世纪。其中李贽、金圣叹的《水浒传》评点，毛伦、毛宗岗的《三国演义》评点，对于这两部小说的接受与传播产生了尤

---

① 刘永济：《文心雕龙校释》，北京：中华书局1962年版，第186页。

为突出的影响,为我们今天用接受美学理论来解读《三国演义》和《水浒传》这样的古典小说,提供了可资借鉴的思想资源。

袁宏道在《东西汉通俗演义序》中充分肯定像李贽这样的评点家挖掘《水浒传》的精神所起的作用,正是有像李贽这样的专业读者,才使《水浒传》的作者得以和一般读者沟通,才使《水浒传》的精神和思想光芒散射在各个时代:

> 里中有好读书者,缄嘿十年,忽一日拍案狂叫曰:"异哉!卓吾老子吾师乎?"客惊问其故,曰:"人言《水浒传》奇,果奇。予每检《十三经》或《二十一史》,一展卷,即忽忽欲睡去,未若《水浒》之明白晓畅,语语家常,使我捧玩不能释手者也。"若无卓老揭出一段精神,则作者与读者千古俱成梦境。①

冯镇峦在《读聊斋杂说》中也充分肯定金圣叹的评点对开启后人接受所起的作用:

> 金人瑞批《水浒》、《西厢》,灵心妙舌,开后人无限眼界,无限文心。故虽小说、院本,至今不废。②

用接受美学的理论解读《三国演义》和《水浒传》,我们对于这两部小说文本在不同时代、不同读者眼中所产生的不同的艺术效应就不觉得难以理解。因为小说文本只是提供了一个由语符组成的结构框架,读者阅读作品文本,并非被动地接受,而是在主动地进行再创造,而这种再创造又受其所处的时代、环境、阶层及个人的教养、趣味与个性的制约。读者在对文本的主动接受与再创造过程中所产生的种种差异与矛盾是很自然的事情。作为研究者,我们可以探寻其来源、成因与影响,但却没有必要强分高下,对这些差异与矛盾做出未必合理的价值判断。

---

① 蔡景康:《明代文论选》,北京:人民文学出版社1999年版,第330-331页。
② 黄霖:《中国历代小说论著选》上,南昌:江西人民出版社1985年版,第533页。

　　即以《三国演义》在明清两代的接受史为例。这部小说自从文本问世之后就不以作者意志为转移地进入了漫长的接受过程。从明清至今，不同时代的读者与研究者对它做出了种种带有鲜明时代烙印的评价。明清两代的评论者主要从两方面对它进行评价，首先是从道德伦理角度讨论它是否合乎传统的道德观念，其次是在艺术层面探讨它如何处理虚与实，即史实与虚构的关系。这两方面的评价都是很有分歧的。

　　从传统道德方面，持否定态度的如明代莫是龙在《笔麈》中认为它是"野史芜秽之谈……焚之可也"，清人金连凯在《灵台小补》中更明确指出它"上慢忠义"、"实起祸之端倪，招邪之领袖，其害何胜言哉?"而明人张尚德从"裨益风教"的评价尺度大加赞赏，他在《三国志通俗演义引》中认为只要读了《三国演义》，就"知正统必当扶，窃位必当诛，忠孝节义必当师，奸贪谀佞必当去;是是非非，了然于心目之下，裨益风教，广且大焉，何病其赘耶?"

　　对同样一个著名的情节"桃园三结义"，有人极力叫好，赞誉为是"君臣契合"的表现，从传统的封建道德讲，"亦理所当然"。而章学诚在《丙辰札记》中则持相反的观点，他从严格的封建道德规范出发，责难"桃园三结义"这一情节"忘其君臣，而直称兄弟"，斥之为"最不可训"的事情。看来，同样都是站在封建伦理道德的立场，看问题也有变通和偏执、开明和守旧之分。

　　从艺术表现、处理虚实关系角度否定《三国演义》的以谢肇淛为代表。他在《五杂俎》中认为《三国演义》"事太实则近腐"，"俚而无味"，故只"可以悦里巷小儿，而不足为士君子道也"。而另一些人则惊叹《三国演义》的艺术魅力，推崇为雅俗共赏的典范。托名金圣叹的《三国演义序》中指出:"今览此书之奇，足以使学士读之而快，委巷不学之人读之而亦快;英雄豪杰读之而快，凡夫俗子读之而亦快也。"吴沃尧《两晋演义序》中亦云:"吾国人具有一种崇拜古人之性质，崇拜古人则喜谈古事……故《三国演义》出而脍炙人口,自士夫以至舆台,莫不人手一篇……历史小说之最足动人者为《三国演义》。"这正应了前引的刘永济先生的话,由于"读者识鉴之粗精,赏会之深浅,其间差矣,有同天壤"。

晚清西学东渐也带来了小说观念的变革。在一些受西学熏染的维新派人士眼里,小说从不登大雅之堂的小道一跃而为关系到国家前途与社会进步的大业。如梁启超认为小说"其性质其位置,又如空气然,如菽粟然,为一社会中不可得避不可得屏之物,于是华士坊贾,遂至握一国之主权而操纵之矣"。① 陶祐曾亦认为:"小说者,实学术进步之导火线也,社会文明之发光线也,个人卫生之新空气也,国家发达之大基础也。"②从对小说功能与地位的这种认识出发,人们对于《三国演义》的看法亦可分为肯定与否定两种。肯定者如吴沃尧在《月月小说序》中认为《三国演义》在历史小说发展史上"功不可泯",但"务使导之以入道德范围之内"。当然他所谓的道德已非传统道德,而是"改良社会之心"。他认为阅读《三国演义》这样的历史小说也应立足于"改良社会之心","借古鉴今为诱导"。但以康有为、梁启超为代表的维新派基于变法图强的理想,对旧小说的基本态度是全盘否定的。梁启超认为旧小说是"中国群治腐败之总根源",明确指出其中包括《三国演义》。他满怀激情呼唤着革故鼎新的新小说之诞生:"欲新一国之民,不可不先新一国之小说。故欲新道德,必新小说;欲新宗教,必新小说;欲新政治,必新小说;乃至欲新人心,必新人格;必兴小说"③。对小说的社会作用与地位评价之高莫过于此者。

此时也出现了一些引进西方美学观念、以此为参照来审视中国旧小说的论者。如徐念慈在《小说林缘起》中提出小说乃"殆合

---

① 黄霖:《中国历代小说论著选》下,南昌:江西人民出版社1985年版,第45页。
② 郭绍虞《中国历代文论选》第4册,上海:上海古籍出版社1980年版,第221页。
③ 黄霖:《中国历代小说论著选》下,南昌:江西人民出版社1985年版,第410页。

理想美学、感情美学而居其最上乘者"。像《三国演义》这样的中国小说"事迹繁,格局变,人物则忠奸贤愚并列,事迹则巧拙奇正杂陈,其首尾联络,映带起伏,非有大手笔、大结构、雄于文者,不能为此。盖深明乎具象理想之道,能使人一读再读即十读百读亦不厌也"。夏曾佑《小说原理》则指出《三国演义》人物描写上存有不懂得艺术辩证法的缺陷,认为《三国演义》本欲力显关羽之忠义,而"适成一骄矜灭裂之人";欲写诸葛亮之智慧,而"适成一刻薄轻狡之人"。这与鲁迅在《中国小说史略》所论《三国演义》写人的缺陷,观点与用语都极为接近,这是用新小说观看问题而又能切中要害的美学分析。

从以上对于明清时期《三国演义》接受史的回顾可以看出,不同时期对此书的解读受时代环境与读者观念的制约。晚清西学东渐之风更将《三国演义》置于东西文化碰撞而形成的新观念与新视角的审视之下,自然对其文化内涵和美学特征有新的见解。这样,作品的意义在解读过程中呈现得愈来愈丰富,作品的价值也在这一过程中不断得到新的定位。后来的读者又可以在对文本的新的读解和对其接受史的了解中为这一过程增添新鲜的内容,而作品的生命力就体现在这种永不完结的读者再创造的历史长河中。

因此,当我们用接受美学解读《三国演义》与《水浒传》时,我们关注的就不仅仅是作者在作品文本中已经说了些什么,而是后世无数读者眼中作品文本已经和将要说些什么。这两部作品文本的思想内容、社会效应和艺术价值所呈现的仁者见仁、智者见智,正是其非凡艺术魅力的最好证明。

二

接受美学认为文本是召唤性的语符结构,对于接受主体来说,任何文学文本都具有未定性,都不是决定性的或自足性的纯客观存在,而是一个多层面的未完成的图式结构,其中存在着许多的空白或未定点。这个结构虽然是作家主观生气所灌注,是作家主体灵感、想象和内在生命的外射和移注,但呈现给读者的却是一连串的由语言文字组成的简化的图式和僵硬的语符。作家所创造的形象和意蕴,就完全隐藏或附丽于这个语符结构中,通过一系列语义规定及其相互间的联系、配合和映衬等关系,巧妙地启示给读者。语言符号的抽象性质,使它所转译的形象和表达的情感失去了直接可感性,读者要想通过文本感受艺术形象,就必须用自己的情感与经验去融化语符,填充图式,重构形象,使作者的经验、情感由凝固的物化形态,重新变为流动的观念形态。这种被接受美学理论家称之为召唤性结构的文本向读者提供了一个驰骋自己想象力的广阔空间。读者对作品的感受与阐发就是把自己的人生体验和精神智慧投入这个"意义空筐"。

事实上,《三国演义》与《水浒传》的评点者们已经注意到了这两部作品中精心设置的空白点。如毛宗岗在《三国演义》第九回总评中云:"吕布去世,貂蝉竟不知下落,何也? 曰:成功者退,神龙见首不见尾,正妙在不知下落。则范大夫泛湖之后,又谁知西子踪迹乎?"吕布死后,《三国演义》中不再提貂蝉的下落和结局,毛氏认为这并非作者疏忽,而是作者得意之笔,"神龙见首不见尾",读者完全可以发挥自己的想象力与推理能力,将神龙的形象补全。

读者填补空白,不仅依赖理性经验与推理,更依靠情感体验与设身处地的想象。《三国演义》虽是历史小说,以写战争场面和谋略见长,但其中也有富有人情味的精彩描写。如第三十六回,写刘备与谋士徐庶分别一段,行文跌宕有致,依依不舍之情令千古读者鼻酸。毛宗岗在此回的总评中说:

> 观玄德与徐庶作别一段,长亭分手,肠断阳关,瞻望弗及,伫立以泣。胜读唐人送别诗数十首,几令人潸然泪下矣!

这是毛氏读这一段的感受,今天有一定古典文学修养的读者,也会像毛氏那样,由这一段的启发,在头脑中闪现出几组唐诗意境,如同电影的叠加镜头一样。有些读者可能会忆起杜甫《偶题》中"明朝牵世务,挥泪各东西"的吟哦,有些读者可能会想起郑谷《淮上与友人别》中"数声风笛离亭晚,君向潇湘我向秦"的感叹,有些读者可能会记起顾况《赠远》中"故人一别几时见,春草还从旧处生"的咏唱……这些都是读者沿着刘、徐分别的情感坐标轴的方向所产生的联想,是他们用自己的情感与审美经验去补充、丰富小说文本而赋予它以更为深厚、隽永的意蕴。

作为一部艺术成就更高的小说,《水浒传》中这种能引人想象的空白点更多。这只需看一看该书诞生以来由水浒故事演化而来的无数的平话、小说和戏曲即可了然。从《水浒传》故事生发出来的小说今存三种:《金瓶梅》《水浒后传》与《荡寇志》。戏曲作品有明代李开先的《宝剑记》,写林冲故事;沈璟《义侠记》,写武松故事;邱园《虎囊弹》,写鲁智深故事;许自昌《水浒记》,写智取生辰纲和杀惜故事;等等。最值得一提的是,《金瓶梅》这部大书就是从《水浒传》中的一个次要角色潘金莲的故事铺展开去,敷演而成。从中外文学的接受和演化来看,这不能不说是一个奇迹。

由《水浒传》一段"空白"出色地填充而来的《金瓶梅》,它的艺术性也表现为书中有着"不确定性"和"空白"。兰陵笑笑生以明代社会为背景,以西门庆从发迹到暴亡为中心,描绘了从封建社会的最高层到乡里市井无赖所构成的一个鬼蜮世界。正如郑振铎所说:"《金瓶梅》的社会是并不曾僵死的;《金瓶梅》的时代,至今还顽强的存在着。"①而书中的典型人物如西门庆、吴月娘、潘金莲、李瓶儿、春梅、应伯爵、陈敬济等等,虽然时代和社会文化背景转换了,但读者眼前不难看到这些人物晃动的影子。即使拿出西门庆,他无疑是"淫欲"的化身,称得上是"打老婆的班头,坑妇女的领袖"。但作者也并非把他完全"模式化"地写下去,也给读者留出想

---

① 郑振铎:《谈〈金瓶梅词话〉》,《文学》1933年第1期。

象的"空白"。主导西门庆的当然是淫欲和贪婪，但周旋于妻妾之间他绝非只有"欲"而无"情"。书中写到李瓶儿死后西门庆呼天抢地的哀号也算是流露出动人的真情的。

中国传统的绘画与书法是十分重视"空白"的。黄宾虹深有体会地说："古人作画，用心于无笔墨处，尤难学步，知白守黑，得其玄妙，未易言语形容。""看画，不但要看画之实处，还要看画之空白处。"①中国艺术中的"空白"论和西方当代接受美学的"空白"论不完全是一回事，但可以说二者是沟通的，存在着许多相同点。接受美学重视"空白"，是因为"这种'空白'恰恰是'一种寻求缺失的连接的无言邀请'，即读者自己把'空白'填上，把情节接上"②。中国艺术的"空白"论和西方当代接受美学的"空白"论，二者都是着眼于留给读者发挥主体性、进行审美再创造的空间。艺术中的"空白"不是空洞与空虚，它是充实中的空白，确定中的模糊，属于言外之意、象外之旨、弦外之音和景外之情，令读者咀嚼无尽，余味绵长。

金圣叹腰斩《水浒》，不仅令版本考据家们大费心力去分析、考证，也令后世的评论者们对其动机与效果争论不休。鲁迅先生认为金圣叹此举实在"昏庸得可以"，其效果是使《水浒》成了"断尾巴蜻蜓"；聂绀弩先生则认为金圣叹"是从封建立场删的，但同时也把从反封建立场看起来更应该删的删了。虽说删掉之后，还假造了卢俊义一梦，影射宋江等不会有好结果，但比受招安之类，还是好得多。这是金圣叹万想不到的"。更有论者认为《水浒传》经过金圣叹的删改，才变成鼓吹武装反抗到底的革命课本，故盛赞金圣叹把鼓吹投降的《忠义水浒》，修改成宣扬武装斗争到底的《水浒》的功绩。我们在此并不想对这三种代表性的观点做出价值判断，只

---

① 《黄宾虹画语录》，上海：上海人民美术出版社 1978 年版，第 4-5 页。
② 朱立元：《接受美学》，上海：上海人民出版社 1989 年版，第 22 页。

想说明，用接受美学的理论来分析，《水浒传》的各种版本包括金圣叹腰斩的七十回本，均是在传播过程中都起到各自作用的该书文本。金圣叹腰斩《水浒》这一事件，若孤立来看，很难论功过，只是在身份不同、"期待视野"各异的阅读者眼中，这一事件和经腰斩的文本才有了好坏之分与高下之别。金圣叹腰斩后的《水浒》，集中描写起义英雄被逼上梁山的不同生活道路，客观上揭示了"官逼民反"的真理，展现了起义者各具风貌的英雄气概；而全本《水浒》则在此之外更通过起义队伍受招安且最终被杀戮的悲剧结局，客观上总结了农民起义失败的历史教训。在赞赏梁山英雄反抗精神的读者眼中，金圣叹腰斩过的《水浒》显然优于全本《水浒》，而在想从书中总结与汲取农民起义的经验与教训的政治家眼中，七十回本砍去了受招安的结局，无从看到梁山起义从发生、发展到最后失败的全过程，显然不如全本《水浒》。

金圣叹评点《水浒》的许多批语也存在着矛盾，这也是为研究者们所争议的一个问题。聂绀弩先生就认为"金圣叹对于《水浒》的见解，是矛盾到极点的"[①]。我们试图用接受主体的角色效应来说明这一现象。接受美学认为，接受主体与文本对象之间也是一种对位关系。读者要与文本实现情感与精神的对流，他必然要随着不同文本的性质，实现心理对位，完成角色关系的转换。当读者从文本中获得的感受与自身的心境一致时，必然要引起情感的波动，引起灵魂的震撼。角色效应常常发生在读者与文本对象产生共鸣的时候。此时接受主体取一种全身心投入的态度，把作品中事件、人物遭遇、环境氛围等等，当成自身移情之所在，悲痛处泪湿青衫，畅怀时放声长笑。此时接受主体与文本对象达到形神交会、物我合一的境界。作为封建社会的一个不得意的文人，金圣叹对

---

① 聂绀弩：《〈水浒〉的影响》，《名家解读〈水浒传〉》，济南：山东人民出版社 1998年版，第 407 页。

各级贪官污吏的腐败无能与为非作歹有切身的感受,他对于黑暗现实有不满,有痛恨。这使他在读到《水浒》中起义英雄反抗官府的压迫、将矛头直指各级贪官污吏的描写时,能产生情感与良知上的共鸣,故而写出了许多抒发这种不平之慨的佳句。出于这种共鸣,他对起义英雄的反抗精神与反抗行为也有一定程度的理解与同情。但金圣叹毕竟深受封建伦常的教育,他的社会角色意识使他自觉地站在封建统治者的立场上,何况他评改《水浒》的时代正是统治阶级中主抚派一败涂地的时候。因此他指责后世所谓"好乱之徒",在《水浒》之上"谬加以忠义之目",他认为:"若使忠义而在水浒,忠义为天下之凶物、恶物乎哉!且水浒有忠义,国家无忠义耶?夫君则犹是君也,臣则犹是臣也,夫何至于国而无忠义!此虽恶其臣之辞而已,难乎为吾之君解也。"因此,他激烈反对《忠义水浒》"无恶不归朝廷,无美不归绿林"的思想倾向。在他看来,"由今日之《忠义水浒》言之,则直与宋江之赚入伙,吴用之说撺箸,无以异也;无恶不归朝廷,无美不归绿林,已为盗者读之而自豪,未为盗者读之而为盗也"①。

金圣叹一面写下赞扬水浒英雄的评语,一面又写了一些维护封建统治的评语,这是矛盾的,但我们有时也能从矛盾中找到统一点。例如第三十一回写王英骂"如今世上都是那大头巾弄得歹了",金圣叹在此处评道:"骂世语,竟似李贽恶习矣。然偶然一见即不妨,但不得通身学李贽,便殊累盛德也。"这真是坦诚的夫子自道。由此我们不难理解为什么金批中会"偶然一见"些"骂世语"。原来金圣叹颇能把握事情的"度",可以偶尔学一下水浒英雄,纾解胸中不平之气,但"通身"还是封建士大夫本色,不敢越过"殊累盛德"的雷池。

综上所述,接受美学理论给我们提供了开放的、动态的思维方

---

① 陈曦钟:《水浒传会评本》,北京:北京大学出版社1981年版,第7-8页。

式，它充分肯定读者再创造的权力和价值。正是读者包括研究者永无止境的再创造，才极大地丰富了"三国学"、"水浒学"的内容，使这两部名著向我们不断展现为作者始料不及的潜藏的内蕴与光辉。学者们对这两部名著的读解心得，各抒所见，有相同的，也有不同的，甚至是针锋相对的。对相同的见解，当然要作为研究成果肯定下来。对不相同的见解，甚至是针锋相对的见解，只要是从作品文本出发，言之成理，也应该作为研究成果肯定下来。阅读文学作品，读者与作者是心与心的碰撞、情感与情感的交流，所得结果必然是异彩纷呈，气象万千，那种以自家得了作者唯一真传、揭示了作品唯一真谛而排斥别家的做法，是违背美学规律的。当然，我们也反对一味地标新立异、离开作品文本的架构和图式而随心所欲地去发挥。这就叫作认同而不求同，存异而不逐异。或者说，无须共同理解，但求各有卓见。这正是本文倡导用接受美学理论读解《三国演义》和《水浒传》的基本用心。

（龙协涛《用接受美学读解〈三国演义〉和〈水浒传〉》，《文史哲》2002年第1期。）

三、接受美学视域下的《西厢记》

《西厢记》是我国古代著名戏剧之一，它以优美的文词，曲折的情节成为戏剧舞台上的一颗耀眼明珠。历来对于它的评价众多，而演变过程则是研究者的探讨重点。

金圣叹曾言："《西厢记》不是姓王字实父此一人所造，但自平心敛气读之，便是我适来自造。亲见其一字一句，都是我心里恰正欲如此写，《西厢记》便如此写。想来姓王字实父此一人亦安能造《西厢记》？他亦只是平心敛气向天下人心里偷取出来。总之世间妙文，原是天下万世人人心里公共之宝，绝不是此一人自己文集。"（金圣叹《贯华堂第六才子书西厢记》）这个评价恰与西方20世纪七八十年代的接受美学思想有异曲同工之妙，强调了读者阅读对作品形成的重要作用,以此揭示《西厢记》自唐代起不断演变完善的原因,实乃独具慧眼,意义十分深刻。

(一)从接受美学谈起

艾布拉姆斯《镜与灯》阐释了作品与世界、作者、读者之间的关系,从不同视角观察文学,形成了著名的文学"四要素说"。接受美学家们在此基础上,着重强调作品与读者的关系,从而形成了20世纪七八十年代蔚为壮观的接受美学思潮。

接受美学的主要代表人是姚斯与伊塞尔,他们提出了"读者中心主义"的观点,一反之前"作者中心主义"的论断,认为文本产生、流传的过程,读者是占据主导地位的,文本只有被阅读之后,才算真正意义上的产生,否则就只是没有意义的符号系统。文本成为中介,一种引发思考,引领新知的媒介。而读者的"前理解",即接受美学所提出的"期待视野"决定了文本的意义。"期待视野"是指读者在进行阅读前,自身带有的经验、情感以及对于文本预先的期盼与估计。"一千个读者有一千个哈姆雷特",由于读者们"期待视野"的差异,就产生了对文本的不同理解,这种不同的理解造就了文本主题的多义性。而"期待视野"呈现出一种螺旋上升的态势,读者通过不断的阅读,扩充审美经验、积累情感体验,从而对文本的理解产生变化,达到"温故而知新"的效果,故姚斯认为文学的历史就是作品的效果史。

(二)《西厢记》之演变流程

罗兰·巴尔特区分传统小说和20世纪文学作品时,提出了"可读性文本"和"可写性文本"的概念,他强调了"可写性文本"的重要性,认为它是开放性的文本,这样的文本具有读者参与性,读者不再是单纯的阅读者,他亦成为了创作者。这种"可读"向"可写"的转变,将读者推到了阅读创作的中心地带,读者的"期待"推动着文学创作的发展与演变,其中《西厢记》的演变过程很好地体现了读者"期待"的推动作用。

王实甫《崔莺莺待月西厢记》是现在较为通行的《西厢记》文本，但它的形成正如金圣叹所说的"不是姓王字实父此一人所造"。王版《西厢记》是在前人文本不断演化的基础上逐渐形成的，它的成功离不开前人的铺垫。《西厢记》大致的演变流程是：元稹《莺莺传》——秦观、毛滂《调笑转踏》——赵令畤《元微之崔莺莺商调蝶恋花词》——皇都风月主人《张公子遇崔莺莺》——董解元《西厢记诸宫调》——王实甫《崔莺莺待月西厢记》——李日华《南调西厢记》。其中元稹的《莺莺传》、董解元的《西厢记诸宫调》和王实甫的《崔莺莺待月西厢记》对《西厢记》的形成影响较大。

1. 元稹《莺莺传》——雏形之孕育

《西厢记》最早源自唐代元稹《莺莺传》（《会真记》）。《莺莺传》以传奇笔法进行创作，篇幅短小，内容曲折。其中主要人物有张生、崔莺莺、红娘等，故事情节大致是：通过红娘撮合，崔莺莺与张生月夜相会于西厢，后张生赴考，莺莺遭弃，莺莺暗自伤怀，张生负心而去。经年，二人各自嫁娶，张生悔过登门拜访，莺莺拒见写诗决绝。

《莺莺传》以时人对张生作为补过者的肯定为结局。其中主要人物的形象基本被后世读本借鉴沿用，可谓《西厢记》的雏形。《莺莺传》最后崔张二人分离，各自嫁娶，突出了莺莺的痴情，张生的负心，但在文末又将张生塑造成一个悔过的形象，大大削弱了文本的感染力。

2. 董解元《西厢记诸宫调》——转型之关键

董解元《西厢记诸宫调》是在《莺莺传》、《调笑转踏》、《元微之崔莺莺商调蝶恋花词》等的基础上逐渐完善起来的，与《莺莺传》最大的不同就在于结局的更改——崔张二人佳人终配才子，但这个大团圆的结局来之不易。董解元在剧中改变了崔莺莺的身份，将她由平民提升到了相国千金，在崔张二人之间增加了门第之隔。另外，增加了崔夫人的戏份，使她成为阻碍崔张二人的重要力量，使其结合更加困难,情节更加曲折。

《西厢记诸宫调》让貌美的官家小姐和英俊的年轻才子结为夫妇,欢欢喜喜地收尾。这是标准的才子佳人小说三段结构:一见钟情、吟咏唱和——姻缘阻隔、矢志不渝——金榜题名、终得团圆。虽笔调优美,情节曲折,但是就如曹禺评价《雷雨》时所说的"太像戏了"。

3. 王实甫《西厢记》——定型之确立

王实甫《西厢记》汲取前人优秀之处,可谓集大成之作。在董解元的《西厢记诸宫调》的基础上删繁就简,虽保留了董解元才子佳人的模式,但是加入了一些情节,使其富有真情实感。

张生的形象更加饱满,成为捍卫爱情的斗士。崔张二人的感情也不仅仅停留在外在的欣赏层面,开始上升到爱情层面,二人都为了爱情而努力奋斗。由此,《崔莺莺待月西厢记》的主题上升到了"愿天下有情的都成了眷属"的普世化境界,符合中国传统的推己及人思想。至此,《西厢记》成功定型。

(三)《西厢记》演变之文化原因

姚斯说过"文学史更应该是一部接受史",这个观点明确指出了读者在文学发展演变中的重要作用。从这个观点出发,可以看出《西厢记》的演变与读者接受有着密切关系。各个时代的读者,作为社会群体的一员必然受到社会环境、文化、文学氛围等诸多影响,在这众多因素之下,他们的"期待视野"在不断转变,由此文本也随之演变、发展。《西厢记》的演变便是在读者接受的基础上,逐渐完成的。

1. 社会环境的制约

《西厢记》的历次演变,与社会环境的变迁关系密切。作为社会成员的读者,或多或少受到社会环境的影响,对文本的理解不断变化。

《莺莺传》产生于中唐时期,这个时期因为经济的繁荣、市民阶层的壮大,唐传奇得到了迅速的发展,这时传奇的创作者多为文人墨客。唐代科举制度繁荣,处于"万般皆下品,惟有读书高"的时代,仕人阶层不断扩大。然而中唐时期的文人已消退了初盛唐时期的豪情壮志,面对"投刺干谒,驱驰于要津;露才扬己,喧腾于当代"(《旧唐书》)的社会现实,他们寄情于文学创作,唐传奇的创作就是其典型代表,他们通过虚构的创作来排遣心中的苦闷,创作出来的文学作品成为了其精神上的安慰剂。唐传奇在人物设置上一般采取男尊女卑的模式,这是中唐崇儒重仕的体现。文人们利用创作来发泄苦闷,但发泄完了仍要面对现实,这就造成了唐传奇作品结局两极分化:大喜或大悲。《莺莺传》便是选择了面对现实,张生作为仕阶层的代表,为了出仕,选择了对崔莺莺"始乱终弃"。在心仪女子与功名利禄的天平面前,当时仕人们的选择大多是后者,所以在那个时代,崔莺莺只是一个时代的缩影。

《西厢记诸宫调》是宋金诸宫调作品,其作者董解元未留其名,"解元"只是金元时期对于读书人的敬称。《董西厢》产生于宋金时期,此时的社会处于动荡之中,江北之地大多处于女真人的统治之下,这很大程度上促进了民族间的文化交流,在《董西厢》中就体现为崔莺莺形象的凸显,她从原先的懦弱变为了坚强,为了婚姻敢于斗争,这与女真人的婚姻观有很大的关系,女真人没有很强的贞操观念,对于礼教也较为宽松,如《金史》列传第二:"旧俗,妇女寡居,宗族接续之。"这种观念通过女真人与汉人的通婚冲击着程朱理学"存天理,灭人欲"的束缚,在这样的情况下崔莺莺这样一个具备了敢于斗争,敢于追求品质的女子便自然而然地出现了。

《崔莺莺待月西厢记》是元代四大杂剧之一,元代的杂剧艺术成就极大,这与当时的社会环境有着密切的关系。元代相比于唐代而言市民阶层的数量更加庞大,且元代的疆域极大,各民族之间的交流更加频繁。最重要的是元代科举制度时行时废,如《元史·选举志》提到:"太宗始取中原,中书令耶律楚材请用儒术选士,从之。九年秋八月,下诏命断事官术忽解与山西东路课税所长官刘中,历诸路考试。以论及经义、词赋分为三科,作三日程,专治一科,能兼者听,代以不失文义为中选。其中选者,复其赋役,令与各处长官同署公事。得东平杨奐等凡若干人,皆一时名士。而当世或以为非便,事复中止。"虽然耶律楚材对恢复科举制度费尽心力,但是"当世或以为非便,事复中止",这是元代试图恢复科举制度的第一次失败。之后"金以儒亡"的言论不断出现,这种科举时断时续的局面仍在继续,文人们失去了晋升之阶,无法出仕的文人们的生活处境窘迫,为了生计他们只能以创作来糊口,因此杂剧成为了他们的最好选择,这就使文学带上了商业化色彩,但是这也让作者更加贴近读者,作家们必须揣摩读者的喜好,以此进行创作。所以王实甫《西厢记》中各色人物,自然而然地沾染上了当时人们的喜好、性情,这种设置给读者提供了融入其中的更多可能性。

2.儒家思想的渗透

我国经历了两千多年的由儒家思想统治的封建社会,儒家思想已经深入我们的骨髓,我们的一言一行都自觉不自觉的受到儒家思想的影响,它已成为了一种集体无意识,一种如黑格尔所说的"绝对精神",它并不是社会历史内部的一种物质力量,而是一种凌驾于社会历史之上的某种神秘的精神力量,它潜移默化至我们生活的方方面面,包括我们的审美领域,是我们审美心理结构的重要组成部分。曾有人说过中国没有悲剧,没有如西方《俄狄浦斯王》之类的给人带来崇高与净化的悲剧,这大概与中国儒家思维有着密切的关系。儒家追求的是一种温柔敦厚的美,这种追求在戏剧方面体现明显。

正是这种中正平和的思想追求使得"大团圆"的结局成为定制,不论前面的情节多么的复杂曲折,在末尾总要采取一些手段使好人好报,恶人受罚。《西厢记》的演变也无法例外地受到这种思想的影响。《莺莺传》以崔张二人的分离为结局,这就造成了读者的心理落差,这种落差背离了儒家思想追求的那种温柔敦厚、中正平和,为了弥补读者的心理落差,作者在末尾安排了张生悔过一节,但这种悔过只是文人才子的惺惺作态,差强人意,这从张生将莺莺定性为"尤物"便可看出。朱光潜《悲剧心理学》论及古希腊悲剧时提出了"心理距离"这一概念,认为一部作品所产生的效应,和它与读者的"心理距离"有关,把握好这种"心理距离",作者便可以达到自己的预期。这种"心理距离"与接受美学所说的"审美距离"相似,指读者的"期待视野"与实际文本之间的距离,这种"审美距离"的最佳效果便是读者与作者的"共鸣"。《莺莺传》的演变就说明了后世作家们在不断地调整文本与读者的"审美距离",所以才有了《董西厢》对《莺莺传》结局的更改,《王西厢》对《董西厢》主题的升华。

3. 文学形态演进之必然

《宋元戏曲考序》云"凡一代有一代之文学,楚之骚,汉之赋,六代之骈语,唐之诗,宋之词,元之曲,皆所谓一代之文学,而后世莫能继焉者也"。文学的发展受到文学规律的制约,文体的产生、更迭都要遵循文学规律,每一种文学样式都有自身的特点,作家的创作、读者的接受必然受到文学自身规律的制约。《西厢记》的演变既是情节、主题的演变,也是体裁风格的一种转变。从唐传奇、诸宫调再到杂剧、南曲,体裁自身的特点造成了作者表达与读者理解的变化,这种变化自然就导致了文本的变化。

唐传奇是中国小说成型的重要一环,是中国小说从萌芽过渡到成熟的时期,它的篇幅较短,主要叙述奇闻异事,作者一般是文人才子,受到当时诗歌与骈文的影响,虽然仍运用散体进行创作,但是句法较为齐整,风格与骈文有相近之处,这使它的语言较为华美。这种文人化创作与当时的受众群体差距较大,因为当时的受众多为没有什么文学修养的市井平民。而《莺莺传》在此背景下产生,就带上了这种"文人之气",它所传达出来的思想、观念与市井小民差距良多,这种"审美距离"的落差直接影响了读者的阅读与接受,所以它的演变是势在必行的。

　　诸宫调是宋金时期的一种说唱艺术,通过各种宫调乐曲的转变和演唱者的演唱说白来演绎故事,是音乐与文学的完美结合。诸宫调具有明显的俗化倾向,语言的通俗化,思想的世俗化和审美趣味的大众化。这种俗化的倾向,是文学商业化的体现,商业化就代表着作者向读者的倾斜,作者有意识地拉近文本与读者的"审美距离"。《西厢记诸宫调》是诸宫调文学的代表之作,也是诸宫调文学拉近读者与文本的距离的典范之作,最大的一种倾斜就是对《莺莺传》结局的改变,才子佳人的结合是市民的一种"白日梦",通过欣赏作品来得到阅读的快感和精神上的满足,这种"灰姑娘情节"中外皆有。但能成为"灰姑娘"的人少之又少,这种"灰姑娘"的缺乏,便拉近了文本与读者的距离,调节了"审美距离",增加了"共鸣"的可能性。

　　元杂剧是在金院本和诸宫调的基础上发展起来的一种说、唱、演相结合的艺术表演形式。元杂剧具有固定的形式:四折一楔子,由一人主唱,其他演员做动作并不参与演唱。虽然这是中国戏曲特有的程式化和虚拟性,但这种体式使整出戏的内容紧凑完整,符合其舞台的表演性质。王实甫《崔莺莺待月西厢记》是元代四大杂剧之一,在体制上对元杂剧进行了变动,将四折一楔子扩展为五本二十折,这种扩容是创造性的,容量的增加使戏剧更加充实,提升了演员表演的张力,使演员们能更加细腻地刻画人物,而人物的刻画,使其形象鲜明,为完美的安排戏剧冲突、充分表现主题思想提供了可能性。王版《西厢记》不仅在体制上有所创新,而且在语言上真正做到了"当行本色",做到了文采与本色的完美结合,被誉为戏剧语言艺术的最高峰。王实甫在体制上的继承与创新是对前代《西厢记》文本的超越,在说唱之上还增加了演的成分,达到了还原故事的效果,从视、听、感三个方面拉近读者(观众)与文本的距离,让其身临其境。

由此可见,各种文体的产生演进是《西厢记》文本进化的一个重要推动力,形式的产生对内容有限制作用,内容的发展也将推动形式的革新,这是文学波浪式发展的重要体现。

四、中国式童话之美丽样板

许多外国评论家认为,中国没有真正的悲剧。这个论断是荒谬的,中国有悲剧,但中国的悲剧是隐性的悲剧,它披着童话的外衣来进行更深刻的批判,是以一种中国式童话的方式上演的,体现的是一种无奈。《西厢记》的演变便是朝着这种中国式童话的方向前进的。中国式的童话不同于西方的童话故事,中国的童话是写给成年人看的。

《西厢记》的演变过程大致经历三个阶段:始乱终弃——才子佳人——愿天下有情人都成了眷属。主题、情节的改变,是读者"期待视野"转变的结果。后世的作者对前代作品进行完善、增改的前提是——他们也曾经是一个读者。在新的社会环境、文化氛围、文学形式之下,这些读者们拥有了新的"期待视野",他们用这种新的"期待视野"进行创作,将这种"期待视野"转换成文本的主题思想,使文本具有了当代性,更能拉近文本与读者之间的"审美距离"。作者对于历史的继承与超越,加大了与当时读者"期待视野"共鸣的可能性。作者们凭借自己的"期待视野"想象出隐形读者,并据此进行文学创作。在不停转化的"期待视野"之下,《西厢记》依然朝着"大团圆"的结局而去,就像西方的童话结尾"从此,王子和公主过着幸福的生活"一般,"愿天下有情的都成了眷属",美满如童话的结局,在团圆中戛然而止,但时间是隐藏在童话背后的真相,"团圆"只是暂时的平静,而各种矛盾是根深蒂固的,如崔夫人的妥协,就像鲁迅所说的"不在沉默中爆发,就在沉默中灭亡",不论是爆发还是灭亡,都是一种无奈的选择。这种无奈让童话变得现实,也让我们拥有了细细回味的空间。

《西厢记》的演变过程既是西厢故事的发展史,也是读者"期待视野"的转变史,我们可以从这种演变中看出社会环境的变迁、文体形式的革新及审美心理的嬗变。从《崔莺莺待月西厢记》之后,西厢故事基本定型。从它的定型可以看出"大团圆"的结局仍然为大多数读者所接受,是读者们的心之所向。因此,一部文学作品的成功与读者的阅读密不可分,能引起读者"共鸣"的作品,才能产生更深远的影响。

(程玲《接受美学视域下的〈西厢记〉》,《吉林广播电视大学学报》2013 年第 3 期,收入时对文字标点等略有改动。)

第三节　接受美学与古代小说戏剧教学

因为接受美学强调以读者为中心,重视读者的主动性与创造性,这恰好与当前中学语文教育改革中强调学生的主体能动地位相适应,因而许多中学语文教育工作者都敏锐地发现了接受美学对中学语文教育的启迪作用,认为这一理论恰好可以改变文学解释学影响下的"教师中心""教材中心""课堂一言堂"等传统语文教学中的落后现象,与新课程改革理念中的"教师主导,学生主体"的理念不谋而合。20 世纪 90 年代初,接受美学开始向语文教学渗透,由于接受美学强调读者的理论核心与语文阅读教学倡导的主体性阅读、个性化阅读、探究性阅读、创造性阅读等概念在精神实质上相一致,因而在文学作品阅读教学领域掀起了接受美学的研究热潮,并取得了较为丰厚的研究成果,其中不乏理论性的研究论著,如曹明海主编《语文教学解释学》,刘永康主编《西方方法论与现代中国语文教育改革》中的相关章节,以及张心科《接受美学与中学文学教育》等,以及相关的博硕士论文等,也有立足于课堂教学改革的实践探究,就当前的现状看,关于接受美学与中学语文教学的研究大致可分为以下方面：

第一，从整体探讨接受美学理论在中学语文阅读教学中的应用，语文教育工作者借鉴接受美学理论，提出了主体性阅读、对话式阅读、探究式阅读等阅读模式与方法。如上节提及的曹明海主编《语文教学解释学》中第六章"接受美学理论与阅读教学新实践"从接受美学的基本理论出发，探讨了"召唤结构"的教学原则，即质量兼备、趣歧结合、课内外互补等原则①。刘永康主编《西方方法论与现代中国语文教育改革》第十三章"接受美学与语文教学"专门探讨了接受美学的"期待视野"理论对阅读教学的启示，指出应该运用"定向期待"引导学生认识文本、认识自我，而在"创新期待"中激发学生对文本的独特感受，提升学生的文学、生活经验与知识。吴翠文指出，接受美学对阅读教学的指导意义在于，确立了学生的阅读教学主体地位，激发了学生的想象力和创造性思维，学生的阅读期待、阅读反思和阅读批判②。王平指出接受美学对于中学阅读教学具有指导意义，教材如同文本一样是为学生而编写的，离不开学生的主动阅读：首先，应该让学生自主阅读课文，让学生陌生化进入文本，取消阅读课的预设性，教师在学生阅读前不做任何涉及文本的干预，不做先入为主的判断，给学生思考的自由，引导学生自主研究，自主发现，自主创造；其次，借鉴接受美学理论中的期待视界理论，阅读之前，学生头脑中已有一种结构，教师应巧妙利用学生的阅读期待，引导学生以现代视界去接纳和改变历史视界，从而与文本沟通，达到视界融合；第三，引导学生多元化填补空白，教师要引导学生发现隐藏于作品中的空白，鼓励学生大胆质疑，善于提问；最后，基于文本对话理论，教师在课堂上应展开多重

① 《语文教学解释学》，济南：山东人民出版社 2007 年版。
② 吴翠文：《接受美学视阈下的主体性阅读教学探索》，山东师范大学硕士学位论文，2008 年。

对话,既包括学生与文本之间的对话,也包括教师与学生、学生与
学生之间以文本为中介进行的平等交流。① 彭晖探讨了接受美学
视野下的探究性阅读教学,提出从接受美学的视点出发来考察探
究性阅读教学,可以发现其作为全新的教学理念与方法,显示出自
身显在的特质,即主体参与性、个体独特性、审美体验性和视野整
合性。② 贾文娟从接受美学的基本观点出发,面对中学"假教学"
等教学现象,提出了重视学生前理解,拓展期待视野;运用定向期
待,引导学生自我解读;鼓励创新期待,激活学生独特感悟;利用文
本召唤结构,激发阅读兴趣;抓住文本空白点,鼓励学生多元解读;
重视教师教育,警惕学生过度解读等六方面的教学策略。③

当然,在多数学者肯定接受美学对于中学语文阅读教学的积
极作用时,也有学者看到了其理论运用的限度以及教学实践中出
现的偏颇,如张心科以曾经引起争议的张爱娟教师的《孔乙己告
状》教学案例为中心,从接受美学理论出发,探讨了如何对待文本
与如何对待读者两个问题,指出:其一,在文本之外任意确定"未定
点",填补"空白",是无中生有式的创造性阅读,而与文学文本真正
的创造性阅读无关;其二,文学本文兼具艺术极与审美极的两极
性,历史性解读都会对读者的创造性阅读起到一定的制约作用,完
全脱离文本、抛开文本的"无中生有式的创造性阅读"只是在玄想
臆测。只有在历史性解读的基础上发现别人解读中所遗留的文本
中的未定性和空白点,而进一步确定未定填补空白时,见人所未
见,发人所未发,才是更高层次的创造性阅读④。

---

① 王平:《接受美学对语文阅读教学的启示》,辽宁大学硕士学位论文,2004 年。
② 彭晖:《接受美学视点中的探究性阅读教学》,《语文教学与研究》2007 年第 13 期。
③ 贾文娟:《接受美学在高中语文阅读教学中的应用研究》,陕西师范大学硕士
学位论文,2013 年。
④ 张心科:《从接受美学看"无中生有式创造性阅读"》,《中学语文教学》2006 年
第 2 期。

　　第二,借鉴接受美学理论的某一特定范畴、概念、原则等对中学语文阅读教学进行研究。如召唤结构,李秀举针对传统古典诗歌教学中的问题,探讨了接受美学理论中召唤结构与古典诗词结构的相通性①;李秀文也是以召唤结构理论为前提,提出在现代散文教学中要以文本中的空白点为切入点,师生共同建构文本意义,并从中受到熏陶和启迪,使学生的创造想象与现代散文文本的召唤结构之间相互碰撞、交融,实现现代散文文本的审美价值②;汪晓红则针对当前先秦汉魏六朝诗的教学现状,提出借鉴接受美学文本召唤结构理论,探讨"召唤结构的古诗教学模式",第一是感知理解性阅读,重在把握文本召唤结构构成的语体层,第二是体验创造性阅读,重点引导学生把握文本召唤结构构成的语象层,第三是反思欣赏性阅读,要引导学生把握文本召唤结构的语义层③。再如期待视野,周瑾中提出期待视野理论对高中语文阅读教学有诸多启示,并以此为据重新设计了课堂流程:课堂准备阶段,全面关注学生的期待视野,并以此作为备课的依据;课堂上创设情境,唤醒学生的期待视野,激发阅读兴趣;深入对话,开启期待视野,解决阅读疑惑;巧用空白,激活期待视野,生成阅读探究;科学评价,扩大阅读期待,促成阅读反思;课后,通过增加阅读量和丰富课外生活来拓展学生的期待视野④。李杰则在分析初中语文教学现状的基础上提出了期待视野下的个性化阅读教学策略:扩展期待视野,创新期待情境,构建对话平台,遵循文本逻辑,明确角色定位,正视

　　① 李秀举:《召唤结构与古典诗词教学探索》,山东师范大学硕士论文,2007 年。
　　② 李秀文:《现代散文教学研究》,山东师范大学士学位论文,2014 年。
　　③ 汪晓红:《召唤结构与中学语文先秦汉魏六朝诗教学》,华中师范大学硕士学位论文,2008 年。
　　④ 周瑾:《期待视野理论在高中语文阅读教学中的运用研究》,上海师范大学硕士学位论文,2013 年。

期待遇挫等①。再如翁光明认为阅读期待是阅读教学的助推器，学生阅读期待的产生取决于学生自身的语文素养与兴趣爱好，而关键在于教师的引导，因而在阅读教学过程中，教师应以情感为纽带，牵引学生的阅读期待，而以兴趣为触点，激发学生的阅读期待②。

第三，探讨接受美学在某一特定文体教学中的运用。如接受美学与诗歌教学，陈荔平针对诗歌教学，探讨了接受美学理论下诗歌教学的模式和方法，指出提高学生阅读能力的关键是拓展学生的期待视野，包括拓展学生的文体知识，丰富学生的情感体验，提高学生的文化素养，培养学生的美学趣味等③。类似的学位论文还有如安治国《高中语文古诗词鉴赏教学研究》④、刘燕《接受美学视野下的古典诗歌教学研究》⑤等。探讨接受美学与散文教学的，除上文提及的李秀文《现代散文教学研究》外，还有如陈晓蓉借助接受美学理论对高中古代散文教材进行了历时性与共时性的分析，提出了接受美学视野下高中古代散文教学的策略，如借助古代散文的形象美和情感美激发学生审美动机，利用文本创设问题情况激发学生求知动机，依靠目标设置激发学生受教动机，以及扩大学生期待范式，贴近学生期待视野，建立对话平台促进有效教学，激发学生的个性化感受等⑥。探讨接受美学与小说教学的，既有涵盖整个中学小说的，也有专门探讨古代小说或现代小说、外国小

---

① 李杰：《期待视野下的初中语文个性化阅读教学研究》西南大学硕士学位论文，2015年。

② 翁光明：《阅读期待：阅读教学的"助推器"》，《上海教育研究》2006年第2期。

③ 陈荔平：《接受视野中的中学诗歌教学》，福建师范大学硕士学位论文，2005年。

④ 四川师范大学硕士学位论文，2007年。

⑤ 山东师范大学硕士学位论文，2011年。

⑥ 陈晓蓉：《接受美学与高中古代散文教学》，华中师范大学硕士学位论文，2013年。

说的，如杨荔《论接受美学视野下的高中语文小说阅读教学》①、史玮《接受美学视野下的小说教学研究》②、包文新《接受美学与中学古代小说教学个性》③、杨丽《接受美学视野下的中学古代小说教学》④、谢华英《接受美学视角下中国当代小说教改构想——以语文版高中语文教材、教学为依据》⑤、裴雪飞《阅读期待理论在高中外国小说教学中的应用研究》⑥等等。相对而言，专门探讨接受美学与戏剧教学的研究相对略少，不过也已有涉及，如杨宇献《高中戏剧文学教学研究》。⑦

针对当前高中戏剧文学教学的困难，提出应以新课改为契机，立足戏剧文学课堂教学，本着接受美学的理论依据与新课标的基本理念，注重从审美层面引导学生实施体验式阅读，真正把戏剧当作戏剧来教，让教学回归戏剧文学的本身。

综上可以看到，中学语文教育界已就接受美学的引入与实践开展了卓有成效的探索，可以说，语文教学中学生主体地位的确立是接受美学"读者中心论"的具体体现，接受美学的引入不仅转变了文学接受的传统范式，而且促进了教学模式的发展，推动了语文教学理念的进步。不过，接受美学本身并不是一个完美无缺的理论体系，它在修正"文本中心论"的同时又易于走向"读者中心论"的极端，而在中学教学实践中，由于部分中学教师对接受美学理论的理解不够深入，因而在应用过程中不可避免地出现了一些问题，如过于强调学生主体地位而忽略了教师的主导，忽略必要知识的

① 杨荔，内蒙古师范大学硕士学位论文，2010年。
② 史玮，《新疆广播电视大学学报》2007年第3期。
③ 包文新，华东师范大学硕士学位论文，2008年。
④ 杨丽，华中师范大学硕士学位论文，2011年。
⑤ 谢华英，福建师范大学硕士学位论文，2015年。
⑥ 裴雪飞，宁波大学硕士学位论文，2013年。
⑦ 杨宇献，湖南科技大学硕士学位论文，2011年。

传授与能力的养成,师生双方的无效盲目互动等,但我们并不能就此否定接受美学的积极意义,实践过程中出现的问题提醒我们在运用接受美学理论的过程中既要加深对理论本身的理解,更要关注学生的实际情况,相信在研究界与中学一线教师的不断努力下,接受美学与中学语文教育将获得更完美的融合。下面选择三个将接受美学运用到课堂实践中的教学案例,以供读者鉴赏学习。

一、《杜十娘怒沉百宝箱》教学设计

［教学目标］

1. 引导学生交流自己准备的故事梗概,学习梗概的写法;
2. 讨论杜十娘这一人物形象,体会作者的思想倾向。

［教学过程］

一、识记重要词语,串联基本情节

按照课文自然段标示词语,要求读解,并以此串联课文基本情节。（略）

二、讨论梗概写法,比较叙事模式

师:下面是老师写的《杜十娘怒沉百宝箱》的故事梗概。请同学们拿这一段跟自己写的比较一下,看有什么不同。如果觉得老师写得不妥,欢迎提出修改意见。

（投影）太学生李甲游教坊司,偶遇名妓杜十娘,两人情投意合。十娘久有从良之志,又见李甲忠厚志诚,准备托付终身。……

生1:我写了故事发生的时间"万历二十年"、李甲的籍贯"绍兴",这样故事显得真实。

生2:不一定要写时间和人物籍贯,因为别的时候和地方也会发生这样的故事。

师:都有道理。写梗概,有字数限制,只要不丢关键信息就行。

生3:我写了柳遇春帮助李甲的原因（为十娘的真情所感）,没有写姐妹相助路资。这样各有利弊:写柳遇春可从侧面烘托杜十娘的形象;没写"姐妹相送",就没法为结局"百宝箱"的来历埋下伏笔。

师:有整体意识,很好。

生4:老师写"偶遇"不准确,李甲是有目的去找名妓,课文中说的是"相遇"。

生5:还得添上一句:"李甲囊箧渐空,鸨儿心生怠慢",这样才能推动故事发展下去。

师:谢谢两位的修改。谁来帮我接着写完故事梗概?

生6:途中,孙富偶睹十娘美貌,心生贪慕,就乘与李甲喝酒之际巧言离间,诱使其以千金之价把十娘卖给他。闻知自己被卖,十娘佯装同意,却在正式交易之际当众打开百宝箱,怒斥奸人和负心汉,抱箱投江而死。

师:应该在"当众打开百宝箱"之后补上一句:"原来,箱内珠宝实为十娘风尘数年之积蓄,价值万两。"这样就点出了关键情节。

请注意,照作者的叙述,叙述者不掌握杜十娘日常秘密积攒百宝箱的具体情况和心态,而读者也只能在杜十娘最终跳江之际,通过她的控诉得知她还有一个百宝箱。这种叙述方式叫什么? 有人称之为"外聚焦叙事模式",你听说过吗?

生:从没听说过。

师:下面我再念一段,你们听听,看叙事方式有什么不同。

名妓杜十娘久有从良之志,她得知沉迷烟花的公子哥儿们倾家荡产后,往往难以归见父母,便苦心积攒了一个百宝箱,收藏在行院中的姐妹们那里,希望将来润郎君行囊,希望翁姑体谅苦心,成就她的姻缘。经过长期寻觅,她选中李甲,准备托付终身。

师:这种叙事方式叫作"全聚焦叙事方式"。你们觉得这两种叙事方式哪种更好? 为什么?

生7:前一种好! 它有悬念,更加引人入胜。

三、品评人物形象,把握思想倾向

(一)师:下面来研究一个问题,杜十娘为什么要从良?

生8:鸨儿贪财无义。

生9:她想过正常人的生活。

师:也就是说,她看重的是情义,她虽身处行院,却不甘心当玩物,是吗? 她苦心积攒百宝箱又说明了什么?

生10:她对从良这件事的难度,也有清醒的认识,做了充分的准备。

师:那么,杜十娘为什么要李甲措办为她赎身的银子? 为什么都成夫妻了,还要瞒着百宝箱的真相?

生11:考验他一下。

生12:我以为,杜十娘看重的是人格,是"生死无憾"的真情。

(二)师:同学们把握了杜十娘思想性格的本质方面,再分析细节就有办法了。让我们找几个细节来试试,先看"撒珠宝",谁来分析?

生13:她撒珠宝很有层次,先撒几百两的,再撒几千两的,想气死李甲。

生14:杜十娘自己说:"今日当众目之前,开箱出视,使郎君知区区千金,未为难事。妾椟中有玉,恨郎眼内无珠。"她通过撒珠宝,向世人昭示她的人生观、价值观。

师:精彩! 那么,后来李甲痛悔了,杜十娘为什么还要"怒沉百宝箱"? 还要等孙富兑足千两银子后才"怒沉百宝箱"?

生15:李甲痛悔不是他认识到了真情的可贵,而是心痛珠宝。杜十娘追求真情十分执着,她不会容忍背叛和欺骗,包括孙富对李甲的欺骗。

(三)师:杜十娘拥有百宝箱,完全可以把孙富、李甲教训一顿然后飘然离去,为什么一定要自尽? 大家可以先议一下,再发言。

生16:可能经过这件事后,杜十娘已经知道像她这样的身份,在当时的条件下是不可能寻觅到真正的爱情的,她已经绝望了。

生17:课文里说杜十娘"可怜一片无瑕玉,误落风尘花柳中",在社会上是受歧视和否定的。

(四)下面,我们通观全文,体会作者的思想倾向。

生18:赞扬杜十娘不甘心做王孙公子的玩物,真诚地追求爱情,并舍得为此牺牲一切的思想性格,同情她遇人不淑的不幸遭遇。

师:假如杜十娘选中的是柳遇春,她改变命运的几率会有多少?同学们可以在课后议一议。但有一点,作者要肯定杜十娘身上的什么品质?

正如文学作品中的许多"名妓"形象,如李香君,她的高风亮节受到人们的肯定。课文作者赞赏杜十娘,是赞赏她对真情的执着追求。写柳遇春正是为了从侧面烘托这种精神的可贵,而否定孙富、李甲,则是为了反衬。

师:优秀的文学作品,像是一座富矿,对它的意义的探究并不是一次就能完成的,课后请思考:假如杜十娘选中的是柳遇春,她是否会改变命运?

(包文新《接受美学与中学古代小说教学个性》,华东师范大学硕士学位论文,2008年。)

二、《智取生辰纲》教学设计

小说是一种以塑造人物形象为中心,通过故事情节的叙述和环境描写来反映社会生活的文学体裁。"课标"对小说的要求是考查学生在通读文章的基础上理清思路,理解主要内容,体味和推敲重要词句在具体语言环境中的意义和作用,对文章的内容和表达有自己的心得,能提出自己的看法和疑问。小说在语言、故事情节、人物形象等方面可读性都很强,研究性阅读能否顺利开展,很大程度上取决于是否能培养起学生的阅读兴趣,而小说较之其他文体更适合成为学生激发语文学习兴趣的载体。学生若是能以小说为载体,在研究性阅读方面取得较大的收获,那么他们就能对小说的语言、故事情节、人物形象分析等方面有更深入的认识与体会,进而将小说的研究性阅读方法带入到其他文体的学习,从而全面提高个人语文素养,成为知识的主动探究者和建构者,这也正是研究性学习的宗旨所在。基于上述认识,笔者认为小说研究性阅读教学一方面要以学生的自读、自悟为重点,重视学生自身的情感体验,注重学生之间的互动、合作、交流、分享,以期学生能在感受、理解、欣赏和评价的能力方面对文本有较高、较准确的把握;另一方面教师要有意识地培养学生探究型的阅读能力,灵活地处理教材,创设情景,探究问题,让学生掌握阅读的方法,多角度的、有创意的研究性学习,这样能让学生的思维处于积极运作状态,有助于拓展思维空间,提高阅读质量。去年笔者有幸参加了市片段教学示范课展示,回校后将示范课《智取生辰纲》的片段教学内容在课堂阅读教学方面做了一次有益的尝试。

《智取生辰纲》节选自《水浒传》第十六回,主要讲述了一个两路英雄斗智斗勇的故事。小说通过人物行动、语言的描写刻画两组人物形象:一组是以杨志为首的押送队,一组是以晁盖为首的八位好汉。本篇课文的教学应让学生明白,分析把握人物的性格是解开杨志失败的原因之一,也是鉴赏小说的基本途径之一,更是本篇课文教学的重点;但由于小说涉及的人物众多,课文节选部分对杨志押送生辰纲之前的故事又未作必要的交代。倘若有学生没有完整阅读过《水浒传》,那么仅停留在对文本内容的分析就容易导致学生在人物形象的感知上是零碎的、不完整的,也不利于激发学生探究的欲望,为此笔者在教学设计上另辟蹊径,以求有所突破和创新。

一、激发学生阅读鉴赏小说的兴趣,回归阅读主体性,触摸作品的主体灵魂

吕叔湘先生说:问语文学得好的人,无一不得力于名著阅读。

但是我校地处城郊，许多来自农村地区的农民工子女往往社会视野偏窄、经济购买能力低，家无藏书，导致他们"一无时间读书，二无书可读，三不会读书"。《水浒传》是一部古典文学名著，但多数学生还没有完整看过一遍，为弥补品读文本的不足，进一步激发学生的阅读兴趣，在教学准备阶段笔者准备了大量的视频资源，利用中午、自修课播放电视连续剧《水浒传》，电视剧以其全方位的视听冲击强烈刺激学生的感官，文本内无声的语言符号被演化为活生生的场景和鲜活的人物形象，学生通过视听的感受，弥补了品读文本的不足，触摸作者的灵魂，与其发生思想共鸣，自然地与作者的思想感情融为一体。同时笔者在班级里还掀起一个"水浒英雄故事会"的读书活动，要求每个同学在每天的晨读上，要在班级讲台上讲讲自己喜欢的一个水浒英雄故事，而且不能重复别人讲过的人物，这样多数学生会有一种紧迫感，因为他之前准备的一个英雄故事可能在前一天会被同学讲到，这就得迫使越后面的学生越要通读整本名著，才能讲出和别人不同的英雄故事。讲故事竞赛把追求学问变成学生自觉自愿的行动，有助于增强学生的主体意识，发展学生的主体能力，塑造学生的主体人格。活动结束后，很多学生对老师纷纷表示自己以前从未这么详细地阅读一本名著，这次体会到以前从未有过的一种读完名著的荣耀感。这样老师因势利导，引导他们自觉去看其他名著，学生就易接受了。这种让学生自己去获取，去探求，去寻觅，去掌握的阅读方式，更能让学生感受读书的乐趣，激发更强烈的读书欲望。为此，笔者认为小说研究性阅读教学就应该把尊重和提高学生的主体地位朝着以人为本的现代教育理念的主要方向发展。它在再现研究性教学学生的主体性方面，可以归结为这么几个小点：1.教师要及时发现学生失去主体性的原因；2.要巧妙设计让学生回归阅读主体性；3.要发挥学生主体地位回归的余热性；这也就是新课标中指出的："语文教学应为学生创设良好的自主学习情境，帮助他们树立主体意识"。

二、发挥教师诱思探究能力，架设可持续性发展平台，追求阅读主体的审美独创性

小说是联系作者与读者之间的一个桥梁，学生阅读小说主要是依靠个体的知识储备、情感体验、社会阅历来完成的，以期和作者达到思想、情感上的共鸣。但多数学生因年龄、生活阅历上的限制，不能走近人物，导致无法从主观情感上融入作品，引发情感上的共鸣，从而产生继续探究的欲望，因此，教师要把诱思探究带到课堂上，诱思探究的核心在于学生的"思"，"思"的前提是教师的"诱"，"思"的结果则是学生的"探究"。只要激活学生的思维，就能为思维已经出现断层的学生架设起可持续性发展平台，让学生对文本的解读得以深入，为继续研究、捕捉文本背后潜在的、有价值的信息指明方向，具体地讲就是在教师导向性信息诱导下，学生五官并用、亲身体验、独立思考、合作交流、主动探究，从而展现阅读主体的审美独创性。那么，在小说研究性阅读教学中，教师的诱思探究方法有哪些呢？现结合《智取生辰纲》一文谈谈以下几种方法：

第一，联系小说背景，创设问题情境。

《智取生辰纲》一文里，杨志在押送生辰纲的路上为何对军士要求苛刻？学生在探究这点问题时都只看到了杨志怕半路被人劫了生辰纲这点原因，至于为什么怕，多数学生是没有深究的。这时教师就要诱导学生思考：如果杨志失了生辰纲，他的命运会怎么样？他为何如此看重这次押运任务？教师要积极引导学生联系小说背景，创设问题，将学生原本停留在文本的平衡的知识结构打乱，给学生提供一个连续思考问题的框架，重新激发阅读主体的审美独创性。这样学生就会跳出文本的束缚，对原著展开深层次的解读。通过细读原著、深层解读，更好地把握文章暗含的丰富深刻的思想内容。因此，杨志对军士要求苛刻的原因很快就被学生探究出来了，即杨志本是将门之后，"封妻荫子"是杨志的人生目标。

如果顺利押送完生辰纲这趟任务，他就能受到封赏，可以弥补之前丢失花石纲的过错，光宗耀祖了。

第二，抓住矛盾冲突，品味关键语句。

《智取生辰纲》一文以"生辰纲"的争夺为中心事件，采用了双线结构，押纲的杨志和劫纲的晁盖双方可谓斗智斗勇，明暗线交织。学生在分析矛盾冲突时既能看到杨志和晁盖的矛盾，也能看到杨志和众军士的矛盾，但在具体分析杨志和众军士为什么会产生矛盾时，学生的答案也仅停留在文本里提到的"如若停住，轻则痛骂，重则藤条便打，逼赶要行"。杨志的性格急功近利、粗暴蛮横导致了内部矛盾的激化，为生辰纲被劫惹下了祸根。倘若教师进一步深究：众军士为什么不听杨志的话？杨志身为领导，为什么不能阻止众军士喝酒呢？学生的思维在这些问题上就产生了胶着状态，这个时候，教师就要以协作探究的态度参与学生讨论，通过问题组合的形式引导学生品味关键语句来解答这些疑问，如问题组合一：老都管年纪大，为何梁中书要安排他随行，岂不是累赘？老都管对杨志的态度如何？问题组合二：杨志为何怕老都管？从哪些地方可以看出杨志怕老都管？这两组问题是笔者结合之前学生的回答进行筛选、整理、组合起来的。围绕这几个问题，让学生进行查找、争论、探究。在仔细阅读原著，细细品味文中关键句后，学生提出了一些独创性的见解：其一，老都管是梁中书安排在队伍中监视杨志的，理由是梁中书没有完全信任杨志，梁中书是用其艺而疑其人。其二，杨志当初受命之时，曾对梁中书说，老都管"是夫人行的人，又是太师府门下的奶公，倘或路上与小人鳖拗起来，杨志如何敢与他争执得"，说明他确实对老都管心有余悸。其三，课文第2段写军健向老都管诉苦，老都管听了后说："你们不要怨怅，巴到东京时，我自赏你。"这表面是帮杨志做思想工作，其实在表明他才是队伍中的领导。其四，老都管开始还对杨志有所忍耐，但后来就忍不住了。来到黄泥冈前，杨志对着军健"拿起藤条，劈脸又打去"时,"老都管喝道:杨提辖……"这段话就能看出他在仗势欺人。尤其一个"喝"字,说明他根本没把杨志放在眼里,一副高高在上的姿态。其五,对老都管的咄咄逼人态度,杨志只是说:"都管,你须是城市里人,生长在相府,哪里知道路途上千难万难!"不是以牙还牙,而是轻声细语地解释,说明他不敢得罪他。其六,杨志看到众军健都到松林树下睡倒了而喊:"苦也!"这"苦也"是他置身多种矛盾之中备受煎熬的集中释放,是被官僚所逼发出的悲怆之音,是英雄无路壮志难酬的凄凉挽歌,是残酷的现实与强烈的官欲在杨志头脑中矛盾的反映。由此,我们发现当老师通过适当的点、拨、导、引后,学生的灵智就开启了,求异、求新的思想就不断地迸射出来,整堂课就充满了阅读主体的审美性。

以上仅是笔者参加片段教学后,小说研究性阅读教学方面的粗浅探索。通过这次教学尝试,笔者进一步认识到在研究性阅读教学中,教师既要使学生成为自主且自动的学习主体,同时也要能意识到学生的逻辑思维能力不是在学习过程中自然而然发展起来的,它需要教师有目的、有计划地引导,给学生一个解决问题的平台,才能融会贯通学到新知识。总之,小说研究性阅读教学还有许多新的领域值得我们研究探讨。

(杨寿松《小说研究性阅读教学初探——由〈智取生辰纲〉教学说起》,《文理导航》2015年第2期,收入时有删节。)

三、《香菱学诗》教学设计

《语文课程标准》明确要求七到九年级的学生要"学会制订自己的阅读计划,广泛阅读各种类型的读物,课外阅读总量不少于260万字,每学年阅读两三部名著"。但由于一些经典名著或语言晦涩难懂,或年代久远阅读障碍太多,初中生的相关知识有限,致使初中语文名著阅读脱离文本。所以在名著阅读教学中,教师应适时引导,实现学生与名著的生命对话。

一、蓄势导入,激发阅读兴趣

1.对话唤醒阅读期待

阅读期待,是接受者在某种外部和内部因素(问题、动机、兴趣)刺激下产生的对下一次阅读的期待。唤醒阅读期待是教师指导名著阅读中至关重要的一步。

(1)师生对话。为了推出课文的主人公"香菱",我从学生熟悉的人物谈起:王熙凤、林黛玉……学生还是能说出有关情节和性格特点的。我接着指出:"其实还有一些很有意思的人物,是被很多读者忽略了的,你们想不想了解?"学生的好奇心被挑起来,我顺势问道:"你知道香菱是谁吗?"激起学生对文本的阅读期待,达到预期效果。

(2)与文本对话。《香菱学诗》是中国古典文学四大名著之一《红楼梦》中的经典章节,节选自原著四十八回"滥情人情误思游艺,慕雅女雅集苦吟诗",课前我要求学生看过这一整回的内容,把不理解的地方标注出来,并把课文内容读熟,理清情节。香菱为什么要"慕雅"而"学诗",是课堂上要解决的问题,学生的疑问会带动他们探究前面的情节。初步的阅读激起了学生的好奇心,文字唤醒了更深层次的阅读欲望,阅读便向个体行为发展了。

2.评价激发阅读张力

文学作品中,作者的思想情感与语言表现之间总有空白和不确定性存在,使读者与作品之间形成了张力。作为教师便要引导、帮助他们发现并尽量消除超限的张力,充分利用阅读初感激发阅读张力,使学生在名著阅读中能得到知识和情感的双重收获。

(1)评价文本——定位。意大利作家卡尔维诺曾说过:"现在可以做的,是让我们每个人都发明我们自己理想的经典藏书房。"评价文本可以帮助学生定位自己的"书房"。在权威机构公布的初中名著阅读书单上,中国古典四大名著一定有自己的一席之地,但学生对于四大名著要么认识不足,要么有畏难心理。课堂教学的有效导入可以缩短学生与名著的距离,使学生正确认识名著的价值,从而带着一种高度去阅读。

(2)评价学生——激趣。新《课标》明确指出:"学生是学习语文的主体。"所谓主体,在哲学上是指有认识和实践能力的人。既然学生是语文学习活动的主体,教学首先就要能够唤起学生的兴趣。对于初期的阅读,学生是充满期待而忐忑不安的。这时候需要教师在评价中的充分肯定,重视学生的阅读初感,尊重学生的阅读顿悟,给予他们绝对的话语自由,但也要及时导引,培养学生向纵深思考的习惯,从而激发学生的阅读张力。如以下教学片断:

生1:她还是一个聪明的人,她对王维的诗的分析很有道理,并不像宝钗说的那样呆头呆脑。

师:你很了不起,你对香菱的表扬一定会让她更有信心,宝钗就不一样了。

生1:宝钗根本不想教她,只看到她的缺点。

师:你很有赏识别人的胸怀,对文字的阅读也很细心,这是阅读名著的可贵品质。受到赏识的人会更加自信。

生2:香菱还是一个好脾气的人,总是"笑",对黛玉和对别人都这样。

师:你最懂曹雪芹了,从这么长的课文中发现了曹雪芹给香菱的好脾气! 想想看:作者刻画香菱的好脾气有什么用意?

生3:为了表现她的"苦吟"是乐在其中,自得其乐。

教师的问题设置是要通过激疑启思来激发阅读张力,学生在阅读中思考,在思考中阅读,教师的评价既肯定了学生的感悟,又启发学生带着新的问题进一步阅读文本,课堂动态地生成,降低了认知上的畏难情绪,又调动学生阅读原著的积极性。

二、乘势带入,提升阅读能力

"审美只是个人的而非社会的关切。"这是站在美学的高度上对个体生命阅读体验的保护式界定。要尊重学生的阅读特点,让他们在自由的精神状态下阅读,并能够形成自己的审美体验。教师作为学习活动的组织者和引导者,在指导名著阅读的过程中要不断贴近学生,积极倡导自主、合作、探究的学习方式,在动态的生成过程中寻找恰当的切入点乘势进行方法上的指导。

1.关注细节描写,透视人物性格

师:数一下香菱的几个"笑",都是针对谁的?

生:17处,对每一个见到的人。对黛玉老师笑得最多,还有宝玉、探春、宝钗。

生:宝钗打趣她她也笑,真是好脾气。

师:大家阅读很仔细,想想看作者为什么极力刻画香菱的"笑"。

生:表现她的虚心,照应她学诗的目的:慕雅。

生:表现她性格的软弱,对嘲笑她的人也笑脸相迎。

生:刻画她的朴实,因为这种朴实很可爱!

生:她不但学诗很专注,笑得也很专注,说明她是个很真诚的人。

以上这个片段中,17个"笑"是惜墨如金的曹雪芹给这个女子温暖的着色,让她的温柔打动高傲的林黛玉,让这两个女孩都笑起来,让这两个美丽的女子在读者心中留下深刻的印象,日后他们的毁灭才能让人痛心疾首。让学生从细节中探究人物的性格和命运,事半功倍。

2.挖掘隐性信息,勾连故事情节

"隐性信息"就是指不直观的信息,文学作品常常用欲言又止的方式来给读者留下想象的空间,在阅读个体通过自身体验和感悟勾连情节的过程中,产生审美体验。《红楼梦》中,香菱的命运贯穿在整个贾府贵族小姐的命运里。香菱丢了,黛玉出场了,走进了她人生中最不应该去却不得不去的地方。香菱在贾府中的地位是连一个丫鬟也不如的,但她却要学诗,而且是向众人眼中"最容不得人"的主子小姐林黛玉学习。曹公匠心独具,把这两个看上去地位悬殊、性格迥异的女孩放在一处,一问一学的简单情节里处处设伏,有着极高的美学价值。

教师要发挥主导作用,精心研读文本并创造性地利用文本,充分利用有限的教材指导学生挖掘隐性信息,勾连故事情节,提高阅读能力。如《香菱学诗》中的这几句话:

(1)黛玉对香菱说:"断不可学这样(陆放翁)的诗。"

(2)香菱对探春说:"姑娘何苦打趣我,我不过是心里羡慕,才学着顽罢了。"

(3)宝玉笑道:"这正是'地灵人杰',老天生人再不虚赋情性的。我们成日叹说可惜他这么个人竟俗了,谁知到底有今日。可见天地至公。"

(4)宝钗笑道:"你能够像他这苦心就好了,学什么有个不成的。"宝玉不答。

这四句话是我和学生经过探讨,由学生最终选择并呈现的,最开始是没有加点的,我让学生找找哪些词语包含着隐性信息。通过比较讨论,学生指出这些词,我让学生标识出来,然后合作探究,讨论整理,教师乘势引导。

如第一处学生说出"指过分追求格律而失却内容的率真",教师就接着问:"这暗示了黛玉怎样的价值取向?"经过讨论,学生能基本答出"真性情,率性自然",然后直接过渡到第四个句子,"什么"是宝钗要宝玉学点仕途经济,宝玉的"不答"是对宝钗无言的反抗,宝玉对黛玉之所以情有独钟是因为他们志趣相同,是知音,那么宝黛的爱情悲剧既找到了性格的原因,又找到了社会的根源。

3.指导点评批注,规范阅读习惯

点评可以是对某个字、某个细节描写的感悟,也可以是对某个片段的困惑或者瞬间的感悟。《香菱学诗》回末"宝钗正告诉他们说他梦中作诗说梦话"处,脂批:"一部大书起是梦。"王希廉评:"香菱苦志,是作者自言作诗工夫。"经过指导后学生的阅读潜能被激发出来,点评得挺有水平。例如:

"一首一首"处:痴、呆、魔、苦;感动;非"顽"也。

"香菱又逼着黛玉换出杜律来"处:一个"逼"字见执着。

"宝玉不答"处:此时无声胜有声;话不投机半句多。

三、顺势融入,积累文化知识

朱光潜曾说过:"文艺好比老酒,年代愈久,味道愈醇。但时空的距离如果太远,我们缺乏了解所必须的经验和知识,也就无从欣赏。"经验是要积累的,文化知识是在不断地积累过程中丰富起来的。

1.阅读中积累相关典故

《香菱学诗》中提到了诗词的起承转合、平仄虚实,引用了陆游的诗,提到了竹林七贤,还讲到了佛家的"三昧",在阅读的过程中,要求学生借助注释进行了解,必要时教师要作简单讲解,对理解文意有很大帮助,日积月累,也是一笔不小的"财产"。

2.阅读后感受礼仪文化

文学名著所描写的场景打着时代的烙印,展现的礼仪文化渗透着民族的特点,精妙的语言传承着民族文化,教师要指导学生关注情节背后这些优良的传统,感受它们的魅力,提高审美能力。《香菱学诗》里提到了诗社,这是古代文人雅士的聚会方式,而读过书的贵族小姐们也以这样的方式展示她们的高雅,以至于香菱羡慕不已,立志学诗,精血诚聚,梦中得句,构成红楼一美梦。

文学名著经典的语言熏陶,高度的人文关怀,立体的人物性格,永恒的精神追求是对整个人类有所裨益的。教师要通过课堂设计有意识地引导学生,激发学生阅读名著的兴趣,鼓励学生多角度地感受理解,从而培养学生的创新精神和合作精神,提高文学作品鉴赏能力,为学生的可持续发展奠定基础。

(郭郁《初中名著阅读教师导引方式的实践研究——以〈香菱学诗〉为例》,《中华活页文选·教师版》2014年第6期,收入时对明显错误做了校正。)

第五章　主题学与古代小说戏剧教学

　　作为一种研究方法，现代学者一般把主题学归于比较文学的学科范围。比较文学自19世纪末兴起以来，至今已有一百多年的历史，进入20世纪以来，比较文学更是获得了极其迅猛的发展，已成为国际文坛上最有活力、最有成就、最受人青睐的学科之一，被认为是20世纪文坛上的"显学"。虽然目前关于比较文学的定义与目标还存在着一些争议，但学者公认比较文学是一门研究范围和适用范围非常广泛的学科，文学范围内的比较研究涉及文类学、主题学、译介学、形象学、类型学、比较诗学、思想流派比较研究，而跨学科的文学研究还涉及文学与其他艺术、文学与心理学、文学与宗教、文学与哲学、文学与科学等不同的学术领域。作为一门适应了全球化时代背景的新兴学科，比较文学体现了世界性的眼光和胸怀以及跨学科的研究方法，随着比较文学在中国的发展，不仅已经步入研究者的视野，进入高校的专业学科目录。同时，1998年教育部高教司下发的《普通高等学校本科专业目录和专业介绍》中不仅把"比较文学与世界文学"列为汉语言文学专业的主要课程之一，而且列入了"中小学教师继续教育课程"中，这也就意味着比较文学与中小学语文教育的关联。广大语文教育工作者也意识到，比较文学的学科精神如世界性眼光、加强世界文学的相互了解与整合、倡导比较文学与人文精神之间的衔接等，与当前语文课标对语文教学的要求是相一致的。语文新课标规定，语文教学不仅是传授知识，更重要的是促使学生形成人文精神，培养健全的人格，培养学生对人与生命的尊重,这与比较文学提倡的文化平等、跨文化对话、兼容并包、和而不同、尊重自然和生命的"新人文精神"具有相通之处,因而从理念来看,比较文学的研究方法、学科视野对中学语文教学实践活动有着重要的启发意义。① 当前已有不少敏锐的语文教育工作者在引入比较文学理论进行语文教学的改革,并取得了一定的成效。

在比较文学种类繁多的研究方法与视野中,主题学是其中重要的一个,而且由于我们的研究范围是古代小说戏剧,而主题学在作为叙事文学的小说戏剧研究领域是应用最广泛的一种研究方法,无论是小说戏剧的主题、情节、人物或是情境等的比较研究都属于主题学的研究范围,因此本章主要介绍主题学的发展及其在古代小说戏剧教学中的应用。

作为一个介于比较文学、民俗学、民间故事学、国别文学、观念史等诸多学科领域之间的学科,主题学经历了一个动态的流变过程,其界定与内涵也始终在讨论之中,时至今天已发展成为比较文学学科理论中的一个重要组成部分。其跨学科性使其兼容并包,具有极为广泛的运用空间,越来越受到学界的关注。

第一节　主题学概述

主题学是产生于19世纪中叶德国民间故事研究领域的一种理论方法,在其发展过程中,由于开始一段时期主题学在比较文学中的地位没有得到确认,以往的主题学研究又较多集中在事实探讨上,而较少理论阐释,因而有关主题学的定义也就存在着一定的混乱。有学者将主题学简单定义为"研究主题"的学问,显然没有

---

① 参见许相全:《比较文学视野下的中学语文教学实践》,《新乡学院学报》2015年第4期。

划清主题与主题学二者之间的界限;有学者认为主题学就是"题材史"则显然把局部与整体相混同,主题学除题材史外,还有母题、情境、意象、套语等诸多研究层面。应该说,主题学的定义是与主题学的发展历史密切关联着的。如早期美国学者弗列特里契和马龙就将主题学定义为:"研究打破时空的界线来处理共同的主题,或者,将类似的文学类型采纳为表达规范";法国《拉罗斯百科全书》则称主题学是"比较文学惯于探索的领域,譬如某一神话(俄狄浦斯,伊尼德),某心理典型或社会典型(修女或盲人),某文学人物(唐·璜),某些历史上大人物(拿破仑,苏格拉底),某些环境和物件(莱茵河流域,某城市)的影响的消长"。主题学传入中国后,国内学者则对这一术语做了适合中国文学研究状况的阐释,如陈悙、刘象愚这样界定:作为主题学研究的对象,并不是个别作品中的题材、情节、人物、母题和主题,而是不同作品中,同一题材、同一人物、同一母题的不同表现以及它们之间的联系。因此主题学经常研究同一题材、同一母题、同一传说人物在不同民族文学中流传的历史,研究不同作家对它们的不同处理,研究这种流变与不同处理的根源;而陈鹏翔则认为:"主题学研究是比较文学的一部门,它集中在对个别主题、母题,尤其是神话(广义)人物主题做追溯探原的工作,并对不同时代作家(包括无名氏作者)如何利用同一个主题或母题来抒发积愫及反映时代,做深入的探讨。"虽然不同学者的表述有所不同,但都强调了主题学研究的丰富性及广延性。

一、主题学的历史发展

作为一种自觉的研究方法,主题学源于 19 世纪中叶德国学者如 F. 史雷格尔等的民俗学研究。最初,这些学者研究的重点是探索民间传说和神话故事的演变,由于需要给流传过程混乱的民间故事、神话传说等进行系统梳理,在对出自不同时代不同作家之手的作品进行整理、分析、归类和总结的过程中,学者们就不可避免地运用了比较的方法，并从神话领域扩展到了友谊、时间、别离、自然、乐园、宿命等课题，这样主题学从诞生之初就与比较文学有了事实与逻辑上的联系。这样，主题学先是在德国成长起来，之后在法国以加斯东·帕里斯为代表的一批学者也对此颇感兴趣，他们探讨了诸如伊索寓言或米利者人的笑话、民间故事或宗教寓意诗是怎么样以口头或书面的形式流传下来的，《兰胡子》是不是雅利安人分散居住前虚构的古老的太阳神话，灰姑娘的故事是不是象征着一种让一个家族的小女儿看管灶位的原始习俗等等问题。正如梵·第根指出的"主题学……在德国茁壮地成长起来了。在民间文学充满活力，依然生意盎然，并对文人文学产生深远影响的所有国家里情况也是这样"。

然而，主题学自诞生之日直到之后很长的一段时间内，都受到国际比较文学界的排斥，韦斯坦因指出："历史地看，成为主题学或题材史的这门学科从一开始就受到强烈的怀疑，要克服这些根深蒂固的偏见似乎是困难的"，如意大利著名美学家克罗齐指责主题学研究"只能归入单纯的繁琐考证一类，从未进行有机的研究，本身从未引导我们去认识一部作品，从未让我们触及艺术创作的至关重要的内心和中枢，其研究课题并不包含文学创作的美学禀赋，而是已成型的文学外部历史（翻译、模仿、发展中的连续更替和改变），或是对一部作品的形成起过作用的种种零碎材料（文学传统）"。造成这种现象的原因，一方面是因为早期主题学研究还不够完善，存在着一定缺陷；另一方面则与某些比较文学学者的偏颇之见不无关系。不过，实际上，虽然主题学研究经常遭到怀疑，但其实这方面的研究从未停止过，德国学者费伦泽尔在二战后开始着手编纂文学主题辞典，并于 1966 年出版了专著《题材与主题史》。在法国，莱蒙·特鲁松的研究令人瞩目，他的《比较文学中的主题研究和方法论》成为之后西方比较文学界主题学研究的基础。在美国，1968 年哈利·列文发表了《主题学和文学批评》，支持主题学的发展;同年,韦斯坦因在专著《比较文学与文学理论》中设立专章论述了主题学研究的历史、内容、方式等;费朗索瓦·约斯特的专著《比较文学导论》中也设置了专章来阐释主题学。至 20 世纪 70 年代,美国学者塞格伯·普劳尼在《比较文学研究引论》中设《主题与渊源》一章讨论主题学,80 年代中期以来,主题学研究格外突出,不仅吸收借鉴了许多新的方法论,如形式主义、原型批评、文化人类学、接受美学等,而且在实际研究中取得了非常可观的研究成果。

类似主题学的研究方法在中国古代类书编纂和选本编辑以及诗文笺注、诗话类作品中已有萌芽,如从魏晋类书《皇览》到佛教类书《经律异相》《法苑珠林》,再到宋代《太平广记》《艺文类聚》等,其编辑原则往往都是按照天文、时令、地理、人物、方外、仙佛、技艺等主题来进行分类的,而对叙事文学的题材、母题、表现模式等进行的较自觉的探索则始于清末民初。20 世纪以来中国主题学研究的历史大概可以分为以下三个阶段:

第一,20 世纪初至 50 年代的开创阶段。

20 世纪初,中国学者尝试把故事类型分类法运用于具体的个案故事研究,如顾颉刚、钱钟书、郑振铎、赵景深、茅盾、钟敬文等,他们分别从民俗、神话、文化等视角进行了主题学研究,如钟敬文《中国印欧民间故事之相似》、赵景深《中西童话之比较》等,而以顾颉刚对孟姜女故事的研究为出色。顾颉刚的研究围绕孟姜故事的主题,将大量文献典籍与民间传说中的孟姜女故事加以系统排比,从中寻找其发展与变化的规律,其成果包括 1924 年发表的《孟姜女故事的转变》和 1927 年发表的《孟姜女故事研究》,提出"故事是没有固定体的,故事的体在前后左右的种种变化上",孟姜女故事的中心在传说中发生了巨大的转变:"起初是却君郊吊,后来变为善哭其夫,后来变为哭夫崩城。最后变成万里寻夫",并指出:"现在我们所要研究的,乃是这件故事的变法。这变化的样子就很好看了：有的是因古代流传下来的话失真而变的，有的是因当代的时势反应而变的，有的因地方的特有性而变的，有的是因人民的想象而变的，有的是因文人学士的改窜而变的，这里边的问题就多不可数，牵涉的是全部的历史了。"虽然顾颉刚在研究过程中，并没有明确使用过主题学这一概念，但其方法却是当之无愧的主题学研究，事实上已经使用了一些与主题学研究相关的概念和范畴，如"历史演进法""地域的系统""故事的眼光"等。可以说，顾颉刚以历史演进的方法探讨孟姜女故事在不同时代的演化规律及其背后的历史真相，提出了一套具有普遍意义的故事学理论命题，将"中国传统的文献材料和历史演化的西方观念浑然天成地结合在一起，几近天衣无缝"，同时也确立了主题学研究的范式和方法。在顾颉刚的影响下，当时出现了一大批主题学研究的成果，如 1928—1929 年《国立第一中山大学语言历史学研究所周刊》中就刊发了潘家洵的《观世音》、杨筠如的《尧舜的传说》、《姜姓的民族和姜太公的故事》、余永梁的《西南民族起源的神话——盘瓠》、方书林《孔子周游列国传说的演变》等。

20 世纪三四十年代是主题学研究继续发展的时期，如方重《十八世纪的英国文学和中国》探讨了中国文学和思想对 18 世纪英国文学的影响，而其中有很多论述与主题学研究密切相关，对如元曲《赵氏孤儿》与伏尔泰《中国孤儿》及英国作家墨菲《中国孤儿》的比较研究，方氏对比了三部剧作的剧情，指出伏尔泰把《赵氏孤儿》中的矛盾——赵屠两家的世代冤仇改成了朝代更替，原剧的主题是忠，而伏尔泰则改成了"爱"。杨宪益的诸多研究则往往篇幅不长而新见迭出，如他指出唐孙頠《幻异志》中板桥三娘子把人变成驴的故事源自西方，并以《奥德修记》中女巫变人为猪的故事和罗马阿蒲流《变形记》中人变驴的故事为证。他还探讨了《酉阳杂俎》中的英雄降龙故事与尼伯龙根之歌的关系，薛平贵故事与格林童话《熊皮》的关系等，这些涉及主题学中母题流变的探讨虽然文字简短,却往往让人耳目一新。

第二,20世纪50年代末至60年代末的停滞阶段。

1949年以后由于国内特殊的政治环境,主题学研究一度沉寂,至70年代始再度回归。

第三,20世纪70年代至80年代初的复兴阶段。

较早使用主题学这一术语,并有意识地将主题学作为一种研究方法引入中国文学研究的,是海外华人学者马幼垣和港台学者陈鹏翔、李达三。1978年,马幼垣在研究包公故事时提出了"主题研究"的概念,并明确提出了以特定人物主题为主的主题学研究课题。同时李达三《比较文学研究之新方向》对主题学进行了专门介绍,陈鹏翔1979年完成的博士论文《中英古典诗歌中的秋天:主题学研究》以主题学方法介绍古典文学研究,之后陈鹏翔编著和主编了一系列主题学研究论著如《主题学研究与中国文学》《主题学研究论文集》《主题学理论与实践》《主题学论文集》等,都对中国的主题学研究产生了重要影响。钱钟书于1979年出版的《管锥编》一书,以东西比较的广阔视野,探讨了中外文学中的许多重要主题,显示出当代学者在主题学研究方面的巨大潜力。

中国学者在主题学方面的成就首推季羡林《〈罗摩衍那〉在中国》,以对印度史诗《罗摩衍那》基本故事的剖析为出发点,梳理了《罗摩衍那》在古代汉译佛经中留下的痕迹,以大量确凿的材料,论证了罗摩故事在汉、傣、藏、蒙、新疆等地区的传播与影响,这篇三万多字的长文是一篇严谨的主题学研究论文。再如刘守华在民间文学领域的系列比较研究也非常有成绩,他对民间童话之谜、中日民间故事的交流、《一千零一夜》与中国民间故事的关系、孔雀公主故事的流传和演变等都进行了探讨,是相当出色的主题学研究。中国学者还对中国民间故事类型进行了更深层次分类梳理,继1937年德国学者艾伯华的《中国民间故事类型》之后,又陆续出现了丁乃通的《中国民间故事类型索引》、金荣华的《中国民间故事集成类型索引》、祁连休的《中国古代民间故事类型研究》、宁稼雨的《先唐叙事文学故事主题类型索引》等。另外，一些小说研究资料汇编，往往单独安排本事部分，实际上也具有主题资料汇编的意味，如谭正璧《三言二拍资料》，马蹄疾《水浒传资料汇编》，朱一玄《水浒传资料汇编》《三国演义资料汇编》《西游记资料汇编》《聊斋志异资料汇编》，蔡铁鹰《西游记资料汇编》等。

近年来，主题学研究的人数与成果均日渐增多，渐呈显学之势，其中较有成就的代表人物是王立。王立的主题学研究立足于中国古代文学，致力于探索重构文学史的新思路与新途径，提出主题学研究对于传统文学史的结构模式是一种突破，个案集锦式、编年史式的文学史将受到挑战。他试图建立主题的文学史，打破文体之间的疆界，将历时性与共时性相结合，将文学史、接受阐释史、心态和文化研究相结合，力图构建一种以文学为本体的、跨学科、跨国别的综合研究的体系。其代表作如《中国古代文学十大主题——原型与流变》《中国古代文学主题思想研究》《中国古代复仇文学主题》《伟大的同情——侠文学的主题史研究》《永远的眷恋——悼祭文学的主题史研究》等，均在学界引起较大的反响，陈鹏翔称之为"中国大陆利用主题学理论来探讨中国古典文学最有成就的年轻学者"。王立的研究资料搜集广泛，往往爬罗剔抉，旁征博引，吴相洲先生总结其研究特点为："首先，是重视作品的文本本身，尤其注重同一文体和不同文体作品之间的有机联系，他不以发掘作家作品的特点为第一目的，而是注意将具体作品放在一个个动态发展的系列中客观考察。其次，明确的学科意识和多方借鉴相结合。建设中国人自己的国别文学主题学体系，是他多年的追求，但他并不排斥其他的理论方法，而始终以一种宽容、敏感的态度来对待外来的理论。其三，是王立的文学主题学研究，对传统而普遍应用的个案研究的方法和路子是一个良好的补充。其四，在当前古代文学研究中，存在严重的重复浪费现象，即许多人谈到

某一主题时,往往以其所看到的材料为最先,其实这一材料很可能
是在以前的文献中就出现过,且已经表现过这样的主题。因而有
意识地强调主题学的思路,关注文本的互文性,出现次第性,至关
重要。"同时,在运用各种理论的过程中,王立又能很好地解决旧方
法与新方法之间的衔接,在运用新方法,以新视角来关照中国文学
的种种现象时,能够把混沌一片的现象变成清晰的逻辑抽象,但见
新见迭出,而看不到新方法带来的话语魔障,确实是一种"跨文化
而不失文学本位,贯通古今而又立足当代,兼顾中西而又突出民族
传统"的研究。[①]

在文艺理论界,乐黛云主编《中西比较文学教程》已经将主题
学作为一章单独设置,并称主题学作为比较文学研究的一个重要
组成部分而受到世界各国比较文学研究者的重视,而且已经成为
比较文学研究中最令人神往的窗口。此后出现的比较文学教程基
本均设有主题学的相关章节,说明主题学作为比较文学的一个分
支学科已取得无可争议的地位。

二、主题学与主题、母题

主题学研究虽然与传统文学的主题研究有相似之处,然而更
重要的是二者之间的区别,主题研究侧重探讨某一部作品或某一
个典型人物所表现的思想倾向,重点在于研究某一特定对象的内
涵,而主题学研究的是不同作家对同一主题、题材、情节、人物典型
的不同处理,重点在于研究这些对象的外部手段与形式等。当然,
这只是二者研究的侧重点,在实际研究过程中,二者不可能区分得
如此清楚,主题研究不可能不涉及研究对象的外部特征,而主题学
研究也不可能与研究对象的内涵毫不相关。当主题学的研究对象

---

① 吴相洲:《引起学术界关注的文学主题学研究——从王立教授的三本系列专
著谈起》,《北京大学学报》2000 年第 2 期。

是神话传说、民间故事或某一典型形象的演化史时，它还往往与民俗学、思想史的研究夹杂在一起，彼此难分难解。

另外，在主题学研究中，主题与母题更是一对素有联系而又彼此区别的概念，对这一概念作一细致的辨析将有助于我们更好地理解主题学的研究特点。所谓母题，是指在文学作品中反复出现的人类的基本行为、精神现象或人类关于周围世界的概念等，如生死、离别、爱、时间、空间、季节、海洋、山脉、黑夜。德国学者弗伦泽尔认为："母题一语系指一个较小的主题的单位，它还不包括整个情节或故事脉络，而是在其自身内形成同内容和情景相关的一个元素。"一般来说，学者们认为在世界文学中，母题的数目是相对有限的，最多不超过一百个，但主题的数目就无法计量了，下面我们参照王立的相关论述对母题与主题的联系和区别作一概述。王立认为，母题与主题都是并存于特定作品及其"作品流"网络体系中的，任何孤立、抽象地下定义都难免以偏概全。而同一部尤其是同一系列作品流中，母题主题的功能是搭配一处共生互动的。

其一，母题是具象性的，思想性较强的抽象概念则为主题。尤金·H.福尔克认为："主题可以指从诸如表现人物心态、感情、姿态的行为和言辞或寓意深刻的背景等作品成分的特别建构中出现的观点，作品中的这种成分，我称之为母题；而以抽象的途径从母题中产生的观点，我称之为主题。"门罗·C.比尔兹利主张：主题是"被一个抽象的名词或短语命名的东西：战争的无益、欢乐的无常、英雄主义、丧失人性的野蛮"；母题因其为"情节单元"，浓缩、涵摄面较大，构成元件常常是一些反复出现的词语、意象。陈鹏翔先生称："我认为好几个意象可能构成某个母题（譬如季节的母题、追寻的母题或及时行乐的母题）。我用'可能'这个词表示，有许多意象丛未必能形成母题，因为这已涉及'母题'这个词的本义了。"西方有人把母题（动机）分为主导性与一般性的，亦可称作"主导性动机"与"一般性动机"，将主题与中心动机分开，是很要紧的。如"两个女人中间的男子"这一母题,就未必表达爱情主题,后者也未必非要以前者作为母题,而抒情文学中的主导性母题事实上每多就是文本中的核心意象。作为具有母题功能的那个(那些)核心意象,已不限于在个别作品中的一次性意义了,而自觉不自觉地与创作者、接受者心目中该意象的主题史意蕴贯通着,沿着该意象主题史的当下与恒久、共时与历时网络凝聚整合审美功能。譬如季节母题"春"(春光、春水、春花、春风⋯⋯)往往构成抒情作品核心意象,不限于何年何地之春,而多由若干具体色相、声响(春草、春花、春鸟等)意象构成,可牵一动万、以少总多地再现物候氛围;"春恨"主题,则为中国传统文人见乐景生感伤、反思自身不遇之意义及惯常情绪的表达模式。同时春恨也具有母题的集散功能,能与相思、怀乡、伤悼等主题互动互渗(这正是母题、主题容易混同的原因之一)。

其二,母题较多地展现出中性、客观性,正由于这母题(或意象,或不止一个意象)的呈现及有机组合,而显示出某种特定意义,于是"主题"就这样融注并揭示了作者的主观性、倾向性。如"离别母题"本是一种具有伦理性的社会事象,然而怀土思乡、两性相思、挚友情深等主题,却以其伤离惜别的浓郁主观色彩将离情别绪历史化、情绪化,以致后世代复一代的人们惯于将离别事象、离别母题本身等同于"伤离惜别",虽则后者也可应用于诸多更具实质性、具体情境化了的主题。

其三,母题数目有限而主题数目不可估量。具体文本中主题是意象组合、母题营构的结晶,主题可变幻多端。有限的母题则可以变着花样地进入到不同作品:"主题学中的主题通常由个别的或特定的人物来代表,例如枚里息斯(尤利西斯)即为追寻的具体化,耶稣或艾多尼斯(Adonis)为生死再生此一原型的缩影等。""母题我认为是由两个或两个以上不断出现的意象所构成,因为往复出现,故常能当作象征来看待。换句话说,其实母题也未必非要两个以上的意象构成",如"黄昏"之于悼祭文学,"梦"之于相思别离文学,而"猿公"意象可表现多种主题,又具有母题功能,这些单个意象又何尝不具备母题的资格!它们可持续向叙事文学频繁渗透,体现的多重象征功能可以在叙事文本表达上显而易见。说起来,这些意象往往是核心意象,或曰主导性母题。正是若干旧有母题意象的系列脉络,为某一首(多首)诗作中的主导性母题动机及一般性意象所牵引触发,构成了叙事文本当下与传统之间的互文性。

其四,进行跨民族、跨文化比较时,基于以上所述,一般来说主题的着眼点偏重在异,而母题的着眼点偏重在同。意象、母题的主题史流动传播,无疑体现了人类反映世界,表达情感、认识的诸般共通心理图式,而对其置于何种格局、何种价值判断及道德评价则难免各有差异。①

三、主题学的研究思路与方法

主题学研究涉及的文化现象五光十色,异彩纷呈,不同主题的演变千差万别,但这并不意味着主题研究是散乱无规律的,就总体而言,主题研究可分为纵向与横向两个方面:纵向研究的主要任务在于爬梳主题发展演进的历史,整理不同时间的文献材料,比较分析不同时期的故事表象与内在变化;而横向研究的主要任务在于分析探讨特定历史时期影响主题变化的社会背景、文化语境等。随着主题学研究的深入,其成果可谓数量巨大,内容庞杂,通过对以往主题学研究成果的梳理,我们可以从中发现主题学研究的一般思路与方法。

通常对于主题学研究的分类往往依据研究对象的不同来加以区分,如法国学者梵·第根将主题学研究分为三类:局面与传统的题材,实有的或空想的文学典型,传说与传说的人物;罗马尼亚学

---

① 王立:《主题学的理论方法及其研究实践》,《学术交流》2013 年第 1 期。

者迪马则分为五类:典型情境,地理题材,传统描写对象,世界文学中常见的各类人物形象,传说中的典型;谢天振在《中西比较文学教程》的主题学一章则分为三类:母题研究,主题研究,情境研究。可见,由于主题学研究对象之间关系密切,很多时候难以划清界限,我们参照当前古代文学学者的研究实践,将其分以下四类不同研究类型:

1. 以特定主题人物为核心的主题学研究。目前中国文学主题学研究中,这是较早产生且较典型的一类。以陈鹏翔《主题学研究论文集》为例,其中所收录论文十之八九是围绕一个人物形象在不同地域、不同作品中的演变做文章。如《王昭君故事的演变》《梁祝故事的渊源与发展》等。其他如包公、八仙、牛郎织女、白蛇、岳飞、刘知远、诸葛亮、薛仁贵、尧舜、目连等都是古典文学研究中常见的主题人物,相关散见单篇论文不可胜数。类似研究还有潘江东《白蛇故事研究》、陈翔华《诸葛亮形象史研究》、朱万曙《包公故事源流考述》等。因为一部作品的主题大多通过人物表现出来,所以主题研究首先也是集中在代表一定主题的人物形象上。

2. 以特定情节单元为核心的主题学研究。这类研究同样是主题学研究的重要范畴,甚至由于具体操作上的便利,因而更具研究优势。在中国古典叙事文学中,由于文学传承、重视前代经典以及写作惯性等众多原因,情节模式化是非常普遍的现象。著名者如"落难公子中状元,私订终身后花园"情节模式,其他如"夫妻离散—团圆""不相识的父子之战""打斗成亲""人与异类婚恋""发迹变泰""难题求婚""猿猴抢婚""负心婚变""黄粱梦""女扮男装""动物报恩"等,也都被研究者提及。涉及此类研究专著有康来新《发迹变泰——宋人小说学论稿》、王立《宗教民俗文献与小说母题》、吴光正《中国古代小说的原型与母题》,也有民俗学意义上的故事类型研究,如陈建宪《神祇与英雄——中国古代神话的母题》、刘守华《比较故事学》,丁乃通著、陈建宪译《中西叙事文学比较研究》,

刘守华、林继富等编《中国民间故事类型研究》等都是这方面的力作。

3. 以特定意象为核心的主题学研究。文学作品中主题的表达离不开语言形式，而语言模式在文学中常常表现为惯例化了的意象模式。这种意象模式在中国古典文学代表性抒情文体诗歌中表现尤为明显。如以"秋"为核心的意象系列"悲秋""秋气""落叶""白露""朝霜"等，以"春"为核心的意象系列"惜春""伤春""怨春""落花""残红"等。意象在中国古典诗歌中出现频率之繁，不须赘述。对于意象主题学研究的重视，始自陈鹏翔："把主题学的范围从民间故事的研治扩展开来，把抒情诗也包括在内的话，则意象和套语也应占一定的地位……意象除了提供视听等效果外，最重要的是它们所潜藏包括的意义功能。"近年来学界围绕特定意象演变而做的研究，亦呈上升趋势。常被研究者关注的是那些在悠久历史中积淀了丰厚文化含义并有心理暗示作用的意象原型，如落花、流水、夕阳、梧桐、云、雨、月、梅、柳、竹、雁、石、马、蝉等。这种意象研究与传统意象研究的不同之处在于，传统意象研究多以单个意象为对象，而主题学的意象研究更注重意象彼此之间或横向或纵向的影响、传承关系。王立《中国文学主题学》之一《意象的主题史研究》《心灵的图景——文学意象的主题史研究》，即对中国文学中一些常见意象进行个案梳理，并涉及其中的文化、民俗意义。这种方法，也是其他意象主题学论著的通常思路。意象主题研究，使主题学研究由侧重叙事角度向兼重叙事文学与抒情文学转向。

4. 以纯粹母题为核心的主题学研究。主题学中的纯粹母题，通常指的是文学作品中反复出现的人类的基本行为、精神现象以及人类关于周围世界的概念，诸如生、离、死、别，喜、怒、哀、乐，时间、空间、季节等。以纯粹母题为核心的主题学研究，可以局限于国别与民族文学范围内，也可以具有跨越国别和民族界限的共通意义。上述纯粹母题尤其是春恨、悲秋、相思、怀乡、别离等是中国古代文学研究的焦点。代表作品有王立《中国古代文学十大主题——原型与流变》,叶舒宪《高唐女神与维纳斯——中西文化中的爱与美主题》,王立《中国古代复仇文学主题》《伟大的同情——侠文学的主题史研究》《永恒的眷恋——悼祭文学的主题史研究》。①

以上四种研究类型也是当前主题学研究的一般思路与方法,然而我们这一简单的分类,并不能完全概括千差万别的研究状况,事实上上述四类研究在实际研究中往往是结合在一起,我们的上述分类只是为了给读者一个较为清晰的理论梳理而已。

第二节 当前学界的主题学研究

中国的主题学研究自 20 世纪初发端,至今已经历了百年的研究历程,在学者的努力下产生了诸多富有新意的研究成果,下面选择一些与中学语文教学相关的介绍如下。

一、《西游记》与《红楼梦》中的石头故事

地为万物之母,而石为地之骨。石器的使用,打破了蒙昧时代的漫漫长夜,推动了人类走向文明的脚步。在漫长的石器时代里,人类与石头肌肤相亲,相依为命,在他们朴素而神秘的思维中,石头决不是现代人意识中无知无觉的自然物质,而是有生命、有灵魂、有力量的神圣存在。诞生于原始社会的石头崇拜、石头信仰并没有在历史的文明进程中消失,而是作为一种远古时代的朦胧记忆,积淀在人类思维深处,并在后来者的心灵中得到认同,幻化出种种新生而神奇美丽的石头神话。作为我国古典小说名著之二的

---

① 参照李琳:《近二十年来古典文学主题学研究法述要》,《学术交流》2004 年第 9 期。

《西游记》与《红楼梦》就是两个远古石头神话的再生与重构,二者以古老的石头原型为核心,以修成正果的天路历程和彻悟情缘的尘世历劫为本体,在宗教皈依与背离的双重指向中展现出各具光彩的生命感悟与追求。

(一)神话:石头的灵性之源

神话是人类对远古的追忆,对起源的探索,是人类心灵的象征语言。德国民族学家卡尔·施米茨提出,每个民族的文化都必须借助神话世界回答三个基本问题:(1)是谁用什么方法创造了世界?(2)是谁用什么方法创造了人类?(3)是谁用什么方法创造了文化?① 作为后世一切宗教、哲学、文学的母体,神话对这三个问题的解答也是宗教、哲学、文学的解答。就文学而言,神话的真实赋予了文学以价值的根基、超越的意义和权威的力量。《西游记》与《红楼梦》正是以小说的形式重述了两个文明时代的神话,使神话再一次成为一种具有真正创造力和构成力的因素。

《西游记》与《红楼梦》神话的主角都是一块石头,一块不同寻常的石头,对这块石头出身来历的讲述就象征性地回答了卡尔·施米茨所提出的问题。这两个神话也是创世神话的重述,但《西游记》从遥远的不可追寻的"混沌未分"时说起,把盘古、女娲轰轰烈烈的创世行动改造成一系列神秘而玄妙的术数推演,并从一块汲天地日月之精华的仙石中诞生出了孙悟空,而《红楼梦》的创世则隐藏在女娲炼石补天的救世背后,女娲的锻炼给了顽石以生命,成为人世贾宝玉的前身。根据现代神话学者对创世神话的分类,前者可归于进化型创世,后者乃创造型创世。但不管是自然进化的仙石诞生出孙悟空,还是女娲锻炼的顽石幻形为贾宝玉,这种石头原型的神秘运用正是远古石头崇拜的遗留,也是文学对原始石头神话的选择、提纯与重构。作为文学永不枯竭的神圣源泉,神

---

① 大林太良:《神话学入门》,北京:中国民间文艺出版社1989年版,第46页。

话赋予了宇宙万物以秩序和生命,只有在神话中,石头才具有了灵性的光辉,具有了喜怒哀乐的情感,具有了思慕追求的欲望。在原始神话思维中,石头是神秘生殖力的象征和实体化,这在许多民族的风俗信仰中都可得到证明,如朝鲜神坛有叠石坛,祭祀司人间生殖的原始母神;日本一些地区流传"子持石"的信仰,相信一块特定的石头能生产许多小石头,女人如果向这块母石祈祷,就能怀孕或安产。在中国更有许多神话人物的出生与石头相联系,最著名的即禹与启的传说:

> 禹生于石。(《淮南子·修务训》)
>
> 禹治洪水,通轩辕山,化为熊。谓涂山氏曰:"欲饷,闻鼓声乃来。"禹跳石,误中鼓,涂山氏往,见禹方作熊,惭而去。至嵩高山下,化为石,方生启。禹曰:"归我子!"石破北方而启生。(《楚辞·天问》洪兴祖补注引《淮南子》)

另外,在明初马欢《瀛涯胜览》,其后费信《星槎胜览》中也都记载有石中生人的神话故事,如前者谓:"旧传鬼子魔王,青面红身赤发,正与一罔象合,而生子百余,常啖血为食,人多被食,忽一日雷震石裂,中坐一人。众异之,遂推为王。即令精兵驱逐罔象等众而不为害,后复生齿而安焉。"这些由石而生的人物都具有一些异于常人之处,如成为帝王或英雄,具有不同凡人的品质或能力,曾作出一番伟大的事业或有过特殊的贡献等。这些在《西游记》与《红楼梦》中都有或显或隐、或正或反的承袭与发展。

《西游记》中孙悟空的诞生,既是石中生"人"神话的直接继承,又有更精致的艺术加工与更深刻的内在追求。首先,孙悟空所由诞生的石头是一块"有三丈六尺五寸高,有二丈四尺围圆。三丈六尺五寸高,按周天三百六十五度;二丈四尺围圆,按政历二十四气"的能与天地交感互通的仙石,使得孙悟空的身世更神秘也更神圣。其次,孙悟空是仙石感"天真地秀,日精月华"而孕,其精魂灵魄直接受之于天地日月,成为完全、纯粹的自然之子。再次,孙悟空乃见风而化,其生命直接来源是风。在原始思维中,生物与无生物的区别在于灵魂的有无,而灵魂最通常的住所或附着物即是气息。风是大自然的气息,因此也是灵魂的载体,这就再一次确认了孙悟空自然之子的身份,赋予其无比自由的个性。石猴诞生后,先是通过自己的勇敢与智慧赢得了群猴的信赖与尊重,被推为"美猴王",后有感于"将来年老血衰,暗中有阎王老子管着,一旦身亡"的悲哀,立志云游远涉,寻求长生不老之术。在菩提祖师处学得七十二般变化、筋斗云、长生术,接着闹龙宫、闹地府,直至闹天宫被如来压于五行山下。被唐僧救出后,他护驾西天取经,一路斩妖降魔,功成正果,获封为"斗战胜佛"。石头所诞生的生命得到了佛界和世间的最高承认与奖励,石头神话终止在一个完满的结局上。

《红楼梦》对石头神话做了更大的改造与变形,注入了新的生命与精神。贾宝玉虽非帝王,却是大观园的主人,是这个女儿世界的守护者。他对女儿的崇拜与关爱来自于他前身是青埂(情根)峰下女娲锻炼的顽石。据梅新林先生的研究,这一石头神话乃糅合女娲炼石补天与抟土造人两个神话而成①,而在原始信仰中,女娲除了是救世神,创造神,还是原始媒神。《风俗通》:"女娲祷祠神祈而为女媒,因置婚姻,行媒自此始矣。"(《路史》卷三引)她的锻炼使顽石有了生命与灵性,并有了对性爱情欲的潜在追求,但她的弃置不用又注定了石头无才补天的悲剧。一僧一道的介入改变了石头的存在状态,使其由石而玉,由虎啸猿啼的青埂峰进入温柔富贵的人世间,但却不仅没有改变顽石的命运,反而更以"劫终之日,复还本质,以了此案"的预言再一次确认了顽石劫终回归的命运。回归于石的信仰是与石头的生殖信仰相伴随而来的,既然相信人的生命是由石头带来的,那么死后的灵魂也必将回到石头中去。在许

---

① 梅新林:《红楼梦哲学精神》第一章,上海:学林出版社1995年版。

多民族中都有这一信仰,如中南美的土人相信石头是人类的最后归宿,大石头是伟大的人所化,小石头是小孩子所化;今台湾兰屿的雅美族山胞仍有石葬的习俗,把死者葬在林中的石堆里并列其为禁地。而在我国古代爱情传说中,更有诸多怨妇化石的例子,如《寰宇记》载:"昔有人往楚,累岁不还,其妻登此山望之,久之乃化为石。"《幽明录》载:"昔有贞女,其夫从征,走赴国难,携弱子饯送于此山,立望而死,形化为石。"今世无法实现的爱情、绵绵不绝的思念只能寄托于石头存在状态的无限与永恒。这既是人类通过神话对生命回归的解释,又是通过想象对人生幻灭的安慰。贾宝玉由石头幻形而来,经过十九年悟彻情缘的尘世历劫,最终重新回归于石头,正好形成一个石头神话的完整的圆形结构。

（二）正果与悟情:石头的生命求索

花果山上的仙石诞生了孙悟空,青埂峰下的顽石化成了贾宝玉,一仙一顽,一圣一凡,孙悟空的人生故事始于妖仙而终于正果,贾宝玉的尘世幻缘始于迷情而终于悟情,在各自的舞台上演出了一幕生命体验与感悟、追求与超越的悲喜剧。

孙悟空的母体是夺天地造化之功的天生仙石,这赋予他一个无限自由的出身,既无尘世的挂念,又无人伦的约束,因此使他的人生经历能够被塑造成一种苦行以求正果的精神世界的天路历程。

孙悟空的人生可分为三个时期,即花果山时期、大闹天宫时期和护法取经时期。前两个时期是他妖仙的野性存在状态,后一时期是他追求正果的艰难历程,花果山的石猴过的是无欲无求、混沌未凿的生活,当石猴成为美猴王时,即由"三阳交泰产群生,仙石胞含日月精"的自然存在状态进入了"历代人人皆属此,称王称圣任纵横"的欲望状态。为解除死亡焦虑,求得"久注天人之内",美猴王开始访仙寻道的漫长历程,在暗寓心本位的灵台方寸山、斜月三星洞学到"与天同寿的真功果,不死长生的大法门",并得到"合婴儿之本论"的孙姓。学成后的孙悟空,索宝龙宫,搅乱地府,惊动上天。在这整个过程中,他的欲望由无到有,由潜伏到萌发,终于由"官封弼马心何足"发展到"名注齐天意未宁"。他内部自我实现的心理需求与得不到外部世界肯定的矛盾发展到极端,便导致了大闹天宫的总爆发。这是孙悟空潜意识欲望的明确化与野性活力的大张扬,闪现着原始生命狂野、强悍、粗粝的迷人色彩。但这种任情任性的放纵不合生命的常规,也不能得到生命的完满与完美,而只能永处于"妖仙"的低级境界。而要成正果,须得"尽勤劳,受教诲"(第十四回),经过五行山下五百年被压,孙悟空悔悟前情,见性明心归佛教,随唐僧踏上漫漫取经路。

在十四年的取经路上,孙悟空面临重重磨难与考验。就外部而言,他要斩妖除怪,降魔斗邪,保卫师徒四众安全,保证取经事业成功;就内部而言,他要时常忍受唐僧的责骂、惩罚,猪八戒的诽谤、污蔑,就其一身而言,更有其内心世界神性与魔性的激烈斗争。妖仙的野性本能与正果的神性目标之间既横亘着十万八千里的艰难途程,更贯穿着精神、意志、力量的严峻考验,而最严峻的考验即在于对虔诚一心的考验。当师徒之间的相互猜忌产生二心时,也就逗引起孙悟空"我自己上西天拜佛求经,送上东土,我独成功,教那南赡部洲人立我为祖,万代传名"的二心,导致"二心竞斗","南征北讨无休歇,东挡西除未定哉",神性与魔性、神心与魔心的相争相斗互为轩轾,不分上下,暗示了心魔的难以克服。实际上,取经路上的重重劫难,不仅在于为取经的实际进程设置了层层阻碍,更在于为取经人的精神世界设置了一次又一次"山重水复疑无路"的拷问与审判。经过九九八十一难的考验,孙悟空以其全始全终的顽强与坚忍,以其对理想、信念的执着追求,正果西天,成为斗战胜佛,艰难曲折的天路历程的终点是生命的大光明、大辉煌境界。

贾宝玉的前身是青埂峰下女娲所炼的顽石,是人(神)工而非天工的产儿,女娲媒神的神性角色更为他的出身染上了性爱、情欲的色彩,未得补天的命运则暗示了他"于国于家无望"的悲剧。因此,他降生于人世繁华中,处于复杂的人伦、人际关系中,为一情字用尽一生心力,最终却只能"渺渺茫茫,归彼大荒",回归于石头的原初存在。回首一生,一切的热烈与冷漠,欢笑与哀哭,契合与隔膜过去之后,似乎什么都没有剩下,生命只是一场在"奈何天,伤怀日,寂寥时"回味苦涩的尘世幻缘。

贾宝玉"一落胎胞,嘴里便衔下一块五彩晶莹的玉来,上面还有许多字迹",从此,这青埂峰下顽石的幻相——通灵宝玉就一直神秘地伴随着他的人生,无论他怎样用力地摔、砸,它都毫无损伤。而当它主动离开时,贾宝玉就失去了心智灵性,"直是一个傻子似的",也就是说,通灵宝玉是贾宝玉生命的本体,是其精神、灵气之所居,而肉体形态的贾宝玉不过是一个物质外壳而已。但顽石幻形为通灵宝玉,是以"失去幽灵真境界"为代价的,它"幻来亲就臭皮囊"后,已失去神性,不知道自己的所来所归,前因后果。这就在生命的内相与外相之间形成了隔膜,使贾宝玉无法向真我的本相认同,自我变成了自我的陌路人。打破这一隔膜的过程,也就是彻悟自己过去未来的过程,而对贾宝玉来说,最艰难、最深刻的彻悟也就是对情的彻悟。

宝玉乃"天分中生成一段痴情",他的"呆性""傻气""下流痴病"都根源于他对情的执着与痴迷。在痴迷中,他由"天不拘兮地不羁,心头无喜亦无悲"的世外顽石变成"粉渍脂痕污宝光,绮栊昼夜困鸳鸯"的尘世宝玉,由清而浊,由净而垢。但在他不断沉迷的陷入中,仍有着促其觉悟的提升力量,使他最终彻悟情缘,斩断尘念,飘然出世。宝玉对情的参悟,最主要的有三次,第一次是第二十二回"听曲文宝玉悟禅机",第二次是第三十六回"识分定情悟梨香院",第三次是第一一六回"得通灵幻境悟仙缘"。悟禅机发生于宝钗生日的热闹中,于中,宝玉首先体会到的是"巧者劳而智者忧"的烦恼,更推而广之,感受到"爱博而心劳"的痛苦,"赤条条来去无牵挂"的人生孤独感、寂寞感在正月的欢快喧闹中深深地刺痛了他。而这一次,宝黛对生命本质的领悟有了层次隔阂。黛玉讥宝玉所作偈曲为"痴心邪话",说明她并不理解宝玉此时所感受的痛苦,她所续的"无立足境,是方干净"虽彻悟,却只是语言文字的技巧。她无法破译字面的表层代码,进入到宝玉生命感触的内心深处,共同体味"赤条条来去无牵挂"的孤寂与悲怆。情悟梨香院恰发生于梦兆绛云轩、宝玉从灵魂深处发出对金玉良缘的否定、对木石姻缘的认同之后,就更具深意。龄官的拒绝及与贾蔷的小儿女情态使宝玉"自此深悟人生情缘,各有分定"。龄官的冷漠对素日众星拱月的宝玉是一个打击,又未尝不是一次警醒。幻境悟仙缘是宝玉对自己与众女儿命运的再次审视与最后觉醒。其时宝玉实体已死,唯存精魂,也即神瑛侍者,玉是石,瑛也是石,宝玉已逐渐接近自己的本相。在这场迷离惝恍的神游中,宝玉得知了自己神瑛侍者与黛玉绛珠仙草的神界身份,识破了记载众女儿命运的文字密码,照过了风月宝鉴,得到了"世上的情缘都是那些魔障"的警示。重回人世的宝玉,"不但厌弃功名仕进,竟把那儿女情缘也看淡了好些",最后终于了却尘缘,莲台剃度,赤条条来去无牵挂了。

宝玉的三次"悟"分别对应着生命的不同层面。悟禅机,悟的是人生孤独感与至亲者不能相通的悲哀。在爱情的狭隘层面上,宝黛是不说"混账话"的知己,而在情的宽泛意义上,则黛玉无法领会宝玉的心境,因为她所感受的是自己的爱情痛苦,宝玉所感受的则是众女儿的生命悲哀。识分定,宝玉悟的是情缘的各有归属,不可强求与生命的不完美,这使他在黛玉死后虽魂游阴司,苦苦寻访,而醒来之后,"仔细一想,真正无可奈何,不过长叹数声而已";对袭人的改嫁最后也冷静接受,而黛袭正是当年认定可同生同死之人。最后的悟仙缘,领悟的是人生沉重的宿命感。青埂峰下的顽石无才补天,幻形入世,以通灵宝玉的幻相隐秘地规定着宝玉的生命,不管他怎样以摔、砸的形式象征性地反抗这先验的命运,最终却只能在无可奈何中接受这不可违背的宿命,在对情的由迷到悟中完成尘世历劫的生命。

(三)宗教:石头的价值悖论

神话孕育了宗教,但当宗教形成以后,却在逐渐消解着神话的精神。神话意味着控制与抗争,宗教则意味着乞求与妥协;神话代表着面对困境并寻求解决的力量,而宗教则暗示了逃避苦难以寻求庇护的心态。当孙悟空被封为佛,贾宝玉出家为僧,神话中的石头经过人生阅历而走向宗教时,也就是宗教继神话后对生命的接管,表征着神话时代的终结和宗教时代的开始。但神话作为一种精神力量,其价值是永存的,在向宗教的皈依中,《西游记》与《红楼梦》又同时以不同形式走上了背离宗教之路。

当石头有了自己的生命时,也就有了对人生的独特追求,在正果与悟情的过程中,孙悟空与贾宝玉以渐进与循环的不同生命模式既不断趋近于宗教,又始终在这趋近中保持着反抗的姿态。

孙悟空的人生由花果山称王开始,直到正果西天,除了中间五百年的被压五行山外,一直呈昂扬的渐进态势。以五行山被压为中点,此前是孙悟空人生的神话阶段,即他个性不断扩张、追求自我实现的欲望不断膨胀的阶段,其人生轨迹也随着闹龙宫、闹地府、闹天宫而不断上升,使得诸神束手、玉帝心惊,达到其野性生命力的最高点,这也是神话对宗教的胜利,神话力量、神话精神的最高点。而被压五行山则是宗教力量对神话生命的挫败,是已成正果者对尚为妖仙者的警诫与惩罚。诞生于石的孙悟空被压于石匣之中,经过这一死亡回归的置换变形,孙悟空获得了新生,由神话人生走向了宗教人生。但他的见性明心归佛教,一方面是拯救其出樊笼的契机与条件,另一方面又是为自己设置了一个新的樊笼,那就是他头上的紧箍儿。紧箍儿代表了宗教的约束力量,而孙悟空时时想除去紧箍儿的冲动则是神话精神的留存。在为宗教而历尽千辛万苦的十四年中,孙悟空并没有表现出多少佛徒的虔诚与信仰,而是仍然一路高扬着自由豪迈的旗帜,高举着荡清尘宇的金箍棒,斩妖降怪,以除恶为最大的行善。与之相对的,是代表宗教精神的唐僧,他无疑是一个极端虔诚的佛徒,但他的一味慈悲、人妖不分、耳朵软,时时听八戒的撺掇念紧箍咒,每一次都造成了不良后果,轻则自身遭擒,延误取经进程;重则连累四众,使取经事业无法进行。这就揭示了宗教的一个悖论,即它所奉为圭臬的,恰是妨碍其行动、阻止其目标达成的。孙悟空每一次的胜利,可看作是神话战斗精神对宗教慈悲精神的胜利,这一胜利在宗教的表层光环下闪着更深邃的光芒。然而,神话作为人类童年时代的记忆,不可能成为人生的终极归宿,因此,生命的完满、功成正果的理想必须以宗教作为最终的价值指归,来自自然的野性生命必须获得神界的肯定。当孙悟空经过艰苦卓绝的天路历程,正果西天时,作为其功行圆满的标志,也就意味着他的来自自然,而最终超越自然。但这一境界并非纯粹的宗教境界,而是仍透露出神话的锋芒,斗、战、胜与佛之无嗔无欲本是对立的两极,却统一于孙悟空一身,这暗示了神话的生机与宗教的妥协,而孙悟空积极进取的生命意志则闪烁着时代思想的美丽光辉。

《红楼梦》中的石头神话不仅具有归结全书的结构性意义,而且直接规范了贾宝玉的生命模式。当顽石经女娲锻炼通灵后,就由无知无识的自然存在变为有欲有求的生命存在,产生入世的强烈欲望。在幻形入世的十九年中,他既经历了人世荣华富贵,更体验了锥心刺骨的情缘幻灭,彻悟后,他弃世出家,回归于青埂峰下,其人生构成一个封闭的循环模式。

贾宝玉的生命可分为三种形态:一为神界形态,即顽石;一为凡界形态,即贾宝玉;在凡界形态的终点和回归神界之间是宗教形态,即出家后的贾宝玉。从神界来说,顽石的生命历程是思凡入世—尘世历劫—回归大荒;从凡界来说,贾宝玉的生命历程是衔玉而生—悟彻情缘—弃世出家。神界之石与凡界之玉的生命模式是对应的,都是圆形的循环模式。而作为这一循环中介的便是宝玉的弃世出家,这是夹在神界与凡界之间的一小段混沌,是一种没有任何宗教信仰的宗教人生。在宝玉生命中几次神秘出现的一僧一道,作为宝玉整个人生的引起者和归结者,又是宝玉的前鉴和榜样。他们看破世情,斩断尘缘,却又仍劳劳碌碌,为孽海情天的儿女超脱度化,觉其迷,警其痴,实际上并未与这个世界隔绝。而宝玉的出家,如舒芜先生所论,是因为这个世界已毁灭了他的爱,所以只有逃出这个世界去坚持他的爱,他并没有真正地"却尘缘",而是带着他最不能割舍的全部"尘缘"。① 宗教成为尘世苦痛的逃避和解脱,这一皈依既带着无可奈何的酸楚与悲哀,皈依的同时又在怀疑着这一皈依。空空道人的"因空见色,由色生情,传情入色,自色悟空",形成一个否定之否定的过程,这又何尝不是宝玉的生命历程? 只是空未必空,了犹未了,因此更见沉痛,他把一生经历化为一篇"字迹分明,编述历历"的石头故事,而所记"不过几个异样女子,或情或痴,或小才微善",又"大旨谈情",这不正是那无法忘却也不愿忘却的青春情怀,那无可逃避也不再逃避的尘缘旧事吗? 弃世不是无情而是至情,出家不是绝缘而是悟缘,当神话在显示生命痛苦的同时并赋予改变这一痛苦的力量时,宗教却是在提纯生命痛苦的同时又深化了这一痛苦,那白茫茫的雪地,那"谁与我游兮,吾谁与从。渺渺茫茫兮,归彼大荒"的歌声,流露着对尘世生命的无限悲悯,在神话与宗教的交织共构中展现出了生命的复杂深刻内涵。

《西游记》与《红楼梦》对石头原型的神话重构,尽管有着不同的结构模式与叙述原则,一指向修成正果的天路历程,一指向彻悟情缘的尘世历劫,一诙谐俗熟,一雅正端庄;但在终极的意义指归上,神话又都成为作者个人心灵的象征语言,成为对有限生命存在

---

① 《谁解其中味》,《说梦录》,上海古籍出版社,1982 年,第 29 页。

状态的寓言表述。换言之,在《西游记》与《红楼梦》中,小说文本的神话层面凌驾于其他故事层面之上,是作品的最高寄意之所在,是主题变奏的形而上层次,是哲理思索、探求的起源与归结。正是神话意味与文学形态的水乳交融形成了《西游记》与《红楼梦》独特的魅力与价值。

(崔小敬《石头的天路历程与尘世历劫——〈西游记〉与〈红楼梦〉石头原型的文化阐释》,《红楼梦学刊》2000 年第 2 辑。)

二、《红楼梦》"绛珠还泪"说的主题学追索

对《红楼梦》中绛珠"还泪"之说,历来评论者都赞叹不已,如脂砚斋谓:"观者至此,请掩卷思想,历来小说可曾有此句?千古未闻之奇文。知眼泪还债,大都作者一人耳。余亦知此意,但不能说得出。"姚燮《红楼梦回评》第一回回评谓:"还泪之说甚奇。然天下之情,至不可解处,即还泪亦不足以极其缠绵固结之情也。林黛玉自是可人,泪一日不还,黛玉尚在,泪既枯,黛玉亦物化矣。"但对这一奇特情节的来龙去脉却很少有人稍作探讨,多谓千古未有,创自雪芹,唯有话石主人《红楼梦精义》谓"化灰不是痴语,是道家玄机;还泪不是奇文,是佛门因果",对此略有发明,但亦语焉不详,"还泪"之语乃"佛门因果"虽非空穴来风,但在其发展演化过程中却已发生了深刻的变化。

最早的"还泪"之说确实与佛教因果报应之说有关,关于此点的详细论述可参见项楚先生《王梵志诗校注》有关部分,在第 075 首诗:"怨家煞人贼,即是短命子。生儿拟替翁,长大抛我死。债主暂过来,征我夫妻泪。父母眼干枯,良由我忆你。好去更莫来,门前有煞鬼。"注释后的按语中,项楚先生对以"短命子"为"怨家债主"及征泪之事作了详细考索,指出此说"盖出于释氏,而影响于我国民间甚为深广,故近世尚闻有称儿女为'冤家'者",其材料自佛经至中土志怪、变文、笔记、诗歌等无不搜罗,此处仅录其与征泪有

关部分如下："《广记》卷一二五《卢叔伦女》(出《逸史》)：'某前生曾
贩羊，从夏州来，至此翁庄宿，父子三人并为其害，劫其资货。某前
生乃与之作儿，聪黠胜人，渠甚爱念。十五患病，二十方卒。前后
所用医药，已过所劫数倍。渠又为某每岁亡日作斋，夫妻涕泣，计
其泪过三两石矣。'此则短命子所征索者不仅钱财，兼及眼泪。又
李群玉《哭小女痴儿》：'负尔五年恩爱泪，眼中唯有涸泉知。'即是
此诗之'征我夫妻泪'，而为《红楼梦》第一回绛珠仙草'还泪'说之
滥觞。"①项楚先生的考证颇为详尽，但谓此即"《红楼梦》第一回绛
珠仙草'还泪'说之滥觞"，言虽有理，其间的跨越却嫌太大。"征我
夫妻泪"与绛珠"还泪"看似相同，实际上有着本质性的区别。首
先，就人物身份、关系而言，前者索泪人与还泪人之间是子女与父
母的关系。而《红楼梦》中，并无明确的索泪人，还泪人的行为是单
方面进行的，其还泪的潜在对象与之是情人关系。其次，就因果报
应的性质而言，前者是恶的报应，因父母曾对子女之前世犯下恶
行，故被害者转世投胎为其儿女，且短命而死，尽耗其资财感情，于
是为恶者受惩罚，受害者得补偿，体现了善恶报应的公正性。而在
《红楼梦》中，这种因果报应则是善的回报，绛珠仙草因感激神瑛侍
者的甘露浇灌之恩，因此主动下凡，以泪相还。这种还泪，对林黛
玉来说，是其全部情感与生命的付出，而贾宝玉并不能从这一行为
中得到任何益处，因此这一善的回报并无积极性意义，只是在轮回
的过程中完成了前世的预约。再次，就行为的自觉性而言，前者的
还泪是被动的、不自觉的，而后者的还泪则是主动的、自觉的。

《红楼梦》的结构框架之一是佛教因果报应模式，这已为历来
研究者所公认，但这一因果报应却与传统的因果报应有很大的不
同，尤其是"还泪"之说的加入，正如一僧一道中之道所言："实未闻
有还泪之说。想来这一段故事，比历来风月事故更加琐碎细腻

---

① 项楚：《王梵志诗校注》，上海：上海古籍出版社 1991 年版，第 246-250 页。

了。"因此，可以说，《红楼梦》中的"还泪"故事虽自项先生所言"征我夫妻泪"之索泪故事发展而来，但中间实已经过了宗教色彩渐褪、情感深度渐进的二度变形。

第一度变形乃从亲情扩展至友情，由"短命子"索债之"征我夫妻泪"变而为感于友情而"还君一掬泪"，"还泪"的性质由被动而主动，由恶的报复变为善的感念。前者见之于诗中，除项楚所引李群玉诗（按，全诗为："平生未省梦熊罴，稚女如花坠晓枝。条蔓纵横输葛藟，子孙蕃育羡螽斯。方同王衍钟情切，犹念商瞿有庆迟。负尔五年恩爱泪，眼中惟有洞泉知。"）外，尚有孟郊《悼幼子》："一闭黄蒿门，不闻白日事。生气散成风，枯骸化为地。负我十年恩，欠尔千行泪。洒之北原上，不待秋风至。"此诗性质与李群玉诗相似，仍是谓短命子来"征我夫妻泪"之义。而白居易有《伤唐衢二首》，则一变为笃厚之友情，诗前部分尽述自己与唐衢相交之契，且言唐衢对自己相知之深，今引其二于下："忆昨元和初，忝备谏官位。是时兵革后，生民正憔悴。但伤民病痛，不识时忌讳。遂作秦中吟，一吟悲一事。贵人皆怪怒，闲人亦非訾。天高未及闻，荆棘生满地。惟有唐衢见，知我平生志。一读兴叹嗟，再吟垂涕泗。因和三十韵，手题远缄寄。致吾陈杜间，赏爱非常意。此人无复见，此诗犹可贵。今日开筐看，蠹鱼损文字。不知何处葬，欲问先歔欷。终去哭坟前，还君一掬泪。"诗人在此处极写唐衢与己交往之深，交谊之厚，尤其是自己写《秦中吟》后，在当时万人睚眦的处境下，唐衢更以其非常的理解与"赏爱"令诗人感动至深，允为平生知己，如今故人物化，文字凋零，黄土一抔亦无从寻觅，忧心恻恻，哀痛无端，故唯欲以坟前之一掬清泪相报，愿以此稍酬知己之情。由此可见"还泪"之说已不限于短命子与父母之间，凡双方之一有所亏负，均可言以泪相还。从性质上说，此"还君一掬泪"已与绛珠之"还泪"较为接近，唯一欲施之于已死之后，一乃注定于未生之前而已。

第二度变形乃由友情进而为爱情，由友人之"还泪"变为情人之"负（欠）泪"。《红楼梦》第五回所述"红楼梦十二支"曲中，最后一支"飞鸟各投林"向被认为是对全书人物及事件的预言与设计，对其寓意虽各有解说，但"欠泪的，泪已还"一句，却除专指林黛玉外，别无解释。其实，"欠泪"也即"还泪"，正因有"欠"，才会有"还"；既然要"还"，定是当初有所"欠"，有所"负"。如上引李群玉及孟郊诗，均有"负泪"、"欠泪"之说。欠（负）泪为前日之因，还泪为今日之果。而"负泪"之说，宋词中多见，且往往与情爱有关，如蔡伸《浪淘沙》："楼下水潺潺。楼外屏山。淡烟笼月晚凉天。曾共玉人携素手，同倚阑干。云散梦难圆。幽恨绵绵。旧游重到忍重看。负你一生多少泪，月下花前。"柳永《忆帝京》："薄衾小枕天气。乍觉别离滋味。展转数寒更，起了还重睡。毕竟不成眠，一夜长如岁。也拟待、却回征辔。又争奈、已成行计。万种思量，多方开解，只恁寂寞厌厌地。系我一生心，负你千行泪。"赵长卿《贺新郎》："负你千行泪。大都来、一寸心儿，万般萦系。似恁愁烦那里泊。故自三年二岁。为你后、甘心憔悴。终待说、山盟海誓。这恩情、至此非容易。"上引诸词中之"负"非"辜负"之"负"，而是"欠负"之负，言女子为情人流泪之多犹如欠负于情人而来偿还，犹如现在情人之间吵嘴，一方言：算我欠你的，如何如何，实在是对对方情深至极而无奈之极之言。

经过以上两度变形，已由最初专叙佛门报应的"索泪"变为更具深广意义与人性内涵的"还泪"，这是一个宗教因子逐渐减少、情感质素逐渐增加的过程，《红楼梦》从"索泪"的单纯质朴的因果报应框架发展而来，最终铸成"木石前盟"的千古绝唱。"还泪"前缘乃小说一切前因后果之所系，允为"木石前盟"最动人心弦处，亦可见《红楼梦》之伟大处不在其无中生有横空出世，而在其百花成蜜而后出转精。

从"索泪"至"还泪"的发展过程如上所述，尚有一点附记于此。眼泪到底有无流尽之时，恐不易度量，绛珠言"但把我一生所有的眼泪还他"，堪称绝调，但前人亦有类似表述，如周紫芝《生查子》谓："新欢君未成，往事无人记。行雨共行云，如梦还如醉。相见又难言，欲住浑无计。眉翠莫频低，我已无多泪。"此种往事如烟，旧欢如梦，而我泪已无多之黯黯伤心情境，与黛玉"近来我只觉心酸，眼泪却象比旧年少了些的，心里只管酸痛，眼泪却不多"之情怀感触颇有相似处。

（崔小敬《"还泪"奇缘》，《红楼梦学刊》2004 年第 2 辑。）

三、中印龙女报恩故事比较

关于龙王龙女的故事，在中国各族民众口头上流传广远，至今不衰。龙的形象虽然在中国古代神话传说中早就出现了，可是情节生动、情趣丰富的龙王龙女故事，却是在吸收了佛经中龙王龙女故事的影响之后才产生的。季羡林先生写道："虽然唐代的传奇文从主要方面来说继承和发扬的仍然是六朝以来的中国固有的传统，但是印度的影响却随处可见，上面谈到的阴司地狱和因果报应仍然继续存在。此外还添了许多新的从印度来的东西，其中最突出的就是龙王和龙女的故事。"[1]

佛经所载龙女故事，最具代表性的就是《经律异相》（南朝梁代僧旻、宝唱撰集）卷四三从《僧祇律》第三十二卷中摘编的《商人驱牛以赎龙女得金奉亲》这一篇：

佛住舍卫城南，有大林邑，商人驱八牛到北方俱哆国。复有商人，共在泽中放牛。时离车捕得一龙女，穿鼻牵行。商人见之，即起慈心，问离车言："汝牵此欲何等？"答言："我欲杀啖。"商人言："勿杀，我与你一牛，贸取放之。"捕者不肯，乃至八牛，方言："今为汝故，我当放之。"即取八牛，放去龙女。时商人复念，此是恶人，恐

---

① 季羡林：《印度文学在中国》，见《比较文学与民间文学》，北京：北京大学出版社 1991 年版，第 106 页。

复追逐，更还捕取，即自随逐，看其所向。到一池边，龙变为人身，语商人言："天施我命，今欲报恩，可共我入宫，当报天恩。"商人答言："汝等龙性卒暴，嗔恚无常，或能杀我。"答言："前人系我，我力能杀彼。但以受布萨法故，都无杀心，何况天今施我寿命，而当加害？小住此中，我先入摒挡。"是龙门边，见二龙系在一处，问言："汝为何事？"答言："此龙女半月中三日受斋法，我兄弟守护此龙女不坚固，为离车所得，以是故被系。唯愿天慈，语令放我。此龙女若问欲食何等食，当索阎浮提人间食。"龙女摒挡已，便呼入坐宝床褥上。龙女白言："天今欲食何等食？"答言："欲须阎浮提人间食。"即下种种食。问龙女言："此人何故被系？"龙女言："此人有过，我欲杀之。"商人言："汝莫杀。""不尔，要当杀之。"商人言："汝放彼者，我当食耳。"白言不得，直尔放之，当罚六月，摈置人间。商人问言："汝有如是庄严，用受布萨为？"答言："我龙法有五事苦，何等五？生时龙，眠时龙，淫时龙，瞋时龙，一日之半，三过皮肉落地，热沙搏身。"复问："汝欲求何等？"答："我欲求人道中生。"问："我已得人身，应求何等？"答言："出家难得。"又问："当就谁出家？"答言："如来应供正遍知今在舍卫城。未脱者脱，汝可就出家。"便言："我欲还归。"龙女即与八饼金，语言："此是龙金，足汝父母眷属终身用不尽。"语言："汝合眼。"即以神变持著本国。

行伴先至，语其家言，入龙宫去。父母谓儿已死，眷属宗亲聚在一处，悲号啼哭。时放牧者及取薪草人见已先还，语其家言，某甲来归。家人闻已，即大欢喜出迎，入家已为作生会，作生会时，以八饼金持与父母："此是龙金，截已更生。尽寿用之，不可尽也。"①

《经律异相》因是摘编，略去少量文字。须对照原文，才能将这个故事理解得更透彻。

本篇故事虽不长，情节却颇为曲折丰富。一贩牛商人到异地

---

① 《经律异相》卷四三，上海：上海古籍出版社1986年版，第229页。

经商，见人在泽中捕得一龙女，顿起慈悲之心，经讨价还价，用八条牛赎出龙女，于水池边放她归家。"离车"是刹帝利种姓中一氏族之专名，此处似指捕食龙的那位商人来自这一氏族。印度的龙直译为"那伽"，实际上是居于水中呈蛇形的一种神奇动物。故事开头中的那伽女显然是以蛇的形态在泽中活动才被人捕获，而且穿上鼻子牵着走的。既然它们有神通，为什么还受制于人呢？原来这位那伽女此时正受"布萨法"，行佛教斋戒之礼，所以伏伏贴贴，听人摆弄。

故事接着叙述变形为人身的龙女邀请商人前往水底龙宫作客小住。商人在龙宫门边看见守门的两龙被系感到奇怪，经打听原来是他们守护龙女不严，使她被人捕获，由此受到惩罚。他们请商人相救，并告知商人在龙宫里只能"索阎浮提食"即人间的普通食物。因龙宫的种种食物中，有"尽寿乃能消者，有二十年消者，有七年消者"；普通人吃下这些食物大概是很难受的，只有食用人间食物可当即消化。商人为受罚的龙说情，龙女原来是要杀掉它们的，经商人以不放他们就不进食相威胁，龙女才答应让他们摈置人间受6个月之苦来了结此事。谈到龙女为什么要受"布萨法"斋戒修行，龙女倾诉了生为龙族之苦，所谓"生时龙，眠时龙，淫时龙，瞋时龙，死时龙"这"五事苦"，意指水中那伽虽可化身为人，可是在生育时，睡眠时，男女交媾时，瞋怒时，死亡时，还是免不了要显现狰狞丑陋的兽形，每天要受皮肉落地、热沙搏身的煎熬。所以它们的最大愿望便是完全转生人道。当商人问龙女自己已属人道，应求何等时，她便劝商人当皈依舍卫城的如来出家修行。"如来、应供、正遍"，是释迦牟尼的10种称号中的3种，如同现代的"导师、领袖"等连称一样。龙女在这里称颂如来，打上了佛经说教的鲜明印记。

最后一段是龙女馈赠商人8饼金以报恩德。这种龙金"截已更生"，即截取之后它还会生长还原，是取用不竭的一种宝物，由此表现出龙宫多宝藏的幻想。这一段运用倒叙、插叙手法，先讲同伴还乡告知商人入龙宫事，正当其父母谓儿已死、悲号啼哭之际，商人意外归家，于是由悲转喜。这一小段文字既富有人情味，又表现出印度故事摇曳多姿的叙述风格。

载有本篇故事的《摩诃僧祇律》，译成于东晋义熙十四年(418)二月末，因此研究者指出，"写龙女报恩，今所见始于此篇。"①在中国故事史上具有重要研究价值。

这篇故事是专讲龙女报恩的。此外，《经律异相》卷二十二从《大智度论》第十七卷中摘编的《沙弥于龙女生爱遂生龙中》，则叙述了一个小和尚和龙女缠绵悱恻的爱情故事。一个小和尚跟随师父在山中行道，被龙女所看中，常行骚扰。小和尚也对龙女生出了爱意。师父劝阻不成，后来形成悲剧。以下是后半截的叙说：

> 师乃觉之，呼出语言："此非采女，是畜生耳。汝为沙弥，虽未得道，必生忉利天，胜彼百倍，勿以污意。"沙弥言："此龙居处，世间少有。"师曰："彼有三苦，一者虽百味饭，入口即化成虾蟆；二者采女端正无比，欲为夫妇，两蛇相交；三者龙背有逆鳞，沙石生其中，痛乃达心胸。此为大苦，汝何以从之？汝未得道，不可令见鬼道及国王内事也。"沙弥不应，昼夜思想，忆彼不食，得病而死，魂神生为龙作子。②

老和尚劝阻小沙弥不要爱恋龙女，因龙族是免不了要受三种大苦，而和尚将来修行生天，"胜彼百倍"。小和尚既不能有违师教而娶龙女，又对龙女昼夜忆念，最后得病而死，魂归龙族。

唐玄奘赴印度取经归来撰述的《大唐西域记》中，也载有一则关于释迦族的落难公子和龙女相爱并结成夫妻的故事。对话中龙王龙女有"况乎积祸，受此龙身"，"不遗非类，降尊就卑"的话，表明

---

① 白化文：《龙女报恩故事的来龙去脉》，《文学遗产》1992年第2期。
② 《经律异相》卷二十二，上海：上海古籍出版社1988年版，第121页。

龙族地位之卑贱。又龙女因宿业未尽,"每至宴私,首出九龙之头",即"淫时苦"之具象化。这印证了佛经文本中龙女故事和古印度民众口头传诵的龙女故事基本形态一致,有其显著民族特色。

从这几篇故事和有关佛经来看,印度的龙王龙女形象大致有如下特征:龙是常居水中的蛇形动物,已构成家族,有龙王、龙子、龙女等;他们所住的龙宫不但豪华富丽,龙宫里还藏有许多珍贵神奇的宝物;龙具有兴云致雨、变形化身的神通,然而它又是比人低一等的畜类,因前生积恶而堕入龙族,常常要受三种苦事或五种苦事的折磨。这样,龙女和世间男子的爱恋便很难有美满的结局。

中华民族被称为"龙的传人",龙在中国文化中有极深远的影响。中国早期神话传说中的龙是一个什么样子呢?"龙"字早在商代的甲骨文、金文中就有了。《周易》中就有关于龙的生态习性的描述,汉代许慎《说文》释"龙"称:"鳞虫之长,能幽能明,能巨能细,能短能长,春分而登天,秋分而入渊",认为龙是一种爬虫类而能多变的神性动物,这一说法几乎成为了中国古代文献中关于龙的定义。近年出版的一部研究龙文化的专著《龙与中国文化》,就已知文献资料进行综合考察之后给龙下了这样一个定义:"龙是出现于中国文化中的一种长身、大口、大多数有角和足的,具有莫测变化的世间所没有的神性动物。"①中国唐以后在作家文学和民间文学中盛传的龙王龙女故事,并非直接由古代关于龙的叙说演化而来,它是见于印度佛经的上述龙女故事传入中国之后,人们运用艺术匠心将中印两国龙的形象加以巧妙融合进行再创造而构成的。

白化文所撰《龙女报恩故事的来龙去脉》一文,研究龙女故事从印度佛经进入中国唐宋传奇的演化过程,认为唐人笔下的《柳毅传》是中国人自创龙女故事的开始:"它已完全脱离佛教,而发展成一个中国类型的神异故事。""而其去脉,则大致结穴于宋代《朱蛇

---

① 刘志雄、杨静荣:《龙与中国文化》,人民出版社1992年版,第12页。

记》。明清小说仿作,大致不出唐宋两作范围。"《柳毅传》是点石成金,而《朱蛇记》由于将龙女由受恩对象变成为他人报恩的工具,而且是以偷窃试题的不光彩手段来报恩,流于市井化,便又点金成铁了。该文的论述有不少精当之处为本书所吸取,可惜的是它只限于从文人创作的传奇小说中来考察这个故事的演变,完全未涉及见于民间口头创作,为中国民众所喜闻乐见的大量龙女故事,其内容便显得不够完整了。

　　龙女故事是我国最为常见的神奇幻想故事之一,丁乃通编撰《中国民间故事类型索引》,其中的 555 型"感恩的龙子和龙女",592A 型"乐人和龙王",592A1 型"煮海宝",女主角都是龙女,共收录古今故事近 100 例。① 此外,龙女还走进"螺女"型、"百鸟衣"型等故事之中,派生出新的亚型。在中国民间口头叙事文学中,有关龙女的种种叙说已经不只是一两个故事类型,而是在从南到北、从东到西的广大范围内众口传诵的一个故事群了。

　　其中渊源久远,和上述佛经故事的形态最为接近的就是"感恩的龙子和龙女"这个类型,丁乃通依据六十年代之前的材料编撰《中国民间故事类型索引》时,就已搜求到 37 例,现在积累的异文已经超出这个数字几倍了。其中最具代表性的文本,有汉族的《张打鹌鹑李钓鱼》②、藏族的《奴隶与龙女》③,苗族的《木匠和龙女》④,土家族的《张百中》⑤,壮族的《老三与土司》⑥,朝鲜族的《水

---

　　① 丁乃通:《中国民间故事类型索引》,北京:中国民间文艺出版社 1968 年版,第 191、206、209 页。

　　② 见孙剑冰:《天牛郎配夫妻》,上海:上海文艺出版社 1983 年版。

　　③ 见肖崇素:《奴隶与龙女》,北京:中国少年出版社 1957 年版。

　　④ 凌纯声、芮逸夫:《湘西苗族调查报告》,商务印书馆 1947 年版。

　　⑤ 刘守华:《绿袍小将》,长江文艺出版社 1985 年版。

　　⑥ 农刚本口述、侬易天整理:《广西民间故事辞典》,南宁:广西教育出版社 1993 年版。

宫公主和农夫》①等。这些故事情节大同小异，现将出自著名女故
事家秦地女之口的《张打鹌鹑李钓鱼》的故事梗概介绍如下：

> 张打鹌鹑和李钓鱼是拜把兄弟。李钓鱼有一天钓回一条
> 金翅大鲤鱼，张打鹌鹑可怜它，不让李大哥杀掉，把它要来背
> 到河边放生了。原来这鱼是海龙王的五小子。海龙王就派巡
> 海夜叉上岸将张打鹌鹑请进龙宫答谢他的恩德。按巡海夜叉
> 的指点，他什么也不要，只要龙王面前的一只哈巴狗，带回家
> 就变成了一个美丽能干的闺女，原来她是龙王的三女儿。

> 张打鹌鹑娶了龙女为妻，将妻子的画像插在地头耕地，画
> 像被风刮走，落到员外院子里，员外儿子为了同他换老婆，提
> 出来同他打赌。第一回是用鸡蛋碰石磙，龙女从龙宫要来的
> 鸡蛋，将员外的石磙碰成了两半；第二回赛马，龙女从龙宫要
> 来一匹瘦马，在赛场上一起步就遥遥领先；员外家的恶小子还
> 不服输，刚好张打鹌鹑说了一句："我说不跑，你说跑呀跑呀，
> 跑下个没意思吧！"他就借故刁难，要张交一个"没意思"出来。
> 龙女又到龙宫找来一个红筐子，其实那是个火药箱，员外一家
> 人把它当宝贝耍，突然爆炸开来，把这伙恶人都烧死了。张打
> 鹌鹑和龙女从此过上了安生日子。

把它和佛经故事加以比较，可以看出，除了"被救者感恩图报"
这一核心母题和观念来自佛经故事外，将本是一种神奇动物的"那
伽"充分地加以人格化，构造出亦真亦幻、亲切感人的艺术境界，这
似乎也是从印度故事中吸收艺术滋养的结果。

不用说，这些至今还活在人们心目中的龙女故事，又在长期口
头与书面传承过程中不断演变，已经完全世俗化、中国化了。其最

---

① 裴永镇整理：《朝鲜族民间故事讲述家金顺德故事集》，上海：上海文艺出版社
1983年版。

大变化,一是龙女地位的改变。印度故事中的龙女,属形体丑陋、地位卑贱的畜类,虽有某些神通,龙宫中也有许多珍宝,她们在人类面前常自惭形秽,把人间男子对她们的爱怜追求,视为"降尊就卑",在男人面前俯首贴耳;尽管如此,由于宿业未尽,难脱几种苦事,龙女和人间男子便难于实现美满结合。那伽女的形象特征,显然是印度种姓制度下贱民阶层贫困苦难生活的象征。中国故事中的龙女形象则不一样。由于中国尊崇龙,在古老年代就视帝王为龙种,龙族既神奇而又高贵富有,人间男子获得龙女的爱情便常有受宠若惊之感。男主人公进龙宫娶龙女,象征一种美好归宿,在故事叙述中常常表现出和进王宫做驸马同等的意义。

二是龙女形象的美化。在中国的龙文化中,龙女不仅有崇高的地位,而且有优美的心灵和巨大的能耐。民间故事中如出现两个正面人物,则往往以一强一弱为流行模式,尽管故事是以一位勇敢善良的小伙子,主动救助化身为鱼或蛇的龙子龙女来开始叙述,在随后展开的种种冲突纠葛中,小伙子往往是遇事一筹莫展,而龙女则无所畏惧,无所不能。龙王看不起人间的小伙子,龙女执着地与之相亲相爱;小伙子一无所有,龙女使魔法一夜之间就盖起高楼大厦,带来丰衣足食;他俩在人间建立的幸福家庭遭到邪恶势力的迫害,龙女凭助龙宫的支持,进行有力的抗击,最后用一把大火或一股洪水埋葬了那些穷凶极恶的压迫者。在《张打鹌鹑李钓鱼》中,男人每次遇着难题回来,总是唉声叹气,龙女的回答却是:"不怕,明早你去我大那里,叫巡海夜叉……"这一细节的反复正是对男女主人公性格差异的着意渲染。著者10年前撰写《东西方两位女故事家之比较》一文时,曾写过一段话:"中国封建社会中形成了根深蒂固的轻视妇女的偏见,然而奇怪的是,民间文学中塑造的妇女形象却有不少是强而有力的,乃至在一定程度上压倒了男性。这一方面反映出为传统观念所忽视的女性潜在力量的存在,另一方面恐怕也是女性口头传承人'自我陶醉'、'自我扩张'心理的自然流露。"①这一特征在龙女故事中更有突出表现。

三是故事形态的多样化。由于人们喜爱龙女，便为她编织出了形形色色的动人故事。作为基本型式的报恩型故事，大多增添了龙女夫妻俩为维护自己的权利同邪恶势力抗争的情节，并使叙述中心转移；其他亚型或突出龙女对音乐及乐手的喜爱以见其优美情操；或在对龙王父亲的抗争中，表现她对爱情自由的执着追求；或在救助孤儿、帮助人们寻找水源的故事中赞颂她的侠义品格；等等。人们由龙女的"女强人"特征构想出一系列新奇故事，由于这些故事的广泛传播，又使得龙女的形象更加血肉丰满、深入人心。

中国龙女故事经历了一个漫长而曲折复杂的演变过程。《柳毅传》《刘贯词》等唐人传奇、《郑生遇龙女》《张生煮海》等宋元戏曲、《朱蛇记》等明人话本，都对民众口头传诵至今的龙女故事产生过不同程度的影响。它是在口头传承与书面传承交相融汇中发生变异，从佛经中走出来，逐渐世俗化与中国化的。就故事构成本身而言，"如愿"及"祸斗"两个母题的插入值得特别提起。"如愿"原是湖神的婢女，与人相伴，能使其"所愿辄得"，事事如意。故事原见于《录异传》，到《荆楚岁时记》成书之时，"求如愿"已演成为民间习俗。后"如愿"与龙女合二为一，《朱蛇记》中的龙女就取名"如愿"，清人作《求如愿》杂剧，更将龙女如愿的形象予以张扬。尽管口传故事中的龙女没有叫"如愿"的，然而在人们的心目中，龙女就是一位能使人"事事如愿"的女神，从此她的形象就定格为"女强人"，备受人们的尊崇和喜爱了。

"祸斗"见于唐人《原化记》中的《吴堪》。本篇所述是一个螺精故事，螺女报恩嫁给吴堪，县官想占有她，便向吴堪索要种种世间没有的稀罕物品给以刁难，其中有"祸斗一枚"，龙女制作出一种食

---

① 刘守华：《比较故事学》，上海：上海文艺出版社1995年版，第322页。

火喷火的怪物交去,在一场大火中埋葬了这些邪恶之徒。"祸斗"的新奇幻想来自《旧杂譬喻经》里的"祸母",它楔入《吴堪》不仅使故事的趣味大增,还生动有力地表达出了民众对压迫者的愤怒抗争情绪。后来被移植到各族民众口头叙说的龙女报恩故事中,成为定型化的情节结构。它们的名字是依据对话情境随意取的,有的叫"没意思",有的叫"稀奇货",有的叫"窝罗害"等,实则均由"祸母"、"祸斗"演化而来。这个母题的楔入和情节的延续,使得中国龙女故事的意趣和佛经中商人赎龙女得金奉亲的故事截然有别了。

《柳毅传》出于文人对龙女题材的再创作,因构思精美,又演为民间故事,湖南、陕西均有柳毅和龙女的故事在民众口头传诵至今(湖南关于柳毅和龙女的故事已采录刊出十多篇,如《洞庭湖的来历》、《柳毅与龙王娘》等,见巫瑞书《荆湘民间文学与楚文化》一书引述,岳麓书社 1996 年版;陕西有《柳毅与龙女》,见《中国民间故事集成·陕西卷》,中国 ISBN 中心 1996 年版)。《朱蛇记》为龙女故事进入宋元城镇说话艺术遗留的成果,新构想的报恩情节因适合市井趣味而显得格调平庸。研究者把它们相对照来探讨中国龙女故事的来龙去脉是有见地的。但不应忽略除此之外,还有一个更为广大的龙女故事群存活于中国 30 多个民族的口头文学之中。

(刘守华《中印龙女报恩故事之比较》,《中国比较文学》1999年第 3 期。)

四、离魂、还魂与人鬼恋母题

一

我国的古代文学作品特别是小说戏曲作品中,常有"离魂型"和"还魂型"爱情、婚姻故事,它们往往与人鬼相恋故事交缠在一起,但如作严格区分,应该分作三类:离魂型、还魂型和纯一的人鬼相恋型故事。

今知离魂型爱情故事的最早文本是南朝宋代刘义庆所撰《幽

明录》中的《庞阿》篇,它描写一位石姓女子,爱上一位"美容仪"的男子,名叫庞阿,于是私去庞宅,庞阿的妻子妒怒,指使婢女缚住石女,送还石家,途中石女"化为烟气而灭",婢女径自到石家,说明此事,石女的父亲吃惊发愣,说他的女儿一直在家,"都不出门"。后来才知道,原来是石女的"魂神"去了庞家。一年后,庞妻得病去世,于是庞阿娶石女为妻。

这类题材,以后一直延续发展,题名唐代牛峤所作《灵怪录》和李冗(或作李亢)《独异志》中都有类似故事。但最有名的当数唐代陈玄祐的传奇小说《离魂记》(见《太平广记》,题作《王宙》),篇中描写衡州官员张镒曾许诺把女儿倩娘嫁给外甥王宙,后来却食言,拟把倩娘另嫁他人。这时倩娘和王宙早已情愫相通。王宙愤而告别张家,登船离去。倩娘夜间跣足追舟,和王宙私奔到蜀地。五年后,已育有两子的倩娘思念父母,经常哭泣。王宙携家回到衡州,向岳父请罪,说明经过。张镒大惊,说是其女卧床数年,怎能私奔?最后方知是倩娘离魂出行。小说结局当然也是躯魂合一,合家团聚。

与此相类的还有元人郑光祖《倩女离魂》杂剧。郑光祖是"元曲四大家"之一,他的这个杂剧作品被文学史家誉为"元代四大爱情剧"之一。这个剧本的主干情节来自《离魂记》,却又反过来使《离魂记》在元代以后更是广为人知。"母本"靠改编本扬名,这在文学史上并不罕见。

作为"离魂型"故事的"姐妹题材"的"还魂型"爱情、婚姻故事则常常与人鬼相恋交织在一起。这类作品出现得也较早,东晋干宝《搜神记》中的《河间郡男女》以及据此增润而成的《王道平》就已经出现了还魂复生的爱情、婚姻故事。秦始皇时,长安少年王道平与同村少女唐文榆"誓为夫妇",后来王道平"被差征伐",羁留南方,九年不归。唐文榆在父母强迫下嫁给了刘祥,三年后"悒悒而死"。她死后三年,王道平得以还家,邻居告诉他唐女的悲惨经过。

王道平在唐女墓前"悲号哽咽","绕墓悲苦,不能自止"。后来他打开墓门,唐女尸身未损,并复活还生,二人结为夫妇,而且长寿百岁。

以上所说的"离魂型"爱情故事的特征是人未死,灵魂离躯,独立行事。"还魂型"故事的特点则是人已死,后来复活,继续相恋,结为夫妇。还有一种故事是纯写人鬼相恋,最早文本应是旧题三国时曹丕所撰《列异传》中的《谈生》篇,它曾被人误定为还魂型爱情故事。其故事内容是:谈生四十未娶,勤奋读书,一天晚上,有一位十五六岁的漂亮女子前来,双方同居,结为夫妇,并生育一儿。两年后,该女离去,留给谈生一件珠袍。谈生因家贫,到市上去售袍,被睢阳郡王家买走,却发现是郡王女儿下葬物品。后来究明真相,又发现那个两岁小孩长相很像郡王的女儿,于是郡王相认谈生为女婿。

以上三种类型故事最初当是民间传说,后来被写成文本。但在这以后,此类故事还会不断在民间传说中出现,并且产生各种衍变和演异。譬如较早的南北朝时期的《庞阿》篇中的离魂故事的主人公,仅仅是因为爱上男主人公美貌,于是灵魂离开身躯,私奔前往。到了唐代传奇小说《离魂记》中,女主人公离魂私奔,就含有反抗封建家长制、争取婚姻自由的思想意蕴。但这并非只是作者陈玄祐的创造或"加工",因为它原来也是一个民间流传的故事。陈玄祐在这篇小说的末尾曾有说明:"玄祐少常闻此说,而多异同,或谓其虚。大历末,遇莱芜县令张仲规,因备述其本末,镒则仲规堂叔祖,而说极备细,故记之。"可见,这类"离魂"故事本来就是民间传说,所以在口头上"多有异同"。这就说明,同一类型的民间传说故事,在不同的时代,它会不断地产生,而且总会发生程度不同的这样那样的变异。这里未必有作者的文本功能在内。也就是说,像《庞阿》与《离魂记》未必是作者一空依傍,虚构创造的,它们之间也未必有直接的传承关系。但另一种情况却也同时存在,就是历代的作者也常常有意识地"改造"前代故事,把它们作种种变化的描写,显得丰富多彩,这就属文本功能了。例如,明初瞿佑《剪灯新话》中的《金凤钗记》所写离魂故事更加显得新奇。吴兴娘因思念远出不归的未婚夫崔兴哥,郁郁死去。后来崔兴哥回到扬州,吴兴娘的鬼魂附在妹妹庆娘的身躯上前去相会,并且双双私奔,这时吴庆娘实是病卧在床。一年后,崔兴哥夫妇又回到扬州吴家,这时兴娘说明真情,鬼魂离去,妹妹庆娘立时病愈,却不知情。最后,兴哥与庆娘成婚。明末凌濛初把这篇文言小说《金凤钗记》改写成白话短篇,题目就叫作《大姐魂游完宿愿,小妹病起续前缘》,收入《拍案惊奇》小说集中。这个故事很明显既汲取了离魂型故事,又汲取了《太平广记》选录的唐人温畲《续定命录》的《李行修》篇的情节。《李行修》这篇小说描写一位东台御史李行修的故事,李和妻子王氏十分恩爱,王氏死后,李在桐桑驿遇见一位"善录命书"(犹善于星命之学)的王姓老人,在他的帮助下,与妻子冥间相见,妻子嘱他与妻妹成婚。

还魂型爱情、婚姻故事也有不断地变异、丰富的发展过程。例如宋人郭彖《睽车志》中的《绚娘再生》篇,描写一位官家女儿绚娘死后旅殡佛寺,其亡灵却与寄寓寺中的一位文士相爱,终于复活,双双私奔他乡。情节构思较之《王道平》固然更见奇巧,思想内容也见出新意,人鬼殊途可以暗中相恋,但一旦亡灵复活,成了人间夫妻,却要遁走异方,呈现出比较深刻的社会批判意义。

元明之际陶宗仪的《南村辍耕录》中的《鬼室》篇所写人鬼婚姻更见奇特:温州监司之女未待婚配,即因病去世。监司请人画写女儿之像,每年年初张设哭奠,平常日子则收藏起来。监司任满离去时,忘了将画像带走。后任监司之子发现此像,把它悬于卧室,有一天,那位像主忽从画中而出,自此两人夜夜相会。后来监司之子强求女子吞食饼饵,女子忽然由鬼变人,只是不能言语而已,于是结为正式夫妻。

《南村辍耕录》的撰者陶宗仪在《鬼室》篇后议论说,唐人杜荀鹤《松窗杂记》中也有画中女子走出画面,与画幅藏主赵颜成婚生子故事。陶氏所说《松窗杂记》所记画中女故事实即《太平广记》中的《画工》篇,不属还魂型,那女子不是鬼,而是所谓"神画"上的"地仙"。但于此却可见出《鬼室》故事挫笔参会,自成一格,它把"还魂型"和"画中女"故事糅合在一起了。

与离魂、还魂型故事相较,人鬼相恋型故事数量更多,也自有变化和迁异过程。与最早的人鬼相恋文本《谈生》相距不远,同是写人鬼恋的晋干宝《搜神记》中的《紫玉》篇就见出新意,其间描写吴王夫差之女紫玉与韩重相爱,吴王不允婚配,紫玉郁郁而亡。韩重前往墓前途中,紫玉显魂,说是死生异路,永无后期,愿做人鬼夫妻。三天后却行分别,已遂生平之愿。社会悲剧色彩更见浓厚,珍惜情爱之意也更显深重。

唐人传奇《独孤穆传》(见《太平广记》引《异闻录》,作者不明,或谓陈翰作,或谓李玫撰)中描写的人鬼恋故事既具政治色彩,又有文情凄婉的特点。作品主人公独孤穆遇见的女鬼竟是二百年前即已死去的隋炀帝的孙女杨氏。隋末,宇文化及在江都诛杀炀帝同时,杀死不少隋室皇裔亲臣,其中有车骑将军独孤盛和炀帝的孙女。独孤穆是唐代贞元年间人,是独孤盛的八代孙。小说作者匪夷所思,描写时空距离如此遥远的人与鬼之间互通款曲,成就婚姻,所谓情通幽显,永以为好。作品中描写炀帝孙女杨氏自述身世时,充满凄婉之情,它的政治色彩则表现为隋室之亡唱挽歌。更有特色的是,这对人鬼夫妻最后"永以为好"的结局并不表现为女鬼还魂,却是男人"暴亡",合葬杨氏墓中,去做"长久"的鬼夫妻了。

论者尝谓《独孤穆传》对宋人钱易的《越娘记》和清人蒲松龄的《公孙九娘》都有影响。只是后两篇文言小说中的人鬼恋都以短暂相聚,即行分离作结,悲剧色彩较浓,也就不再向还魂或鬼夫妻转化了。倒是宋元白话短篇小说中的《碾玉观音》(见《京本通俗小说》）出现了由人鬼夫妻到鬼夫妻的情节，区别在于男主人公崔宁并不像《独孤穆传》和《越娘记》中的男主人公那样分明知道对方是女鬼，却衷心相爱，他其实并不爱鬼，也并不知道他的妻子璩秀秀已成为鬼，当得知真相后，没情没绪，恐惧害怕，却被秀秀双手揪住，叫得一声，四肢倒地，命归黄泉。这就是所谓"璩秀娘舍不得生眷属，崔待诏撇不脱鬼冤家"，足显市民小说特点。

二

文学作品最具"个性"，最珍特殊，把文学作品作类型区分，只是一种研究方法的体现，创作家决不会按照"类型"来撰写作品，因此，本文所说的"离魂型"、"还魂型"和纯粹人鬼相恋型也只是大致区分，如果胶柱拘泥，生硬套搬，却会离开文学创作的通例。如明代汤显祖的著名作品《牡丹亭》就几乎融合了上述三种类型的故事特征。它既有男女主人公柳梦梅和杜丽娘梦中的幽会（即双方离魂相会）情节，又有杜丽娘死后，其鬼魂和柳梦梅幽会情节（即人鬼幽会），最后还有杜丽娘返魂复活，与柳梦梅正式成婚的情节。其中又穿插了杜丽娘死前描容作画，柳梦梅拾画相思等描写，这种描写又是从上述"画中女"故事汲取、生发而得。实际上，汤显祖在《牡丹亭》中把上述"离魂型"、"还魂型"和人鬼相恋这三种爱情类型结合在一起，是一种集大成式的主干情节。

自20世纪50年代以来，人们评论以这类故事为内容的文学作品时，通常用浪漫主义创作手法来作解释。读者和观众则由于具有现代的认识水准和科学态度，不可能去相信离魂幽会、人鬼相恋与还魂复活这些情节的"真实"，所以也就往往认同浪漫主义或积极浪漫主义一类的解释。

作出这类解释的评论者一般并不认定中国的古典作家具有上述"主义"的自觉态度。事实上，无论就这些作家主体来说，还是就当初民间传说的传播者的主体来说，他们对这类故事的"真实"实在是深信不疑的。《离魂记》的作者陈玄祐就曾言之凿凿地说是实有其人；陶宗仪也说，《鬼室》故事属实"有之"，"此事余童子时闻之甚熟，惜不能记两监郡之名"。至于宋人郭彖所撰《睽车志》，取义《易·睽卦》所谓"载鬼一车之语也"。清代的四库馆臣当然知道"睽车"之意，但还是说此书所载"为当时耳目所闻者"。对古代大多数读者和观众来说，他们对这类故事、传说以及具有这种内容的文学作品，也并不会去求证它们是否纯是事实。当然，像汤显祖这样的作家并非是有鬼论者，所以他在《牡丹亭·题词》中说，他只是借生生死死故事来写"情"。至于清初那位写鬼描狐圣手蒲松龄，也不是鬼狐迷信论者，那篇《公孙九娘》实际上是通过人鬼恋来写一群被清政府镇压杀戮的冤鬼，所谓"香草沉罗，血满胸臆"。但对于古代大多数读者和观众来说，像《牡丹亭》和《聊斋志异》这类作品非凡的艺术力量，使他们在审美过程中见怪不怪，津津乐道，也不会追究真耶假耶！所以"浪漫主义"云云，评论者只是在作一种"现代"阐释。但是，对于今天的读者和观众来说，仅仅将还魂、离魂一类情节解释为浪漫主义手法或积极浪漫主义方法，则可能会遭遇一种可能出现的误区，难以进入古代作家所设置的语境中去获取审美认同。而审美鉴赏的规律昭示我们，如果忽略乃至忘记去再现出一定的语言文化环境，易于导致人们对古典作品作出概念式的图解。所以，人们越来越不满足那种并非全错的浪漫主义手法之类的说法，更多地转换其他视角，作出这样那样的阐释。

这里比较重要的是要从寻找根源着手。首先要注意的是"灵魂不死"观念，它作为一种原始思维，以民间民俗、宗教迷信形式大量保存在古代民族文化心理中。恩格斯曾谈到灵魂不死观念："在远古时代，人们还完全不知道自己身体的构造，并且受梦中景像的影响，于是就产生一种观念：他们思维和感觉不是他们身体的活动，而是一种独特的、寓于这个身体之中而在人死亡时就离开身体的灵魂的活动。从这个时候起，人们不得不思考这种灵魂对外部世界的关系。既然灵魂在人死时离开肉体而继续活着，那末就没有任何理由去设想它本身还会死亡,这样就产生了灵魂不死的观念。"①恩格斯是从更高的理论层次上作出的概括。

人们还运用原型批评来认识还魂复活故事,英国人类学家詹姆士·弗雷泽曾从神话与仪式的源头来认识死而复活的传说。弗雷泽著有《金枝》一书,这部12卷的论著被认为是对原型批评最具贡献的力作。我国的学人曾有评论说:"弗雷泽在书中追溯神话与仪式的源头,他看到古代各民族都有死而复活的传说,例如古希腊人每年在收获葡萄的秋天举行仪式,祭祷酒神狄俄尼索斯(又称草木动物之神),既表现他的受难与死亡,又欢庆他的复活。弗雷泽认为这与春夏秋冬四季循环有关,古人不辨四季,但见草木荣枯有序,盛衰有时,便自然联想到人与万物的生死,于是造出上述神话和仪式以模仿这种变化节律。他以大量材料论证了这一观点。"②很明显这是从原型批评角度提出的观点。20世纪50年代后期,加拿大的诺思罗普·弗莱在《批评的剖析》一书中更系统地阐述原型批评理论观点时,也论及如下"发现":象征昼夜交替与四季回环,即从神的诞生、历险、胜利、受难、死亡到复活,这么一个完整循环,包含着文学中的一切故事。实际上是把四季回环与死亡复活对应而立论③。

原型批评和心理学有很深的因缘,因此,人们又注意到现代心理学家的有关观点。例如继承弗洛伊德衣钵的白德库克,他在《文化的精神分析》一书中曾论及农耕社会盛行"泛灵论"的原因,如果扬弃他的泛性分析的陈套滥调,而从社会生物学的植物反应说,连类到农耕社会的生死观念的特征,或许有若干启示意义。白德库

---

① 《马克思恩格斯选集》第三卷,北京:人民出版社1972年版,第219-220页。

② 傅修延、夏汉宁:《文学批评方法论基础》,南昌:江西人民出版社1986年版,第115-116页。

③ 傅修延、夏汉宁:《文学批评方法论基础》,南昌:江西人民出版社1986年版,第115-116页。

克的著作在中国翻译出版后，我国学人曾有评论，其中有一段话语大可令人思索："平心而论，白德库克对经济的论析往往浅尝辄止，常被他强烈兴趣所在的泛性分析所阻断。依我看来，农耕对采集的心理回归，主要是因为两者的劳动对象有同一性，都是同植物打交道。这与狩猎以及后来的游牧大异其趣。后者劳动对象是生命力外发的、鲜活蹦跳的动物。植物的生命力内在而含蓄，人类从它身上最易感受到有节律的和谐，接受它的赐予。不会有像面对鲜活生命体肢解挣扎的那种恐惧和自责。植物的生与死无声无息得可以泯灭其界线而不加计较，从这里消失，不久又会从这里再现，像人入梦、梦醒一般，静谧而神秘。农耕民族没有游牧民族那种对死亡是惩罚的恐惧，容易产生'来世'的观念。"① 这是从比较农耕民族与狩猎民族的不同角度出发而提出的又一种人类死而复活观念与植物生命现象有关的说法。

中国有一个古老的哲学命题，叫作"天人感应"，早先人们对"天"的解释是很宽泛的，当今学人则把这个哲学命题中的"天"完全视作是自然界了。于是，中医学中的一个传统观点也就被说成"天人感应论"的一个例子。譬如，中医典籍中说过：合欢叶昼开夜合，可治失眠症。类似这样的说法，其实也是一种植物现象反应论，把植物的"夜合"与人的睡眠对应起来。当然，合欢作为药物，在医疗实践中的有效作用，也未必能使人们都去认同社会生物学的植物现象反应理论。何况，我们在这里讨论"离魂"和"还魂"这类文学故事原本是虚幻的。但是，无论是原型文化批评，还是社会生物学，实际上涉及的是植根于古代民俗的深层文化背景，因此，上述两种具体说法是否完全"正确"，自可不论，需要重视的恰恰是文化背景，也只有在这种民间深层文化的背景中，我们才能理解古代文学中出现的这类离魂和还魂的故事题材。

---

① 王家范：《爱与恨：对"原始父亲"的情感矛盾》，《读书》1993年第11期。

弗雷泽《金枝》一书也曾叙述了大量关于"离魂"的民俗故事，并说："正如动物或人的活动被解释为灵魂存在于体内一样，睡眠和死亡则被解释为灵魂离开了身体。睡眠或睡眠状态是灵魂暂时的离体，死亡则是永恒的离体。"又说："不过万一一个人的灵魂要离开其身体，并不一定必须在熟睡时，醒时也可离去，于是他就会害病，精神恍惚，或死亡。"他还在例举澳大利亚伍龙杰里部族中的索灵招魂习俗时说："有一个人躺在床上奄奄一息，因为他的灵魂离了他的身体。一位男巫到处追索这个灵魂……把灵魂送进他体内，不一会儿，那人就活过来了。"①这些论说则又涉及"离魂"故事的"世界性"，也即普遍性，这类故事形式的本源就在民俗文化之中。

"离魂"一类故事本属民间传说，只是已由文人摄取进入他们的作品中。较早的民间文学研究者大抵不把《离魂记》这类文人写作的传奇小说视作他们的研究对象。但这种形式主义视角逐渐被代替，现在的民间文学史著作中已承认唐人传奇小说与民间传说结有不解之缘。至于上述《河间郡男女》《绚娘再生》和《鬼室》此类篇章却已被认定是民间故事乃至是十足的民间故事。其实，这些篇章也保不定是经过文士加工或有所加工的。这里或许涉及民间文学史研究中关于"民间故事"和"民间传说"的界定标准和人们对这种界定标准的运用与把握，见仁见智，讨论起来也就更趋复杂。但无论如何界定，对民间故事或文人作品中的民间传说成分，都需从民间深层文化的背景去作观照认识。郑光祖的《倩女离魂》、凌濛初的《大姐魂游完宿愿，小妹病起续前缘》和汤显祖的《牡丹亭》等作品，都是文人创作文本，摄取、加工和改造、新创的文本功能十分明显，但也还是离不开民间深层文化背景的映衬和观照。

如果把传统所说的魏晋南北朝时期志怪一类书中记载的离

---

① 弗雷泽：《金枝》，北京：中国民间文艺出版社1987年版，第269-277页。

魂、还魂和人鬼相恋的爱情、婚姻故事篇章都视作是民间故事,把宋元以来的笔记体小说中记载的类似故事也视为民间故事,那么,对它们的发展变化及其原因的研究是十分有意义的。这种研究是指更广泛意义上的"离魂型"或"还魂型"或人鬼相恋型故事的研究,甚至是同时研究这三种类型。那么,也就可以不再把它们区别为民间故事和文人作品,而是归总、打通起来研究,在多视角的"复合研究法"中一显身手,因为这里涵盖着人们通常说的"渊源学"、"题材史"、"类型学"和"母题—子题"等等。那时,人们将会进入一个丰富的文化研究世界。

（邓绍基《关于"离魂型"、"还魂型"和纯一人鬼相恋型文学故事》,《江苏行政学院学报》2004 年第 1 期。）

第三节 主题学与古代小说教学:以"变形"为例

当前虽然"主题教学""主题学习"等术语都已经在中学语文教育中得到一定运用和落实,但真正运用主题学的学科理论来研究中学语文教材并在课堂教学中进行实践的,就笔者所见,相对还偏少。造成这种现象的原因,一是主题学研究需要老师和学生都有大量相关作品的阅读和积累,范围可能包含古今中外,这在目前的教育语境下还有一定的实现难度;二是主题学研究需要有跨文本、跨文体乃至跨学科比较的视野,要有灵心妙悟,善于从看似纷乱的文学现象中寻找出"变中的不变"与"不变中的变",并探讨其背后的社会背景、文化语境等深层次原因。笔者梳理了当前语文教育界对主题学的运用,发现较多地集中在对《聊斋志异·促织》一篇的教学中,而这一现象的产生可能与中学语文教材同时选了卡夫卡的小说《变形记》有关,二者都提及了人物的变形,很容易作比较研究,而更进一步进行探索的教师就可以发现二者共通的主题"异化"。下面就以《促织》教学为例,谈一下主题学在中学古代小说教学中的运用。

一、中外文学中的异化变形母题

关于人或动物变成异类这样的故事在中国古代故事中很早就有，像《西游记》中孙悟空的七十二变更是变形母题的各种变化。比较文学界有关变形母题的探讨早在 20 世纪二三十年代已有涉及，不过相关的理论成果基本上是在 20 世纪 90 年代末才为中学语文界所关注。真正将比较文学研究与中学语文课堂教学实践相对接的是胡亚渝，其自 90 年代末起陆续发表《中学语文比较文学导读》系列文章，主要包括《五个吝啬鬼——〈中学语文比较文学导读〉之一》《为玛蒂尔德作心理分析——〈中学语文比较文学导读〉之二》《〈药〉与外来影响——〈中学语文比较文学导读〉之三》《中国的"变形记"——〈中学语文比较文学导读〉之四》《狼的故事——〈中学语文比较文学导读〉之五》（分别发表于《苏州教育学院学报》1996 年第 4 期、1997 年第 4 期、1999 年第 4 期、2000 年第 1 期、2000 年第 2 期）等五篇文章，为比较文学进入中学语文提供了具体指导，对中学语文教师的教学与研究具有借鉴性意义。下面引用胡亚渝关于"变形"母题的相关探讨作为下文《促织》教学的理论背景（个别文字与标点有改动）。

人们一谈到现代西方表现主义大师卡夫卡时就会想到他的短篇小说《变形记》。旅行推销员格里高尔·萨姆沙"从不安的睡梦中醒来，发现自己躺在床上变成了一只巨大的甲虫"。人变成了虫，荒诞而又令人恐怖，但是读者接受了这种荒诞，并且把篇幅不长的《变形记》看作卡夫卡的主要代表作。

其实古罗马的阿普列尤斯早就写过一篇《变形记》（又名《金驴记》），那是一个人变驴的故事，年轻的猎人鲁齐乌斯为好奇心驱使，误用了魔药变成了一头驴。这头人变成的驴仍具有人的思维，但不能说话，只能发出一声声驴叫。故事随着鲁齐乌斯变成的驴被强盗抢走而展开,忍辱负重的驴眼见强盗打家劫舍,想阻止却无能为力;几次欲与被抢来的姑娘一起逃跑,都未能成功。后来虽为姑娘的未婚夫解救而逃离强盗窝,却不幸多次被卖,直到吃了埃及女神伊西斯带来的蔷薇花冠才恢复人形,从此虔诚敬奉伊西斯女神。这则人变成驴的故事最大的特点是有完整的故事情节:人因好奇而误用魔药变驴——具有人的思维的驴历尽苦难——经神示而恢复人形。故事通过驴的苦难历程来展示古罗马的社会生活:残忍、贪婪的强盗,不幸的年轻姑娘,善良的老婆婆,胆小的牧人以及声名狼藉的云游僧,贪得无厌的富人,悲惨如驴的奴隶,诚实的小工业者,等等,他们的生活和遭遇构成了一幅广阔的有声有色的古罗马的社会生活画面。而鲁齐乌斯因埃及女神之神助而恢复人形又从一个侧面反映了古埃及文化对古罗马文化的影响和渗透。

有趣的是中国也有一则人变成驴的故事。《太平广记》卷286《板桥三娘子》绘形绘色地写了板桥三娘子将人变成驴而后自己又被别人变成驴的故事。开旅店的板桥三娘子无儿无女无亲属,且不知从何处而来,但"家甚富贵,多有驴畜",一个名叫季和的书生宿在三娘子的旅店。当晚三娘子与旅客"会饮极欢",众客大醉而酣眠,唯季和不善饮酒而辗转难眠。半夜季和闻隔壁三娘子卧室窸窣有声,从板壁缝中窥见三娘子取出小小的木牛、耒耜、偶人作法使之在床前耕地,种麦并在顷刻间收下麦子、磨成粉、做成烧饼。季和心知有异,开门而潜于户外窥之,终于亲见众旅客吃下烧饼后变成驴。三娘子则将人变成的驴驱入店后驴圈而没收了他们的行李货物。颇有心计的季和并不张扬,一个月后再来住店,将预先做好的荞麦饼换下三娘子的魔饼并请三娘子吃。三娘子吃了魔饼亦立即变成一头十分壮健的驴。季和骑着这头驴四处周游,日行百里好不潇洒。四年后一老人识得驴之真相,请求季和宽恕它并从驴口鼻边掰开驴皮救出三娘子。恢复人形的三娘子拜谢老人而去,不知所终。这个人变成驴的故事情节曲折且颇有"请君入瓮"

的意味,隐含的惩戒、教诲之意,耐人寻味。

佛经故事中也有一些富含惩戒、教诲之意的"变形"故事。《杂宝藏经·树神》写了一个人变成羊的故事。一个富人想吃肉,诳称为祭树神而杀了一只羊并吃了羊肉。死后此人投生为羊,险些被儿子抓来杀掉。这个告诫人们不可杀生的故事,人的变形是在轮回中完成的:死后投生,且蕴含着因果报应,体现了典型的印度佛教文化中的轮回、业报观。

中国的神话传说、志怪传奇中人的变形故事大多为"魂化",如生不能同床共枕,死后同穴而魂化为蝶的梁山伯、祝英台,精诚所至、泣血悲鸣的精卫鸟是炎帝的小女儿女娃之魂魄所化(《山海经》),《聊斋》中那些人变成鹦鹉、乌鸦、蛇、虎、马……也大都为魂魄所化。

高中语文第五册所选的《促织》就是一个著名的魂化为虫的故事。在这个故事中蒲松龄没有正面描写成名之子魂化为蟋蟀后的所思所感,只是在故事结束时交代:"后岁余,成子精神复归,自言身化促织,轻捷善斗,今始苏耳。"蒲松龄将大量笔墨放在描写将人异化为虫的时代和社会环境上,通过曲折离奇的故事情节揭示悲剧产生的原因。而在展开情节的同时,作者将人物的命运,角色的喜怒哀乐,情感的波澜起伏一一渗透其间,从而引起人们极大的震撼:人贱物贵,命不如虫!何等地触目惊心!

与卡夫卡的《变形记》相比,《促织》所描写的变形虽然一样地荒诞而令人恐怖,但两者之间的区别却是十分明显的。

首先,卡夫卡的《变形记》重在展示人物的内心世界,而《促织》则着重描绘外部环境。《变形记》中通篇几乎都在描写格里高尔变形为虫后的心理活动:虫眼看世界,虫耳听世界,内心——仍是人的内心——所感受的巨大痛苦和绝望。寥寥几笔的外部环境描写则突出"不变"两字:房间仍是"四堵熟悉的墙壁",日常生活、街头即景与往日无异。人物的巨大变化与环境的静止不变形成了一种反差,加深了人异化为虫后的灾难感、陌生感、恐惧感。而《促织》则重在揭示激烈的社会矛盾,作者细致、逼真地描绘现实的黑暗腐败、成名父子被逼无奈、走投无路的悲惨遭遇,以加深对社会的揭露与抨击。

其次,从描写手法、叙述语调来看,卡夫卡在《变形记》中采用简洁、精炼的笔法,以平淡而近乎冷漠的叙述语调来表现人异化为虫后的内心世界。人物始料不及的突变隐含着沉重的悲哀,但作者却处理为理所当然,司空见惯而不动声色。在格里高尔变为甲虫后大量的内心独白中既没有富于感情色彩的修饰语也没有精雕细凿的抒情描绘,即使在人物面临死亡时,作者仍然客观而又冷漠地叙述"他消灭自己的决心",在所有的亲人都彻底地厌弃这仍具人的思维的大甲虫后,他不再进食,只是"陷在空虚而安谧的沉思中","怀着温柔和爱意想着自己的一家人",终于"他的头无力地颓然垂下,他的鼻孔里也呼出了最后一线摇曳不定的气息"。接着,做粗活的老妈子发现了那已干瘪的尸体,全家人松了一口气并永远离开了这个地方。不动声色地叙述、丝毫不流露作者的感情也不发表任何评论正是《变形记》重要的表现手段,而《促织》中,蒲松龄的一腔"孤愤",满腔激情则毫无保留地倾泻在细腻的描绘中。"宫中尚促织之戏",民间被迫以促织充赋税而至倾家荡产、家破人亡是魂化为促织的社会背景。作者以大量的、生动的细节描绘这一背景中演出的人间悲剧:成名因找不到促织被殴至"脓血流离",成名之子不慎弄死促织惧而投井,成名之妇因恐"蟋蟀笼虚"无法充纳赋税而"不复以为念"……在描绘命不如虫的悲惨画面时,作者悲愤的控诉、辛辣的嘲讽一一流之于笔端,"宫中"之予杀予夺、"草民"之微贱悲惨令人唏嘘!

在描绘成名之子魂化促织救父于危难困顿时,蒲松龄以"喜"写哀,以想象中的扬眉吐气来慰藉现实中的悲苦无告,正是那头若有若无、貌不惊人的小虫,大斗"蟹壳青"、怒集雄鸡冠、所向披靡直至进入宫中"闻琴瑟之声""应节而舞"。于是故事情节发生戏剧性的逆转,悲剧变成喜剧,惶惶不可终日的成名"以促织富"得"田百顷,楼阁万椽"而至"裘马过世家"。因促织而家破人亡,因促织而鸡犬升天,蒲松龄对现实的批判和嘲讽是何等的犀利!

在展示曲折离奇的故事情节时,作者或浓墨重彩、工笔细描,如大斗"蟹壳青"这一高潮戏,小虫之艰难取胜,几起几落;小虫之深通人性、机敏勇敢被描绘得细致入微、栩栩如生。而对魂化变形者本人,作者却吝于笔墨,只以"气息惙然""神气痴木、奄奄思睡"等语一笔带过。然而这位九岁的孩子在这场悲惨的"促织之戏"中所承受的巨大痛苦和压力却在寂寂无声中透出令人惊骇的力量:民生艰难、生灵涂炭,作者的矛头直指最高统治者——"宫中",痛心疾首的激愤之情,力透纸背!

《促织》是中国的"变形记",它以现实主义的手法,正面描写尖锐、激烈的社会矛盾,寄寓作者的"孤愤""抨击",魂化促织的情节加深了故事的警世之意。卡夫卡的《变形记》是寓言式的,它采用表现主义的手法,避开现实社会中的矛盾、斗争而着重探讨人的精神危机,以揭示现实的本质。在蒲松龄的笔下,成名一家追求的只是温饱,温饱不得,命若游丝,魂化为虫,仍以求得温饱而满足。卡夫卡的笔下,生而追求精神自由的人,在强大的"物"的世界中,奋力挣扎而终究无法摆脱,那份难以言状的惊恐、宿命令人齿冷心寒。

蒲松龄的"变形记"以情节曲折、激情洋溢取胜,人物变形后的动作、行为及外部环境是作者描绘的重点。卡夫卡的"变形记"以哲理思考、冷峻、严肃见长,人物变形后内心世界的荒诞、无奈正是作者对世界的感受和思考。两出别具风采的"变形记",在世界文学画廊中遥遥相望,一样地发人深省,一样地给人以审美的快感。

(胡亚渝《中国的"变形记"——〈中学语文比较文学导读〉之四》,《苏州教育学院学报》2000年第1期。)

二、异化变形母题与《促织》教学

变形母题这一主题学研究方法的引入,可以帮助中学语文教师从新的角度更深入地理解《促织》一文,自然也就能带领学生绕开"短路化"的主题思想归纳而对《促织》做深入的解读与剖析。栾桂芳在教学《促织》一文时就采用了主题学的理论来进行分析,作者从教参后所引的季进《异化:超越时空的主题》入手,引导学生用主题学的理论去探讨鉴赏《促织》。① 下面我们选择一篇附带解说的教学设计,以及一篇观摩课反思,以展示异化变形主题在中学语文教学中的实践意义。

(一)《促织》教学设计及设计解说

第一教时

一、以"趣"导入

宣宗酷好促织之戏,遣使取之江南,价贵至数十金。枫桥一粮长,以郡督遣,觅得一最良者,用所乘骏马易之。妻谓骏马所易,必有异,窃视之,跃出为鸡啄食。惧,自缢死。夫归,伤其妻,亦自经焉。(吕毖《明朝小史》)

二、自读课文

1. 对照注释,逐段通读课文。

2. 根据注释,疏通文字,并且在课本上"圈"、"点"、"画",找出成为自己阅读"拦路虎"的字词。然后同桌间展开讨论,根据字词所在的位置判断它的词性,根据字词的前后搭配判断它的词义。

重点研习古今异义词、一词多义、通假字、词类活用、省略句等。

---

① 参见栾桂芳:《古代小说教学方法初探》,辽宁师范大学硕士学位论文,2005年。

三、梳理情节

1.贯穿本文的线索是什么？

2.读完后编写一个情节提纲，选用合适的动词，训练自己的概括能力。

四、对话文本

课文中有些看似无关紧要的句子实际却能透露作者的创作意图。如果我们能够抓住这些关键句子加以探讨，那么就能引领学生更好地与蒲松龄对话，从而体悟蒲松龄的创作意图。如："大喜，笼归，举家庆贺，虽连城拱璧不啻也。""成顾蟋蟀笼虚，则气断声吞，亦不复以儿为念。"通过比较，我们可以看出官吏的压迫把亲情都异化了，成名爱促织比爱儿子更多。这几个看似漫不经心的句子对于荒唐可笑的统治者是多么辛辣的讽刺！

五、布置作业

1.查找相关资料，了解《聊斋志异》，了解蒲松龄。

2.讲述曲折情节，并将《促织》这个故事讲给家里人听。

第二教时

一、探究问题

1.小说在情节经营上有什么特点？

2.小说对现实的揭露有何深刻之处？

二、品读课文

1.曲折跌宕的情节。（略）

2.细腻传神的心理描写。重点鉴赏第六段。本段写成名一家由悲到喜，由喜转悲，悲极复喜，突出了他因被征促织而心力交瘁。成名捕捉九岁儿子魂魄所化蟋蟀，为什么听到门外虫鸣，"惊起觇视"，觉得原先那条虫"宛然尚在"？这是他一夜僵卧长愁、神思混乱的错觉。"见虫伏壁上"，"审谛之"，为什么"以其小，劣之"，因为它与上品蟋蟀，形体上、色彩上不合。为什么后来又觉得"意似良"？因为它"形若土狗,梅花翅,方首,长胫",而这些正是一等上品的标志。但到底是有缺陷,所以"将献公堂",又"惴惴恐不当意"。作者非常善于运用白描手法进行勾勒,描绘出了人物亦怒亦悲亦愁的神态。

3.动词的运用。重点欣赏第一七段小促织勇斗"蟹壳青"和"鸡口脱险"。这段文字通过"怒""奔""跃""张""伸""龁"等词,把斗虫过程中促织的神态和动作写得细腻逼真,惟妙惟肖。

4.衬托。如巧妙地借用景物衬托,以"茅舍无烟"(正衬)、"东曦既驾"(反衬)来表现成名夫妇"不复聊赖"的精神状态。

5.对比。在对比中,凸显人物形象,如"村中少年好事者驯养一虫……急解令休止"这一段中,写了少年的三笑,共有三层对比:第一次是他看见成名的促织"短小,黑赤色"不由地"掩口胡卢而笑";第二次是他看见成名的促织"蠢若木鸡",禁不住"又大笑";第三次是他用猪鬣来挑逗促织,但"仍不动",于是"又笑",得意至极。由此,一个终日游手好闲、无所事事的游侠儿形象便跃然纸上了。

6.讽刺手法。如"抚军不忘所自",真是明褒暗贬。"抚军"身为一省的民政军政最高长官,不关心国计民生,却一心拍马,细写《促织疏》;而那个一心"欲媚上官",残害百姓的县宰,最后竟以治理才能优异而享有好名声。作者不露声色,将揶揄讽刺的味道隐含其中,令人玩味不已。

三、作业

课外参照作品的故事情节编写一个戏剧小品。可发挥想象力,在原作的基础上再创造,写出新意,写出灵气。

第三教时

一、讨论主旨

1.《促织》是喜剧还是悲剧?

《促织》的结局是喜剧性的,但这个喜剧性的结局丝毫不能掩盖故事深刻的悲剧性。如果以文学反映社会现实的角度来审视这个结局，我们就会发现，这样一个结局，其实是作者"赏赐"给善良的读者的一个"谎言"。

2.一只小小的促织，竟使成名一家为之悲与喜，为之生与死，为之贱与贵。这样写是不是太夸张、太虚幻了？

3.(1)由求神问卜而得佳品，魂化蟋蟀且轻捷善斗，这是不可能的。神产生于人对自然的恐惧，源于人对现实的无法超脱。成名正是在走投无路的情况下，才求神问卜的。

(2)小说中成名的力量如此微弱，虫却因为附着了统治者的权威而神勇无比，命贱既不如虫，则人变为虫便成为当然的社会逻辑。

(3)结尾"裘马过世家焉"的"喜剧"结局，实际上是嘲讽了一出丑剧，"抚臣、令尹，并受促织恩荫"，这岂不荒唐可笑！这有力地说明，百姓的生死祸福，竟系之于区区小虫，封建统治的腐败已到何种程度！

(4)人的生存意义是超越于任何一种动物的。可是在这个故事里，人为了获得生存的权利，宁愿自我否定，而幻化成一只促织。这种否定，是极其震撼人心的，影射了人的生存环境是多么可怕！

3.《促织》熔铸着蒲松龄一生的辛酸、深广的忧愤。作者在文中批判了什么？

其一，他批判了造成民不堪命的社会根源。成名的入邑庠、发大财，官员的得奖赏、获升迁，完全取决于皇帝的偶一欢喜。这是何等的荒诞！

其二，由上而下的众多的贪官污吏构成了一个庞大的官僚系统，给人民带来了深重的苦难。作者批判的矛头直指整套封建官僚机构。

其三，作者还把批判的矛头指向整个社会的价值取向。在这样一个黑白颠倒、弱肉强食的社会环境里，善良、质朴是不为人称道的一种品质，而自私、奸诈、凶恶成了人们竞相学习的"生存品质"。那些具备最美好品德的质朴的人们怎么能够守护自己人性的一方净土呢?

当然,我们在肯定《促织》高度的思想性和艺术性的同时,也要看到其局限性。如以因果报应来规劝人,无异是愚民。但蒲松龄生活在 17 世纪,我们不能超越历史条件加以苛求。

二、走近聊斋先生,走进《聊斋志异》

师生共同根据相关资料对蒲公龄及其《聊斋志异》进行深入解读。

三、布置作业

1. 就《促织》中的某一点写一篇评论。

2. 研读《聊斋志异》中的名篇《席方平》,并作简评,约 600 字。

设计解说:一次美妙的精神之旅

一、"文学是人学"是小说的价值,也是小说教学的真正目的

小说是写人的,写人的命运遭际,写人的心理和情感,写人的生存状态和心灵世界。鉴赏一部小说不能仅仅停留在故事情节的枝枝叶叶上,而要透过故事的枝叶,仔细寻味生活这棵常青大树,仔细寻味一个特定的时代各种各样的人物是怎样生活、思考、爱憎和追求的。因此,开放的自主的阅读教学设计中,应该有许多自觉的"放弃",有意的"无为"。如教学《促织》时可抓住小说中几个容易被人忽略的小问题,来把握主题,体会小说的艺术技巧,其余则可以"放弃"。

二、把学生引入发现、体验、思考之路——小说教学的重要任务

文学鉴赏必须伴随学生的情感投入才能使之感动、感悟,既而上升到理性的高度。所以我精心营造了悲剧气氛:在音响方面,设置了蛐蛐的叫声,间或穿插于授课的开始、高潮和尾声;在色彩方面,深蓝色的字幕上,是一盏摇曳的桐油孤灯;在知人论世、简介蒲松龄生平及著述时,渐现字幕——"写鬼写妖高人一等,刺贪刺虐

入骨三分"。把静态的书本变成由声音、文本、图像、动画构成的动态教材,唤起了学生对悲剧主人公的情感体验,也把文学欣赏的过程变成了联想、想象、审美的过程和形象再创造的过程。

三、引导学生进行理性思考,作出审美判断——小说教学的难点之一

人们对《促织》主旨的解读有很多,但本设计试图从人本的角度谈人在现实困境中的自我救助方式及"异化"现象带给我们的关于人的价值与尊严的思考。小说的"喜剧结局",具有现实生活的不可能性,带有《聊斋志异》特有的强烈的浪漫主义理想色彩,类似于欧·亨利小说结尾"挂泪的微笑"。它只能理解为作者刻意设计的对封建统治者虐民的"毒骂",使"刺虐"主题入木三分。弱者的"超现实"解困愿望与人的"异化"是本文的教学难点。因为学生的解读过程,常常是一种探新的思维活动,学生得到的不同的主题解读,都会无一例外地具有不同的、新的因素,具有很强的新颖性。而高中生的理性思维和文学鉴赏能力,正是在对一个个错综交叉、相互联系的"点"的掌握中提高的。

四、要重视"言说的智慧"——小说鉴赏的关键所在

从小说的角度来看,《促织》最鲜明的特点是什么?①题材的现实性。②主题的深刻性。③情节的曲折性。④描写的生动性。但这些特点都是通过小说的语言表达出来的。小说是语言的艺术,小说中最能体现作者风格的地方是语言。那么教材究竟想以哪一点作为这节课的"课程内容"呢?这就需要语文教师在备课时"揣摩"。以上列举的内容,相互之间或可关联或有贯通,那么在这节课上要关联哪些点、贯通哪些点呢?这也需要教师在备课时"揣摩"。也就是说,这节课"教什么"其实是要靠老师来"生产"的。

总之,教这样一篇长文,不必面面俱到,应把想象的空间留给学生,把判断的权力让给学生,把表达的自由交给学生,在教学中给学生以阅读的自由、感悟的空间、体验的过程,在体验中唤醒一

味应试的麻木冷漠的内心,让学生不断构建自我的精神世界,实现素养的全面提高。

（虞晔如《〈促织〉教学设计》,《语文教学通通讯》2008年第5期。）

(二)文勇执教的《促织》评课

笔者按:可参看文勇《专制奴役的整体性隐喻——〈促织〉的一种解读》(《中学语文》2005年第5期)。

文勇老师教《促织》一文,课题为《专制奴役的整体性隐喻》,是《促织》教学的第三课时。其课型之新颖,视角之独特,内涵之丰富,启发之深刻,令人耳目一新的同时,还深感震撼。这节课给我们的教学带来了许多启示。语文教学一直是个说不完道不尽的话题,多年来,教学一线的教师在承受着各种非议和高考评价双重压力的情况下,仍迈着艰难的步子,在现实的此岸与理想的彼岸中,苦苦地寻找着结合点。文勇老师的大胆尝试,似乎给我们打开了一扇新的门,让我们看到了一片新的天地。

一、从品味语言中挖掘文化内涵

从品味语言入手,抓住课文中的关键字词,结合曲折的故事情节,从中国文化背景上探讨其中蕴藏的深意。文老师在学生阅读课文的开头一段后,让学生用文中一关键字概括故事的背景,即"戏"字——天子玩游戏。封建社会,有着至高无上的权力的天子,为满足一种怪癖的享乐,却导致了一场令人啼笑皆非而又触目惊心的"人生游戏"。文老师又打开学生的思路,跳到课文最后的评论中,让学生找出能概括天子玩游戏的特点的字,即"偶"字。皇帝想玩虫子,这一带有极大偶然性的行为,或许是天子一时的兴之所至,却引出了一个惨绝人寰的人间悲剧。天子一跬步,皆关民命。更令人不可思议的是,随着天子的这极其偶然、随意的一跬步的跨出,多少人的命运就被改变了!通过对这两个关键字的分析,学生很快明白了其中所包含的深刻社会内容。以语言的品味带动情节的分析,收到了良好的课堂效果。

文老师还引用维特根斯坦的名言进一步强调,研究语言,就是研究人的生存状态。他又让学生从文中分别找出形容官员主动活动和表现成名人生境况的关键词,并板书了金文的"媚"和篆体的"闷"字。从汉字构造特点上为学生分析了它们隐含的丰富文化内涵。这两字分别揭示了两类人的生存状态:官员"媚"上,从"媚"字含义的演变分析它的文化意义,说明官员的整个人生是以"媚"为基础的,他们的全部本领以此种方式来体现,唯其如此,才能维持他们的生存状态,追求飞黄腾达的机会。而处在被奴役地位最底层的成名,在受尽肉体摧残和精神折磨之后,忧闷欲死。"闷",会意为心被关在门中,哪还有出路? 在生活和心灵上均无出路之时,就"唯思自尽"了。由此可见,很多汉字都隐喻着中国人的生存方式和生存状态,蕴含着深刻的文化意义和社会意义。这种形象而独特的分析方法,使学生感受到了汉字的巨大魅力,课堂活跃,学生思维开阔。

二、在启发思考中渗透人文精神

强调培养人文精神,是文老师一直坚持的教育理念。在多次大型公开课中,文老师都在实践着这一教学理念。《促织》一文的教学,文老师更是大胆地突破了传统的解析方式,以独特的视角、发人深省的提问,带着学生关注人类的生存状态,探讨人的生命存在的形式,启发学生思考人性的复杂和善恶的本质。文老师从人类文明发展轨迹的角度,告诉学生,一个国家缺少人文精神,将是多么可怕的事情。

课堂上,文老师提出这样的问题让学生思考:一个九岁的孩子,天真活泼,却仅仅因为对一只小虫子产生好奇心,就要付出生命的代价,是谁之罪? 他有没有办法逃过这场劫难呢? 学生通过对情节的分析,对人物命运变幻无常的思考,看到了偶然性中的必然结果——悲剧的发生不可避免,无辜受害,在劫难逃。因为母亲的怒骂中暗示了令儿子感到恐惧的信息,一场灭顶之灾即将到来,只有主动跳井逃避。老师追问:是什么将一个原本温柔慈爱的母亲变成了一个凶神恶煞的魔鬼呢?是什么将本应温柔的安慰变成了催命的怒吼、阎王爷的咆哮呢?根据分析,学生不难明白,是生存与社会的双重压力使母亲选择了对儿子的蛮横与怒吼,是专制奴役将本该善良慈爱的母亲变成了魔鬼!可见,在这种专制奴役的背景下,人人都有可能成为牺牲品。这样的问题就触及到了封建社会专制的本质。学生在专制奴役统治造成的人性异化的深刻剖析中,认识了这种制度扼杀人性的残酷,看到了处在社会底层的人民毫无人身自由、只能任人宰割的可悲现实。

更值得人们深思的问题是,当成名夫妇"僵卧长愁"之时,出现了一只奇异的小虫,它居然具有惊人的本领。作者以极其夸张的手法突出它的神奇本领,其用意何在呢?这种看似喜剧的命运转折,其实蕴藏着更为荒诞的现实悲剧。原来这只具有超凡本领的虫子,是成名的儿子变成的,皇帝游戏玩赏的原来是人!而百姓原来就是被人随意玩弄、任意践踏的虫子!老师深入分析:儿子为解救父母,身化促织,虽是虫形,却具有善良的人性;而那些徒具人形的各类人,却有着虫性的残忍。一个孩子懂得牺牲自己去解救可怜的父母,而所有的成人(从皇帝到层层官吏)都在残害着无辜。这实在是催人泪下又令人激愤不已的事情!

文学就是人学,蒲松龄是具有人文关怀的作家,它以荒诞的故事、严肃的笔法,为我们再现了生命的尊严是如何被践踏的血淋淋的现实,让我们懂得一个文明的社会应当首先尊重人权,维护人的尊严。文老师的设问和深刻的分析,将人性的善恶做了鲜明的对比,的确具有震撼人心的力量,不仅使学生获益匪浅,也给我们以深刻的启示。从他那充满激情的解说中,我们能感受到一种时代的责任感和使命感。

三、于课堂之内体现课外功夫

问渠哪得清如许，为有源头活水来。一个教师扎实的专业基础，深厚的文化底蕴，对教学来说至关重要。文老师的课堂充分体现了他在这方面的优势，正是厚积而薄发。中外文化论著，圣哲名言，信手拈来；旁征博引，精当贴切，使课堂充满浓厚的文化气氛。学生如徜徉智慧之宫，听课者亦大获裨益。这是与文老师一向的好学善思分不开的。他的博览群书在学校是出了名的，广泛阅读哲学文化著作，常与文化界的知名学者(如北大教授钱理群)交流思想，探讨文化现象，思考中国文化价值与政治体制的关系等，我们常常能从他那里听到新颖独到的见解。钦佩之余，我想，文老师的这种治学施教的品质，对语文教学大胆探索的精神，的确值得每个语文教师学习。

要想培养学生的语文素养，教师必须不断丰富自身的文化内涵，不断提高自身的专业素质，以自己的学养、才识去影响学生。将复兴人文精神作为己任，将人文精神始终贯穿在语文教学之中，只有这样，我们才能在语文教学这条处境尴尬的路上走出有特色的步子来。

(李夏《一堂震撼人心的语文课——听文勇老师教〈促织〉》，《中学语文》2005年第15期。)

第六章　当代文论与古代小说戏剧研究举隅

　　自历史进入 20 世纪以来，当代文学理论园地可谓百花齐放，众多西方现代理论方法传入中国，除上文已经介绍过的叙事学、接受美学、比较文学（主题学）等，还有文艺心理学、精神分析学、结构主义、解构主义、符号学、神话—原型批评、英美新批评、文化批评、女性主义、女权主义、后殖民主义等等，不胜枚举，这些研究方法都曾经在古代小说研究领域结出硕果，然而遗憾的是，很多研究成果并未被中学语文教学所吸收，很多语文教育工作者已经指出，由于诸种原因，中学小说教学跟不上日益更新的小说研究的现象已经很突出了，小说教学落后理论界 30 年了。王荣生教授也多次强调，与学术界认识相一致，实际上就是与正确的专业知识相一致，这就要求教师不断地进行专业知识的进修学习，并由此体现为教学内容的除旧纳新。

　　为达到既使中学老师能够简单了解相关理论与研究方法的来龙去脉，又能够得到具有一定可操作性指导的效果，本章采取理论简介与研究个案相结合的方式，首先简要介绍该文艺理论或研究方法的大致情况，然后选择学界的适当研究个案作为例证，结合笔者自己与其他学者的研究成果，择取与中学古代小说戏剧教学相关的内容，对文本细读、精神分析学、女性主义、神话学等四种研究方法及小说戏剧领域的跨学科研究与相关案例作一简要介绍，挂一漏万之处在所难免，祈请读者批评指正。

第一节　文本细读:《西游记》中秩序与自由的悖论

　　文本细读一词来自英美新批评,20 世纪二三十年代活跃于英美大学和文学批评界。这一称号来自美国梵德比尔大学文学教授,同时也是新批评派的领军人物的约翰·克罗·兰色姆在 1941 年出版的《新批评》一书,书中将 T. S. 艾略特、I. A. 瑞恰慈和 Y. 温特斯等理论家称为"新批评家",以区别于 19 世纪以来的传统的学院派批评。新批评派有许多别名,其中之一即"文本批评",这恰好印证了新批评派对文本的重视。新批评派的产生有其丰富复杂的文学与文化背景,他们认为文学文本是一个独立、封闭、自足的本体,文学批评唯一需要关注的就是文本,主张把文本放到显微镜下进行观察,强调关注文本的语言与修辞技巧等。为此,新批评派新创造四种修辞技巧,即含混、反讽、悖论、张力,主张通过仔细阅读与鉴赏,解读作品语言在修辞等方面的巧妙运用,以此探寻文本背后的内涵。

　　新批评派内部在文本构成论上存在很大分歧,但在文本解读的方法上却是相当一致的,都主张对文本作细致缜密的分析与注释。他们的阅读方法是所谓的细读法,即"scrutiny"或"close reading"、"这种方法的大致精神是:审慎地阅读作品的每一个词,揣摩它的本义与言外之义(暗示与联想),注意词句之间的微妙联系,从这种联系中把握单个词的意义。不仅是词义,像词语搭配、句型选择、语气、音律、比喻和意象等,都属于他们仔细推敲的对象。剖析这些局部因素又是紧紧围绕作品本身的篇章结构进行,局部问题一解决,整体的面貌也就勾勒出来了———部作品艺术价值的高低,全在于它的各个局部的形式因素是否构筑成一个复杂而又统一的有机整体。"①

　　虽然中国古代文论没有严格的术语辨析与完整的体系架构，就一般而言也没有像英美新批评或俄国形式主义那样的理论框架，但这并不代表中国古代没有关于文本细读的理论思想。从汉代经生的读经，到汉魏六朝的诗文评点，再到明清评点家们的小说戏剧评点，都植根于对文本的精细阅读，基本都是以文本为中心，重视文本的内部组织结构，重视语境对语义的影响，实际上与新批评所倡导的文本细读有异曲同工之处。

　　20 世纪 80 年代，文本细读理论引入中国，先是在文学研究界引起了很大的反响，催生了一系列研究成果。语文界关注文本细读的时间则相对较晚，基本是在 21 世纪之后。不过十几年来，已有一些语文教育名家在语文教学的文本细读领域做出了较为深入的研究，发表了诸多论著。如钱理群 90 年代初在上海《语文学习》开辟"名作重读"专栏，投入对中学语文学习的系统思考；王先霈开设"文学文本解读"课程，在《文学文本细读演讲录》中提出要"从接受主体的文学理念出发，对文学文本的细腻、深入、真切的感知、阐释和分析的模式与程度"②；1999 年以来，孙绍振大力倡导文本细读，著作有《名作细读：微观分析个案研究》《孙绍振如是解读作品》等，以及散见于期刊杂志上的 60 多篇名作细读的解读案例，提出要了解文本的奥秘，必须深入到文本的细胞中去，回归到文学文本的深处，只有这样才能真正领略到文学作为审美意识形态的审美价值之所在。要尊重文本的主体性，"文本尤其是经典文本，有稳定的立体层次结构，要洞察文本，与文本深度对话，就必须不断地对自发

---

　　①　傅修延：《文本学：文本主义文论系统研究》，北京：北京大学出版社 2004 年版，第 35 页。

　　②　王先霈：《文学文本细读讲演录》，桂林：广西师范大学出版社 2006 年版，第 4 页。

主体心理图式进行专业积累,作以更新为特点的建构。建构的过程就是读者主体比照,遵循文本层次结构,旁涉作者的深层心理结构,总结文本阅读的经验,不断提高文本阅读高度的过程"①。

当然,教学语境下的文本细读具有与文学批评中的文本细读不同的特征,这一点中学语文教育工作者已经有所认识,赵玉洁分析了教学语境下文本细读的特点:第一,细读姿态的多元性。教学语境下的文本细读要求实现作者、读者、文本之间多种解读姿态的融洽相处。教师在阅读教学过程中,可以依据具体文本和学情的不同,选择适合而有效的解读姿态,指导学生有效细读。第二,细读指向的言语性。教师要品味文本中的字、词、句等言语材料,详细分析言语特有的修辞手法、表达手法,探究言语内在的逻辑结构和组织结构,多角度多层面挖掘言语的隐含信息和深刻内涵。第三,细读结论的兼容性。教师要将文本细读的观点与他人进行交流、碰撞、整合和创新。第四,细读经验的共享性。教师文本细读的过程,是对文本语言再探究、再发现的过程,通过细读语言,丰富教师的情感体验。② 当然,不可否认,教学语境下的文本细读也必须兼顾学术性,不能盲目细读,如能以学界的相关研究成果为基础,则这种文本细读将更具有创新性与深刻性。下面选择笔者一篇对《西游记》进行文本细读的旧文以为个案,敬请读者批评指正。

研究个案:

《西游记》:秩序与自由的悖论

《西游记》流传四百年,并不完全因其瑰丽的神话世界或热闹

---

① 孙绍振:《读者主体和文本主体的深度同化和调节》,《课程·教材·教学》2013 年第 3 期。

② 赵玉洁:《中学语文教师文学阅读教学中的"文本细读"研究》,宁波大学硕士学位论文,2012 年。

的叙事流程,而是因其背后有更深邃的哲理意义存在,正如清代张书绅在《新说西游记总批》中所言:"人生斯世,各有正业,是即各有所取之经,各有一条西方之路也",整个取经过程无疑可以视为人生的一种隐喻,而通过对玄奘取经的历史真实的文本重构,《西游记》实现了对人类深层意识中秩序与自由关系的文学化再现与探讨。

人生而为人的天性即追求自由,然而人一旦生下来就会身不由己地陷入某种既定秩序中,正如卢梭所言:人是生而自由的,但却无往不在枷锁之中①。个体的自由意志与群体的秩序规范不可避免地产生矛盾,如何在二者的对峙中达成和解,在秩序的压力下实现生命的和谐自由,是一个始终困扰人类的难题。从这一意义上说,《西游记》正是以文学的方式追问与思索了这一人生困境。

一

《西游记》开卷伊始,即以一系列神秘玄妙的术数推演为我们重构了宇宙与人类的创生过程,首先历数了天地自"混沌"至"天始有根"、"地始凝结"、"天地人,三才定位"的过程,这是一种时间上的追根究底,然后由"盘古开辟,三皇治世,五帝定伦"的时间推移转向空间演绎:"世界之间,遂分为四大部洲",通过这一文字简练而气势恢宏的叙述,小说重构了一个条理分明、秩序井然的世界,《西游记》的全部故事就建立在这样一个基型之上。

孙悟空诞生于一个秩序化结构中,但他的出现却仿佛其中的异类。首先,孙悟空的出生即是对人伦秩序的突破,他的"天地育成之体.日月孕就之身"直接由仙石化生,获得了人伦关系上的自由。其次,是生存环境的自由。石猴勇敢地跳入瀑布泉中,发现了"一座天造地设的家当",相对于外面的风霜雪雨,水帘洞内"刮风有处躲,下雨好存身。霜雪全无惧,雷声永不闻"的温暖安全象征

---

① 卢梭:《社会契约论》,商务印书馆,1980年版,第8页。

着石猴对自然力量与秩序的超越。第三重是永生的自由。死亡作为生命最重大的问题，也是人类最沉重的枷锁。小说用了近三回的篇幅叙述孙悟空与死亡的抗争及胜利，这一生死秩序的最终突破，使孙悟空获得了完全意义上的自由。可以说，花果山时期正是孙悟空天性中的自由意志不断发展、上升的阶段。随着孙悟空剿魔王、闹龙宫、搅地府等一系列事件，他的名字终于"上达天听"，惊动了以"高天上圣大慈仁者玉皇大天尊玄穹高上帝"为代表的天宫，与此同时，孙悟空的人生也进入了另一个阶段，即自由意志与秩序要求相冲突的阶段。作为人间社会的投影，天宫更是一个讲究秩序的世界，众神仙们早已习惯了"金钟撞时，三曹神表进丹墀；天鼓鸣时，万圣朝王参玉帝"的按部就班。所以，当玉帝垂问"哪个是妖仙"时，孙悟空只躬身答道"老孙便是"，如此简单的一句回话，却使得众仙卿们都大惊失色道："这个野猴！怎么不拜伏参见，辄敢这等答应道老孙便是！却该死了！该死了！"其实孙悟空虽是"下界妖仙"，却何尝"不知朝礼"？只看他初登"美猴王"之位时，便能让众猴"一个个序齿排班，朝上礼拜"；初见菩提祖师时，便"倒身下拜，磕头不计其数"——其实深通礼仪。那么此处的"挺身在旁，且不朝礼"与"不拜伏参见"，或许只能理解为一种有意识的试探甚或挑衅，这已经为他的天宫生涯埋下了一颗不安定的种子。

对于等级森严、秩序井然的天宫来说，孙悟空实实在在算得上是一个"秩序化生活的异类"①。他在天宫"无事牵萦，自由自在"，并与诸天神仙"俱只以弟兄相待，彼此称呼"，过着"今日东游，明日西荡，云去云来，行踪不定"的快乐生活。这种自由散漫作风使得深谙秩序化管理之道的天宫神仙内心不安，一方面非议其"结交天上众星宿，不论高低，俱称朋友"的平等意识，另一方面更恐其"闲

---

① 该词来自［英］霍布斯鲍姆《匪徒：秩序化生活的异类》，北京：中国友谊出版公司 2001 年版。

中生事"，建议"不若与他一件事管了，庶免别生事端"。不料，玉帝竟让生性爱吃桃的孙悟空去管理蟠桃园，这无异于引狼入室，致使蟠桃被大量偷吃；而且更引出了孙悟空因蟠桃大会未受邀请而导致的"大闹天宫"。

绕开对"大闹天宫"的政治学、社会学、人才学的各种阐释，"大闹天宫"实际上是孙悟空内心的秩序理念与天宫实际秩序发生冲突的结果。天宫招安的目的不过是"籍名在箓，拘束此间；若受天命，再后升赏；若违天命，就此擒拿"，这一方法妙就妙在"一则不动众劳师，二则收仙有道"，本意是将孙悟空这一"下界妖仙"、"妖猴"纳入正规神仙队伍，也即纳入秩序化统治之中。即使后来迫不得已封其为"齐天大圣"，也不过是"收他的邪心，使不生狂妄"，所谓"齐天大圣"不过个"有官无禄"的"空衔"而已。而在孙悟空看来，不仅悍然以"妖仙"自居，而且"不知官衔品从，也不较俸禄高低"，还天真地以为"弼马温"的"没品，想是大之极也""我乃齐天大圣，就请我老孙做个席尊，有何不可？"如此高的自我评价与如此幼稚的自我中心，遭遇天宫的森严秩序，怎能不发生激烈碰撞与冲突？其最直接的结果就是"无禄人员"孙悟空在天宫众神仙"排排坐，分果果"的等级秩序中，既没有轮到一个合适的位置，也没有分到那只上自"西天佛老、菩萨、圣僧、罗汉"下至"各宫各殿大小尊神"人人有份的蟠桃。于是，孙悟空干脆"不待他请，先赴瑶池"，最终酿成了"无穷变化闹天宫，雷将神兵不可捉"的混乱场面。

"大闹天宫"严重扰乱了天宫的统治秩序，不仅搅得千百年来歌舞升平、"喜喜欢欢"的蟠桃盛会"荒荒凉凉，席面残乱"，而且直打得"九曜星闭门闭户，四天王无影无踪"。更有甚者，孙悟空直接提出了颠覆现存秩序的要求："灵霄宝殿非他久，历代人王有分传。强者为尊该让我，英雄只此敢争先。"此举被如来斥作"你那厮乃是个猴子成精，怎敢欺心，要夺玉皇上帝尊位"，其实孙悟空原本未必有"篡位"野心，只看他丹满酒醒后的内心活动："这场祸，比天还

大,若惊动玉帝,性命难存",其中只有畏惧,并无觊觎。孙悟空提
出的"强者为尊",很大程度上是意识到天宫力量软弱之后的"得寸
进尺",多少有点投机主义,而绝非深谋远虑。虽然这一挑战行为
最终以"却被如来伏手降"的失败告终,但它对天宫统治所造成的
影响却是深远的,日后孙悟空在取经路上的诸多方便均得之于此,
一方面,玉帝以"落得天上清平是幸",几乎对孙悟空的要求来者不
拒;另一方面,天宫众仙也几乎招之即来,有求必应。可以说,整个
天宫集团对取经事业的支持固然有如来与观音的面子在内,但也
与孙悟空当年"十万军中无敌手,九重天上有威风"所造成的强大
威慑力有关。

"若得英雄重展挣,他年奉佛上西方",小说第七回回末诗预示
了孙悟空在"大闹天宫"失败后的出路,孙悟空"我已知悔""情愿修
行"的表述也显示出他经过"五百余年了,不能展挣"的磨难后向正
统秩序屈服与靠拢的意愿,而观音提出的"秉教加持,入我佛门,再
修正果",正是为孙悟空实现这一意愿设计的现实途径,难怪孙悟
空声声应道:"愿去!愿去!"于是"那大圣见性明心归佛教",自此
专心等待唐僧,并最终跟随唐僧踏上了漫漫取经路。

对于孙悟空此举,论者颇多非议,认为此乃投降,造成了人物
性格的分裂以至小说结构的断裂等,甚至将之上升到《西游记》主
题反动这样的高度①。实际上,无论从叙事意图、情节设计还是深
层意蕴来说,孙悟空的"大闹天宫"都不可能以胜利终局。首先,即
使小说叙述者偶尔表示"堪羡猴王真本事",在情感上欣赏孙悟空
"大闹天宫"的斗争精神,但在理智上从未肯定过孙悟空的"造反"
行为,而是称之为"欺天罔上思高位,凌圣偷丹乱大伦",被压五行

---

① 20世纪80年代,曾出现过认为《西游记》主题反动的观点,如刘远达《试论〈西游记〉的思想倾向》,《思想战线》1982年第1期;傅继俊《我对〈西游记〉的一些看法》,《文史哲》1982年第5期等。

山下是"恶贯满盈今有报"。叙述者没有、也不可能否定整个现存体制，孙悟空的生命最终必然要被纳入社会秩序之中。其次，"大闹天宫"失败为孙悟空加入取经队伍提供了因缘，这与金蝉子的不听佛讲、天篷元帅的调戏嫦娥、卷帘大将的打碎玻璃盏、小白龙的纵火烧毁明珠一样，是他们的"取经前传"，其过失性决定了他们必须通过取经这一行为来重新获得神界的认可。前贤或释之为赎救前世罪愆①，或释之为成年礼的原型重构②，其实质都是一种犯过者通过个人努力求得在现行秩序中的新生。再次，"大闹天宫"虽然酣畅淋漓，张扬着高昂的生命意志、豪迈的自由精神，但却未能树立一个具有建设性的目标，不过是重弹"皇帝轮流做，明年到我家"的老调。实际上如果不能在打破现存秩序后建立起一种全新的思想和行为体系，那么这一打破仍是价值甚微的，能破坏一个旧世界，却无能建立一个新世界，那么被破坏的旧世界就会阴魂不散，卷土重来，中国历代的农民起义都脱离不了这一模式，论者常以孙悟空的"大闹天宫"比附农民起义，或许在破坏与创新的悖论这一层面上，二者更具有契合性。

踏上西行路之后，孙悟空头上多了一个紧箍儿，依观音之言，这是孙悟空以前"不遵教令，不受正果"之报，也是防止其以后"诳上欺天"的手段。而且，这一事件出现在"心猿归正　六贼无踪"一回中，可谓意味深长：飞扬跳脱、躁动不安的"心猿"要皈依正统，只有忏悔前罪与发愿修行是不够的，除了自身必须"尽勤劳，受教诲"之外，至少在其皈依的初始阶段，还必须借助于外部力量的帮助——这在小说中便具体体现为紧箍儿的制约力量。从表面上

---

① 如，诸葛志《〈西游记〉主题思想新论》，《浙江师大学报》1991年第2期；《〈西游记〉主题思想新论续篇》，《浙江师大学报》1993年第4期。

② 如，方克强《文学人类学批评》第十章"原型模式：《西游记》的成年礼"，上海社会科学出版社1992年版。

看,孙悟空在西行路上的不自由主要体现为他头上的紧箍儿,紧箍儿一方面制约了孙悟空不利于取经事业的离心行为,如第十四回孙悟空因愤于唐僧骗自己戴上紧箍儿,居然"把那针儿幌一幌,碗来粗细,望唐僧就欲下手";但它也经常阻碍孙悟空的降妖伏魔,典型的如三打白骨精及诛草寇时唐僧均大念"紧箍儿咒"。无论从哪一方面看,这紧箍儿都可称作孙悟空的"魔头",孙悟空曾自谓"这桩事,作做是我的魔头罢",观音亦言"须是得这个魔头,你才肯入我瑜伽之门路",因此孙悟空深恨紧箍儿,被唐僧驱逐时也要求必须先念个"松箍儿咒"褪去紧箍儿,更恨不能"脱下来,打得粉碎"。然而,紧箍儿只是一种外在制约手段,并非孙悟空的真正束缚所在,孙悟空真正不自由的根源来自于他自身,来自于他内心深处"再修正果"的热切渴望。皈依佛门之后,他不但心理上有了"忆昔当年出大唐,岩前救我脱灾殃"的报恩意识,思想上有了要保唐僧取经成功的责任感,行为上受到了紧箍儿的严重制约,更重要的是,他内心深处对修成正果的强烈渴望使得他不得不告别从前"诗酒且图今朝乐,功名休问几时成"的自由潇洒,不得不俯首听命于肉眼凡胎人妖不辨的唐僧,不得不经受西行路上千难万险的磨砺。

有论者将孙悟空视作一个悲剧形象,认为他走过了一条不仅是行动自由而且是思想自由被剥夺的道路,自由平等本是孙悟空最具特征的性格,而西天取经实际上是在磨灭以往的锋芒,走向追求的反面,这是一个异化的过程①。然而,孙悟空的悲剧性不仅在于自由被剥夺、锋芒被销磨,更在于他根本没有意识到自己的悲剧,没有意识到异化的根源在于他本身,在于他对修成正果的渴望与追求,这种渴望越强烈,追求越执着,他就越受制于自己所渴望、所追求的对象。小说第五十七回中,孙悟空因打死草寇而遭唐僧

---

① 李靖国:《英雄的悲剧 悲剧的英雄——孙悟空悲剧形象再探》,《名作欣赏》1994 年第 5 期。

驱逐后，四顾徬徨，"欲待回花果山水帘洞，恐本洞小妖见笑，笑我出乎尔反乎尔，不是个大丈夫之器。欲待要投奔天宫，又恐天宫内不容久住。欲待要投海岛，却又羞见那三岛诸仙。欲待要奔龙宫，又不服气求告龙王。真个是无依无倚，苦自忖量道：'罢！罢！罢！我还去见我师父，还是正果'"，曾经"十洲三岛还游戏，海角天涯转一遭"的孙悟空居然无处可去，而"一生受不得人气"的孙悟空居然如此忍垢含耻，说来说去只是为了那个令他心向往之的正果。再如小说第八十回中，当孙悟空看到唐僧头上有"祥云缥缈，瑞霭氤氲"时，有一段较长的内心独白："若我老孙，那五百年前大闹天宫之时，云游海角，放荡天涯，聚群精自称齐天大圣，降龙伏虎，消了死籍；头戴着三额金冠，身穿着黄金铠甲，手执着金箍棒，足踏着步云履，手下有四万七千群怪，都称我做大圣爷爷，着实为人。如今脱却天灾，做小伏低，与你做了徒弟，想师父顶上有祥云瑞霭罩定，径回东土，必定有些好处，老孙也必定得个正果。"对孙悟空而言，"着实为人"的昔日荣光难以忘怀，"必定得个正果"的美好未来却更具诱惑力，即使为此做小伏低忍辱负重也在所不惜。以上这两个场面一凄苦一欣慰、一悲哀一庆幸，从反、正两个方面充分说明了正果在孙悟空心目中沉甸甸的分量。因此，他真正的束缚并不是头上的紧箍儿，而是他所追求的"正果"，是他重新进入社会秩序的内心渴望。这里正好可以引用到 L. J. 麦克法伦的一段话："知道一个人的枷锁往往是自由的第一步，如果这个人对枷锁处于无知状态或者热爱这些枷锁，那么他永不会获得自由。"[①]孙悟空不但意识不到枷锁的存在，还无限热爱着这一枷锁，这也就意味着至少在得到正果之前，他是无法解脱自己，无法得到自由的。

---

① ［英］L. J. 麦克法伦：《论两种自由概念》，转引自伯林：《自由论》，上海：译林出版社 2003 年版，第 70 页。

三

从深层意义上说,孙悟空对正果的追求揭示了一个深刻的悖论:人不可能无所追求,而一旦有追求的欲望,就会被这种欲望所奴役,陷入不自由的境地,除非这种追求得到哪怕是暂时的实现。在《西游记》中,孙悟空的追求最终大获全胜,在经历了千般磨难之后,既"隐恶扬善"洗脱了前世罪愆,更立地成佛荣升为"南无斗战胜佛"。但孙悟空成佛之后,仍念念不忘头上的紧箍儿,让师父"趁早儿念个'松箍儿咒',脱下来,打得粉碎,切莫叫那甚么菩萨再去捉弄他人",而实际上此时紧箍儿已经"自然去矣","举手去摸一摸,果然无了"。这一情节具有强烈的象征意味与哲理内涵,联系当初观音在传授唐僧"紧箍儿咒"时曾说:"我那里还有一篇咒儿,唤做'定心真言',又名做'紧箍儿咒'","定心真言"之名在小说中仅此昙花一现,通常使用的是"紧箍儿咒"一名,二者相较,显然前者更强调内在的自制力,而后者更偏重于外部的强制力。所谓"道果完成,自然安静",孙悟空成佛之后紧箍儿的自动消失,表明此时有形的、外在的紧箍儿已经内化为无形的、自觉的"定心"了,这也意味着孙悟空在"苦历程途多患难,多经山水受迍邅"的十四年磨炼之后,不仅赎救了因"大闹天宫"而犯下的罪过,而且因"在途中炼魔降怪有功,全终全始"而终得"斗战胜佛"的"大职正果"。孙悟空这一"下界妖仙"经历了自由与禁锢、抗争与失败、荣耀与屈辱、辉煌与磨难等种种生命体验之后,终于"正果旃檀归大觉,完成品职脱沉沦",在宗教的菩提世界中找到了理想的位置与归宿。与此同时,"再修正果"的成功,也意味和象征着孙悟空重新获得了失去已久的自由,而且这一自由是与秩序相和谐相融洽的自由,是在秩序中如鱼得水的自由。

在《西游记》的文本世界中,孙悟空对自由的追求正好体现为一个正、反、合的辩证发展过程。在孙悟空入天宫之前,他"独自为王"的花果山作为一个独立自足的小世界,其秩序更多地呈现为一种自发自在的原生态,后来石猴在众猴拥戴下自封"美猴王","分派了君臣佐使",但二者虽有君臣名分,却"合契同情",而且"不伏麒麟辖,不伏凤凰管,又不伏人间王位所拘束",因而这一秩序实际上是一种理想状态的秩序、自由的秩序。而当孙悟空"高迁上品天仙位,名列云班宝箓中"之后,他"老孙有无穷的本事"的自我评价与天宫"凡授官职,皆由卑而尊"的森严秩序发生了严重冲突,而他"日日无事闲游""不论高低,俱称朋友"的行为方式更与天宫谨严有序的管理机制发生直接抵触,最终酿成了因"大闹天宫"失败而被压五行山下的灾难。换言之,孙悟空越追求与花果山同样的"称王称祖",越是"立心端要住瑶天",反而离自己的追求越远,甚至适得其反。这一方面表明,天宫的秩序是一种没有自由的秩序,作为获得天庭众仙与西天佛国共同支持的现行体制,其合法性既不容动摇,也不是一个"妖猴"的力量所能颠覆的;另一方面,孙悟空钟情于没有秩序的自由,而采用与现行体制直接对抗的方式,既难以取得成功,实际上也不可能获得如此自由,因为没有秩序的自由与没有自由的秩序同样可怕。对孙悟空而言,被压五行山下的五百年是生命中最黑暗的时光,在这"度日如年"的漫长时间里,想必他对此已经有了清醒的认识,所以才会在遇到观音时殷切恳请"万望菩萨方便一二,救我老孙一救",并表示"我已知悔了。但愿大慈悲指条门路,情愿修行",于是在观音的指点下,孙悟空自此静心等候唐僧,其实也是在默默等候自己"难满脱天罗""舒伸再显功"的时机。

如果以"大闹天宫"为界,可以说,之前孙悟空的自由是混沌形态的自由,虽然不乏烂漫风采,却单纯幼稚,似未成熟的孩童。而经过五行山下五百年磨难,孙悟空对自由的追求有了质的改变,被纳入了秩序化的轨道。皈依佛门之后,原本"不伏天不伏地混元上真"的孙悟空有了师父,也因此被纳入了普遍的人伦秩序中,"天上地下,都晓得孙悟空是唐僧的徒弟",而"一日为师,终身为父"这样的伦理观念几次出现在孙悟空口中。这样,一方面天宫通过如来—观音—唐僧这一等级序列实现了对孙悟空的秩序化管理,保证了孙悟空不再游离于统治秩序之外;另一方面,孙悟空也因"归依佛法,尽殷勤保护取经人,往西方拜佛",得以正果西天,重列仙班,成为"一切世界诸佛"中的光荣一员。从天宫的角度来说,让孙悟空皈依佛门,参与"山大的福缘,海样的善庆"的取经事业,实际上是相当成功地将一个原本秩序化生活的异类纳入了体制运行之中。而从孙悟空的角度来说,"果然脱得如来手,且待唐朝出圣僧",他也通过保护唐僧取经这一途径而获得了新生的机会,即"亏师父解脱,借门路修功,幸成了正果",被秩序世界重新接纳。而孙悟空成佛之后紧箍儿的自动消失,正象征着他在"功完八九还加九,行满三千及大千"的艰辛努力之后重新获得了自由,而且这一自由不同于"大闹天宫"前天真混沌的自由,而是涵融于天宫秩序中的更高形态的自由,意味着"从心所欲不逾矩"的从容境界。

无论从哲学还是社会学上说,个体自由与社会秩序都是既二元对立又二元互补的关系,正如查尔斯·霍顿·库利所言:"自由是获得正确发展的机会。正确发展就是朝符合我们理性的理想生活发展","把疯子和罪犯放出来或是让孩子在街上游逛而不送去上学,决不是对自由的贡献"①。《西游记》中自由与秩序的生克变化并未超出这一普遍范畴,然而其独特之处在于,二者在整个小说叙述中不仅既对立又互补,而且呈现为一种典型的情感与价值悖论,叙述者的立场是摇摆不定、难以取舍的,时常陷入自我矛盾中:既欣赏孙悟空那"强者为尊该让我"的自由风采,又深知这种无法无天的自由是危险的;既欣慰于"宇宙清平贺圣朝"的秩序重建,又痛感这一秩序的压制人才;既致力于将"历代驰名第一妖"纳入秩

---

① [美]查尔斯·霍顿·库利:《人类本性与社会秩序》,北京:华夏出版社 1989年版,第 276、277 页。

序化轨道,又心有不甘地将斗、战、胜的犀利锋芒凌驾于佛的无嗔无欲之上。作为小说叙述的终结和人物命运的定格,孙悟空的最终成佛既象征了曾遭放逐的异类被秩序重新接纳,也象征了秩序在规化异类上取得的重大成功,然而,"斗战胜"的前缀则不仅意味着异类的皈依绝非彻底、秩序的胜利尚可商榷,更暗示了在秩序的规范力量下自由意志潜藏的巨大生命力。实际上,小说叙述所体现出的这一精神悖论,不仅是叙述者所难以解决的,也是每一社会个体所难以摆脱的,其深刻意义正在于它如实地展现了人类既不得不屈服于秩序又由衷地向往自由的精神走向,真实地反映了人类身处秩序与自由夹缝中的两难处境,而这也正是小说的深层价值与哲理魅力所在。

(崔小敬《文学评论》2008 年第 1 期。)

第二节　杜丽娘慕色而亡的精神分析批评

精神分析学又称心理分析学,产生于 19 世纪末 20 世纪初,至 20 世纪中叶发展成为一个声势浩大、影响深远的学派,它不仅从一种精神病学理论扩展为普通心理学理论,而且从一种医学思想和心理学方法扩展为一种世界观和哲学方法。时至今日,精神分析学的影响覆盖了医学、宗教、伦理、政治、社会学、语言学、人类学尤其是文学艺术的广阔领域,成为当代最有影响的批评方法之一。

精神分析学的创始人是奥地利精神病医生、近代著名心理学家弗洛伊德。弗洛伊德在治疗精神病患者的过程中,发明了"自由联想法",即让患者躺在一张舒适的睡椅上,全身心尽可能放松,把当时出现在头脑中的意象都讲出来,无论这些意象是怎样杂乱无章,或羞于启齿,或极其荒谬。在这一过程中,医生进行启发和劝导,并把患者报告出来的意象加以分析和解释,一直到医生和病人都认为找到了发病的原因为止。这一方法在治疗精神病的过程中取得了显著效果,自由联系法的创立也标志着精神分析学的产生。后来弗洛伊德就致力于修正与完善自己的理论,陆续发表了一系列论文,逐渐形成一个庞大而独特的理论体系。弗洛伊德理论的重大贡献包含以下几个方面:

(一)无意识的发现

无意识有时又译成"潜意识""隐意识""下意识"等,现在一般统称为无意识。弗洛伊德第一次把无意识概念引入心理学领域并对其进行探索,赋予无意识比意识更重要的地位。传统心理学把心理与意识等同,认为二者是可以互换的概念。而弗洛伊德认为无意识是一个特殊的精神领域,是不为意识所感知的领域。人的心理过程主要是无意识的,意识过程在人全部精神过程中不过是极小的一部分。用形象的比喻来说,就像大海中的冰山,意识就像浮在水面上的部分,是能够被人看到的,但却只是冰山的一小部分,无意识就像冰山藏在水面下的部分,虽然不能被人看到,却是大部分的。无意识理论是弗洛伊德精神分析理论的核心概念。

弗洛伊德把无意识作为自己的研究对象,他认为,无意识所包含的内容都是一些原始冲动、各种本能及与本能有关的欲望,特别是性的欲望,而它们在现实社会中因为法律、道德、伦理、习俗等原因往往得不到满足,意识领域中没有它们的容身之地,于是就被排挤到无意识领域中。而在无意识和意识之间,还有一种前意识。无意识有两种,一种是几乎不能进入意识领域的,另一种是可以经过努力进入意识领域的,这就是前意识。一般来说,无意识通常意味着非常困难或根本不能被意识接受的,前意识则意味着尽管在某一时刻不属于意识,但却能够被意识接受的。

(二)人格系统理论

弗洛伊德在无意识理论的基础上,建构起了他的人格系统理论。他在《自我与本我》《精神分析引论新编》等著作中详细分析了他提出的本我、自我、超我这三种人格结构。

所谓本我是人出生时就有的各种本能冲动的总和,它主要由性的冲动构成,它不遵守任何社会道德、规范和秩序,只追求本能需要的满足,它奉行的唯一原则是快乐原则,寻求快乐和躲避痛苦是本我最重要的功能。

所谓自我是社会的产物,是本我与外部世界、欲望与满足之间的居中者。自我的功能是控制和指导本我,促进人格的协调发展。自我是有逻辑有理性的,并具有组织与批判的能力,自我的任务是对本我进行压抑,因而它遵循的是现实原则。比如感到饥饿时,本我要求吃东西,而自我必须先帮助本我辨认哪些东西是可以吃的,而不能随便抓起什么就送到嘴里吃。再如每个人都有满足本能欲望的要求,但社会不会允许本能的任意行为,自我就必须指导本我遵守社会的道德与法律,以达到本能满足与社会规范的平衡。如果说本我代表了各种无拘无束的激情,自我则代表了理性和良好的理智。

所谓超我,则是自我在发展过程中分离出来的、能够把自我本身看成是客观对象、能够像对待其他客观对象一样对待自我、能够观察、评价自我的那一部分。如果说自我是现实化了的本能,那么超我则是道德化了的自我。超我是完美的,而非快乐或现实的,它是禁忌、道德、伦理的规范和标准以及宗教戒律的体现者,这是在童年时代由父母和师长的指示、约束、禁律和习惯等等通过内化而形成的结构。超我最主要的职能有两个,一是对自我进行监督和指导,一是对自我进行谴责和惩罚。在前者的意义上,超我体现着自我的理想,按照严格的道德标准来帮助不能自助的自我,它代表着道德的要求,是人格中形成最晚、却最完善、最符合社会标准的部分。在后者的意义上,超我体现了我们通常所说的"良心",当一个人产生去做某一件事情的愿望,想追求做这件事所能带来的快乐的满足时,会因为自己的良心不允许他获得这种满足而放弃做这件事。或者,一个人听从了要获得某种快乐满足的强烈欲望的驱使,不顾良心反对而做了某件事后,他的良心会痛苦地责备他,使他陷入对那种行为的悔恨中。可以说,超我是人类理想的源泉,一切完美的追求都产生于超我。

(三)梦的学说

弗洛伊德认为梦与无意识有着密切关系,通过对梦的分析,能够打开通向无意识的道路,他在《精神分析引论》尤其是《梦的解释》中,全面阐述了他关于梦的学说。

弗洛伊德认为梦是一种愿望的满足,而在梦中得到满足的愿望,不是一般的愿望,而是隐藏在无意识中的种种欲望,主要是性的欲望。无论是与性欲有直接关系的梦,还是与性欲有象征性联系,甚至看起来没有联系的梦,在弗洛伊德看来,统统都包含着性的意义。这些欲望来自无意识领域,不见容于外界,平时被意识的检查官部分压制着,但是这些欲望太强烈了,完全的压抑是不可能的,它们一定要找到发泄的机会,精神病患者的胡言乱语和迷狂行为,以及艺术家的创造活动都是一种发泄的形式,而发泄的最普通的形式就是在大多数人中出现的梦境。被压抑的欲望在白天找不到发泄口,就在夜间以梦的形式表现出来。在睡眠状态中,无意识到意识中间的那个检查官部分地放松了它对无意识欲望的监督和控制,这就使得某些欲望达到了意识的水平,在梦中获得满足成为可能。不过即使在睡眠中,检查官也没有完全失去作用,欲望如果不经过化妆,仍然无法通过,所以欲望在梦中往往是以伪装的、变形的方式出现的,所以梦是一种被压抑、被压制的欲望的以伪装形式出现的满足。因此,要想发现梦的隐秘的意义,必须剥开梦的层层伪装,才能探索人类精神的无意识领域。

(四)泛性论

在人类的诸种本能中,弗洛伊德认为性的本能冲动无论是对于精神病的病因,还是对于个人乃至人类的一切行为动机,都具有不容低估的巨大作用。可以说,在弗洛伊德的全部学说中,都弥漫着性的色彩。

弗洛伊德认为,在性本能的背后潜伏着一种力量,叫"力比多"(或译利比都),力比多是性欲的原始动力,由力比多驱使的各种本能,包括维持生存的自我本能和延续种族的性欲本能获得满足时,就会带来快感,反之,这些本能就会变成巨大痛苦的原因。弗洛伊德把人类性欲的冲动分为四个阶段,即婴儿出生后至一岁半的口腔期、一岁半至三岁左右的肛门期、三至六岁的生殖器崇拜期以及六岁之后的生殖期。在人格发展的不同阶段,每个人由于不同情况导致出现不同的发展,这也就造成了人格的差异。在分析人格发展的不同阶段时,弗洛伊德提出了著名的俄狄浦斯情结。

俄狄浦斯出自古希腊悲剧家索福克勒斯的著名悲剧《俄狄浦斯王》,剧作本身又取材于忒拜国王俄狄浦斯杀父娶母的传说:忒拜王子俄狄浦斯由于种种阴差阳错,无意中执行了神的预言,杀死了自己父亲而娶了自己的母亲。弗洛伊德因此把儿子对母亲的性爱与对父亲的嫉恨称为俄狄浦斯情结。与此同时,弗洛伊德把出现在女孩子身上的恋父嫉母的倾向称为厄勒克特拉情结,厄勒克特拉是希腊联军的著名将领阿伽门农的女儿,因为她的母亲与情夫一起谋害了父亲,所以厄勒克特拉就决心替父报仇,最终与弟弟联合起来,杀死了自己的母亲。

以上是弗洛伊德精神分析理论的主要内容。虽然弗洛伊德并非文学批评家,然而他是把文学艺术活动当作探索和揭示人类精神世界的一个重要方面来加以考察的,因而在他的论述中,讨论到大量文学艺术问题,他对这些问题的看法与其精神分析的整体思想是一致的,相关论述涉及文艺的本质、起源、目的、动力、功能等,其主要观点如下。

(1)艺术创作活动在性质上类似于儿童的游戏,是童年玩耍的继续和代替,区别在于前者不隐瞒,而艺术品的真正含义艺术家必须以伪装的形式表现出来。

（2）艺术创作活动的动机是艺术家儿童时期的经历，其中的核心是俄狄浦斯情结，这种情绪在艺术家的人格发展中被压抑了，但并没有消失，而是始终活动在无意识领域，并借助艺术创造的形式表现出来。

（3）艺术活动的目的是发泄被压抑的本能冲动，其功用在于作家把它的情结投射到作品中，而观赏者则把他的情绪投射到他所观赏的东西中，各自获得快感和满足。

（4）艺术创作是艺术家与欣赏者的白日梦。文艺的本质是无意识欲望的替代性满足，是脱离现实束缚的幻想世界的避难所。文艺为人们的本能欲望提供了合理的宣泄和满足的途径，使现实原则与快乐原则达到了某种调和与平衡，作家创造了自己的白日梦，而欣赏者也从作品中享受到了自己的白日梦。

可以说，弗洛伊德的精神分析批评施之于文学，就不是从外在的社会历史去阐释文学，而是从内在的心理结构去解释文学；不是从思想化、意识化去阐释文学，而是从本能化、无意识化去阐释文学；不是把文学看作对外部现实的再现或反映，而是看成内在心理本能的宣泄与满足。因此，精神分析批评力图透过意识的层面去挖掘无意识的底层，透过象征的意象去寻觅隐藏的秘密，从而使精神分析批评成为一种完全不同于其他社会历史研究或形式本体研究的批评方法。精神分析批评在文学研究中的具体实践，主要集中于对文学作品的无意识意义、文学人物的无意识心理、作家创作主体的无意识动机和读者接受主体的无意识经验等方面。下面我们选择一篇对文学人物无意识心理进行分析的文章以飨读者。

研究个案：

精神分析学视域下的杜丽娘之死

杜丽娘的死亡，对《牡丹亭》文本文化史意义的生成具有决定性的作用。在分析杜丽娘的死亡原因时，论者的意见多趋于一致，即其死亡是因"久处深闺,自悲寥落,加之游玩荒园,感梦伤情所致"。① 结合《牡丹亭》文本所记述的杜丽娘的死亡过程,可以说这一论断是准确的。如果要具体地讲,我们可以说,长期的性压抑得不到有效的释放,是杜丽娘死亡的根本原因。因情欲饥渴而死,在精神病理学的层面上的确是一个极其罕见的个案,但如果从精神分析的视角跟踪观察杜丽娘"游园惊梦"后从"病婵娟"到"粉骷髅"的半年光阴,则可以从侧面揭示出女主角情欲饥渴的程度相当深。可以说,在这将近半年的光景当中,杜丽娘作为一个因青春觉醒而情欲冲动极其强烈的少女,其生活的全部已经被一种几近痴狂的性幻想所取代。

一、杜丽娘之死的病理分析

在深陷性爱的白日梦而不能自拔的情况之下,杜丽娘的行为举止和精神心理都明显地带有癔病和强迫性神经病的症状。在现代心理医学的学科范畴中,癔病又称歇斯底里,是一种常见的精神障碍,其临床表现多种多样,故有人称癔病患者为"疾病模仿家"。总的来说,癔病是由明显的精神因素,如生活事件、内心冲突或情绪激动、暗示或自我暗示等而引起的一组疾病,表现为急起的短暂的精神障碍、身体障碍(包括感觉、运动和植物神经功能紊乱),这些障碍没有器质性基础。癔病的病因主要是心理因素及遗传因素,一般而言,情感丰富、暗示性强、自我中心、富于幻想等具有癔病性格特点的人是癔病的易患人群。结合《牡丹亭》文本所交代的相关细节,我们可以说,杜丽娘所患的是一种"癔症性意识障碍"的疾病,主要表现为其遭遇"惊梦"后的意识长期处于朦胧状态,即日常生活中的意识范围缩小,对外界其他事物反应迟钝,但在意识间歇性恢复后对发病经过通常又不能完全回忆。

弗洛伊德在《精神分析引论》一书中,对强迫性神经病患者的

---

① 周贻白:《中国戏曲发展史纲要》,上海:上海古籍出版社1979年版,第281页。

临床表现形式作了这样的描述:"病人的心内充满着实在没有趣味的思想,觉得有特异的冲动,而且被迫做些毫无乐趣而又不得不做的动作。那些思想(或强迫性观念)本身也许是毫无意义的,对病人只是感到乏味的;或常常是愚蠢的,然而,无论如何病人总不免以这些观念为损耗精神的强迫思想的起点,他虽极不愿意,却也无法抵制。他好像面对生死存亡的问题,劳心思苦,不能自已。"①在弗洛伊德精神分析的理论体系中,有一个极具影响同时又常被他人诟病的论断,那就是,弗洛伊德始终执拗地认为,无论是癔病患者还是强迫性神经病患者,他们之所以得病的根本原因在于"现实不容许他们满足性欲而使他们感到某种缺失"。在弗洛伊德看来,本能是一种决定人的心理过程先天方向的状态,而性本能,即"力比多",作为一种机体生存、寻求快乐和逃避痛苦的本能欲望,一种与死的本能相反的生的本能的动机力量,是人的一切心理活动和行为的动力源泉。在精神分析的临床实践中,弗洛伊德发现,癔病和强迫性精神病的症候都可最终被解释为"生活中所不能满足的欲望的代替满足"②,即这两种精神性疾病的症候在功能承担上,不是性的满足就是性的制止,具体地说,"癔病以积极的欲望满足为要点,强迫性神经病则以消极的禁欲意味为要点"。总而言之,"症候可用以达到性欲满足的目的,也可用以达到禁欲的目的,因为这个两极性在症候机制的某一因素上有极其妥适的基础"③。需要特别指出的是,以现实中极端的性压抑为生成根由的这两种精神性疾病,其表现出的症候并不能为患者提供实在的性满足,事实上,它们通常"只是再生一个感觉或实现一个由某种性的情结而引

---

① 弗洛伊德:《精神分析引论》,北京:商务印书馆 1984 年版,第 219 页。
② 弗洛伊德:《精神分析引论》,北京:商务印书馆 1984 年版,第 253 页。
③ 弗洛伊德:《精神分析引论》,北京:商务印书馆 1984 年版,第 253 页。

起的幻想"①。显而易见,这些以本能欲望(性欲)的代替满足为功能承担的临床症候若得不到有效疗治,即患者的情欲冲动若继续受阻,患者自身将随着性压抑程度的加剧而走向精神的疯狂或崩溃。

在《牡丹亭》的文本世界中,杜丽娘以死亡这一极端的方式控诉了封建礼教禁制青年的正常情欲的非人道和罪恶。

在死亡叙事的层面上,《牡丹亭》的文本叙述者把叙述的焦点始终对准死亡主体的死亡过程。这样的一种叙述策略的使用,在技术的层面上使死亡主体走向死亡过程中的心理信息得到了较为清晰的呈现。在《牡丹亭》的文本世界中,我们发现,自遭遇了一场意外的春梦而青春觉醒之后,年已二八的杜丽娘开始被沸燃于意识深处的情欲冲动彻底支配,而重温牡丹亭畔、芍药阑边的那场刻骨铭心的春梦的渴望,俨然成了杜丽娘在闺阁生活中无力抗拒的精神鸦片。对出现于梦中的那位对自己"千般爱惜""万种温存"的折柳少俊的神经质似的依恋,已成了杜丽娘精神世界中的唯一内容。在文本叙述中,我们同样可以发现,在由情欲受阻所造成的精神焦虑的折磨下,杜丽娘在日常生活中的心理意识已经趋于迟钝和模糊。闺阁中的她每日都是"独坐思量,情殊怅恍",在未对外部信息作出反应之时,她只能做一个焦心守候梦中情郎的"可怜人"。在守候无望的情况下,她感到"睡起无滋味,茶饭怎生咽"。在情思怅惘之中,她甚至觉得自己在一日三餐中连举箸食饭的力气都没有了!

在舞台表演的层面上,杜丽娘也数次以独白的方式描述了"惊梦"一事给自己身心带来的一系列异常反应。试看她的几段自我描述:

【刷子序犯】〔旦低唱〕春归恁寒悄,都来几日意懒心乔,竟

---

① 弗洛伊德《精神分析引论》,北京:商务印书馆1984年版,第254页。

妆成熏香独坐无聊。逍遥，怎铲尽助愁芳草，甚法儿点活心苗！真情强笑为谁娇？泪花儿打迸着梦魂飘。

可以看出，由于杜丽娘的心神始终沉浸在深情的苦恋之中，已经忘记了身边的一切。此时的她心绪混乱、愁思不绝，对幻梦之外的现实生活了无兴趣。可以说，因春情难遣而生成的抑郁、烦闷和焦躁成了她精神世界中的主体色调。

《诊祟》一出中，在情欲难禁的煎熬中已是病体恹恹的杜丽娘，用微弱的气力唱出了自己被情折磨而又不甘弃情的痛苦。

【一江风】〔贴扶病旦上〕〔旦〕病迷厮。为甚轻憔悴？打不破愁魂谜。梦初回，燕尾翻风，乱飒起湘帘翠。春去偌多时，春去偌多时，花容只顾衰。井梧声刮的我心儿碎……咱弄梅心事，那折柳情人，梦淹渐暗老残春……我自春游一梦，卧病如今。不痒不疼，如痴如醉。知他怎生？

【金落索】贪他半晌痴，赚了多情泥。待不思量，怎不思量得？就里暗销肌，怕人知。嗽腔腔嫩喘微。哎哟，我这惯淹煎的样子谁怜惜？自喋窄的春心怎的支？心儿悔，悔当初一觉留春睡。

一方面，杜丽娘深知自己的病况因感梦伤情所致，若不能彻底斩断缘梦而生的相思之情，自己将在情欲的炙烤下魂消香断。另一方面，对于已在梦中经历了一番两情和合的云雨之欢的杜丽娘来说，要使"一生儿爱好是天然"，又有一副闭月羞花之貌的自己在情欲不得舒展的礼教藩篱中任由女儿之美凋零、枯萎，那简直是生不如死！惊梦之后的闺阁生活，犹如一片情欲的荒漠，对于已被梦中的折柳少俊完全摄去魂魄的杜丽娘来说，自己就像是一条挣扎于滚烫的沙砾之上的鱼儿，唯有情欲之霖的滋润才可以拯救自己。在没有情的慰藉、欲的燃放的闺阁中按封建妇女道德的律令继续扮演一位贞静淑女，就如同自己将被永远流放于眼前的这片使人恐惧的情欲荒漠一样,终将因情欲的饥渴而倒下。

在文本叙述的层面上,除了通过杜丽娘的心理独白了解其在惊梦之后所承受的煎熬和痛苦之外,文本世界中作为杜丽娘的侍婢的春香也以旁观者的视角,对情思昏昏的杜丽娘的相关生活实景频频进行描述。借助春香这一叙述的视角,我们对正在遭受情欲折磨的杜丽娘的心底图景能作出更客观、更全面的还原。如在《诘病》一出中,春香是这样向甄夫人描述杜丽娘游园之后的异常表现的:"他茶饭何曾,所事儿休提、叫懒应。看他娇啼隐忍,笑谵迷厮,睡眼懵瞪。"在春香的描述中,我们发现,自经历了一场春梦之后的杜丽娘,开始变得性情慵懒,茶饭不思,其中透露出来的一条最为重要的信息可作为对杜丽娘实施精神诊治的依据,那就是杜丽娘开始有意识地使自己耽溺于幻梦之中。此外,在《写真》一出中,春香曾这样劝诫杜丽娘:"小姐,你自花园游后,寝食悠悠,敢为春伤,顿成消瘦?春香愚不谏贤,那花园以后再不可行走了……小姐,你热性儿怎不冰着,冷泪儿几曾干燥?这两度春游忒分晓,是禁不的燕抄莺闹。你自窨约,敢夫人见焦。再愁烦,十分容貌怕不上九分瞧。"从春香的这番话语中,我们又可以发现,因伤情不已而玉体受损至"庞儿没了四星"的杜丽娘仍不改重归梦境的痴心。在春香那真诚而焦灼的规劝中,我们分明已感受到正在向杜丽娘逐渐逼近的死亡气息。

二、杜丽娘之死的文化反思

通过筛检和整理杜丽娘内心独白和侍婢春香描述中的相关信息,在精神分析学的视域中可以得出一个确定的结论,那就是,被一场春梦点燃了意识深处的情欲之火的杜丽娘,在禁制森严的闺阁中由于无法找到现实的泄欲途径,其精神意识的运作机制开始变得紊乱。具体地讲,她在日常生活中已表现出了癔病和强迫性神经病的临床症候。就发病原因和临床症候的功能指向而言,我们可以说,已是成年女性的杜丽娘在寻梦不成而春情难抑的现实困境中，只能放任自己在无边无际的性幻想中恣情享受，以求自己的情欲煎熬能够得到变相解脱。从病理学的层面上来讲，正是这种不被节制、几近痴狂的性幻想，使《牡丹亭》文本世界中的杜丽娘在持续的精力损耗中，一步一步地走向了死亡。事实上，在中国近世叙事文学的范畴中，杜丽娘并不是因性压抑而死的唯一案例。在《红楼梦》的第十二回中，可怜的贾瑞不就是在一场痴狂的性幻想中成了"风月宝鉴"中的骷髅吗？

因性压抑而死亡在精神分析学的视域中本身就是极其罕见的案例，而《牡丹亭》文本世界中的杜丽娘，作为一个大家闺秀，一个知书识礼的才女，一个"嫩脸娇羞，老成尊重"的小姐，其"慕色而亡"这一死亡事件，表面上看似是一件极富传奇意味的偶然事件，但如果联系明代中叶因倡扶礼教所造成的社会风气以及杜丽娘在文本世界中所处的生存环境来说，这一死亡事件的发生是有现实根据的，也是符合文本世界自身的情节逻辑的。

杜丽娘由于礼教的防闲，无由达到愿望，在其奄奄病死之后，她的母亲哭唱：

> [红纳袄]每日绕娘身有百十遭，并不见你向人前轻一笑。他背熟的班姬《四诫》从头学，不要得孟母三迁把气淘。也愁他软苗条忒恁娇，谁料他病淹煎真不好！从今后谁把亲娘叫也，一寸肝肠做了百寸焦。

这说明丽娘平日是如何检束自己，服从当时的礼教的，她甚至不敢"向人前轻一笑"。事实上，在《牡丹亭》的文本叙述中我们可以清楚地发现，在日常生活中，杜丽娘的行为举止丝毫没有违背她作为大家闺秀的身份，即使她去游玩空寂无人的后花园时，还想到"步香闺怎便把全身现"。但在另一面，一旦杜丽娘独处深思，面对菱花镜中自己无比娇艳的"三春好处"，一旦步入了百花竞放、春意喧闹的后花园中，她因"春情难遣"而生的惆怅无奈、委屈与痛苦便如江潮般在心头激荡。诗词乐府的深厚修养,春情秋恨的花季苦恼,对古来才子佳人先偷期密约、后成就佳偶的故事的回味,都使得杜丽娘喟然长叹。而当她完全摆脱现实束缚和礼教监管进入梦境时,她那蛰伏于潜意识中的欲望便充分地活跃起来。通过梳理在杜丽娘身上存在的这些看似矛盾的现象,我们可以得出一个可能只与精神分析学理论体系中的相关认识相吻合的论断,那就是,在以封建礼教为法则而建构起来的生存秩序中,一个越是循规蹈矩的榜样式人物,他所承受的本能压抑越是深重,他由于本能受阻而发生精神疯狂或崩溃的可能性较之一般人也要大得多。

汤显祖写杜丽娘,可以说是从当时的现实生活出发来写他所倡导的"情"的。在汤显祖的哲学观念中,"情"不再是被理学家们所指斥的"万恶之源",相反,不仅"人生而有情"(汤显祖《宜黄县戏神清源师庙记》),而且,"情"是与生俱来的圣凡皆有的东西。结合《牡丹亭》文本的故事内容,可以说,汤显祖所标举的"情",当是首先包括性爱之欲在内的人生欲求。由于《牡丹亭》文本涉及的是女性的性爱之欲,汤显祖出于道德和习俗禁忌方面的考虑,为避免杜丽娘背上"淫鄙无耻"的骂名,在自陈该剧主旨时,有意以"情"这个较为中性的词语来统摄杜丽娘身上表露出来的一切形式的人性之欲。若从《牡丹亭》全部剧情而言,剧作者则采用现实与理想相结合的表现手法来突出该剧的主旨,如"杜丽娘的做梦,是因为她曾游园,是一种客观真实的反映。其伤春成病而死是具有真实意义的。但幽魂不散,终与柳梦梅相遇,由是而还魂团圆,则为汤氏的一种愿望,而这种愿望,实为一种积极的想法"①。

此外,我们需要指出的是,在《牡丹亭》的文本世界中,封建家长事实上也得为杜丽娘之死承担一定的责任。在某种意义上,正是封建家长的缺情寡欲,加重了性压抑中的杜丽娘在精神上所承

---

① 周贻白:《中国戏曲发展史纲要》,上海:上海古籍出版社1979年版,第284页。

受的痛苦和煎熬。作为官宦人家独生女儿的杜丽娘，生活在与外界完全隔绝的朱门深宅之中，她的父母极其疼爱她，而疼爱的方式则是竭力把她塑造成一个绝对符合于礼教规范的淑女。甚至连她在绣房中因无聊而昼眠，父亲也要把她叫出来教训一通；她去了一趟花园，衣裙上绣了一对花、一双鸟，母亲也要惊惶失措，唯恐她惹动情思。有论者曾经指出："杜宝夫妇绝不是'坏人'，他们一个是国家栋梁，为官清廉正直，一个是典型的贤妻良母。作为封建社会中常规道路上的成功者，他们以自己的'爱'给予女儿最大的压迫。"①

总之，杜丽娘之死，对《牡丹亭》文本主旨及其文化史意义的生成具有决定性的作用。《牡丹亭》文本世界中杜丽娘的"非正常"死亡，在本质上是对"人性解放"的一次献祭，是汤显祖本人为自己的"言情"理论所作的一个具象化的注解。通过对杜丽娘这位呻吟挣扎于礼教文化罗网中的女性的梦中爱情和伤情而死的描述，剧作者以极大的道德勇气赋予了男女之间的原始生命冲动以灿烂、圣洁的色彩，使历代读者在情欲的奔放中感受到了源自生命本源处的美丽和庄严。同时，通过使杜丽娘充当普遍的人性欲望的具体承担者，汤显祖在中国文化史上"第一次把淹没在神圣庄严的封建礼教模式中的个人的人性欲望作为一种合理的存在，提升到可以令人正视、令人崇尚、令人反省的高度"②。

（杨明贵《天中学刊》2011 年第 4 期。）

第三节 《杜十娘怒沉百宝箱》的女性主义解读

女性主义也译为女权主义，这里的女性一词一般指文化意义上的女性，而不是完全是生理意义上的女性。女性主义文学批评

---

① 章培恒、骆玉明：《中国文学史》下，上海：复旦大学出版社1996年版，第350页
② 廖奔、刘彦君：《中国戏曲发展史》，太原：山西教育出版社2000年版，第347页。

既是女性主义文化思潮的有机组成部分,又是 20 世纪以来西方风起云涌的文艺美学方法与流派中的一支劲旅。

女性主义理论兴起于 20 世纪 60 年代末,它首先是与当时席卷欧美的妇女解放运动浪潮紧密联系在一起的,它的产生有着复杂深刻的社会文化背景,其理论的发展大致经过了三个阶段:首先是强调男女平等,女人应该和男人一样享有工作、经济和法律上的平等权利;其次强调男女之间的差别,以及由性别差别带来的意识形态的斗争;再次是主张运用女性理论来解构男性话语霸权,提倡多元共存。从 20 世纪 20 年代英国作家弗吉尼亚·伍尔芙的《一间自己的屋子》开始,到 40 年代被誉为西方妇女解放运动圣经的西蒙娜·德·波伏娜的《第二性》,到 60 年代蓬勃展开,到 80 年代末朱丽叶·克里斯蒂娃的《语言——未知物,语言学的尝试》的问世,女权主义运动的历史不过七八十年,而真正意义上的女性主义文学批评的发展也不过只有三四十年的历史,但它的问世动摇了西方几千年来的社会思想与文化理念,并以其全新的立场、方法与角度成为 21 世纪最重要的批评方法之一。

女性主义在发展过程中,涌现出了众多的流派,每一个流派的出现都建立在对现有理论观点的批判和质疑之上,因而是一个仍在变动发展中的理论,也是一个无限开放的场域,是一种理解世界和自我的全新的方法,它以全部的文学史、思潮、文学作品和文学书写活动为研究对象,吸收和囊括了所有的批评方法。然而与一般文学批评不同的地方在于,女性主义文学批评反对既定的文学秩序与话语特权,它以明确的自我意识和鲜明的政治立场,站在女性的立场上审视历史和现实,对传统的文学批评体系与价值观发起质疑与冲击。女性主义文学批评大致经历了三个阶段:自 20 世纪 60 年代末到 70 年代中期为第一阶段,其重点是揭示男性文学如何歪曲了女性形象,质疑和抨击传统的"阳物批评",立足点主要在生理差异方面;自 70 年代中期开始是第二阶段,女性主义文学批评家旗帜鲜明地用女性的视角解读经典作品,同时提出女性文学的构成元素如语言、形象、题材、情节、象征等应与男性中心主义模式有区别,应该脱离以男性为参照系的二元对立框架,建立自己独立的空间与标准,出现了一批标志性研究成果,如帕特里夏·迈耶·帕斯克斯《女性想象:一部对妇女作品的文学和心理的考察》、西德尼·詹妮特·卡普兰《现代英国小说中的女性意识》、艾伦·莫尔斯《文学妇女》、肖瓦尔特《他们自己的文学》、吉尔伯特与格巴合著《阁楼上的疯女人》等;第三阶段是自 80 年代后期至今,跨学科的女性主义文化兴起,而不再拘泥于文学文本,对性别差异进行比较的"性别诗学"也同时兴起。

就女性主义文学批评的内容来看,主要包括女性形象批评、女作家批评、女性身份批评三种不同的类型。所谓女性形象批评,是以整个文学史为研究对象,并将文学史视为父权制与男性中心意识的产物,通过对经典文学作品中的女性形象的分析,揭示男性中心的文学书写对女性的扭曲与埋没。所谓女作家批评,也可称为女性中心批评,如果说女性形象批评是针对男性中心意识支配下的女性形象塑造,女作家批评则针对男性中心的文学标准和批评原则,其目标是使被埋没的女性作家作品重见天日。女性主义批评家们既对已进入文学史的女作家进行重新解读,也发掘出大批被遗忘的女作家,并大力鼓励和倡导当今女性进行写作。这一类型的批评之所以被称为女性中心批评,是因为它是女性批评家研究女性作家,并且是为了女性读者而从事研究,这种女性中心主义使得女性主义批评家们对传统的文学和文学批评的标准提出了质疑,也为当代文学的发展注入了新的特质。所谓女性身份批评,则是以反思女性中心批评为前提的。80 年代后各种文化理论如后殖民主义、生态主义和多元文化理论等的兴起,质疑了传统的女性主义批评,因为它的批评主体主要是白人中产阶级女性,而黑人女性、其他少数民族女性、第三世界国家和地区的女性及其文学创作,并未进入女性主义批评家的视野。同时,在新兴女性主义批评家看来,传统女性主义批评试图建立女性主义的权威,这似乎与男性中心主义的思路并无不同。于是新女性主义批评家特别是非白种女性批评家开始以各自的种族身份和生存体验作为批评的必备视角,此后,社会性别、阶级、宗教、政治、经济以及个人的生理和心理的各种要素也开始成为批评的视角,因而文学批评寻找身份、解读身份的功能被空前的突出。批评家们发现,处于主流之外的女性及其文学中,也同样有主流与边缘之分,这意味着,相对于社会主流的人群的少数族裔,相对于发达资本主义社会的发展中和欠发达地区,相对于普通异性恋/同性恋的更特殊性取向的人群,他们的生存和文学更处于边缘的边缘,他们的"身份"成为更突出的问题,身份也就由此成为最重要的批评范畴。正是因为有了身份这一视角,女性主义批评的视野空前扩大,影响程度也空前增强。

女性主义文学批评自 20 世纪 80 年代被引进中国以来,对中国的文学创作与文学研究都产生了深刻而重要的影响。就古代文学领域来说,主要产生了两个方面的刺激作用,一是促进了学界对古代女性文学的搜集与研究,二是促进了对古代作家作品作女性主义的文学批评。就前者而言,古代女性文学主要指女性创作的文学,有时也指向那些虽由男性创作但蕴涵丰富的女性形象和女性文化的文学。由于中国古代女性社会地位低下,是男性的附庸,所以女性的文学创作基本被屏蔽在男性视野之外。中国古代女性文学研究自五四时期开始兴起,经历 50 年代至 70 年代的沉寂后,由于 80 年代西方女性文化与女性主义批评的引进刺激而得以复苏,自 90 年代中后期至新世纪以来相当繁荣,其研究成果主要有以下几个方面:

第一,古代女性文学的文献整理。文献整理为女性文学批评提供了可靠的研究文本与扎实的研究基础,其中既有单个女性作家的诗文集整理,如张蓬舟《薛涛诗笺》(人民文学出版社,1983

年)、卢兴基《顾太清词新释辑评》(中国书店,2005 年)、刘燕远《柳如是诗词评注》(北京古籍出版社,2000 年)等;也有女性合集,如陈文华《唐女诗人集三种》(上海古籍出版社,1984 年)收了薛涛、鱼玄机、李冶三人的诗;还有专门收录女性别集的大型丛书,如胡晓明、彭国忠主编《江南女性别集》(黄山书社,2008、2010 年),以及地域性女性文学著作辑考,如傅瑛主编《明清安徽妇女文学著述辑考》(黄山书社,2010 年)。

第二,古代女性创作批评。既有通代研究,如张明叶《中国古代妇女文学简史》、邓红梅《女性词史》等;也有断代与分体研究,如苏者聪《闺帏的探视——唐代女诗人》(湖南文艺出版社,1991 年)和《宋代女性文学》(武汉大学出版社,1997 年),谢稚《宋代女性词人群体研究》(湖南人民出版社,2010 年),张丽杰《明代女性散文研究》(中国社会科学出版社,2009 年)等;还有着眼于地域视角的,如陈玉兰《清代嘉道时期江南寒士诗群与闺阁诗侣研究》(人民文学出版社,2004 年)、付建舟《两浙女性文学:由传统而现代》(中国社会科学出版社,2011 年)等。

第三,古代文学的性别文化批评。应该说,这是真正意义上的女性主义文学批评,主要表现在以西方女性文化与女性主义文学批评理论对古代文学中的女性角色或女性形象进行重新阐释和审视。在古代小说戏剧领域方面的代表作主要有孙绍先《英雄之死与美人迟暮》(社会科学文献出版社,2000 年)、张维娟《元杂剧作家的女性意识》(中华书局,2007 年)、吴秀华《明末清初戏曲作品中的女性形象研究》(凤凰出版社,2002 年)、马珏玶《中国古典小说女性形象源流考论》(南京师范大学出版社,2008 年)、王永恩《明末清初戏曲作品中的女性形象研究》(文化艺术出版社,2008 年)等,都从性别意识、性别政治的视角出发对古代小说戏剧中的女性形象作了重新解读,指出无论这些女性形象如何表现,实际上往往都体现了男性的内心需求,如王永恩指出,男性作家塑造的女性形象,无论是天使还是妖妇,从她们的形象中折射出来的是传统男性社会对女性的期望和控制,因此她们实质上只是男权文化镜像中没有自身主体声音的空洞的能指。另外还有大量单篇论文涉及古代文学尤其是经典名著中的女性形象,并以女性主义的视角对这些形象进行重新阐释,往往得出与原有文学研究截然不同的结论。下面选择一篇对著名白话短篇小说《杜十娘怒沉百宝箱》进行女性主义批评的文章,相信其切入点与观点都会对读者有一定的启发。

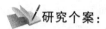研究个案:

被遮蔽的杜十娘——对《杜十娘怒沉百宝箱》的女性主义解读

众所周知,《杜十娘怒沉百宝箱》是一出悲剧。大致剧情如下:北京名妓杜十娘久有从良之志,她与太学生李甲相恋,在与鸨母周旋一番后跳出火坑,身藏万金追随李甲,而李甲却在路途中以千金卖掉杜十娘。杜十娘怒沉百宝箱,痛斥李甲,投江而死。

杜十娘的故事,据传是明代的故事,最早载于明万历年间宋懋澄《九籥集》卷五《负情侬传》。宋存标、潘之恒、冯梦龙都曾转载此文。到了冯梦龙《警世恒言》中的《杜十娘怒沉百宝箱》,显著的变化是情节过渡更自然,人物形象更鲜明,悲剧气氛从凄美转向壮美。

中国历来有弃妇传统,反映在文学作品中,从《诗经·氓》"反是不思,亦已焉哉"的无奈,到《莺莺传》"命也如此,知复何言"的哀怨,再到《霍小玉传》"我为女子,薄命如斯! 君是丈夫,负心若此"的幽怨,我们从中感受到一种"凄美",而杜十娘怒目圆睁义斥李甲、孙富的言语,怀抱宝匣、纵身投江的身影,让我们感到一种"壮美"。

也许正因为如此吧,对于杜十娘的评价便超越了简单的"痴情女子"的范围,宋懋澄就在《负情侬传》末感叹道:"噫! 若女郎,亦愧子政所称烈女哉? 虽深闺之秀,其贞奚以加焉!"当代学者易中天顺着这个思路写道:"杜十娘为之献身的义,不是统治阶级宣扬的'贞女不事二夫','饿死事小,失节事大'之类伪善的'礼义',而是她心中至真至诚的'情义',因此才感天动地。"①而教科书的评价是"妓女杜十娘要求人身自由,追求正常的人间生活和忠贞的爱情与封建礼教、封建势力展开的一场生死搏斗"②。总之,长期以来,杜十娘的形象定位无非在两个方面:第一、贞女、烈女,第二、封建礼教(制度)的反抗者。

一、男权视角的悲剧原因

讨论杜十娘的形象,不可避免地要涉及杜十娘的悲剧,到底原因何在? 传统看法归纳起来不外乎这么两种:

(一)遇人不淑。林百举《杜十娘曲》云:"十娘休怪郎心黑,自被魔缠无眼力。明珠纵不沉湘波,纨扇亦宁保颜色?"冯梦龙在《杜十娘怒沉百宝箱》中评曰:"独谓十娘千古女侠,岂不能觅一佳侣……乃错认李公子,明珠美玉,投于盲人,以致恩变为仇,万种恩情,化为流水,深为可惜也!"宋存标在《情种》中更有惊人之论:"新安人,天下有情人也! 其说李郎也,口若河;其识十娘也,目如电。惜十娘之早遇李生而不遇新安人也! 使其遇之,虽文君之于相如,欢如是耳! 虽然,女不死不侠,不痴不情,与十娘又有何憾焉?"总之,"怪"也罢,"惜"也罢,"憾"也罢,都觉得十娘运气不好,遇上李甲,其悲剧是个别的、偶然的,遇上另外一个人完全可以变成喜剧。

(二)社会制度。"万恶的封建制度"不允许青年男女相爱,追求幸福生活。易中天先生说:"李益和李甲的负心,曾引起古往今来不少读者的义愤,其实,真正有罪的,应该说是他们当时那个社会。"③杜十娘的"反抗"固然可嘉可佩,李甲的负心亦情有可原,一

---

① 易中天:《中国的男人和女人》,上海:上海文艺出版社 2000 年版,第 71 页。
② 薛洪绩、李伟实:《元明清短篇小说选》,长春:吉林人民出版社 1981 年版,第 76 页。
③ 易中天:《中国的男人和女人》,上海:上海文艺出版社 2000 年版,第 237 页

切过错均由封建制度承担——这倒不失为一种推诿的简便方法，李甲九泉有知，当抚掌大笑，如释重负，而不再"终日愧悔，郁成狂疾"。

遇人不淑，为情身死，谓之"贞烈"；制度害人，不得结合，谓之"反抗"。正是这两种悲剧原因顺理成章地推出了杜十娘的贞烈女、反抗者形象。但，这悲剧原因真的成立吗？

首先说"遇人不淑"的问题，林百举指责杜十娘"自被魔缠无眼力"，此处的"魔"当指爱情。情魔，心魔也。确实，女子一旦陷入强烈的爱情，可能情迷心窍，不能自已。我们常说恋爱中的女子 IQ 为零。黑格尔也说："男子或女子都说她（他）所爱的那个对象是世界上最美、最高尚，找不到第二个。"①但黑格尔此处指的是"浪漫型爱情"，其对象更适合于情窦初开的少男少女，杜十娘显然不是。她十三岁接客，七年欢场，历人无数，听过多少甜言蜜语，见过多少世态炎凉！繁华、美梦、浪漫都已经或正在逝去，十九岁的杜十娘需要考虑自己的归宿——实际上，这个问题一直盘踞在杜十娘的心头。小说开头部分有一句话不容忽视："杜十娘因见鸨儿贪财无义，久有从良之志；又见李公子忠诚志厚，甚有心向他。"整整七年，无数公子王孙为杜十娘"情迷意荡，破家荡产而不惜"，杜十娘为什么迟迟未从良？她看透了王孙公子的朝三暮四，虚情假意，她要等待一个靠得住、拿得稳、真心待她的人。杜十娘托身李甲，看中的绝不只是他的"俊俏庞儿、温存性儿、撒漫的手儿、帮衬的勤儿"，最关键的是"忠诚志厚"，唯其忠诚志厚，才不会蔑视她，侮辱她，抛弃她。至于其他方面，如个性、才能则可从宽。这是杜十娘的故事和其他老套才子佳人故事的本质区别。可以说，杜十娘选择李甲作为从良对象，是退而求其次的下策，但也是最保险的选择。她对李甲的感情，依附的成分多于爱恋，现实的考虑大于感情的投入，这

---

① 黑格尔：《美学》第二卷，北京：商务印书馆1987年版，第332页。

一点可以从她对李甲的不信任(身藏万金而李不知)和不经意流露出的不屑("取出一个红绢袋,掷于桌上……")得到印证。

因此,林百举"自被魔缠无眼力"的说法无疑不具说服力。而宋存标的推陈出新更是以己度人,想当然尔。不可否认,孙富比李甲精明能干,但他既会不择手段买杜十娘,焉知不会不择手段卖杜十娘?杜十娘要的就是"忠诚志厚",对于"危险"如孙富之流,即使遇在李甲之前,也不会以身相托。

再说社会制度的问题。《礼记·昏义》规定婚姻是一种"合二姓之好,上以事宗庙,而下以继后世"的社会行为,在封建时代,它是一种义务而不是个人的权利,对于男女通婚也有严格的限制。唐代婚律明文规定"凡官户奴婢,男女成人,先以本色配偶"。但是"通婚"、"配偶"一般指明媒正娶的妻,妾基本未在"礼教"之内,不是说"嫁是妻来奔是妾"吗?不是说"娶妻娶德,娶妾娶色"吗?即使在中国礼教控制最严密的时候,男性仍然一如既往、"天经地义"地狎妓,娶妾。况且故事发生的时间是"万历二十年",此时的封建社会已夕阳黄昏,江河日下,朝廷内部君昏臣嬉,群龙无首,整个社会更是"异端邪说"、奇行异事此起彼伏。封建社会的种种清规戒律、繁文缛节即"礼教"已大打折扣,娶妓女为妾,并不算什么惊世骇俗之事。《卖油郎独占花魁》中的小商人秦重以娶名妓辛瑶琴为荣。《玉堂春落难逢夫》中的世子王景隆一心娶妓女玉堂春为正妻,其父是当过"礼部尚书"的,见到玉堂春赠予的大箱金银,骂了几句,也容他收下。经过一番曲折,王景隆最终娶了玉堂春,"名门官家之子"的正妻刘氏倒叫玉堂春为"姐姐"。即在现实生活中,明末的士子、高官纳妓女为妾也屡见不鲜,如侯方域之于李香君,钱谦益之于柳如是,龚鼎孳之于顾媚。因此,把李杜悲剧仅仅归罪于社会制度,是不恰当的。

二、女性视角的悲剧原因

杜十娘悲剧的真正原因到底在哪里?笔者以为,任何外因对事物发展的作用都是有限的,对于李杜悲剧,应该从内因出发,寻找当事人自身的原因。

杜十娘悲剧的罪魁祸首,首先是李甲的负心。不管李甲的性格多么懦弱,身份多么尴尬,经济实力多么可怜,铁的事实却只有一个:他转卖了杜十娘,抛弃了杜十娘,背叛了杜十娘。转卖是卑鄙的,抛弃是无情的,背叛是可耻的。李甲出卖的不仅是杜十娘的身体,更重要的是他粉碎了杜十娘七年来苦苦追寻的从良美梦。一个送旧迎新的妓女尚有一丝廉耻之心,从良也许就是其精神寄托和终极目标。杜十娘七年苦心经营,千挑万选,一朝义无反顾,情归李甲,换来的却是无耻之尤的出卖!美梦破碎了,理想崩溃了,希望消失了,杜十娘不死何为?

说杜十娘的悲剧罪在李甲,并不是要把《杜十娘怒沉百宝箱》的主题拉回到"痴情女子负心汉"的老调中去,不是要对李甲口诛笔伐、戮尸鞭打而后快,而是要追根溯源,打破砂锅问到底:李甲为什么负心?李甲负心的深层原因是什么?李甲负心是一种偶然还是必然?前文已否认了社会制度对李甲的决定性影响,现在将讨论是李甲的个性、境遇、阶级还是思想意识导致了李甲的负心。

首先,是李甲的个性、遭遇导致了李甲的负心吗?正如冯梦龙评李甲"碌碌蠢材,无足道者",李甲自私怯懦,软弱胆小,毫无主见,既"贪恋十娘颜色",流连妓院,又"惧怕老爷",不敢娶杜十娘;鸨儿以言语触怒他,他竟"词色愈和";他借不到钱要哭,感激十娘要哭,转卖十娘要哭,杜十娘怒沉百宝箱时,他更是当众"恸哭",当真是"水做的男儿"。杜十娘要从良,他说"非无此心";杜十娘说想浮居后回乡,他说"此言甚当";孙富认为携十娘归不妥,他"茫然自失",进而"移席问计"。总之,李甲是一个毫无心机、怯懦软弱的庸人。况且,他只是个"纳粟入监"的太学生,在社会地位、经济上都是父母的寄生虫,他不得不考虑布政老大人的喜怒。李甲此情此境,易令人顿生同情之心,觉得李甲是不堪外界压力而忍痛割爱,放弃十娘。我们不妨看看唐传奇《霍小玉传》，李益和李甲，个性、才能、境遇均不可同日而语。李益才华横溢，"丽词佳句，时谓无双"，与小玉相恋时已是进士，只等皇上封官。以他的能力、地位，完全可以满足霍小玉八年欢爱的要求，但李益同样无情地抛弃了霍小玉，而且正因为他比李甲强大，他抛弃霍小玉的方式也更加冰冷残酷。这充分说明，男性负心和他的个性、境遇并无必然联系。

那么是不是李甲的阶级属性决定了他的背弃呢？易中天先生就认为"他们既然无法背叛自己的阶级，当然也就只好背叛真心爱着他们的女人"①。易先生忽略了一个事实，那就是"这些真心爱着他们的女人"从来没有要求男人们"背叛自己的阶级"，杜十娘只求"或怜妾有心，收佐中馈"（做妾），而霍小玉只求八年欢爱，连妾的身份也不曾奢望！这些卑微的要求都在社会制度、风气允许的范围内，男性满足她们这小小的要求，可能会有一时的困难，但并不需要付出多么沉重的代价。以《李娃传》和《玉堂春落难逢夫》为例，相同身份的主人公皆大欢喜，郑生、王景隆背叛了他们的阶级吗？

因此，李甲负心的原因最终在于：李甲的男权思想意识。这才是悲剧的根源。

实际上，在李甲的心目中，不管杜十娘如何温柔、美丽、可爱，她始终是作为"物"而存在，根本没有人格，没有尊严。李甲初遇杜十娘为之"撒漫用钱，大差大使"，只是为了满足自己的欢娱，他从未设身处地为杜十娘着想。杜十娘在妓院承欢卖笑，度日如年，要求从良，他竟以"我囊空如洗，如之奈何"相答，多少有些"事不关己，高高挂起"的嫌疑。直到十娘说赎身只需"三百金"，并再三相托，他才出去借钱。最后，他相当于分钱未花（一百五十金是柳遇春借的），白捡了个绝色美人。李甲和孙富萍水相逢，一面之交，居

---

① 易中天：《中国的男人和女人》，上海：上海文艺出版社2000年版，第238页。

然在酒酣耳热之间"卖弄在行",把杜十娘之事和盘托出。这一方面说明李甲毫无心机,另一方面说明在李甲的潜意识中,杜十娘也就相当于一本好书、一幅好画、一件名贵古董,可以作为炫耀的资本,提高自己的身价。这在中国是有悠久的历史传统的,唐代李冗《独异志》曾记载"俊妾换马"的故事:"后魏曹彰性倜傥,偶逢骏马爱之,其主所惜也。彰曰:'予有美妾可换,惟君所选。'马主因指一妓,彰遂换之。"这是一则彻头彻尾、无以复加的男权话语。男权对马尚有所惜,对美妾则随便交换,这就是男性津津乐道的"倜傥"!按照这个标准,李甲远远不够"倜傥",他毫不犹豫卖掉杜十娘后,居然"颜色匆匆,似有不乐之意","情不能舍,是以悲泣"。

不能说李甲不爱杜十娘,他的悲切是真诚的。但李甲的爱,不是一个人对另一个人平等的、尊重的爱。《呼啸山庄》女主人公的爱情宣言是:"他就是我,我就是他!"中国传统社会中这种爱是天方夜谭。在封建社会的男权意识形态中,女人不算"人"。妻子是什么?是"合二姓之好"、传宗接代的工具。妾是什么?郑玄笺《礼记》曰:"妾合买者,以其贱同公物也。"女人中的"上层"待遇尚且不过如此,更何况身处青楼、人人得而狎之的妓女。既然连人也算不上,当然也就谈不上个人的追求、权利、欲望、意志和选择。李甲之爱杜十娘,"顺理成章"地类似于现代人对宠物的爱:真诚、温暖,但永远不可能平等。当这种爱危及自身实际利益时,当前途、事业、功名、父母……一切外界利害和爱情发生了冲突时,男性首先割舍、牺牲的便是爱情。这种行为是能得到多数人同情和理解的——虽然人们也会为杜十娘们掬一把同情之泪。可以说,这种物化的、不平等的、居高临下的"爱情"是男性源远流长、延绵至今的"集体无意识"。在这样的背景下,李甲负心也就不是偶然,中国文学多"负心"、婚变母题,乃至当今愈演愈烈的婚变故事也就不足为奇了。

李甲,这个自私自利的男性,在获得了"我得千金,可借口以见父母"的利己结局"欣欣似有喜色"时,还多情多义地认为"恩卿亦得所天"。言下之意即:新安盐商,锦帽貂裘,少年风流,挥金如土,这么好的男人上哪去找啊? 当李甲说完"恩卿亦得所天"时,他的男权思想暴露无遗。在他看来,一个妓女、一个女人,只要"得所天",已是天大的福气,至于"得"的对象如何,有无感情,则无关紧要,根本不需要她本身的意志来选择。就这样,李甲背弃了杜十娘还以为拯救了杜十娘,伤害了杜十娘还以为安慰了杜十娘,杜十娘的被侮辱、被损害反而变成了李甲痛失爱物的损失,何其荒谬!

男权话语把杜十娘的形象聚焦到"贞"、"烈",是针对其死。死则烈女贞妇,赞叹有加;不死则为妓女本性,不屑一顾。死,正是他们潜意识里所推广和提倡的。把杜十娘形象定位在"反抗者",此封号美则美矣,却来得不明就里,糊里糊涂。杜十娘反抗了什么?屈从了什么? 对此若不作具体分析而为她戴上"反抗"的桂冠,则流入笼统,客观上起到了为男权意识形态推卸责任、开脱罪责的作用。以下笔者将力图抛开男权话语,以女性视角对杜十娘的形象作具体分析和阐释。

三、杜十娘的真实形象

杜十娘:一个软弱的"女强人",一个男权意识的僭越者。

张中在《论杜十娘》中指出:"杜十娘是中国文学所创造的最强有力的女性形象之一。"①杜十娘之"强"当然不能像今天的女强人或弄潮商海,或震动艺界,或叱咤政坛,她也没有机会像王熙凤那样大权独揽,管理家政。她的"强"更多表现在心态、个性、处事能力上。

她机智果敢,冷静精明,有勇有谋。在赎身这一情节中,连老奸巨猾的鸨母和她交锋,也占不到半点便宜,反而中了她的"圈套";和李甲商量赎金时,她坚决只"任其半",这样既能考验李甲的

———————

① 《明清小说研究》1994年第3期。

诚意,又能成为李甲名正言顺买来的妾;从良之后各方面的策划,事无巨细,她都安排妥当;她的前途、她的百宝箱、她的幸福都是由她自己一手设计、经营并掌握着,而非"自被魔缠"把一切交给李甲;她不是一个麻木不仁、盲目乐观的人,事实上她对李甲的警惕和怀疑从未放松,当李甲说道"筹及此事,寸心如割"时,她就已"大惊",她最担心的事情终于发生了!虽然心中愤怒不已,但她不哭不闹,不泣不求,倒"冷笑一声",从容安排后事。这惊人的理智和自我克制能力是很少见的,说杜十娘是明清时代的女强人,并不过分。

杜十娘依靠自己而不是李甲们的力量追求幸福,难能可贵,但她的"幸福"最终无非依附、隶属于一个男人,即使是低声下气作妾。这是杜十娘不可能超越的局限性,也是社会文化赋予作为女性、妓女的杜十娘的双重软弱性。作为一个女性,再成功,再有钱,如果没有家庭,便宛若无根之浮萍;作为一个妓女,追欢卖笑,举世蔑视,自己也觉得低人一等。十娘反抗了什么呢?她无法独居,无法逃离,无法不把卖笑看作一种卑贱和罪孽。她十三岁接客,被迫成为男权眼中的"最下层"妇女,现在她要做的,她所能做的,也不过是"将润色郎君之装,归见父母,或怜妾有心,收佐中馈"(指做妾),乞求李甲的父亲布政老爷大发善心,允许她成为一个"改邪归正"、浪子回头的稍"高级"一些的女奴隶。

杜十娘是生活于中国 17 世纪的最下层妇女,她无法先知先觉地"反抗"封建礼教或制度,源远流长的男权意识也渗透到她的思想中;但她同时又是男权意识的僭越者,正是这种僭越造成了她的悲剧。

男权意识形态规定的妇女形象是什么样的呢?她应该"楚楚迷人,毫不自私,极富同情心……简言之,她的言行举止表明她从未有自己的意愿或心计,却总是百叠回肠地同情别人,温柔地顺从别人"①。杜十娘对这一点终究当局者迷。她不但"久有从良之志",追求自己向往的生活,而且还把这种追求置于李甲的追求之上,即使这种追求是那么微不足道,而且在社会允许的范围之内,也是僭越,也是大逆不道,也就非死不可。李甲的追求是什么?决不只是"家庭和睦"、"家园之乐",更重要的是功名前程,也就是科举——做官的道路。这才是布政老爷最看重的一点,也是男权意识形态的根本追求。杜十娘怎么可以一心以自己的幸福为念而忽略了李甲的根本欲望?妓女和士子大团圆结局的《李娃传》、《玉堂春落难逢夫》,无一例外地要求女性放弃自己的欲望和幸福,帮助、监督男子猎取功名。甚至郑生中举后,李娃面对他的婚娶要求,还要"固辞不从",再三压抑自己的欲望,才能指望男权意识网开一面,收容异己。这种大团圆结局是有代价的,那就是女性必须付出自己的一切,包括最基本、最微小的愿望(比如作妾,比如有一个家),无条件地为男性服务。

杜十娘的刚强是天生的,更是后天锻炼出来的,因为她无所依靠;她的僭越却是模糊的,不自觉的——追求想象中的"幸福生活"是人的本性,何况杜十娘的百宝箱又在推波助澜。正是"私有所积",有强大的经济后盾,杜十娘才巧激鸨母,跳出火坑,指使李甲,扬帆江南。杜十娘一旦踏上僭越之路,就注定了她的灭亡——杜十娘可能有足够的智谋和力量去对抗布政老爷,却无法接受男权意识这样的惩罚:处心积虑、艰苦奋斗的结果是被一个她误以为可以与之"死生与共"的男人恬不知耻地出卖。她心冷了,疲惫了,无法不放弃了。她以一贯的冷静和智慧从孙富那儿赚取千两银子还给李甲,自己的珠宝却尽投江中,说明她对李甲的彻底绝望和决绝——她甚至不屑于在经济上对李甲有所亏欠;临终前她对李甲

_____

① 伍尔芙:《自己的房间》,胡敏等译《女权主义文学理论》,长沙:湖南文艺出版社1989年版,第91页。

的训斥,说"恨"其实不是恨,理性的陈述多于感情的怨怒。带着对男人的轻蔑和绝望,杜十娘走了,走得很漂亮,很彻底,也很无奈。杜十娘的必然悲剧、杜十娘的模糊僭越带来的毅然反抗,与其说是针对老布政或整个封建制度、礼教,不如说是针对或隐或显、"不由自主"的男权意识形态。

在一个男权中心的世界里,杜十娘绝望地沉下去了。这是一个悲剧。但是对于杜十娘的传统解读也是一个悲剧。生于男权社会,死于男权社会,死了还没完,得继续为"他们"的话语系统服务,这就是杜十娘的命运。不是吗? 历朝历代的男士们指着杜十娘金光闪闪的画像说:"看! 她为情而死,贞烈有加,真是你们女人的好榜样!"或者说:"啊,万恶的旧社会逼死了杜十娘,新时代的女性多么幸福!"事实上男权意识绝不是某一种社会制度的特产,在今天,它仍然作为一种"集体无意识",幽灵似的徘徊在我们的思维中。揭露它,揪出它,警惕它,批判它,这是男女两性共同的任务,也是笔者写这篇文章的意图。

(张俊《重庆师院学报》2002 年第 2 期。)

第四节 《西游记》的文化批评

20 世纪 80 年代,由于特殊的社会阶段与文化背景,中国思想界掀起了一场范围广大、影响深远的"文化热"。"文化热"发端于1982 年,至 1985 年达到高潮,短短几年的时间内,西方外来文化的大量引进与介绍,传统文化的广泛弘扬与讨论,共同造成了文化研究空前繁荣的局面,也由此迅速带动了包括古代小说戏剧研究在内的古代文学文化批评的勃兴。

文化批评作为一个从西方引进而迅速流行的概念,其含义有广义与狭义之分。广义的文化批评指以文化学的理论和方法来研究文学,或借助文学文本来研究文化,即通常所说的文化研究;狭义的文化批评,主要指对文学的文化批评,它把文学活动视为一种文化,以文化这一独特视角切入文学内部,揭示文学中潜在的各种文化要素和文化问题,或者在文化的视野下阐释各种文学现象的发生与形成。文化批评的对象依然是文学文本,但其批评视角已经从纯粹或单一的审美转为宽泛的文化。笔者这里所说的文化批评主要指狭义的文化批评,但常常也包括了广义的内涵。文化批评作为一种批评理论与方法自 80 年代中期引入中国之后,至 90 年代而成为中国学界的一种主要批评思潮。对文学做文化批评,旨在于在文化的视野下阐释各种文学现象的发生、发展的历程与演变规律,或是揭示文学作品内部的各种文化要素与文化意义。就其研究性质而言,是一种文学的外部研究,侧重文学与社会、历史、文化、意识形态等的关系,这既是对文学内部研究的补充,也是对文学内涵与意义的深层拓展。文学的文化批评的优势在于,它既是文化的,是"文化"视野中的文学批评,因而不同于一般的文学批评;同时,它又是文学的,是文化视野中的"文学"批评,因而不同于一般的文化研究。

根据批评者所持本位立场的不同,古代文学的文化批评逐渐形成了以文学为本位和以文化为本位的双重取向。所谓以文化为本位的文化批评,是指那些出于文化研究本身的需要,仅以文学为材料或案例,来探讨文学对于文化发展演变的作用或价值的研究。因为文学本身就是文化的重要组成部分和独特的表现形态,所以文化研究学者常常将文学纳为文化批评的范围,如 80 年代后出现的各种文化史或文化理论论著中往往都将文学作为一部分列入,如谭家健主编《中国文化概要》(高等教育出版社,1988 年)分为历代典章制度、古代各体文学、古代哲学宗教、古代文化艺术四编,而其中第二编古代各体文学基本上就是一部浓缩的分体文学史,包含了古典诗歌、古典散文、古典戏曲、历代骈文、历代辞赋、古代文学批评等章节。

　　与以文化为本位的文化批评不同,所谓以文学为本位的文化批评,则旨在文化的广阔视野中揭示文学所蕴含的各种文化要素或文化意义,或从某种文化视角来深入把握文学作品的某些特征。80年代之后,运用文化学的方法来研究古代文学进入了学术自觉的佳境,出现了一批具有标志性的学术成果。这些成果有一个共同特点,即不仅致力于文学的研究,而且将研究视野扩展至社会文化的各个层次诸如科举、幕府、宗教、学术、党争、音乐、绘画等等,涉及文学与科举的如程千帆《唐代进士行卷与文学》、傅璇琮《唐代科举与文学》、王勋《唐代铨选与文学》等;涉及幕府的有戴伟华《唐代幕府与文学》等;涉及门阀的有刘跃进《门阀士族与永明文学》等;涉及宗教的有孙昌武《佛教与中国文学》《道教与唐代文学》、陈允吉《唐音佛教辨思录》等;涉及哲学或学术的有陈顺智《魏晋玄学与六朝文学》、查屏球《唐学与唐诗》、李春青《宋学与宋代文学观念》、马茂军《北宋儒学与文学》、罗立刚《宋元之际的哲学与文学》;涉及音乐的有《隋唐五代燕乐杂言歌辞研究》、任中敏《唐声诗》、朱易安《唐诗与音乐》、吴相洲《唐代歌诗与诗歌》等;涉及绘画的有陶文鹏《唐诗与绘画》、高继才《中国题画诗发展史》……可以说这些研究都是在宽广的文化视野中,在文学与其他社会文化层面及其他学科的联系中,寻找事物之间的联系,使许多在纯文学研究中难以阐释的问题得到了明确而深入的揭示,拓宽了古代文学研究的思路与范围。当然,每个学科都有自己的内涵和外延,古代文学研究的文化学视角无疑可以为我们的研究开拓更广阔的天地,但在研究过程中也必须有其适用范围,要尊重文学文本本身的存在,不能脱离文本,落入过度阐释的陷井。

　　可以说,以文化为本位的文化批评强调文化之于文学的整体性与系统性研究,是文化学者的文学研究范式;而以文学为本位的文化批评则强调文学之于文化的自足性和独立性,是文学研究者的文化研究范式。但二者都强调文学与文化的水乳交融的密切关系,古代文学研究应以文化本位的文化批评为外围,而以文学本位的文化批评为核心。下面选择一篇笔者以文化学视角来研究《西游记》的旧文作为研究个案,请读者批评指正。

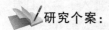研究个案:

神话与宗教的精神悖论意义——《西游记》的文化审视

一

《西游记》的叙述进程,依事件的顺序、范围及意义,可分为三部分,即第一至七回的孙悟空传,八至十二回的取经缘起,十三至一百回的取经历程。它们构成小说内容的三大板块,同时这种缀三成一的结构也代表着一种着意的追求,透露出一种精细的区分技巧和深刻的价值观念。借助神话学的视角,可以对这三大板块的结构关系与方式作一新的审视。

根据现代神话学者鲍曼、霍尔特克兰茨的研究,民间故事(广义)可分为神话(myth)、传说(legend)、故事(tale)三类,其中,神话是对万物起源、神的行为的记录,其人物是超越人类社会的,活动于远古时代的大地、天上或地下,其意义是永恒的。传说发生于远古之后的某个年代里,其人物被认为是历史上实有其人,其功能在于维护群体现行的宗教信仰和行为同祖先的宗教世界之间的连续性。故事描述的是任何地方任何环境下任何身份的典型人物都可能体验和成功的典型事件,其主要功能在于娱乐①。可以说,在功能的意义上,神话、传说与故事得到了界限清晰的区分。以小说的三大板块比照鲍曼等的分析,可以发现,二者之间有某种异质同构的关系,具体说来,第一至七回对应神话这一范畴,展现的是石猴生命的神话内涵,这一气魄宏大的开场为主人公的活动设置了

_____

① 大林太良《中国神话学入门》,北京:中国民间文艺出版社 1989 年版,第 33-34 页。

崇高的起点和辽阔的背景,奠定了小说神话精神的基础,并以此使其高踞于后文的宗教精神之上,暗示了神话的地位与力量;八至十二回对应传说这一范畴,显示出取经缘起的传说形态,它已从神话的光辉中隐退,降落到人间世的恩怨爱憎之中,并以全部笔力宣扬了苦海慈航的佛教信仰,指示了小说以后的发展方向和精神纽结点;十三回至一百回对应故事这一范畴,暗示着人在旅途的故事隐喻,十万八千里处处风波处处险,几多欢乐几多愁,而掩卷思之,都无挂怀,一切意义渗透于鉴赏的娱乐之中。

《西游记》中的神话重构只有在功能的意义上才最适宜被称为神话,这一叙述从遥远的不可追寻的混沌时代写起,历经天地开辟、众生成形、万物发明,终于落脚于孙悟空的出世上。小说重构神话的创世以一系列神秘玄妙的术数推演代替了轰轰烈烈的行动过程,虽然失去了原始性与行动性,却因此而更具有文化的内涵。它首先历数了世界自"混沌"至"天始有根"——"地始凝结"——"天清地爽,阴阳交合"——"天地人,三才定位"的创始过程,通过这种时间上的追根究底,确立了对于宇宙起源与生成的合理解释,并使之具有无可争议的真理价值与永恒意义。接着,由时间范畴转入空间演绎,以磅礴气势,把苍茫大地一分为四,然后叙述的千钧笔力逐渐收回,由东胜神洲而傲来国而花果山,目光所及已为浩瀚宇宙之一点,而神话的聚焦点更在这一点之中的最高点——花果山顶上的仙石,并以同样的神秘数字对其作了界定。至此,英雄诞生之前的一切铺垫都已完成,只以沉默等待那石破天惊的一刻:这块仙石"内育仙胎,一日迸裂,产一石卵,似圆球样大。因见风,化作一个石猴",在这远古时代的某一天,一个注定的神话英雄诞生了。

孙悟空石中生人的出身是远古灵石信仰的遗留和复活,详见后文。石猴的出世既超越了人类的常规,也由此得以超越人世一切伦理、道德的约束。在远古时代的大地上,石猴称王称圣,寻仙访道,保家除魔,度过了天真快乐的岁月。随后他的活动领域扩大至三界,在大闹天宫中,野性的生命活力与旺盛的战斗精神达到最高点,这一行动虽以失败告终,但在神话叙述的终结处,"若得英雄重展挣,他年奉佛上西方"和"果然脱得如来手,且待唐朝出圣僧"的预言暗示了神话英雄的生命将在后来的叙述中发生重大的转折,并闪烁出更加迷人的光芒。

当神话的叙述终结的时候,传说开始了。取经缘起实际上由两个层次的事件组成,且第一层次君临于第二层次之上。这可以其发生的主要场所——神界和凡界来区分,第一层次的事件是发生在神界的"我佛造经传极乐",这是取经之行的主要原因和决定因素,行动的目标和行程都已确定,欠缺的只是一个行动的主体。第二层次的事件是发生于凡界的"还受生唐王遵善果",在此小说的叙述显示出极大的耐心与细致,叙述从最具山野隐逸风味的渔樵攀话、诗词对答开始,表现出一种传统的文人情趣和鲜明的中国特色。自渔樵对话起,一系列事件——魏征梦斩泾河龙、太宗入冥、刘全进瓜、李翠莲还魂等——的发展一环扣一环,共同朝着促成取经的方向靠拢。观音奉旨上长安成为神界事件与凡界事件的联结点,由观音点化、唐王宣旨的西天取经,说明神界最高旨意的代言人和凡界的最高权威在取经人选上达成了一致。小说并将历史人物玄奘的出身履历作了彻底的改换,这一改换在文本内部产生了极其深刻的意义。对玄奘而言,前世的罪过决定了他有取经赎罪的义务,今世的灾难决定了他有取经造福的愿心,而他的佛法深湛又决定了他有取经传世的能力,这使他成为西行取经的首选人,并因此具有了某种神性色彩。对叙述而言,这一出身为小说中诸多事件的发生提供了机缘,金蝉子贬谪转世的身份是他西行路上千磨万难的理由,也是众多妖魔故事的贯穿线索。

作为前后两大板块的过渡和衔接,取经缘起的传说形态展示了神话的没落,就整体功能而言,它赞扬了一种世俗化的宗教信仰,宣扬了一种佛法无边的智慧和佛光普照的慈悲,同时在佛门中提出了"受王恩宠,不得不尽忠以报国"的儒家道德。普度众生的宗教信仰与尽忠报国的道德信念,成为主人公历尽艰险而无怨无悔的精神支柱和信心来源,它维系了取经集团的团结,使这一群体最终圆满地完成了取经的使命,并从而实现了自身的救赎和解脱。

与神话和传说相比,故事是最世俗化的叙述形态。就形式而言,它采用的是"在路上"的叙述方式,这使得小说文本拥有了广阔的前景和背景,并在表层叙述的背后附加了一个有关道路的隐喻。就主体而言,它生动展示了群体内部的个体性格,并以个体的内涵丰富了群体的表现,同时以个性的冲突作为诸多事件的起因,引领起一轮新的叙述。就审美而言,它有激烈的斗争,却并不使人过分紧张;有生死的抉择,却并不使人切切悬望。小说正是以道路为经,以性格冲突为纬,以鉴赏和游戏的趣味横贯其中,编织出十万八千里的漫游故事。

就本质而言,故事是一系列发生于特定时空内的事件的组织,因而它意味着一个时间和空间的进程以及情节和性格的展现。而要想表现辽远的时间和丰厚的人性,最好的方法就是把人物放到漫游的路上。路,作为一种隐喻,对于流浪者,是家园的延伸,梦想的呼唤;对于居留者,是远行的挂念,回归的期盼;而对于旁观者,则是故事的背景、叙述的展开。取经五众行经了广漠长川、高山深谷、田园乡镇、国都郡府,故事的叙述也随之一一舒展开来,形成了一种较稳定的时空转换模式。即在一次大的事件结束之后而下一次大的事件尚未开始之前,插入一段描述时间流逝——多以季节轮回及相应的景物变换为标志——的文字,并因时间而兼及空间,在时间变更中显示出空间改换。这种模式第一次出现于小说第十四回与第十五回,叙述了自"季秋"至"初冬"至"腊月寒天"的时间变迁,其他如在高老庄收猪八戒后、黄风岭之难前,流沙河收沙僧后、四圣试禅心前,以及一些回前诗或回末诗中,也时有此类描写。

在时空的无尽转换中,故事展现出了丰富的物性人情。着眼于整体,取经集团有着类似的背景,在有过遭贬这一点上达成了一致;有着共同的目标与利益,这使他们在经过种种冲突后,仍有着凝聚的信心与动力,戮力同心,共赴雷音。在群体的层面上,叙述是质朴、渐进的。但群体的规范既不可能制约全部个体,也不可能全部制约某一个体,正是在个体的意义上,故事叙述呈现出了五彩缤纷的面貌。在群体背景与前程一致的表象下,隐伏着每一个个体独特的性情与体悟。玄奘作为圣僧,是慈悲的化身;作为师父,有教诲弟子的职责。然而,他普施慈悲,却常常不分场合;谆谆教诲,却时时迂腐不类。孙悟空"得个正果"的殷切希望,"一生受不得人气"的高傲品性,与"忆昔当年出大唐,岩前救我脱灾殃"的报恩意识形成了深刻的矛盾,这一矛盾增加了这一个性的厚度与深度,使之显示出某种人性的弱点与内涵。猪八戒对食色二欲的无餍,对高老庄牵肠挂肚的怀念,与取经事业的神圣性构成鲜明的反讽。与以上三人在故事中的喧闹、活跃相比,沙僧与白马是平静的、沉稳的,然而沙僧那"且只挨肩磨担,终须有日成功也"的坚定与虔诚是唯独属于他一个人的,小白龙智斗黄袍怪的一露峥嵘也使他平淡冗长的脚力生涯灿然生辉。在一个群体中,同时存在这些个性迥异的个体,冲突的产生是不可避免的,尤其是在孙悟空与唐僧、猪八戒之间。但从叙述的角度来看,唐、孙的冲突常是新一轮事件的起点,具有情节结构的意义;而孙、猪的冲突则往往是事件之中的一种修饰,其作用在于丰富扩展故事的内容与风格。叙述人既掌握着故事本身的进程,又控制着故事讲述的进程,时而纡舒平缓,怡然自得,时而磨折陡生,波澜诡谲。在这一张一弛中,或开心一笑,或与古人同忧,都无非一种远距离的审视与观照。距离的存在,阻止了过分的投入,隔开了切近的焦灼,显示出一种独存鉴赏忘怀得失的游戏心态,接受也因之变成一种轻松愉快的享受。对于大多数接受者而言,吵吵闹闹、嘻嘻哈哈、波波折折、反反复复的取经历程正是《西游记》中最让人津津乐道、阅而忘倦的部分。

二

孙悟空是《西游记》的核心和灵魂,是小说中最富有生机、最活力四射的人物,有着丰厚的人性内涵与深刻的文化底蕴。

与小说中其他人物由父精母血孕育而成的出身不同,孙悟空的出生脱离了人类常态,超出了日常感知范畴。这一"石头缝里蹦出来"的出身奠定了他日后纵横三界的最初基础,同时这一出身也有着源远流长的文化源头,沿波讨源,可以一直追溯到远古时代的灵石信仰。在初民物我不分的神秘思维中,石头是一种有生命、有灵魂、有力量的神圣存在,是神秘生殖力的象征和实体化。今天,远古灵石信仰的真相已经遥不可追,留给我们的只有神话的讲述和风俗礼仪的证实。中国神话中"禹生于石"及涂山氏化为石"石破北方而启生"的记载正是灵石信仰的明证。而在今太平洋文化圈的一些地区,仍流传着崇拜灵石的风俗,如朝鲜的叠石坛祭祀、日本的"子持石"崇拜等。这一信仰并未随着文明的进程而完全消失,而是作为一种远古时代的朦胧记忆,积淀在人类思维深处,并在后来者的心灵中寻求认同,幻化出种种新生的石头神话。这在《西游记》之前已有先例,如明初马欢《瀛涯胜览》、费信《星槎胜览》中都记载有石中生人的神话。孙悟空的诞生,既直接继承了由石而生这一方式,又赋予其深刻的内在追求。叙述者首先对孙悟空所由诞生的石头作了界定,把它塑造成一块夺天地造化之功的天生仙石,它以自身结构形态的玄妙数字与天地交感互通,这使得孙悟空的身世更神秘也更神圣。其次,叙述者把孙悟空诞生的机缘改造为造化天工的结果:仙石感"天真地秀,日精月华"而孕,这样他的精魂灵气就是直接受之于天地日月,因此成为完全、纯粹的自然之子。再次,叙述者把孙悟空由石到猴的生命形态转化归结于风的作用,这又是对原始思维的一次运用。在原始思维中,生物与无生物的区别在于灵魂的有无,而灵魂最通常的住所或附着物即是气息,风是大自然的气息,也因此常被当作灵魂的载体,石卵因见风而化为石猴,这就再一次确认了孙悟空自然之子的身份,赋予其无比自由的个性。从名称上来看,孙悟空的一生经过了从石猴到美猴王、弼马温、齐天大圣、斗战胜佛的四个阶段,随着小说叙述的进展,其生命历程经过短暂挫折后呈越来越舒展、越来越昂扬的态势。最终,他以全始全终的顽强与坚忍,以对理想、信念的执着追求,正果西天——来自神话的生命在宗教的菩提世界中找到了归宿,于"十方三世一切佛,诸尊菩萨摩诃萨,摩诃般若波罗密"的庄严梵唱中进入了不灭不垢的永恒。

仙石化生的出身使孙悟空有了完全神性的诞生,另一方面,他赤裸裸地降生于这个世间,既无人伦的约束,也无尘世的挂念,彻底的自由自在又使他成为一种十足的野性存在。以人性的欲望看,可以把孙悟空的人生分为三个阶段,即花果山阶段、大闹天宫阶段和护法取经阶段,分别代表了他欲望的从无到有、无限膨胀及受制阶段;而以野性的存在状态,可以把前两个阶段合并为一个,即野性的存在与张扬阶段,后一个阶段则是野性力图向神性靠拢,在外力与内力的作用下逐渐消解,但又不甘于这种消解,时而顽抗、一露峥嵘的压抑与追求并存阶段。大闹天宫作为孙悟空欲望扩张的明确化,是其人生追求的极致,更是其野性活力的大张扬,在他"十万军中无敌手,九重天上有威风"的无限风光背后,闪现着原始生命狂野、强悍、粗粝的色彩。在某种意义上,大闹天宫宣泄了我们每一个人破坏现存秩序、冲决一切羁绊的疯狂欲望和舒展个性、追求无限的隐秘渴望,因此我们才在心中认同了他的野性,并赞赏他在这一过程中体现出的活力与生气。但从人生功业的角度来说,野性的张扬显然不是建功立业的正当途径,仅有野性的张扬也不可能得到生命的完满。在《西游记》的逻辑世界中,野性所对应的是"妖仙"的低级境界,野性的妖仙要修成正果,必须经过"尽勤劳,受教诲"的磨难。经过五行山下五百年被压,孙悟空悔悟前情,"秉教加持,入我佛门,再修正果",随唐僧踏上了漫长的取经之旅。

然而,在孙悟空身上,妖仙的野性本能与正果的神性目标之间既横亘着十万八千里的艰难途程,更贯穿着严峻考验。在十四年的取经路上,孙悟空经受了种种磨难,这可以从取经集团的利益和孙悟空自身的处境两个方面来分析。就孙悟空自身而言,他必须在人伦与野性、正果与妖仙之间作一抉择。作为与生俱来的本性,野性的难以消除,引起了人物内心世界中神性与魔性的激烈斗争。在取经这一艰难的历程中,需要的不仅是唐僧矢志西行的虔诚,孙悟空降妖捉怪的武功,更需要的是师徒四众的团结一致,同心戮力。取经作为一项"山大的福缘,海样的善庆",注定了取经者能得金身正果,这不可能不在孙悟空的内心中引起波澜。从他的自身条件来看,他的神通使他有独立完成取经任务的能力,而不愿受制于人的天性则使他潜意识中有独立取经成功的渴望。小说以真假行者、二心竞斗的隐晦叙述暗示了孙悟空内心的秘密。真假行者实际上是孙悟空内心潜意识与意识的实体化,而假行者"我自己上西方拜佛求经,送上东土,我独成功,教那南赡部洲人立我为祖,万代传名"的愿望也正是孙悟空的隐秘愿望,但这一愿望隐藏于他的内心深处,一直处于受压抑的状态,假行者的出现使这一愿望公开化、明朗化了,这既引起了孙悟空的恐惧,也引起了他的愤怒。真假行者的难以辨别和争斗不休,显示了二心的顽固和难以克服:一心可成千万事,二心不可成一事,正是小说在此处显示出的深刻训诫。实际上,取经路上的重重劫难,不仅在于为山程水驿的实际进程设置了层层阻碍,更在于为取经人的精神世界设置了一次又一次严肃的拷问与审判。

在走向皈依的道路上,他要面对的不仅是外界的强魔狠怪,还有取经集团内部的意见纷争;不仅有强魔狠怪的逞凶肆恶、横暴不法,还有他们的伪装变化、挑拨离间;不仅有被唐僧无故冤枉、责骂的屈辱，还有被无辜惩罚、驱逐的痛苦。尤其是后者在孙悟空的心里引起了极大的感慨与悲哀，甚至使他丧失了西行的信心。也正是在这一点上，孙悟空的精神与意志显出尤其深刻的意义。从唐僧与孙悟空的冲突看，实际上包含了两个层次的内涵，第一个层次是如何识别人妖，尤其是如何识别伪装成人的妖；第二个层次是在人妖已辨之后，如何对待妖魔（人中的恶人也可说是人形的妖），是以善止恶，还是以恶止恶。唐僧作为一个肉体凡胎的普通人，分不清人妖、善恶、好坏，本也无可厚非。但在第二个层次的意义上，唐僧以"扫地恐伤蝼蚁命，爱惜飞蛾纱罩灯"的大慈大悲，主张劝善止恶；而孙悟空以"妖精乃害人之物，你惜他怎的"的爱憎分明，主张除恶务尽，这就在二者之间造成了尖锐的矛盾。从表面上看，这是两种行为方式的矛盾，而从实质上看，却是两种思想观念、意识形态的对立与冲突。

在《西游记》中，宗教精神与神话精神双峰并峙。就人物的基本属性来分，唐僧可称是宗教精神的肉身代表，孙悟空则是神话精神的实体象征；就人物的个性内涵来说，孙悟空身上既有神话精神的深刻印痕，也受到宗教精神的某些影响。以"天灾苦困遭磨蜇，人事凄凉喜命长"的五行山被压为中点，此前可以说是孙悟空人生的神话阶段，其人生曲线不断上升，在大闹天宫中达到野性生命力的最高点。这可以看作是神话对宗教的胜利，是神话力量、神话精神的最高点。然而这一野性的发泄最终以失败告终，被压五行山成为宗教精神与神话精神力量对比的转折点。"妖猴大胆反天宫，却被如来伏手降"的结局意味着宗教力量对神话生命的挫败，也意味着已成正果者对尚为妖仙者的警诫与惩罚，同时还预示着神话力量从此不再是叙述的主导因素，而是成为潜层的精神支柱，把表层叙述的控制权让位于宗教力量。经过五行山下被压的象征性死亡，孙悟空获得了新生，从此发生了一个重大的转变。如果说，此前他拥有的是神话人生，那么此后他步入的则是宗教人生，五行山成为神话人生的终点和宗教人生的起点。这座山在后来的小说叙述中被改称为两界山,这一名称具有深刻的象征意味。从两界山开始,小说的叙述由质实的历史进入了空灵的幻想,由凝重的杖策孤征走向了飘逸的集团漫游。对于孙悟空而言,两界山隔开的是辉煌的过去与莫测的未来,是无羁无绊的自由与紧箍咒下的痛苦。可以说,紧箍儿代表的是宗教的约束力量,而孙悟空时时想除去紧箍儿的冲动则是神话精神的留存,当正果西天时,他那将紧箍儿"脱下来,打得粉碎"的切齿痛恨,不能不让人觉得,对于他来说,功成正果的意义尚比不上除去紧箍儿的喜悦。在为取经而历尽千辛万苦的十四年中,孙悟空也并没有表现出多少佛徒的虔诚与信仰,而是仍然一路高举着荡清尘宇的金箍棒,并最终以斗战胜佛的独特方式暗示了宗教的无奈妥协和神话的勃勃生机。

三

就内在实质而言,神话精神与宗教精神是完全异质的。神话精神既有畏神的颤栗,也有渎神的冲动,而且即使在敬畏中也不乏愤怒与抗争;宗教精神则只片面发展了畏神的惊惧与屈服,任何怀疑与质问都成为渎神的罪孽。在畏神与渎神的意义上,它们构成了二元对立的关系,同时在神话精神自身内部也存在着畏神与渎神的二元对立,这使得神话精神比宗教精神在哲学内涵上更为丰富复杂。当神话已经变成遥远的追忆,而宗教被当作一种世俗化的工具时,二者的界限更显得如隔天堑。在精神实质的意义上,可以说,在《西游记》之前和之后,都没有一部小说尝试着把二者结合到一起来,使这两种精神在不停的对抗与消解中支配叙述的进程,并最终升华为一种文化的深刻反思与观照。

《西游记》在前七回中重构了一个创世神话和一个英雄神话,并以此使神话精神贯穿于小说叙述的始终,与玄奘取经这一事件本身固有的宗教性互为轩轾,此消彼长,在碰撞与冲突中形成了对峙之势。从总体上看,宗教精神所拥有的是广度,书中的正面人物几乎无不是宗教的信徒,无不宣扬善法;而神话精神所拥有的是深度,它虽然仅体现在孙悟空一个人身上,但其影响却极为深刻,成为孙悟空生机勃发的源泉,并以此而带动了全篇。宗教精神的广度与神话精神的深度相比较,前者在情感表象上具有巨大的感染力,后者则在思维方式上具有强烈的渗透力。就叙述的实现过程而言,宗教的叙述是稳重厚实的,以收到度化劝诱的效果;神话的叙述则是跳脱轻灵的,显示出意在言外的用心。一般地,对于文学作品来说,神话与宗教层面的意义往往凌驾于文本其他叙述层面之上,成为作品思想的最高寄寓和主题变奏的形而上层次。《西游记》中也是如此,不同的是,在《西游记》中,神话意义层面与宗教意义层面不是并列平行的,而是处于一种互动的变化发展过程中,时而神话意义层面高于宗教意义层面,时而宗教意义层面高于神话意义层面,时而二者并驾齐驱,不分高低。

从神话心态来看,可以分为畏神与渎神的两种。从哲学的意义上讲,我们也可以说,畏神的本分与渎神的冲动是人类思维和意识的两极:前者使人类保持了自知的智慧,在规则与秩序的范围内寻觅安身立命之处;后者则使人类拥有了超越的欲望,在打破现存秩序、冲决游戏规则中探索更上一层楼的人生新境界。这样,畏神和渎神就具有了广阔的生命内涵和哲理价值,而不仅是一个神话学的研究概念。

作为一种重构神话,《西游记》中的神话既全面改造了原始神话的面貌,又在深层意识上远绍了原始神话的精神追求。畏神与渎神的对立作为神话最深刻的内在矛盾,在《西游记》中也同样得到了深刻的展现。孙悟空这个来自遥山远野的精灵,在他的生命中积淀了神话的追求与失落、渴望与幻灭、狂欢与悲哀。当小说叙述的大幕缓缓拉开时,他就以天地精华所生、日月灵秀所孕的完美姿态出现在我们面前——这是小说继天地开辟、万物化生后所具体讲述的第一个人物,它的肇始意义是巨大而深远的。在他人生的神话阶段,他从畏神走向渎神,并在渎神中显示了他的生命活力。而在他人生的宗教阶段,畏神与渎神的关系显得复杂化了,二者的界限也不再清晰。从表面上看,他是从渎神回归到了畏神,从无法无天的放肆进入了有牵有挂的约束。而在实际上,他的畏神不再是纯粹的畏神,而是渎神精神中的畏神;他的渎神也不再是单纯的渎神,而是畏神情绪下的渎神。在进入宗教叙述后,受宗教神祇崇拜以及禅宗"呵佛骂祖"时代影响,神话中畏神与渎神的对立不再明显,而是更多地趋向于二者混融的状态,这种状态一方面显示着神话形态的逐渐消蚀,另一方面也透露了宗教走向世俗的信息。

　　玄奘的西行取经,不管是在本事的真实中,还是在文学的演绎中,都从来不曾离开过宗教,宗教也从来不曾放弃过对这一事迹的利用和改造,直到《西游记》中这一利用和改造达到了极致。不管其本意如何,小说的客观效果和真正意义却在于,它深刻揭橥了宗教的内部矛盾,显露出宗教在发展过程中所必然出现的悖论和冲突。以历史的记载与小说的叙述相比照,玄奘取经凭的是"胜典虽来,而圆宗尚阙,常思访学,无顾身命"①的宗教学理热情,唐僧取经"定要到西天,见佛求经,使我们法轮回转,愿圣主皇图永固"的宏誓大愿则已带有尽忠报国思想的影子,走上了不可避免的世俗化之路;玄奘"翘心净土,往游西域,乘危远迈,杖策孤征"②,显示了真挚信仰激励下的个人英雄胆略,唐僧则"得性命全亏孙大圣,取真经只靠美猴王",主角地位的失落象征着信仰的不足为恃和信念的丧失。可以说,《西游记》中的宗教已无形而上的皈依,而只有

---

　　① 玄奘:《还至于阗国进表》,见朱一玄、刘毓忱《〈西游记〉资料汇编》,郑州:中州书画社1983年版,第13页。
　　② 李世民:《大唐三藏圣教序》,见朱一玄、刘毓忱《〈西游记〉资料汇编》,郑州:中州书画社1983年版,第20页。

形而下的度化;已无信仰上的指引,而只有修行上的教训;已无精神上的感染,而只有律条上的约束——至此,宗教已从出世间的超越跌落到入世间的平庸。《西游记》中的宗教虽以一种宗教的面貌出现,但在内在精神和价值追求上却已离宗教很远了,尤其在信仰与教义的层面上发生了可悲的分裂,这突出而深刻地体现在唐僧对"善"这一概念的理解与实践上。

在小说的叙述中,唐僧作为除诸神佛外宗教精神的最主要体现者,善成为他一切思想与行为的核心,规定着他的处世原则、价值评判以及道德取舍。以善为立足点和审视点,唐僧的一切言论、行动、情感、心态都围绕着这一观念显示出各异的情态,并揭示出了善作为一种信仰和作为一种教义的分裂与冲突、对抗与悖谬,这后一点尤其具有重要的意义。

小说在表层叙事中,把唐僧的慈悲好善作了淋漓尽致的展现,从他自己的言行上来说,"出家人时时常要方便,念念不离善心,扫地恐伤蝼蚁命,爱惜飞蛾纱罩灯"是他不时念叨的话头,也是他日常的行为准则;从小说其他人物的评价看,观音谓"唐三藏奉旨投西,一心要秉善为僧,决不轻伤性命",是作为旁观者得出的公允结论。一切似乎都表明唐僧真的是一个"慈悯的圣僧",他信仰着善,也身体力行着善;皈依着善,也虔诚宣扬着善。然而,唐僧之所以为善,追究其深层原因,却会发现这一观念在他心目中的真正价值与用途,发现他在实际履行中对善的扭曲与篡改,发现他行善积德的表象下真实的卑微心计。在御弟圣僧这一炫目的光环下,掩盖着他令人齿冷的自私;在与人为善、慈悲为本的行动背后,隐藏着他不受今世牵累、脱免来世果报的自利。在这里,作为内心信仰的善,与作为戒律教义的善,就发生了严重的分裂,后者日益向着表面化、强制化的方向堕落;而前者则一方面向着纯精神的方向上升,成为一种可望而不可即的理想,另一方面又向着实用化的方向下跌,成为一种可以招之即来的实际利益。在唐僧身上,这一分裂具体表现为一种教义的利他化与信仰的自利化的矛盾统一和冲突共存。

从表面上看,唐僧所奉行的善是利他的,无论对妖魔的慈悲宽恕,还是对受苦难者的搭救,且不管这对他本人来说利弊与否;但从对象的角度来说,总是对其有利的。然而,从深层心理上来看,唐僧的这种善,又是以自利为归结的,对妖魔的慈悲宽恕是为了免受来世的轮回果报,对苦难人们的怜惜搭救是为了修成今世的进功德业。在唐僧身上,利他是表象,自利却是实质;利他是手段,自利才是目的;利他成为教义约束下的自觉行为,自利却变为信仰灵光下的隐秘心态;作为教义的善是利他的,而作为信仰的善却堕落成自利的。小说中在每一次需要对孙悟空和唐僧对待妖魔的态度做出选择和评价时,都常充斥着唐僧喋喋不休的说教,这些几近雷同的说教的反复出现,透露出了唐僧以利他为自利的内心真实的消息。小说中最典型的例子有三处,且都与孙悟空有关,分别出现于第十四回孙悟空打死六贼后、第二十七回打死白骨精后、第五十六回打死草寇后,这三处情节有一个相同点就是,以利他——孙悟空的打死六贼、白骨精、草寇显然都是为了唐僧及取经集团的利益——为目的的孙悟空受到了责骂甚至驱逐,而以自利为目的的唐僧——详见下面的分析——却担当起了教育子弟的职责,以自利者引导利他者,以自利者规范利他者,以自利者控制利他者,形成了一种可悲的人生境遇,同时也是一个难以解释的怪圈。

六贼劫径之难是孙悟空跟随唐僧后所经历的第一难,也是师徒共同面对的西行第一难,在这一难中,孙悟空与唐僧对善恶的评判已经显出了矛盾。孙悟空打死六贼,唐僧却义正辞严地教训了孙悟空,这段教训从出家人应有“慈悲好善之心”开始,不可谓不至大正刚,理直气壮;接着却突然急转直下,说出“早还是山野中无人查考”之语,这话不管从哪种角度来分析,都很不光明正大;最后这段教训落脚于你若撞出祸来教“我怎能脱身”,这就终于彻底抛弃了圣僧的庄严法相,揭开了慈悲好善的面纱,露出了小人之见的自私自利心理。在这段教训中,唐僧的精神境界显示出了三个阶段、三个层次的内涵,而从总体上说,愈趋愈下,愈趋愈阴微鄙陋。白骨精之难及草寇之难中唐僧的表现也可以作如是分析。可以说,在唐僧身上,佛之为佛的实质已完全失去,甘为全人类担当一切苦难和罪恶的"我不入地狱,谁入地狱"的大慈大悲精神已丧失殆尽,剩下的是为了一己成佛的卑微心愿。当成为一种手段时,善的真正内涵就被扭曲了,善的真正追求也丧失了本真的意义。善的堕落沉沦显示了宗教的堕落沉沦。

以上我们对小说中神话精神与宗教精神的对立,陆续作了论述,从总体上说,孙悟空与唐僧之间的矛盾冲突在深层心理上无不体现为神话精神与宗教精神的对立与冲突。来自大地的生命——孙悟空身上洋溢着斗争的风采,不屈的意志;而来自天国的生命——唐僧身上则充满着忍耐的孱弱,慈善的庸俗。唐僧对孙悟空的每一次惩罚都造成了不良的后果,而孙悟空的每一次胜利,都可看作是神话的斗争精神对宗教的慈悲精神的胜利,这一胜利在宗教的表层光环下闪着更深邃的光芒。

对立是前进的动力,但只有对立却必然陷入混乱。换言之,神话精神需要规范和引导,于是宗教精神适时的站出来,担当起了这一职责。而作为宗教本身而言,它有着明朗的行为目标、确定的价值追求,然而却缺少一种可以在现实中切实可行的行为方式和追求之路,它所标榜的善只有在目的的意义上才具有某种永恒性的价值,而在手段的意义上恰是妨碍目标达成的障碍,因此,宗教精神需要寻求一种具有可操作性的手段来实现自己的目标,于是寻找到了神话精神。可以说,宗教为神话精神的宣泄树立了确定性的价值目标,而神话则为宗教精神的追求提供了实质性的修行途径。在这一点上,二者达成了完美的结合和融和。小说在"功成行满见真如"的第九十八回中,师徒五众都渡过了凌云仙渡,"脱却胎胞骨肉身"，此时，唐僧才意识到孙悟空等的重要性，"反谢了三个徒弟"，而孙悟空则说："两不相谢。彼此皆扶持也。我等亏师父解脱，借门路修功，幸成了正果；师父也赖我等保护，秉教加持，喜脱了凡胎。"这正是在取经之路的终点处指明了宗教提供的是"正果"的理想追求，而神话则显示了"保护"的实践功用。

综观小说全部，神话精神与宗教精神的二元对立与二元互补又不是截然分开的，而是二者分中有合，合中有分，对立中有彼此的妥协，互补中也有双方的冲突。当孙悟空由神话走向宗教时，他的人生改变了方向，确立了以宗教作为最终价值指归的理想；而当他功成正果时，既意味着他来自自然，而最终超越自然，又以斗、战、胜的战斗锋芒与佛的无嗔无欲构成对立的两极，暗示着神话的生机与宗教的退让，在这一积极进取的生命意志中闪烁出神话精神的美丽光辉。

（崔小敬《文学评论》2001 年青年学者专号。）

第五节 跨学科研究：《红楼梦》的哲学意蕴

跨学科研究严格说来不是一种单一或单纯的研究方法，而更重要的体现为一种研究视野。笔者在本章最后一部分引入跨学科研究，目的不在于引导读者从事这方面的学术研究，而在于提供一种开阔的学术视野，也为中学语文教学增加一种观察的角度以及思考的广度与深度。

跨学科研究的兴起直接导源于 20 世纪 80 年代中国文化界的"文化热"，详见第四节所述。中国古代文学及其研究一向有文史哲不分家的悠久传统，文学与史学、哲学有着先天的联系，因而在跨学科研究的热潮中，古代文学与史学、哲学的关系研究勃然兴起，下面仅就古代文学与哲学关系的探讨略作介绍。

哲学作为一个民族智慧的最高体现，其对文学的影响是深层次的,无论中国文学还是外国文学都是如此,法国学者布吕奈尔在《什么是比较文学》中这样说,大作家之所以成为大作家,正是因为他们反映了自己时代哲学的光辉并使之发扬光大,理解一个时代的哲学也是我们理解伟大作家的前提,如果没有柏拉图,怎么理解费纳隆或雪莱? 没有圣·托马斯,怎么理解但丁? 没有笛卡尔,怎么理解高乃依? 没有莱布尼兹,怎么理解蒲伯? 没有洛克,怎么理解狄德罗和斯特恩? 没有斯宾诺沙,怎么理解歌德? 同理,在中国文学中我们也可以说,如果没有玄学,我们怎么理解陶渊明? 离开佛道哲学,我们如何感悟苏轼? 没有王阳明的心学,《西游记》的解读必将出现问题;而缺乏对周易与儒释道的基本知识,我们也将无法读懂《红楼梦》的深层内蕴。

就文学与哲学跨学科研究的历程而言,文学与哲学的关系探讨是自 90 年代获得较大发展并延续到 21 世纪,而且很多研究是在 21 世纪之后得到进一步繁荣与深化。就其研究对象和方法而言,主要可分为两个方向三大类:第一个方向是对古代文学哲学精神的通论性研究;第二个方向是个案性或专题性研究,又可以分为两个方面,其一是对古代文学作家作品的哲学精神、思想、观念等进行综合研究,其二是对古代文学作家作品与中国哲学的各个分支如易学、儒学、玄学、道家哲学、佛学、理学、心学等等的关系探讨。

在第一个方面,成果相对来说较少,如袁世硕从文学史的角度探讨了哲学与文学的关系,认为一个时代的文学总是反映了那个时代的哲学精神,而哲学影响文学有多种方式和途径,文学表现哲学也有多种方法和形态[①];高旭东指出:“哲学是一个民族智慧的眼睛与大脑,没有这双眼睛的探路并且经过大脑的思考,一个民族就会走弯路;而文学则是一个民族之感觉与直觉的表现,是一个民

---

① 《文学史中的哲学与文学》,《齐鲁学刊》2005 年第 3 期。

族最敏感的神经。从这个意义上讲，文学与哲学的一般关系，应该是哲学指导文学，文学表现哲学"①。不过通论性的研究相对仍较为薄弱。

在第二个方面，成果相对丰富得多。在古代小说戏剧研究领域，最受学界关注、研究最集中、成果也最集中的首推《红楼梦》，代表作有梅新林《"石"、"玉"精神的内在冲突——〈红楼梦〉悲剧的哲学意蕴》(《学术研究》1992 年第 5 期)以及专著《红楼梦哲学精神》(学林出版社，1995 年)，张兴德《文学的哲学：红楼梦的第三种读法》(沈阳出版社，2006 年)，宋子俊《〈红楼梦〉中的哲学意蕴及曹雪芹思想的价值取向》(《红楼梦学刊》2006 年第 2 期)，刘再复《红楼梦哲学论纲》(《陕西师范大学学报》2008 第 4 期)等论著。其中以梅新林与刘再复之研究最富于创见。梅新林《红楼梦哲学精神》是学界第一部系统研究《红楼梦》哲学精神的学术专著，作者哲学研究的路线追溯到 20 世纪初王国维、俞平伯等的研究方向，以文本研究为核心，以哲学研究为范畴，从崭新的视角，重新解读了《红楼梦》的文本结构及其深层底蕴，提出《红楼梦》"出发—变形—回归"的生命循环三部曲的结构源于远古神话原型，之后演绎为思凡、悟道、游仙三重模式，并进而分析了蕴含于这三重复合模式中的儒家世俗哲学、佛道宗教哲学与道家生命哲学，由此步步深入，对《红楼梦》的主题之谜作了深入探析。本书基于对三重游仙模式与周易阴阳结合的认识，从儒、释、道三个方面深刻论述了《红楼梦》的哲学含义，是国内第一部以文本研究为支撑、以哲学研究为框架的红学研究著作，为《红楼梦》的研究提供了跨学科研究的新思路。刘再复《红楼梦哲学论纲》则指出《红楼梦》在中国小说中不仅具有最精神的审美形式，而且具有最深广的精神内涵；《红楼梦》的悟性哲学，是艺术家哲学；它的哲学视角是没有时空边界的宇宙

---

① 《走向文学与哲学的跨文化对话》，《中国社会科学报》2010 年 1 月 7 日。

极端的大观视角,它的基本哲学问题是存在论的问题;它的最高哲学境界是"空空"、"无无";它的艺术大自在,正是永恒不灭的大有,它的产生经历了一个"空"的升华,经历了对色的穿越与看透;《红楼梦》具有自身的哲学主体特色,是一种以禅为主轴的兼容中国各家哲学的跨哲学,它兼收各家,又有别于各家,是一个哲学大自在。可以说,刘再复以富有感性的笔触对《红楼梦》的哲学精神的各个方面做了论述,诸多论述都可圈可点,启人哲思。其他经典小说戏剧的哲学精神与思想研究,学界也多有涉及,如熊飞《〈水浒传〉主题的哲学反思》(《理论月刊》1997 年第 1 期)、张同胜《〈水浒传〉的哲学诠释学解读》(《兰州学刊》2006 年第 8 期)都对《水浒传》的哲学思想进行了解读,前者指出《水浒传》诞生和形成于宋明理学鼎盛时代,虽然不可避免地打下了程朱理学的思想烙印,但众多下层作者带进《水浒传》的仍是有别于道学的思想和情感。在"存天理,灭人欲"的理学说教喧嚣一时之时,《水浒传》的作者们却在"用权"思想的掩护下对封建士子们"没有出路,强求出路;欲有所为,无所不为"的大胆进取精神给予了充分肯定。这种肯定,实际是对"人欲"的肯定,也就等于是对"天理"的大胆否定,这样公开用"人欲"对抗"天理",在封建时代具有极大的鼓动性。虽然《水浒传》在程朱理学笼罩的时代氛围中形成,其所公开使用的武器也是儒家不得已而"用权"的哲学,但它实际所具有的反道学精神,却达到了当时可能达到的最高思想高度,对明代陈献章、王阳明、李贽等为代表的新学的崛起不无影响。再如李汉秋认为儒道两家都重视士人的心灵和人格思想,只是儒家重人伦,强调个人对社会的义务,主张在社会中确立个体的价值;而道家重视个人自由,以逍遥无为作为人生理想,主张在超逸社会中确定个体的价值。在《儒林外史》的正面形象中,真儒士的政治理想与真名士的超逸风流是互补互渗的,从某种意识上说在小说人物形象中体现了儒道互补的中国传统文化发展趋势①。

除古代小说戏剧作家作品的哲学精神、思想等的综合研究外，文学与哲学的跨学科研究还涉及到中国哲学的各个分支如易学、儒学、玄学、道家哲学、佛学、理学、心学等等，而且基本都是既有文体方面的综合探讨，也有作品的个案研究，如关于与儒学的研究，既有刘相雨《儒学与中国古代小说关系论稿》（中国社会科学出版社，2010年）、赫广霖《戏曲与儒学》（山东大学博士学位论文，2005年）这样的专题性论著，也有陈惠琴《激愤而悲凉的儒学演绎——〈水浒传〉的国家观解读》（《明清小说研究》2005年第4期）、兰珊《儒家之"情"与〈牡丹亭〉的思想魅力》（《四川戏剧》2006年第4期）这样的单篇论文。由于中国古代小说戏剧的经典作品集中出现于明清时期，正是理学与心学大行于世的时代，因而小说戏剧与宋明理学及心学的关系探讨成为热点，论文方面如陈庆惠《〈牡丹亭〉的主题是肯定人欲，反对理学》（《复旦学报》1984年第4期）、杨侠、邹晓《儒学·理学·世情小说》（《徐州师范大学学报》1987年第4期）等，专著方面如宋克夫《宋明理学与章回小说》（武汉出版社，1995年）、许总《宋明理学与中国文学》（百花洲文艺出版社，1999年）、朱恒夫《宋明理学与古代小说》（上海古籍出版社，2005）、季国平《宋明理学与戏曲》（中国戏曲出版社，2003年）等，并且在这一时期形成了心学与《西游记》研究及心学与汤显祖戏剧研究的两个重心。关于《西游记》与心学关系的探讨是这一领域最早兴起的研究课题，关于《西游记》与"心"及心学的密切关系在李贽评点本中就已经出现（参见第二章有关论述），90年代以来学者继承明清评点者的研究继续深入探讨，出现了一系列研究论文与专著，如杨俊《试论〈西游记〉与"心学"》（《云南社会科学》1993年第1期）《〈西游记〉与"心学"新论》（《河东学刊》1998年第1期）、

---

① 李汉秋《〈儒林外史〉里的儒道互补》，《文学遗产》1998年第1期。

宋克夫《吴承恩与明代心学思潮及〈西游记〉的著作权问题》(《湖北大学学报》1996 年第 1 期)、潘富恩《谈阳明心学与〈西游记〉的心路历程》(《运城高专学报》1997 年第 1 期)、朱恒夫《〈西游记〉:艺术化了的心学》(《东南大学学报》1999 年第 4 期),以及刘勇强《奇特的精神漫游——〈西游记〉新说》(三联书店,1992 年)和张锦池《西游记考论》(黑龙江教育出版社,1997 年)这两部专著中也都有专门章节探讨《西游记》与心学的关系,可见研究的兴盛。

　　虽然 20 世纪 80 年代的"文化热"已经消歇,但由其发端的文化研究却自 80 年代中后期走向兴盛后一直延续至今,显示出其强大的学术生命力,文学与哲学关系的探索也在深入进行中。下面以梅新林先生探讨《红楼梦》哲学精神的文章作为本节的研究个案,相信文中体现的对《红楼梦》小说文本的深层挖掘与哲学意蕴的深刻追索,乃至论文本身精巧的结构、缜密的行文都会给读者以启发。

研究个案:

"石""玉"精神的内在冲突——《红楼梦》悲剧的哲学意蕴

　　尽管把《红楼梦》视为哲理小说难免会引起种种争议,但《红楼梦》具有丰富、强烈的哲学意味则是一个公认的事实。哲理,既使《红楼梦》走向深邃,令人百读不厌;哲理,又使《红楼梦》走向迷幻,令人百解不透。所以,已故俞平伯先生就曾极力呼请展开《红楼梦》的哲学研究,把它与文学研究作为未来红学研究突破的两个方向,作为一次初步的尝试,本文是想通过对小说主角贾宝玉符号意义的哲学阐释,以解开《红楼梦》的悲剧之谜。

一

　　何谓贾宝玉?贾即假,贾宝玉即假宝玉,即假玉,也就是真石,可见贾宝玉是"石"与"玉"的复合体,具有"石"与"玉"的双重精神。"石"源自于神界,"玉"跌落在俗界;"石"是本真,"玉"是幻象;"石"

代表自然无为,"玉"代表世俗欲求。整部《红楼梦》就是以"石"在神界中诞生,然后由"石"蜕变为"玉"跌落至俗界,最后又由"玉"还原为神界之"石"为主线建构故事框架的。从这个意义上说,王国维先生以欲释"玉",虽无训诂学上的依据,但却完全符合"石"之为"玉"即从自然无为到世俗欲求的生命进程。那么,"石"之为"玉"的世俗欲求到底何在呢?用"石头"向一僧一道请求的原话来说,就是"携带弟子得入红尘,在那富贵场、温柔乡里受享几年"。富贵场,主要指功名利禄,限于男性世界;温柔乡,主要指儿女私情,连接女性世界。在贾府中,前者即指大观园以外的整个男人世界,后者则指大观园内的女儿世界。一僧一道的警世之歌——《好了歌》,前半主要警的是前者,后半主要警的是后者。彼此密切呼应。

然而,红尘俗界之"玉"既然本源于神界之"石",是由一块"真石"蜕变而成的"假玉",因而这块"假玉"在红尘中的生涯又必然是短暂的,最终还是要还原为"石"之本真,复归于神界本源。从哪里来,必然要回到哪里去。所以,作为神界主宰警幻仙子使者的一僧一道在应允携"石头"下凡之时,早有预言在先:"待劫终之日,复还本质,以了此案",当他们向警幻仙子"挂号"和"交割清楚",将"石头"连同与他结为"木石前盟"之"木"(绛珠仙草)一起携入红尘,经过十九个春秋的悲欢离合、生死磨难后,最终又须将其携回原处,"复还本质",应了当年的预言!概而言之,这是一个从神界到俗界再回归于神界,从"石"(与"木"一体)到"玉"再还原为"石"(仍与"木"一体)的否定之否定的循环历程。在这一"神—俗—神"、"石—玉—石"的循环历程中,贾宝玉命定要在俗界的"富贵场"即大观园以外的男人世界中经历神性与俗性的矛盾冲突,在"温柔乡"即大观园内的女儿世界经历神缘与俗缘的矛盾冲突。与此同时,正因为贾宝玉是"石"与"玉"的二重复合体,"玉"是神界之"石"在俗界的幻象,所以,小说在贾宝玉外又出现了他的"对立幻像"甄宝玉。何谓甄宝玉?甄即真,甄宝玉即真宝玉,即真玉,也就是假石。因同名为"宝玉",两者在俗界必有诸多共通之处,但又因是真假"宝玉",最终必然要分道扬镳。归根到底,这是真石与假石、真玉与假玉的本质区别。

二

从神界跌落至俗界以后,贾宝玉身上固有的"石""玉"二重情神在"富贵场"中主要表现为神性与俗性的内在冲突:就其"石"的一面而论,他渴求回归本真,鄙弃功名利禄,就其"玉"的一面而论,他又贪恋红尘世界,默认现有秩序。摆在他面前的有两条人生道路:一是保持"石"的自然本色,一是陷入"玉"的世俗欲求。而牵引他的也有两种神秘力量:一是把他拉回神界,以甄士隐为代表,它连接着以警幻仙子为首,以女性为主体的整个神界力量;一是把他拉向俗界,以贾雨村为代表,它连接着以贾政为首,以男性为主体的整个俗界力量。因此之故,小说才可以在叙述一僧一道"大荒山"之行后,出人意料而又极合情理地宕开一笔,转从江南姑苏乡宦甄士隐写起,由此正式拉开了"石头记"的序幕,并通过他的神奇的"白日梦",不仅直接将神界与俗界沟通起来,而且进而使其获得了作为贾宝玉神性复归之精神先导的神秘职能,因为后来贾宝玉在秦可卿绣房中的"白日梦",显然即是此梦的重演、变形和扩张,甄士隐的率先悟道出家亦正预示着贾宝玉的最终结局。与此同时,小说又巧妙地运用对立互补原理,由甄士隐引出他的"对立幻像"贾雨村,而且让贾雨村寄身于象征沉睡未醒的"葫芦庙"中,然后又乘着甄士隐从"白日梦"中惊醒回到现实的空隙,让甄贾进行直接的交合。一甄一贾,一为神仙一流的人品,一为热衷功名、风月的世俗追求;一在葫芦庙内,一在葫芦庙外;一已从梦中初醒,一仍在梦中酣睡。两者正好形成一种强烈、鲜明的对比,而这种强烈、鲜明的对比,又正好预示和象征着贾宝玉之"石""玉"二重精神即神性与俗性的矛盾冲突及其总体走向。

当甄贾共同为《红楼梦》开篇之后,便相继退居二线,各自走上了不同的人生之路。甄士隐在接连发生"失女""失火"等重大变故后,率先看破红尘,跟随一僧一道悟道出家,为贾宝玉的从"玉"(俗性)复归于"石"(神性)作出了示范。而贾雨村,则由"葫芦庙"走进世俗世界,开始了红尘打滚。通过自己的努力与见识,他不仅中了举,还获得了"风尘知己",同时在富贵场、温柔乡里实现了自己的世俗追求。开始的贾雨村,确实是一个积极入世而又富有才华的儒生典型,是世俗世界中的一个"理想典范",每当贾雨村出入贾府,贾政等长辈们不就是这样来看待贾雨村,而要贾宝玉向他拜见、讨教仕途经济之道吗?因此,对于贾宝玉来说,贾雨村这位长辈眼中的"理想典范"同时即是他的俗性即"玉"的一面的精神向导。所以,尽管贾宝玉具有先天之"石"的回归神性本真的倾向,但他一旦跌落到俗界,又必须在完成他作为"玉"的种种世俗追求之后方能还原为"石",由俗性回归于神性。与此相契合,作为贾宝玉的"玉"之精神先导与象征的贾雨村,也必然要在名利场中走完他应走的所有人生旅程才能有所醒悟。期间尽管有不少机会可以使他离"假"归"真",比如"智通寺"中"身后有余忘缩手,眼前无路想回头"的偈语式对联,第一百〇三回"急流津"渡头甄士隐的现身与点化,等等,但都失之交臂,错过良机,最后终于落得削籍为民的下场。始于"民"而终于"民",刚好是一个无意义的圆圈,但正是在经历了这无意义的圆圈之后,贾雨村才能从名利场中退身,才能有缘与甄士隐最终在"急流津"渡头重逢,才能拨开魔障,迅速悟出甄士隐的本相,才能亲自聆听甄士隐为他讲述盛衰兴亡之因,悲欢离合之由,为他揭开所有的谜底。这是点化,也是为全书作结。在这点化与作结过程中,甄又向贾直称他与贾宝玉"神交久矣",更与开篇"梦幻识通灵"遥相呼应,并由此进一步为贾宝玉回归本真的历程起到了精神先导的重要作用。甄点化贾,甄之于贾的最终胜利,正呼应着"玉"还原为"石","石"之于"玉"的最终胜利,两者本来就是完全相通的。

　　甄士隐、贾雨村与贾宝玉,一虚一实,同始同终,既是对比,又是衬托,更是象征,令人回味无穷。假如再进而将他们与贾宝玉的"对立幻像"甄宝玉一同组合为一定图式时,我们就会更深切地感受到二甄二贾决不是偶然的巧合,也不是文字上的戏笔,而是具有一种深层的隐喻意义。清人王希廉说:"甄士隐、贾雨村为是书传述之人,然与茫茫大士、空空道人、警幻仙子等,俱是平空撰出,并非实有其人,不过借以叙述盛衰,警醒痴迷。"又说:"《红楼梦》一书全部最要关键,是真假二字。读者须知真即是假,假即是真;真中有假,假中有真,真不是真,假不是假。明此数意,则甄宝玉、贾宝玉,是一是二,便心目了然,不为作者齿冷,亦知作者匠心。"(《红楼梦总评》)可以说已朦胧地道出了其中的部分奥秘,比之一般以甄宝玉为败笔或对甄士隐、贾雨村符号意义不甚了了者显然要高明得多。我们认为,其中的真正奥秘就在于:贾宝玉的本真是"石",是真石假玉,在本质上是与甄士隐之"真"(甄)相通的,而甄宝玉的本真是"玉",是真玉假石,在本质上是与贾雨村之"假"(贾)相通的。所以真石假玉的贾宝玉最终走上了为本真感召的甄士隐之路,背离了长辈所热切期望的贾雨村之路,而让自己的"对立幻像"、真玉假石的甄宝玉背离了其原先追求的甄士隐之路,最终走上了贾雨村之路。"石"为"真",指向神界,是圣洁的;"玉"为"假",指向俗界,是恶浊的。贾宝玉的离假(贾雨村)归真(甄士隐),离"玉"归"石",是从恶浊退向圣洁,因而是光明之路,理想之路,也是新生之路;反之,甄宝玉的离真(甄士隐)归假(贾雨村),弃"石"归"玉",是从圣洁走向恶浊,因而是黑暗之路,丑恶之路,也是死亡之路。但是,有"真"必有"假",有"石"必有"玉","真"必然要萌生出"假","石"必然要蜕变为"玉",唯有通过"假"才能真正认识"真",通过"玉"才能真正认识"石",正如人类的童年时代必然要被成年时代所取代,而一旦进入成年时代又必然要不断追怀童年时代一样。这是一个至今仍令哲学家颇感棘手的"二律背反"的悲剧命题,却在《红楼梦》中已向我们作了具体形象的演示,甄贾符号意义的哲理深度也正在这里。

　　三

　　与贾宝玉在"富贵场"中的神性与俗性的矛盾相契合,在"温柔乡"里,贾宝玉固有的"石""玉"二重精神则主要表现为神缘与俗缘的内在冲突。神缘以"石"结缘于"木",是为"木石前盟";俗缘以"玉"配之于"金",是为"金玉良缘"。

　　由于在"富贵场"中神性始终压倒了俗性,也由于作为"温柔乡"的女儿圣地大观园本是天上太虚幻境的凡间幻像,是与大观园以外的世俗世界截然不同并相对隔离的,因此,每当贾宝玉在"富贵场"中一旦发生神性与俗性的矛盾冲突时,他便极力想退出"富贵场"而转向"温柔乡"。然而,大观园既然建立在它以外的恶浊的世俗世界之中,它不可能不受到外部恶浊世界的侵袭与污染。现在,具体摆在贾宝玉面前的就是神缘与俗缘的艰难抉择,这是他在"富贵场"中的神性与俗性之内在冲突在"温柔乡"里的变体与延伸,或者说是一种特殊表现形态,因而它又必然与"富贵场"中作为贾宝玉二重精神向导与象征的甄贾发生关联。先就神缘与俗缘两者统观之,是甄士隐最先在其神奇的"白日梦"中获得了"石头"身世及其"木石前盟"的神界秘闻,因此,当他成为贾宝玉之"石"的精神先导与象征的同时,也就进而被赋予了神界姻缘——"木石前盟"的"先知"角色,可见甄士隐无论与贾宝玉在"富贵场"中的神性,还是"温柔乡"里的神缘都是息息相通的。而作为贾宝玉之"玉"的精神先导与象征的贾雨村,则显然与"金玉良缘"这一俗缘具有更多的内在相通之处,这不仅表现在与"玉"相配的"金"——薛宝钗直接劝说贾宝玉与贾雨村这类人物多来往,更主要的是维系"金""玉"的俗缘与贾雨村所导引的俗性在本质上是一致的。再就神缘与俗缘的重心——"木石前盟"观之,小说除了赋予甄士隐以神界姻缘"木石前盟"的"先知"角色外,又让贾雨村来到林府,成为林府千金林黛玉的启蒙塾师，然后即由这位启蒙塾师亲自将她带至贾府，与贾宝玉在俗界相会，从而为"木""石"的神界姻缘向宝、黛的凡间悲剧演变的最终完成铺平了道路。一甄一贾之于"木石前盟"的作用正与他们在"富贵场"中的神俗不同精神向导的角色相当。"木石前盟"与"金玉良缘"，一为神缘，一为俗缘；一为精神契约，一为肉体结合；一为超俗美的代表，一为世俗美的代表；一为象征自然的"木"，必结缘于"石"；一为象征人为的"金"，必配之于"玉"；一在神界受到肯定与赞赏，却不能在俗界完满结合；一在俗界受到肯定与赞赏，却在神界发生价值颠倒："都道是金玉良缘，俺只念木石前盟。空对着，山中高士晶莹雪；终不忘，世外仙姝寂寞林。叹人间，美中不足今方信。纵然是举案齐眉，到底意难平！"彼此既对立互补，又命定相克。而贾宝玉之所以也常常徘徊于"木""金"之间最终又离"金"合"木"，原来即是他的"石""玉"二重精神矛盾冲突在"温柔乡"里的具体体现，是由他的神缘与俗缘的本质区别所决定的。

然而，不管是神缘还是俗缘，两者最终都摆脱不了悲剧命运。绛珠仙草（木）正是有感于神瑛侍者（石）的"甘露之惠"而下凡还泪报恩，其结果必至"泪尽而逝"，方能完成还泪报恩这一心愿，"泪一日不还，黛玉尚在，泪既枯，黛玉亦物化矣"（姚燮《红楼梦回评》）。换言之，"木"在凡间的化身黛玉只有在生命形体彻底毁灭之后才算实现了她的下凡初衷，而在俗界生命形体的毁灭，又必然意味着她与"石"之凡身——宝玉的不能结合，因为一旦两个生命在形体上完满结合，便不能还泪报恩，不能还泪报恩，也就无法了却这桩十分奇特的神界姻缘。所以，基于"木石前盟"神缘的宝黛只能是一种纯精神上的呼应与认同，而不可能是肉体上的两性结合，而且必然是以黛玉的形体毁灭即死亡为告终的。归根到底，这是神缘而不是俗缘，是圣爱而不是性爱，而神缘与圣爱则必须以生命的毁灭为祭礼，这样的命运悲剧在《红楼梦》前的确是从来没有过的。

同样,作为俗缘的"金玉良缘"在本质上也是一个命运悲剧。作为"石",贾宝玉只能与"木"结缘,它绝对排除了肉体的结合,但在精神上却始终向着"木"。作为"玉",贾宝玉又必须与"金"相配,它可以实现肉体的结合,但在精神上却永远彼此分离。对于"金"即宝钗来说,她可以配到"玉",却永远配不到"玉"的本真"石","玉"只不过是他的俗界幻像,最后他还是要由"玉"复归于"石"并且与"木"复合的。可见"金玉良缘"这一俗缘的悲剧同样也是必然的、命定的。尽管他们在俗界完成了肉体的结合——结婚,是"金"之于"木",俗之于神的胜利,但这是一种虚假的胜利,表面上是喜剧,实则是悲剧。在精神上,在"灵"的层次上,宝钗无疑是一个失败者,她与她的"金玉良缘"最后终于一同成了悲剧命运的殉葬品。这样别具一格的命运悲剧在《红楼梦》之前同样也是十分罕见的。

要之,"木""石"神缘与"金""玉"俗缘,既是一种对比,又是一种补偿,也是一种象征,在对比中显示出神俗、灵肉之别,在补偿中显示出完满的可贵,又在补偿中显示出完满的不可得,更在象征中显示出了小说之于人类悲剧命运思考的哲理魅力。长期以来,人们总是好在钗黛褒贬上争论不休,而于其深层内涵则不察,甚至包括红学大师俞平伯先生很有见地的"钗黛合一"说也不无遗憾地留下了许多漏洞。假如能从以上神缘与俗缘的内在关系考察之,那么,不仅一切结症都能迎刃而解,而且可以赋予传统"钗黛合一"说以新的哲理含义。

四

从神界出发,在俗界经历了"富贵场"中的神性与俗性、"温柔乡"里的神缘与俗缘的激烈冲突,最后又回归于神界,这就是作为"石""玉"复合体的贾宝玉的否定之否定的生命循环历程。神界是他的母休,他的主宰,也是他的归宿,俗界只是他的幻像的暂居之所,也是他历幻醒悟的必经之途。神界,是以由女娲移位和变型而来的警幻仙子为首,以女性为主体的"阴性世界";俗界,则是以贾政等为首，以男性为主体的"阳性世界"。因此，"石""玉"二重精神所体现的神俗对立，最后便可以归结到中国哲学的古老命题——阴阳二元的对立。但《红楼梦》绝对不是简单的沿承，而是有自己独特的体悟与创造，其中包含着以下互相关联、依次递进的三个层次：

（一）阴阳相对

"石"，诞生于神界，"玉"跌落在俗界；"石"蜕变为"玉"是世俗欲求驱使的结果，"玉"还原为"石"则是神界力量感召的结果。因此，"石""玉"的二元对立，实际上也就是以警幻仙子为首，以女性为主体的神界与以贾政为首，以男性为主体的俗界的阴阳对立。

（二）以阳归阴

"石—玉—石"、"神—俗—神"的生命循环历程与"阴—阳—阴"的循环图式本质上是完全重合的，以"玉"归"石"，以俗归神，实际上也就是以"阳"归"阴"。这既表现在作为"石""玉"复合体的贾宝玉从"富贵场"的退转而向"温柔乡"倾斜，在天上女神世界的凡间幻像大观园中寻求暂时的归宿，更表现在他最终离弃整个俗界回归于天上女神世界这个永恒母体与归宿。追本溯源，这是原始女神崇拜的古老回响。

（三）阴阳相悖

从阴阳相对到以阳归阴，最后却又不可避免地陷入了一个难以解喻和超越的怪圈："阴性世界"是圣洁的，"阳性世界"是恶浊的，但阴、阳两个世界又是相反相成、互相依存的，失去了一方，同时也失去了另一方。天上女神世界必须要将其凡间幻像大观园建立在恶浊的"阳性世界"即贾府的基础之上，没有贾府，也就没有大观园，贾府的恶浊，才显示出了大观园的圣洁，然而贾府的恶浊，最终又必然要侵袭、污染和摧残圣洁的大观园，而且前者的毁灭必然要导致后者的同时毁灭。"石"原本诞生于神界母体，但在"石"身上必然要萌长出"玉"的世俗欲求，唯有经过"玉"的种种追求、磨难之后方能回归本真，方能自我认同。"木"结缘于"石"，但却不能实现两性的完满结合，否则，不仅无法了却还泪报恩这桩十分奇特的神缘，而且会促使"阴性世界"的代表林黛玉的"阴性阳化"，从圣洁走向恶浊，从而导致"阴性世界"的堕落和毁灭。薛宝钗得到一个象征"金玉良缘"的金锁，命定是配"玉"的，然而她最终配到的是一块由"石"幻形入世最后又必将复归于"石"的"假玉"。警示幻像的警幻仙子，自己却首先处在虚无缥缈的太虚幻境之中，而且不断地在制造出新的幻像，可以警人，而不能自警，虽为警人，实为诱人！可见甚至连这位神界主宰也终不能彻底的超尘脱俗，同样表现出了神俗之间的激烈的矛盾冲突……毫无疑问，在这阴阳相悖的怪圈之中，具有一种强烈的宿命色彩，与一般宿命论所不同的是，作者已远远超越了传统因果报应的轮回模式而提升至人类悲剧命运高度作哲理洞察与观照，并已朦胧地对人类悲剧命运的"二律背反"现象作了艺术的揭示与解答，这是《红楼梦》之于中国文学悲剧精神的根本突破之所在。然而，由于小说没有也不可能真正摆脱宿命论的束缚，只能以"石—玉—石""神—俗—神""阴—阳—阴"的循环退转为出路，结果不仅未能完成小说主角的性格重建，而且大大影响了小说悲剧精神的力度与深度，这不能不说是《红楼梦》的一个严重缺陷。

（梅新林《学术研究》1992 年第 5 期。）

后　记

　　这本所谓的专著其实远未完成，因为还有太多的学术界的研究成果与语文界的生动案例想要分享给大家，然而小书篇幅毕竟有限，而研究与探索却生生不息，后出转精，只能采取选择性收入的方法，也不敢保证笔者的选择是恰当与正确的。

　　本书中出现的研究文章除笔者个人心得外，还借鉴和引用了很多学者与一线老师的成果，限于时间和精力，在收入本书前未能征得各位作者的同意，在此致以诚挚的歉意！拙著中如有值得一提之处，应归功于以上各位学者与老师的心血；如有舛误之处，则笔者必任其咎。文章收入本书的学者与老师，如您看到本书，烦请与笔者联系，当奉上拙著二册以表歉意与谢意！

　　拙著付印之际，要感谢的人很多很多。我敬爱的老领导、一直关心本书写作的傅惠钧老师，甚至可以说没有傅老师的引领和鼓励，这本书本身是不会存在的；学院的老领导张涌泉老师，没有他的支持与帮助，这本书可能没有出版的机会了；还有曾经引领过我语文教学之路的黄灵庚老师、王尚文老师、陈兰村老师、张继定老师、俞樟华老师、刘永良老师等；以及在师范教育之路上并肩奋战过的人文学院师范技能教研室的各位同仁们……更要感谢浙大出版社的傅百荣老师在百忙之中审阅拙著，提出了很好的建议与意见。

　　中国传统文化源远流长,语文教育的路也还很长很长,希望这部小书的出版能为当前的语文教育增添一点小小的助力,则于愿足矣。

崔小敬

2021 年 6 月

图书在版编目(CIP)数据

古代小说戏剧与语文教学 / 崔小敬著. --杭州：浙江
大学出版社,2021.12
ISBN 978-7-308-20907-6

Ⅰ.①古… Ⅱ.①崔… Ⅲ.①中学语文课－教学研究
－高等师范院校－教材 Ⅳ.①G633.302

中国版本图书馆 CIP 数据核字(2020)第 248045 号

古代小说戏剧与语文教学

崔小敬　著

责任编辑	傅百荣
责任校对	杨利军　夏斯斯
封面设计	春天书装
出版发行	浙江大学出版社
	（杭州市天目山路 148 号　邮政编码 310007）
	（网址:http://www.zjupress.com）
排　　版	杭州隆盛图文制作有限公司
印　　刷	杭州杭新印务有限公司
开　　本	880mm×1230mm　1/32
印　　张	12
字　　数	312 千
版 印 次	2021 年 12 月第 1 版　2021 年 12 月第 1 次印刷
书　　号	ISBN 978-7-308-20907-6
定　　价	52.00 元